中國古代音樂研究

陳萬鼐 著

文史哲學集成
文史哲出版社印行

國家圖書館出版品預行編目資料

中國古代音樂研究 / 陳萬鼐著. -- 初版. -- 臺
北市：文史哲，民 89
　　面：　公分. -- (文史哲學集成；417)
含參考書目
ISBN 957-549-267-6(平裝)

1.音樂 - 中國 - 歷史

910.92　　　　　　　　　　　　　89002601

文史哲學集成　�417

中國古代音樂研究

著　　者：陳　　　萬　　　鼐
出版者：文　史　哲　出　版　社
登記證字號：行政院新聞局版臺業字五三三七號
發行人：彭　　　正　　　雄
發行所：文　史　哲　出　版　社
印刷者：文　史　哲　出　版　社
臺北市羅斯福路一段七十二巷四號
郵政劃撥帳號：一六一八○一七五
電話 886-2-23511028・傳眞 886-2-23965656

實價新臺幣五八○元

中華民國八十九年二月初版

自　序

一、《中國古代音樂研究》這本書，是我於一九八○～一九九○年在東吳大學音樂系任教時所編纂的講義，後來也在兩個音樂研究所揀選一部分資料試教過，它算是經歷實驗，受到學生歡迎的教本或參考書。近幾年，我又投入大量時間，從事補充與修訂，現在，承文史哲出版社彭正雄兄正式發行，能與廣大的讀者見面，個人的內心充滿幸福與喜樂！

二、我嘗想：結撰一部中國音樂史，是件何其困難之事，讀一部音樂史，也不是那麼輕而易舉。如果能圖難於易，為大於微，即將音樂史的重點，用心鈎勒出來，作成一個個的「音樂研究」，以這個「研究」中心為出發點，再去作廣度、深度的思考，然後將各種不同時間與空間的事例，按體系的結合為一體，如此則作者與讀者就兩得其便了；《中國古代音樂研究》就是基於這個前提下完成的。我每次寫作，總是預先設定讀者對象是誰？從這本書的內容看：應該是提供學習西洋音樂的讀者，瞭解中國音樂專史而作的；相反的，也是為了學習中國文史的讀者，瞭解西洋音樂專業而作的。真希望它能具有這方面的效益，為中西音樂專史、專業作一溝通的津樑。

三、「音樂」是藝術綜合體，所以它是一種與其他科學交叉性很強，跨越其他科學的領域邊緣很廣的學術。我近二十餘年朝夕與音樂為伍，曾有幾度想跳脫它，去研究中國古代天文、曆法，或是古代數學，未久又被吸引回來。回想這個原因？大概是因為我愛好自然科學

（物理、數學）、工藝、美術（包括審美觀），以及中國文學（詩歌）、歷史（研究法、東西音樂交流史……），各方面的知識，還有點自信與耐力，比較適合去探究、整理多元化的古代音樂的事物。尤其覺得對於現代出土音樂文物資料，所見匪淺（在兩岸未開放時期），意識中，以爲用這些新的證據與科學觀念，對於中國音樂研究，可以作點新的解釋。譬如：我作清朝音樂的《清史樂志之研究》，比別人起步早多了；作明朝音樂的《朱載堉研究》，它給我在世界音樂律學研究中，帶來「不虞之譽」；作漢朝音樂，也發表了二十餘篇論述，大量運用出土文物資料，以物證史；還從文字訓詁，將漢代木牘，「從器志（陪葬品清冊）」的「捒」字，辨識它是「古奇文字」中的「揮」字；「揮，古本音熏」，所以，「捒」就是樂器的「壎」，合於同聲通訓之例（請參見本書附錄〈學術著作目錄〉：廣西貴縣羅泊灣一號漢墓出土音樂文物研究），此類問題「太艱深」往往是曲高和寡的，然而我卻自得其樂。我在此敘述三項研究音樂史的經過，就是證明我治學還算有一點成績，藉著它以表示《中國古代音樂研究》這本書，雖然內容通俗、淺顯，實質上是一本優遊於學術與藝術之間的著述。

　　四、去年（一九九九年）夏天，我旅居國外半年餘，也正是這本書發排需要校對的時期，承林珀姬女士主動爲我初校。她是音樂世家，是我在師範大學音樂研究所第三屆教導過的學生，現在國立藝術學院執教，一向樂於助人。她將校稿寄給我，在稿本上附有記號，貼著標籤，還在通信中討論問題；許多質疑辨惑之處，我都向她解釋「清楚」、「明白」。這本書以她對中西音樂的實踐、認眞的檢讀、把關，必然會使它的錯誤減至最低度，我在此向她致以誠摯謝意。還有，現任臺大音研所助教劉佳傑君，是我在國立藝術學院指導的碩士，非常優秀，他在本書中爲我打製表格及若干曲譜，在此也一併感謝。

　　五、這本書是以講義爲雛形的，經過漫長歲月的洗鍊，獲得許多

朋友的支持與愛護。從前有一位蘇姓的學生對我說：她接待一位在世界負盛名的音樂教授，在她永和家中居停。一天，在書架上看到這本講義，翻了翻，也未徵求她的同意就拿走了；後來，她再來我家借底本去影印，她問我這是甚麼意思？我告訴她：想必妳書架上都是喬皇典雅的音樂書籍，唯有這一本講義不良不莠，故提前替妳「卸架」吧！我希望這故事重演，將來它在坊間的排架也是被擠下來，到那時，我們音樂的學術著作就是成績斐然之日了；如成其「小我」，就不如實現「大我」！

　　本稿校對時，我因心肌梗塞住院手術後，體力衰弱，一直都是與時間競走，只希望能完成出版工作，實難以顧及書中細節問題，錯誤想必不少，還請讀者先生海涵，多多批評指導！

　　　　　　　　　　　陳萬鼐　序於千禧年新春

中國古代音樂研究

目　錄

中國古代音樂研究
圖版譜例目錄

第一章　中國古代音樂史十事纂要

第一節　推測人類在原始時期的音樂形象

原始時代，人類個人對於猛獸防禦力極薄弱，故須過集團生活；則第一相互之間，要謀意志的溝通。人類最初差不多如動物一般僅發出一種鳴聲，表示其意志而已。後經過長久的歲月——恐經幾萬年——才發生言語，於是始發現說話的方法，所謂「唱歌」，恐怕是人類出現後幾十萬年的事。舊說謂：音樂與人類共同出現，有人類時，即有歌唱。據現代學者正式研究，似有否定的傾向。然而此等事，對於音樂史的研究，也無直接的必要。因為言語出現以前，人類不過像鳥鳴一樣，僅發出一種長短的聲音，也可認為它是歌。但它是鳥歌，或人歌，就未可知？然而所謂「歌」者，應當是言語發現之後始具有的。人類進化，要發生言語，是經過非常長久集體生活的產物。那時各集團皆各自獨立，故言語也各各不同，以完全相異的形式出現。故歌謠的性質，本來是自始有異的。所謂歌謠性質相異的原因，是其旋法不同，因而音律亦應不同，這都是基於人類語言產生的差異。【註一】

陳萬鼐按：人是猿猴直立起來的，但不知經過有多少萬年代？1000萬至1500萬年前之間，拉馬猿人是直立的，在雲南省開遠、祿豐兩縣，也發現這種猿人的化石。後來到了舊石器時代中期，20萬至30萬年前之間，有些「古人」（如湖北長陽人），已建立了婚姻血緣關係，也應用木、石、骨器，從事漁獵及採集植物工作。由此可見人

類能運用語言相互溝通，或運用歌聲抒發心中的情愫，是何等艱辛的歷程呢？

第二節　中華樂系及其傳播的情形

音樂為人類生活、思想、感情的表現。各民族的生活、思想、感情既各有不同，因而音樂習尚，亦復彼此相異。如中華民族有中華民族之樂，日本民族有日本民族之樂，各依習尚，製為作品，即是所謂「國樂」。然各種民族對於音樂作品，雖可各依好尚，自為創造，而關於音樂原理，則不必各個民族，皆能有所發明；於是又有所謂「世界樂系」的發生。譬如日本、韓國、越南各國的作品，雖各有其特性，然其同隸於「中華樂系」的。「世界樂系」分為三大類：一曰「中華樂系」，二曰「希臘樂系」，三曰「波斯阿拉伯樂系」，而且都是用「調子的組織」來作分類標準。

中華樂系：中國最古的調子是一種「五音調」，所謂：宮、商、角、徵、羽。其中音階的構造只有兩種：一為「全音」，一為「小三度」。根據史書記載，這種「五音調」，係黃帝時代所創。其時當在西元紀元前2650年左右。到了周朝時候，又加入變徵、變宮兩音，成為七音；於是中國調子的音階，又一變而為「全音」與「半音」兩種。此種「七音調」之組織，就理論上觀察，已與「希臘樂系」全同，但在事實上看來，則中國數千年來的音樂界，又始終喜愛用「五音調」，「半音」雖有，卻不多用。而且此種「五音樂制」，傳入四鄰各國，又莫不奉為準繩。因此之故，「五音調」樂制，遂成為我國音樂的固有特色。

按照中國史傳所說：黃帝使伶倫在大夏之西，崑崙之陰，截竹為律，是為中華樂制的起源。故其流傳以崑崙之陰為起點，先傳至中國

本部，再由中國本部分向四面發展：計正北一支傳入蒙古；東北一支輸入韓國、日本；正南一支流入越南、印尼；正西一支走入西藏，是為「中華樂系」所占之領域。「中華樂系」不但流入四鄰各國，並且南渡印尼，西涉南洋群島，以至於南美。在秘魯掘得一隻銀笛，其笛孔距離遠近，恰與中國笛孔計算之法相同，大約中華樂制，係從南洋群島輾轉流入南美；因為南洋群島原住民所用音樂，也是屬於中國律管制度的。【註二】

第三節　辨中國音樂非外來說

《呂氏春秋》直將製律之事，寫在黃帝、伶倫兩位賬下，本已涉於荒唐。而「大夏之西」一語，更惹出近代西洋學者無數爭論。因我國三分損益法，恰與古代希臘大哲畢達哥拉斯所發明之樂制相同（係在西元前第六世紀，約與我國孔子同時）。但畢氏本人未嘗有所著作，其學說由他的門人費諾那屋斯（西元前540年左右）傳播於世。換言之，頗較我國《管子》、《呂氏春秋》兩書為早。因此，近代西洋學者，多謂中國樂制，係自希臘學來。並指『大夏』為古代土哈爾一族，或巴克推里亞一地。但此種揣測，是否確當？則非有若干實物證據，殊難遽令人深信。而且尚有一事，不可不加以注意的，即古代希臘三分損益之法，係用在「絃」上，即所謂「一絃器」是也。而中國三分損益法，則在西漢末葉京房以前，均用在「管」上。絃與管因物理上的關係，三分損益的結果，彼此迥然不同，我們不可直謂古代中國、希臘樂制是實「二而一者」的。【註三】

還要指出一個看來是小事，卻頗需要澄清的問題。這就是「音樂」這一個複合辭滙，是我國所固有的。它既非輸入自東洋，亦非譯自西洋。它在二千餘年前的《呂氏春秋》這部並沒有甚麼可以懷疑的古籍

中，已經出現而且反復使用了。在《呂氏春秋》以前的古籍中，只有「樂」字，用以表示音樂、樂舞、享樂，但是《呂氏春秋》〈大樂〉一開始就是「音樂」之所由來者遠矣！從此以後，包括《呂氏春秋》在內的古籍，就開始了「音樂」和「樂」兩種辭滙的平行使用。【註四】

　　閃米人入美索不達米亞時，此地的蘇美爾人，已有黃色人種的文化。其後閃米人壓服蘇美爾人，而握美索不達米亞的主權，兼吸收其文化。換言之，閃米人的文化，乃繼承了黃色人的文化。閃米人中最進步的迦勒底人，其文化有與中國古代的文化類似之處。例如中國音階用十二律，一年爲十二月，與迦勒底人所用相同，此或中國人得自迦勒底者，或出自蘇美爾人者，這問題值得去研究。【註五】

　　陳萬鼐按：「音樂」一辭是中國自創性的辭滙，最早見於秦・呂不韋《呂氏春秋》（仲夏紀）〈大樂〉：「音樂之所由來者遠矣。生於度量，本於太一。……」又，中國古代稱「大夏」的地方，常常被人泛稱是中國古代的北邊。更有人說「大夏」是虛擬的地名，如《紅樓夢》小說中的「大荒山」、「無稽嶺」、「青埂峯」一類荒唐名字，其實它是「巴克里亞」（Bactria）國名，希臘人所建，在阿母河南，即今阿富汗北部之地，西元前七世紀時，屬於米太，後爲波斯、馬其頓、敍利亞所轄，西元前249年，獨立建國，……其後日衰，治大月氏自東轉徙而至，不能抗禦，遂爲所滅。爲甚麼黃帝令伶倫在這地方找竹子，來製作律管呢？本書第十三章第二節「中國樂器的進化」中略微涉及。王光祈所謂「土哈爾一族」（Tohara）這也是一個地方，就是現代新疆焉耆縣的「吐火羅」（Tocharer）。近年此地曾出土《彌勒會見記》（焉耆、龜茲語）劇本殘卷，它在西元六至八世紀是龜茲音樂舞蹈勃興時期。

第四節　中國古代音樂以黃鐘為
法度文物的基礎

中國古代的法度文物，以及精神思想，幾乎無一不是建築在音樂基礎之上，假如沒有音樂這樣東西，中國人簡直將不知道應該怎樣生活？甚麼是「法度文物」？在我們人類日常生活中，不可一日須臾離的，要算是度量衡……等物了。古代的先民，最初亦不知道這些東西應當從何造起；好了！音樂發明了！史稱：黃帝使冷綸（一稱伶倫）取竹於崑崙之陰，斷兩節間而吹之，以為「黃鐘」之宮。從此以後，中國人便有了一種「標準音」了。其後又在「黃鐘」律管上，從上至下，挨次排置若干黍子，細數其數共有90粒，乃定黃鐘之長為9寸，於是我們中國人從此便有了「標準尺」了。「標準尺」既有了，然後又製「標準量」，其法是拿若干黍子，裝入黃鐘律管中，裝滿之後，細數其數，共有1200粒，於是以1200黍為1龠。「標準尺」與「標準量」既有了，然後又製造「標準衡」，1龠共容1200黍，權之（稱與秤），計重12銖，於是以1200黍為12銖。

我們古人以「量音器」（即黃鐘律管）規定一切度量衡，是很費了許多心血才想出來的。因為無論任何物質，總不免消長變更，假如我們以一種物質，如金類、木類等等製成一種標準「度量衡」，永垂後世，作為標準。那麼，假使一旦原物之物質消長變更，則標準就不免因而喪失。至於音之高低則不然，永遠都是有一定的，譬如我們以9寸竹管所發之音為「黃鐘」，假如一旦竹管物質變更，尺寸長短雖亦隨之變化，但是所發的音，也就不是「黃鐘」了。因此，我們又可另用其他竹管，再製律管，以配「黃鐘」。老實說來，便是：竹管長短可以隨時變化，而音的高低則永遠一定。故寧肯以「標準音」為一

切度量衡的標準，而不以一種物質爲永遠標準，眞正含有極深的意義。近代西洋也知物質時有變化，乃用「光波」以定度，而我們中國在數千年前，便知道用「音波」以定度，這眞可謂生面別開了。【註六】

　　陳萬鼐按：黍子就是「小米」，屬於穀類的植物，「秬黍」是黑色的黍，明・朱載堉《樂律全書》的〈律學新說〉卷二：「昔胡先生定樂，取羊頭山黍，用三等篩子篩之，取中等者。」羊頭山在「古上黨郡，今山西潞安府（現山西長治）是也，境內產五色黍，其黑色黍，復有數種。」中國古代將「黃鐘」的長定爲9寸，徑3分、圓周9分，故黃鐘律管體積是810立方分，既容黍1200粒，則每黍爲0.676立方分。「以粟計數，作爲體積的度量，是極合乎科學的，近代比較解剖學及考古學，就是在不同型畜類或人類的頭蓋內，以小粒物貫入，以比較腦腔的大小（中國之科學與文明）」。這種方式當然比用國王的腳長爲尺度，要高明許多無疑。

第五節　中國古代音樂的樂制與風格

一、中國古代音樂的律與調

　　「樂制」就是音樂的「律」與「調」的制度。

　　中國古代所謂「五音」，爲宮、商、角、徵、羽等，係規定音階距離的大小，如宮、商之間，永遠相距一個「全音」；角、徵之間，永遠相距一個「小三度」。至於宮音，商音等的「高度」，則隨旋宮時所配的律而轉移。所謂「十二律」，爲黃鐘、大呂、太簇、夾鐘、姑洗、仲呂、蕤賓、林鐘、夷則、南呂、無射、應鐘等，則是一定的「高度」，每律的長短既各有一定，因而各律所發音的高低，也始終

不變，故「音」與「律」是兩件事物，不可混爲一談。但此種分別，當在音律進化，已達相當程度之後。至於古時則「音」與「律」當是一物，尚未嚴加分別，因那時旋宮之法，尚未發明，各種樂器合奏之舉，亦尚未發達，實無另以律管規定各音絕對高度的必要。

　　「五音調」進化而爲「七音調」，換言之，即是於宮、商、角、徵、羽五音以外，再加上變徵、變宮兩音，於是每個調子，除在十二律中，採用五律外，再加採兩律，是爲七音。《國語》：周景王問於伶州鳩曰，七律者何？……周有七音：黃鐘爲宮、太簇爲商、姑洗爲角、林鐘爲徵、南呂爲羽、蕤賓爲變徵、應鐘爲變宮。換言之，便是以宮、商、角、變徵、徵、羽、變宮、七音爲調，從十二律中取出七律來與之相配，其餘大呂等五個律，此次雖未採用，然其依然存在。若照「十二律還相爲宮」之例，配合起來，便是「旋相爲宮」，所有十二律就無不一一應用上了。「五音調」共有五種（主調一種、變調四種），「七音調」共七種（主調一種、變調六種），若再利用「十二律還相爲宮」之理，則「五音調」可得六十調，「七音調」可得八十四調。

　　中國古籍記載三分損益法，以《管子》〈地員篇〉爲最早，它產生的律，就構成一個「五聲徵調」。後來生律益繁，音亦增加；由六律、七律，以至於十二律。記載十二律以相求之法，以《呂氏春秋》一書爲最早，該書成於西元前三世紀，可見西元前三世紀，已生至十二律。這種十二律相生之法，一直爲後世所承襲，甚之加以擴張，增至六十律，以至三百六十律。雖以後在理論上也有類似純律與十二平均律的產生，但實際上中國數千年來，是僅用這一種律制，這種律制由三分律管爲基礎而成立，故亦有人稱爲「三分律」。【註七】

二、中國人對音色的高度靈性

　　中國人樂器的分類就是『八音』。這是一個簡便名詞，指稱以八種不同材料，來製造各種不同式樣的樂器。最古記述這八種材料的書，就是《周禮》〈考工記〉：八種材料為金、石、土、革、絲、木、匏、竹。樂器因材料的不同，所以發出不同的音色。它的發音有優點與缺點，見於一般古籍的記載（如《古今律曆考》等書）：

金聲舂容失之則重。　　石聲溫潤失之則輕。

土聲函胡失之則下。　　竹聲清越失之則高。

絲聲纖微失之則細。　　革聲隆大失之則洪。

匏聲叢雜失之則長。　　木聲無餘失之則短。

　　此論「八音」樂器發音的優缺點，極富於審美觀，有相當思辨力，也非常中肯的，如「金聲舂容失之則重」，就是說鐘、鎛、鐃、鉦等金屬樂器，擊奏時發聲的優點是「舂容」；《禮記》疏：「言鐘之為體，必待其擊，每一『舂』而為一『容』，然後盡其聲，言善答對者，亦待其一問然後一答。」「舂容」也作「從容」解，〈學記〉：「待其從容」。其缺點就是太莊重、沉著，並非嘹亮輕越，令人一聽心神為之坦然。

　　中國人在音色上，的確具有高度的靈性，一座鐘被敲擊後，甚至敲擊在不同的部位上，會聽到它發出的各種不同音質、音量與音色，並且還將它用相當適合的形容詞，記錄下來。如：

「硜」聲發之於鐘的上部，相當於「隆隆聲」。

「緩」聲發之於鐘的垂直部「鉦」的地方。

「肆」聲發之於鐘的下部。

「散」聲發之於鐘的弧形向外部。

「歙」聲發之於鐘的弧形向內部。

「嬴」聲發之於鐘的過巨部。

「鎗」聲發之於鐘的過細部。

「衍」聲發之於橢圓形的鐘。

「笮」聲發之於鐘的口緣開者。

「鬱」聲發之於鐘的口緣閉者。

「甄」聲發之於鐘的薄墻部分，即「斷續聲」。

「石」聲發之於鐘的厚墻的部分。【註八】

　　以上十二種發音的「專業名詞」，是經過專家參照各家釋義而擬定的，它在古音樂書籍中，常常見到。漢人鄭玄說，這些都是鐘的發音，後來學者不同意此說，認爲任何樂器的發音，都可以用這些名詞去概括，只看用得是否適宜？

三、中國音樂的風格

　　東方音樂有一個共同點：沒有理論化，尤其沒有作曲理論，在中國的情形也是如此。我們除了有嚴格而複雜的音組織（而不是音樂的組織）的理論之外，只有政治、道德、哲學混合的音樂美學的理論，但沒有作曲理論；普通樂理、和聲學、對位法、配器法、曲式學……都沒有。所以形成中國音樂的風格方面，大致有下列五點：

　　一、演奏：器樂合奏是古代中國音樂的特徵。中古以後，這種器樂在戲劇音樂中退居於伴奏的地位，而且古代（特別是唐代），器樂大合奏的情形，可能是多聲的，到了中古以後，逐漸走向單旋律情形。

　　二、節奏：中國自古以來音樂就強調節奏，但是具體的情形，我們並不清楚（因爲樂譜上沒有詳細記明節奏情形）。樂曲的快慢，是根據曲式而決定的，但是我們可以想像古代中國音樂的節拍，速度慢的較多。在樂譜上記節奏，是中古晚期以後的事情，我們叫它「板眼」。而根據「板眼」來看，中國音樂中三拍子節奏少，二、四拍子節奏多，自由延長的節奏盛行，切分音節奏較少。

　　三、歌詞：從古代歌謠的歌詞，我們可以想像它的歌曲形式：周代大體上用四言的多；南北朝出現四六駢驪體；唐代完成了五言與七言的樂府。宋代以後的詞與戲曲，已經不守古體的嚴格形式的限制，而採用自由的詩體。但是經過各代有一點是相同的，那是中國歌謠，深刻地受了中國語言固有音韻的影響，所以歌唱旋律的抑揚，幾乎是由音韻與詩體來決定。

　　四、曲式：器樂曲式，在唐代已經有構成相當大的「大曲」，如有序、破、急的構成；有排遍、入破、徹等樂章的區分。一樂章再由小部分細分，這小部分叫做「疊」（帖），大曲有一樂章具二十至三十疊者。宋代大曲（大遍）的構成分為：散序、靸、排遍、攧、正攧、入破、虛催、實催、歇拍、殺袞的例子。

　　戲曲是採用既成的樂曲，叫做「曲牌」，按照戲劇內容，與它進行的需要按排而排列的。其間當然可以加入沒有歌唱的前奏、間奏、後奏等器樂演奏。所以它的曲牌數量有限，音樂範圍也有限的。

　　五、記譜與實際音樂：中國音樂的記譜法，無論是律呂、宮商、工尺等字譜；或古琴譜、琵琶譜等指法譜；或俗字與簡字的譜，都是供給內行音樂家們看的，而不是供給外行初學音樂者而有的。這是中國樂譜與近代西洋五線譜最不同的地方。換句話說，近代西洋音樂是定形的，它的記譜法：可以正確的表達實際音樂情形，所以只要學好其科學化的記譜法，任何人都可以了解音樂。相反的，中國音樂是不定形的，戲曲音樂的同一曲牌，器樂的同一曲牌；器樂的同一樂曲，由不同的人（甚至同一人不同時間）的演奏，可能表現出來的，是相當不同音樂出來。因為我們的樂譜，只是音樂的概略與要點，提醒演奏（或演唱）者的記憶和注意而已。

　　至於宗教音樂，無論是儒教、佛教或道教，並不像在西洋中古時期占有絕對地位，也不像在印度具有崇高品格。中國的宗教音樂始終

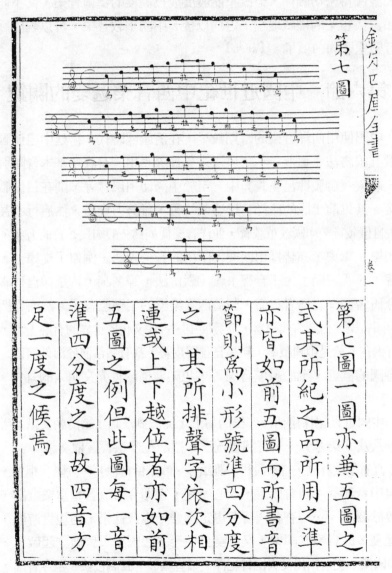

第七圖

欽定四庫全書　卷一

第七圖一圖亦為五圖之
式其所紀之品所用之準
亦皆如前五圖而所書音
節則為小形號準四分度
之一其所排聲字依次相
連或上下越位者亦如前
五圖之例但此圖每一音
準四分度之一故四音方
足一度之候焉

圖版一　清康熙年間傳入宮廷的「五線譜」(採自四庫全書)

與民衆保持密切關係，但既不能發展成爲高度的藝術音樂，又不能獲得如古代雅樂的權威地位；近代以後，中國宗教音樂，可以說成爲民間音樂重要的一項了。【註九】

第六節　中國近世紀中西音樂遞變的關鍵

中國使用西洋音樂的時期較早，在清康熙時代，宮廷中已使歐人講習五線譜法〔圖版一〕，可惜未見實際應用。有許多基本音階與譜則，載入《御製律呂正義》中。至於中國使用風琴等，則在日俄戰爭以後。其以前出版的西洋音樂啓蒙的書，雖努力推廣，然流行不甚普及。日俄戰後，中國改革教育，西洋音樂便列爲一般國民教育的方案。上自國樂、軍樂，亦皆採用西樂；所用的音樂術語，例如「旋律」，「和聲」、「音階」、「音程」、「對位法」等名詞，皆是採自日本。現今研習西洋音樂者日盛，製造西洋樂器的工廠已有了。然而專門研究中國古樂，仿造古代樂器，欲發展中國古代文化於世界的有心人士，更大有人在。於是中國戲劇，無論崑雅與皮簧，都有名伶演於海外演出，頗受各國的歡迎，至於戲劇音樂等，也頗傳播於世界文明人的耳中。【註十】

中國近世紀採用西洋音樂的情形，見於劉錦藻《續清朝文獻通考》卷一八八〈樂考〉一，有關宣統三年禮部左參議曹廣權奏議：
「今直省學堂林立，音樂設科，雖風琴、歌譜傳自他邦，然隔八相生，大致與中音無異；時會既至，人心所趨，宜即今修改各學堂樂歌辭，寓國教於諷誦。……查各國皆有專定國樂，極致欽崇，遇親貴游歷，公使筵宴，既自奏其國樂，又必奏公使等本國國樂，皆肅立起敬。……我國國樂，從前由出使大臣曾紀澤，權宜編製，聲調慢緩，至今各國，常致疑問？而軍樂尚未專修，各國國樂亦未傳習。宜即今飭使臣，蒐譯

樂譜禮節，並召海內知音之士，審定釐正。……下部議。」

後來，禮部亦根據上述內容會奏議覆：

「國樂之亟需編製，固時勢之不得不然。擬請飭出使大臣，考求樂譜，詳籌辦法，並將交際禮儀，縷敘送部，以便會同樂部暨外務部，審酌採入新禮，並延海內知音之士，公同考訂，參酌古今，編成樂律，請旨頒行。嗣後凡讌會各國賓客，及我國使臣在外國公讌，遇應行奏樂之時，均用此為國樂。……至所稱修改學堂歌辭，學部定章自初等小學至中學，均令學生讀有益風化之古詩歌，即是此意見，復飭圖書局局員，編輯此項歌辭，一俟編竣，當即頒行，藉收鼓舞化導之益。又所稱軍樂，尚未專修，……深考各國軍隊，皆有專訂樂章，而蹈厲發揚，洵足振奮士氣。我國陸、海軍軍樂隊，雖照章編設，惟軍用之樂歌，未加修訂，應請旨飭樂部，將有合軍用之歌辭及其樂譜，選擇編輯，會同軍諮處、海軍部、陸軍部，詳加修訂，請旨頒行，以成專章，而張武烈。奉旨依議。」

又經同年（宣統三年，1911年）禮部會奏，遵擬國樂辦法稱：

「我國國樂迄今未經編製，即前出使大臣曾紀澤所擬，亦未奏定頒行。自陸軍成立以來，則又別製一章，指為國樂。……查禮部奏請，由使臣考求歐洲及日本等國樂譜，茲請咨送前來，臣等詳細研求。……所有應訂國樂，擬請由臣等延聘通才，及諳習音樂人員，參酌古今中外樂制，詳慎審訂，編製專章，奏請欽定頒行。依議行。」

此辦法經過各部會奏結果，由典禮院遴委禁衛軍軍諮官鎮國將軍溥侗（即崑曲大家紅豆館主）與海軍部參謀官協統衛嚴復（1853～1921年），同任編制事宜，以《律呂正義後編》為基礎，詳慎參考各國樂章編訂完成，先交由禁軍樂隊演奏，其節奏協和，尚稱壯美，請降旨由典禮院通行一體遵照辦理，並由軍諮府、陸軍部、海軍部通飭陸、海軍樂隊，遵照演習，其從前各項樂章，即不得再行沿用，俾免

分歧。又咨外務部，轉咨出使各國大臣，凡外交公讌，均改用新訂國樂專章，以表尊崇而敦睦誼。當年一般人民所見軍樂，俗稱「洋鼓、洋號」。當時對於西洋樂器，也都根據外文發音翻譯，如稱「披霞拿」爲鋼琴；「梵啞鈴」爲小提琴；「丁百尼」爲定音鼓；「劈殼洛」爲木管（今爲短笛）；「沙克索風」爲低音號（今稱薩克管）；「立得爾掘魯姆」爲小鼓；……俱載入《續清朝文獻通考》中。

辛亥革命前後出現了大量的「學堂樂歌」。學堂樂歌也是當時進步的知識分子，有意識用作傳播民主革命思想的一種手段。隨著學堂樂歌的傳播，西洋音樂的基礎知識，才開始在一般的人民心目中，得到初步系統的介紹，並且爲我國現代音樂文化的發展提供了必要的條件。【註十一】

第七節　中國古代音樂美學

「音樂美學」是從音樂藝術總體的高度研究音樂的本質和內在規律性的基礎理論科學。

中國古代音樂美學思想的發源，可以追溯到史前時期。在古代文獻資料中，看到先民們不僅早已具有音樂的審美意識，而且也發生了關於音樂的起源及其功能的種種想像性思維。他們認爲音樂起源對自然、風、氣的模仿，音樂的功能是可以幫助人類征服自然、戰勝敵人等等。當時這些看法，都是在宗教與神話的形式中出現，成爲後世文明社會中音樂思想的萌芽。

一、早期音樂美學思想

西元前十一世紀大約在西周時代，統治階級已經把「制禮作樂」當作國家大事來看待，並認識到音樂具有爲政治服務的功能。到了奴

隸社會末期，亦即在先秦諸子之前，普遍流行的一種音樂美學思想，便是摻有宗教觀念的音樂多功能說，認為音樂不僅具有教化作用，而且還具有以事鬼神、以諧萬民，以致百物等多種功能。其次還發展了關於音樂特徵的「和諧說」。這裡「和」的涵義，正是多樣的統一；適中、不過分等定義。這一切在當時的思想家、政治家如季札、子產、晏嬰，音樂家如伶州鳩等人的言論中，普遍有所反映。它們已經開儒家音樂思想的先聲。

二、孔子音樂美學

　　孔子（前551～前479年）的音樂美學思想：㈠要求音樂必須具有「仁者愛人」的精神。㈡把音樂的審美標準提到「盡善盡美」的境地。㈢強調音樂作為教育手段的作用：「興於詩，立於禮，成於樂」。突出音樂在他的教育思想體系中的地位。㈣在他的美學思想中，音樂藝術已不再予宗教以任何束縛，所謂「子不語怪力亂神」。㈤對音樂藝術的邏輯給予形象的描述：「樂其可知也，始作，翕如也；從之，純如也；皦如也、繹如也，以成。」

三、荀子音樂美學

　　荀子（前313～前238年），所寫的關於音樂美學的專論在《荀子》〈樂論〉中。其主要成就：㈠以音樂的社會、政治、教育功能說與「中和」的審美標準說為中心，將禮樂思想進行了歸納、整理，使之理論化。㈡他認為音樂的本質，是人的心理活動、思想感情的表現，但人的情感如不以「禮」約束，必然導致混亂。㈢人的本性是「多欲」，追求對「慕色」的享樂是正常行為，他肯定了人追求音樂享受是合理性的。

四、呂氏春秋與樂記中的音樂美學

　　《呂氏春秋》與《禮記》、〈樂記〉，在中國古代是比較充份體現儒家音樂美學思想的著作。從儒家音樂思想的歷史演變看，荀子〈樂論〉如果是其奠基性作品，則〈樂記〉是集前人之大成的著作；《呂氏春秋》便是居二者之間的。〈樂記〉中的最著名論點：「感於物而動，故形於聲」等的，在《呂氏春秋》中已具雛形，對後來中國的整個藝術和美學有巨大影響。〈樂記〉闡述了音樂的內容與形式，以及美與善的關係問題。對孔子「盡善盡美論」予以進一步發展。中國古代儒家的音樂美學思想——禮樂思想，演進到〈樂記〉，已經達到了極限。自漢代以後，雖然一直綿延不絕，但大多陳陳相因，基本停滯，罕有發展了。

五、墨子、老子、莊子音樂美學

　　先秦時期，與儒家禮樂思想持對立觀點的思想家，主要有墨子（約前480～前420年）、老子（生卒年代略早於孔子）和莊子（約前355～前257年）。墨子著有〈非樂〉篇，認為音樂會浪費人力、財力，妨礙生產，故極力加以反對。老子、莊子的理想，是回到人類的最初狀態，即「至德」之世。他們認為：在那至德之世，民性自然素樸，既無禮樂，也沒有君子、小人之分。等到有了禮樂，社會便產生了對立，人世間原有的純樸之美，便遭到破壞。另一方面，老子、莊子又是懂得音樂藝術規律的人：老子講「大音希聲」。莊子講「至樂無樂」，並且把整個宇宙自然、天體運行，看成是一首最完美、最和諧的無聲樂曲。音樂的規律與宇宙自然的規律之間是相通的、一致的。

六、嵇康音樂美學

　　中國音樂美學的發展至魏晉以後，人們已不滿足於就原來音樂的起源、本質、特徵、功能等問題進行一般性探索，而轉入了對音樂自身的規律，和各個具體部門（如古琴、聲樂、戲曲等）的特殊規律，進行深入的研究。這個轉變的最初代表，便是晉人嵇康（224～263年），他所著的〈聲無哀樂論〉的主要觀點：是否認音樂具有人的情感內容，認爲音樂的本質，僅在於聲音的單、復、高、埤、舒、疾等所構成的形式方面，音樂的美，即由樂音組成的形式美。強調音樂藝術的獨立性，否定音樂與社會政治的關係。但他的思想卻符合魏晉時期出現的有關藝術自覺的時代潮流；同時對於秦漢以來居於統治地位的儒家禮樂思想，是一種叛逆。他的另一名作〈琴賦〉的觀點，與〈聲無哀樂論〉的理論基本一致，可視爲對其〈聲無哀樂論〉具體形象的發揮與運用。

七、唐宋元明清九大琴家音樂美學

　　魏晉以後，中國音樂美學發展的重心，逐漸轉向古琴（七弦琴）的領域。琴的美學眞正的奠基時期，是在唐、宋時代。琴學史上第一部較有份量的著作，可算是唐代琴家薛易簡（活動於742～756年間）的《琴訣》。此書今已不傳，只剩下一些片段。從這些片段中知道其主要論點，是以琴爲寫心傳志爲主的美學。在宋代著作中，規模最爲宏大的，是朱長文的《琴史》，他卻少有對於傳統的突破。惟北宋琴家成玉磵（活動於1111～1117年間）的《琴論》其中所涉及的問題，可說是「意境論」的先聲，及「氣韻生動」爲琴的藝術的美學準則，他認爲只有「質而不野、文而不史」，方屬上乘；在論彈琴修養時，則合儒、道、佛兼而用之。繼成玉磵之後，琴學著作大量湧現，其中較有代表性的，有宋劉籍的《琴議篇》、元陳敏子（活動於1314～1320年間）的《琴律發微》、明李贄的《琴賦》、清蘇璟的《鼓琴八

則》，以及祝鳳喈的「傳神說」等，雖各有特色，但大都超不出成玉磵《琴論》的畛域。明清時代，最能體現七弦琴音樂美學特色，及其成就的著作，應屬明末琴家徐上瀛的《谿山琴況》。他的主要貢獻，是發展了唐宋以來的「意境論」。寫了24種琴藝術的風格、境界，幾乎囊括了中國傳統的琴的審美理論的一切成就。

八、戲曲美學

　　中國傳統音樂美學，還包括表演、演唱方面的美學。中國傳統唱論，具有應用美學的特色，其中大多數是講吐字等技術、技巧方面的問題，系統涉及美學問題則比較少見。中國表演美學不僅十分講究聲音的韻味美、形式美，同時也強調演唱要從內心出發，要按情行腔，須心中有意等等。由此略可窺見中國戲曲傳統美學的精神所在。【註十二】

九、追蹤世界音樂潮流‧揭示中國十大音樂美學觀念

旅美音樂家周文中演講：

一、中國音樂很注重外來音樂文化的吸收和融匯。

二、中國音樂的宮廷音樂與民間音樂相互影響，且相互循環。

三、中國音樂注重音色與音高相互對比，西方音樂注重和聲。

四、中國的美學自文字中演變而來，例如「詩中有畫，畫中有詩」即是一例。

五、中國的詩詞、水墨畫、音樂三者是合而爲一的。

六、中國音樂音階音色關係的認識，常以特殊記號記載。

七、中國音樂的結構緊湊，常以簡單手法表達情緒，有「意在言外」的效果。

八、中國音樂非常注重與大自然結合。

九、中國音樂常從大自然中得到靈感，且超越大自然。

十、中國音樂向來注重精神層面。【註十三】

陳萬鼐按：美學的意義，就是研究美的性質及其法則的科學，也稱「審美學」。此學發源於古代希臘，至十八世紀德國哲學家包姆加敦（Baumgarten）的闡揚，才成為獨立的學問。研究音樂問題的美學，稱為「音樂美學」。

音樂為藝術類別中的一種，其藝術特質，亦是以直觀、感情、想像為原動力，許多藝術問題，諸如「形式說」、「實質說」、「模做說」、「浪漫說」、「遊戲說」、「感情移入說」、「唯美說」等……，其旨意是為追求比例均衡，協調統一，不重形式美的絕對觀念；或者模寫大自然，給予人們的快感；或是業餘嬉戲娛樂，將自身投入美的對象生命之中，也就是見到自然情景、幾何裝飾，而發現感情移入事實的存在。美就在美的本身，並不在意對於人生效用如何？為「美」而「美」，才是美的本質，重視藝術價值創造與鑒賞。音樂藝術美學的特質及其追尋的目的，應作如是觀。

第八節　音樂考古

「音樂考古學」是依據音樂文化遺存的實物史料——發掘而得的或傳世的遺物、遺址、遺蹟——如樂器、樂譜及描繪有關音樂生活圖景的古代造型藝術作品等，借助考古方法來探討音樂史、樂器史，以至歷史上的音律形態、音階形態等音樂學課題的一門科學。

音樂考古學是音樂學的一個新興的分支。它的研究範圍與考古學既有聯繫，又有區別。音樂文物的考古，最初是考古學的一部分，如：美術考古、絲綢考古、陶瓷考古、青銅器等有關樂器的考古是並行的，

國際上稱爲「音樂考古學」。現在的音樂考古學，基於研究角度的不同，其來源雖亦出自對於音樂文物的考古研究，但實際內容，已越出考古學的範圍。例如：古陶塤的研究，可以借助陶瓷考古的手段，及其已有成果來鑒定它的形制、年代、文化屬性等；「曾侯乙鐘銘」的研究，必須借助於古文字考古，與青銅器考古的成果；「敦煌古譜」的研究，也必須依據於古譜原件的文物考古研究。但由此又引出古塤音階問題，鐘銘的先秦樂律學史問題，敦煌譜的譯解問題等。因而，其研究範圍常常涉及古代樂律學、音樂形態學、音樂民族學的許多具體問題，也能從音樂學的角度起反饋作用，以助益於考古學的研究；例如：對於商、周青銅編鐘的音階發展史的研究，可以反過來對發掘資料不全的古編鐘提供斷代根據。因此，現代音樂考古學的內涵，帶有更多的綜合學科、邊緣學科的性質。它的存在價值，在於爲音樂學特別是音樂史研究，開闢了彌補文字史料不足的新領域與研究方法上的新途徑。

中國的音樂考古研究，可以溯源到先秦諸子。《孟子》〈盡心〉章記載一則孟子與他學生子高的對話，其內容是探討一件先商樂器的性狀，並與周初樂器相比較的考古研究。——陳萬鼐據《孟子》原文可語譯爲高子說：「禹的音樂，比文王的音樂來得美。」孟子說：「你這樣說，有什麼根據呢？」高子說：「因爲大禹的鐘鈕，已經像蟲蟊過一樣快要斷了，想是美聽擊奏次數多的緣故。」孟子說：「這個怎麼可以拿來做爲憑證呢？譬如城門車軌的轍道特別深，難道是一車兩馬之力所輾成的嗎？要知道這是由於日子長了，車子進出得多的緣故。大禹鐘鈕像蟲蟊一樣，那是年代太久時間長的緣故，並非美聽而擊奏太多呢！」——東漢以後，歷代正史中樂志、律志都曾根據當時的出土文物，對前代的定律器作了文獻的或度量衡方面的考證。宋代的學術思想，突破了前代的章句注疏之學，對樂器考古研究，起了重

大作用，開始注重圖形、款式、各項數據的著錄與研究。其代表性的
著作有呂大臨《考古圖》十卷及其釋文等。後世在樂器考古方面，便
沿著宋代金石學的研究方法進行。清代的乾嘉考據學派學者，對考古
也有一定貢獻。

　　二十世紀在新文化思潮的影響下，出現了文學家劉復所開創的古
樂器測音工作，並有考古學家唐蘭《古樂器小記》等著作。其後，中
國音樂史專著，以及由音樂學家倡導的音樂考古調查研究活動中，充
分重視了文獻考證，與實物考古相結合的研究工作。【註十四】

　　史前時代的樂器，自然全靠考古發現，歷史時代的樂器，也主要
靠考古發現，而文獻上關於古樂器的記載爲數有限，且多語焉不詳，
陳陳相因，這就決定了古樂器學的研究方法，主要是考古學所普遍使
用的研究方法，如地層學、類型學等，以及它自身所特殊的模擬（復
原和復製）試驗、樂器學分析和音樂聲學檢測分析。因此我認爲，它
應該既是普通考古學的一個特殊分支，又是古代音樂史學的一個重要
組成部分。正是由於它是一門交叉性很強的邊緣學科，必然要和許多
相關學科，如民族學、語言學、古文字學、美術考古學、物理學、材
料學、人類學等等，有著密切的聯繫。至於它的研究目標，我的設想
是：研究古代樂器的年代、類型、體系和性能，闡明它的發生、發展
演變和消亡的序列和規律，以及它在社會歷史發展中的作用、地位和
意義。【註十五】

　　陳萬鼐按：1974年陝西省扶風縣黃堆強家村窖藏的「師𣌭鐘」出
土。陝西省扶風、岐山一帶，位於關中平原西部，南臨渭河，北依岐
山縣，近年來考古發現，證明該地區爲西周「岐邑」──周王朝政治、經
濟、文化活動中心，故而周文化遺址十分密集，窖藏出土的青銅器也

十分豐富。自從西漢宣帝神爵四年（前58年）以來即出土銅器——「是時，羨陽得鼎，獻之」（見漢書・郊祀志）。顏師古注：「羨陽扶風之縣也。」「羨陽」即今扶風縣，兩千多年來出土文物連綿不絕，嘗被人稱爲「西周銅器產地。」這些出土的窖藏，也絕非一家一人所有，或係因一時一事政治的變故，將器物成批疊放，草率掩埋，以待歸來時取出。這「事故」可能發生在周幽王十一年（前771年）避犬戎入侵，王室東遷。今扶風縣出土西周名鐘，如「瘭鐘」、「柞鐘」、「中義鐘」、「㑬鐘」、「南宮乎鐘」、以及無銘的雲紋甬鐘二種，都是國之重寶。正史中記載此類考古發現事實甚多，茲不縷舉。

中華民族五千年歷史文化，在考古的文物方面，除了載籍的記述以外；古蹟方面如石窟寺，有山西大同北魏雲岡石窟、甘肅敦煌唐代莫高窟；古建築與紀念建築，有山東濟寧東漢嘉祥武梁祠墓群石刻、陝西西安唐代大小雁塔；石刻如東漢至近代碑林石刻；古遺址有北京周口店（舊石器時代）、及河南仰韶村（新石器時代）；古墓葬如浙江杭州南宋岳飛墓；以及近代具有歷史永遠保存的建築物等等，而且各地方歷史文物還在不斷發現。臺灣的歷史文物與遺址，也有許多引起世人注目的，如臺北市圓山貝塚、臺東卑南族遺址、臺南市赤崁樓、臺北縣紅毛城、阿里山神木……，都算是相當珍貴。

現代，考古研究的領域與時代，較從前推廣了許多：如北京歷史博物館稱，大陸唯一的水下考古隊，正在渤海灣的長山列島附近海域，搜尋距今四千多年前的沉船工作；發現了幾片龍山文化與岳石文化的陶片，如果證實有岳石文化時期的沉船，那將是全世界現知最古老的沉船。還有大陸與美國科學家，在北京東北郊外，發現世界上最早的花卉化石兩枝，大約長八公分，這嫩枝化石，估計是一億四千兩百萬年前侏儸紀的生物。據報導這化石比起曾經被認定是世紀最早花卉石的花粉化石，還要早千萬年，由此也證明了被子植物在侏儸紀已存在，

亞洲北部在侏儸紀已經有花卉植物及傳播花粉的昆蟲。最近，在新疆吉爾吉斯境內阿克別希姆遺址，發現一塊漢文的碑銘，經「安西大都護府國際學術研討會」，證實這裡就是唐代的碎葉城（詩人李白出生此地），《大唐西域記》稱它爲「素葉水城」，充份表現了大唐對西域的經營功績。以上數點更足以說明考古的功能與價值。

第九節　日本韓國雅樂與中國古代歌舞

　　中國古代的歌舞形像，一般人都認同日本「雅樂」近於唐代音樂、韓國「雅樂」近於宋代音樂；據說這是從兩國雅樂演奏的審美觀而判斷的。事實上，不僅如此，在唐宋時期甚多舊籍，也皆記載中、日、韓三國文化交流，彼此相互有傳承的記錄，但看誰能完整無缺保存下來？孔子曰：「殷禮吾能言之，宋不足徵也，文獻不足故也，足，則吾能徵之矣。（論語八佾）」茲爲研究中國古代歌舞形像問題，特輯日、韓雅樂來華舉行演奏會節目資料，及其實際表演情形，猜想中國古代音樂舞踊可能的流風餘沫。

一、日本「雅樂」

　　現代日本流傳的雅樂有三種：㈠秉承日本古代傳統的宮廷音樂舞蹈；㈡由亞洲各地傳入的樂曲；㈢譜自外國音樂形式的日本樂曲。探究日本雅樂的源始，溯自兼收印度、波斯、高麗、滿州及印度支那半島音樂影響的中國古代宮廷音樂，於八世紀傳入日本。平安朝時期興盛，廣於宮宴、神社及廟宇祭祀中演出。時至今日，雅樂只在一些特殊場合中演出，而少數祠廟則仍然保持此傳統。除被奉爲神樂外，雅樂亦獲公認爲一優雅之藝術形式，深受無數研究藝術人士及音樂演奏家之推崇。現在可以舞臺上欣賞到的「雅樂」，它的演奏形式，可分

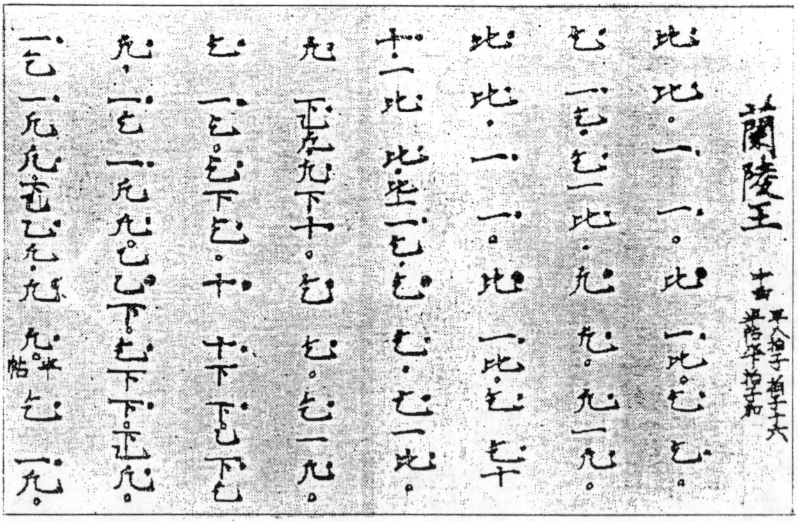

譜例二 「壹越調・蘭陵王」雅樂譜 (採自日增本久喜子雅樂)

陵王亂序

譜例三　「陵王亂序」雅樂譜（同上書）

爲下列三種：

一、**樂器**：「雅樂」現用的樂器共14種，類似管弦樂隊

　　㈠管樂器5種：篳篥、龍笛、高麗笛、神樂笛、笙；

　　㈡弦樂器3種：琵琶（四弦、四柱）、樂箏、和琴；

　　㈢敲擊樂器6種：笏拍子、鉦鼓、羯鼓、三鼓、太鼓、大太鼓等。

二、**舞樂**：伴以雅樂演奏的舞蹈表演。

三、**聲樂**：以樂器伴奏的演唱。

　　「雅樂」的舞樂動作，在初期只是模擬實際現象，經過很長一段時期演進、修飾，逐漸變成抽象，乃至於極端抽象。近代舞樂，基於上述演進理論，多編排成簡單的幾何圖案，動作求其細緻。表演者舞蹈時，每一舞均環繞著一個簡單主題動姿編練而成，如「陵王」〔譜例二〕〔譜例三〕即北齊蘭陵王長恭故事，便以戰陣英雄的舞姿爲主導；「還城樂」即一位蠻夷長捕得心愛的獵物—長長一條的白蛇；「打球樂」即古代踘蹴之一，舞者手持曲棒，舞臺中央置一球，主題模擬參加遊戲者，持桿擊球的各種姿勢，這些舞姿都相當於現代的器械操的「分開動作」，覺得它十分美化悅目。

　　舞樂的動作及節奏，全由大鼓領導進行，如果屬於單人舞，多於舞臺中央起步，群舞多爲一組個人舞，串連而成，以舞者首次出現於舞臺的位置爲起點。就形式上而言，「雅樂」可稱爲最理想的小合奏組合。它的音樂基本結構，是要每一種樂器發音，均清晰可辨。若從樂器的使用而言，它類似管弦樂隊，幾種基本樂器，如敲擊、管、弦器皆備，然而這多種樂器雖同時演奏，音色卻不是完全融合於一體的，以致每一組樂器，均可分辨清楚，頗與歐洲十四世紀時，音樂合奏時，弦、笛、伸縮喇叭及風笛等聲音各部可辨，有異曲同工之妙，與十九世紀西洋樂隊合奏，講求和諧的風格迥異。這種音樂的優點，在使人

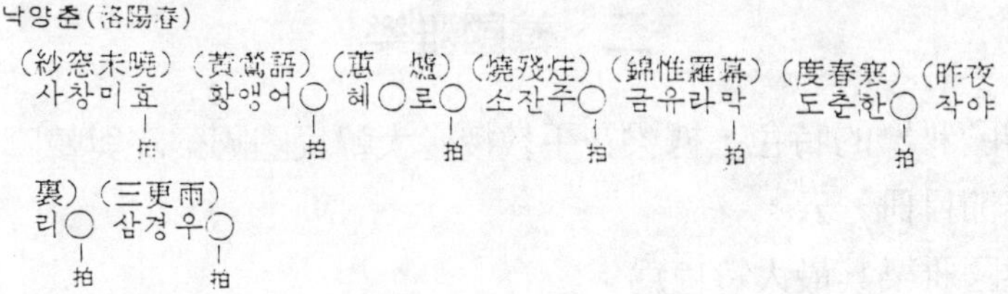

낙양춘(洛陽春)

(紗窓未曉) (黃鶯語) (蕙　然) (燒殘炷) (綿惟羅幕) (度春寒) (昨夜)
사창미효　황앵어○　혜○로　소잔주○　금유라막　도춘한○　작야
　　　│　　　│　　│　　　│　　　　│　　│
　　　拍　　　拍　　拍　　　拍　　　　拍　　拍

裏) (三更雨)
리○　삼경우○
　│　　　│
　拍　　　拍

〈악보 3-3〉 俗樂源譜 信篇의 洛陽春

18) 張師勛; 『國樂論攷』(1966) 步虛子論攷, 『韓國傳統音樂의 研究』(1975) 步虛子論復攷
　　 및 『國樂槪論』(1975) 步虛子, 洛陽春條 參照.

譜例四　洛陽春井間譜 (採自張師勛韓國音樂史)

更能深入了解樂章細膩的所在（原註取材東儀和太郎「雅樂—宮廷音樂及舞蹈」二二面）。【註十六】

二、韓國雅樂

韓國雅樂的特色，據梁在平教授〈大韓民國國樂院與韓國國樂來華演奏節目冊〉云：

韓國雅樂其最大特色爲：

一、延襲我國宮廷雅樂古制，保守特有風格。

二、以編鐘、編磬爲首的古樂器，全部完整地保存著。

三、奏樂時著古代衣冠，席地而坐，樂士長持板拍，以爲指揮。

四、樂曲大部爲慶典及祭祀音樂，莊嚴肅穆，無與倫比！

五、舞蹈與舞樂，全部古風，衣有專服，樂有專譜，音容協和，耳目爲奪！

六、唱則古詞，高亢悲歌，聆之熱耳酸心！

七、雅樂、俗樂列爲一體，齊頭發展。

此文又云：「據日本東洋音樂會會長田邊尙雄的研究報告說：『韓國的雅樂，承中國夏殷周三代音樂遺制，中國雖已大部失傳，韓國尙屬完整，爲目前世界上最珍貴的組織之一。證以漢城慶福宮博物館中所存從新羅古墳中掘獲周朝的古壎，可證其源遠而流長。……』」又云：「韓國的雅樂中其宴樂部份，比較著名的樂曲，有『令』、『步虛子』、『慢』、『洛陽春』〔譜例四〕、『井邑』、『民樂』等，其中『洛陽春』和『步虛子』兩曲，據告爲我國宋朝傳去者。」又云：「各項舞樂……，大部尙完整地保存著古代舞蹈的身段手勢步法，樂曲的配合進退，全部完好無缺。以筆者（梁氏）所看到的兩項舞樂而言，『春鶯囀』係1人獨舞於長方氈上，儀態優美！而『拋球樂』係先將錦裝牌樓斜置舞臺中，舞女8人，其中2人司儀，主賞者持花數

把，主罰者手捧筆墨，8女或分或合，拋球者如不中，則由主罰者在
唇左劃一大鬍子，如球入洞穿出，則由主賞者贈花一把，樂聲舞容，
協合無間，耳目爲奪。」【註十七】

　　陳萬鼐按：唐高宗永徽四年（653年）日本開始派兩批「遣唐使」
來長安，每批皆有留學生及學問僧120餘人隨船來華，吸取大唐漢文
化，現奈良正倉院歷世相傳的寶器，大率爲唐朝文物。據《日本書紀》
續篇：日本文武天皇大寶二年（武后時代、700年）正月，曾經演奏
唐太宗親製「五常太平樂」（仁義禮智信）四人舞，此舞樂曲序、破、急
俱全，爲樂家例先教習之曲。「陵王」與「蘭陵王」兩者樂系有別，
「陵王」並非北齊陵蘭王長恭代面驅敵故事。韓國高麗時期（936～
1392年），將宮廷音樂按其來源，分爲「雅樂」（中國宮廷樂）、「
唐樂」（中國、印度、中亞、西亞等國及地區的民間音樂）、「鄉樂」
（韓國固有音樂）三種，雅樂是宋徽宗政和六年（1116年）「頒賜新
樂，當時所賜者於樂器之外，並及所用之冠服等（高麗史樂志）。」
所謂「所賜者」乃「新樂」與「大晟樂」。據《高麗史》所載，高麗
時代的「唐樂」有「獻仙桃」等5曲，及以唐樂爲基礎的小曲有「惜
奴嬌」、「萬年歡（慢）」等43首，共48首；此外，筵宴畢所唱「風
入松」等2曲；與李朝時期（1392～1910年）更添增的「金尺」等9
曲，可謂韓國古代音樂全部的基礎；在《樂學軌範》中也有部分相同。這
些曲子中，可以根據宋金人詞曲，如宋曾慥《樂府雅詞及拾遺》、趙
聞禮《陽春白雪》、佚名《草堂詩餘》、歐陽修《近辭樂府》、金元
好問《中州樂府》……等書，在上列「萬年歡」等43首小曲中，有31
首完全抄錄宋金時代人的詞。「風入松」也見於《草堂詩餘》。至於
這些曲子所歌唱的聲調，大多忠實沿用宋詞的原調必要，意味這些唱
聲，殊可以推想當年宋詞的歌聲了（〈宋樂與朝鮮樂之關係〉，內籐

虎次郎著、林大椿譯，《小說月報》 22卷9期，東豐書店印行）。近年（約1980～1989年）韓國國立國樂院，出版《韓國音樂學資料叢書》28冊（承贈送我一套，及韓國音樂舞蹈國樂專輯與有聲磁片數十種），此叢書分別影印韓國古代樂書的原刻本；手抄本百餘種，包括〈三國史記樂志〉、〈高麗史樂志〉、〈文獻備考樂考〉以及「儀軌」（如《進饌儀軌》類 10餘種）「軌範」（成俔《樂學軌範》）、「古樂譜」（爲數最多）、《樂院故事》、《蘭溪遺稿》等書（朴堧號蘭溪、仕宋朝藝文館大提學，富音樂天才，據中國三分損益法，改革、製造樂器，創作大型合奏曲），全書皆用中文著述，內容詳實，圖式繪製精美，誠爲研究韓國音樂最珍貴文獻。尤其有志致力於中國古代音樂研究者，讀此書毫無文字隔閡，如覯故人，快慰奚似！

　　上述日本、韓國「雅樂」與中國古代音樂，源遠流長，信而有徵。

第十節　中國古代音樂變遷史的斷代

　　中國音樂觀雖發生於周末，完成於漢時，但在全部中國音樂史中，它卻自來一向能保持著它有力的地位。雖自秦漢以後，下至隋唐，其間有一個期間，這種音樂觀，曾暫時失去實際控制的力量；但即使在華夷音樂相互交融，達到最高峯的晚唐時期，學者們的意識中，還根深蒂固地，對於想像的中和音樂，有所懷念。這在當時的記載和詩文中，時時可以見到。到了宋代以後，復古的思想，相繼而興，直到滿清，流風愈熾；對於中和音樂的追求，更見得非常熱烈；而這種音樂觀對於那時候學者們所生的力量之大，更不消說。因此，將歷來對於這種音樂觀反應的大概情形，作爲區分中國音樂史時期的根據，比較容易把握各期的中心特點，而便於記憶。則中國音樂史可分成下列三個時期：

一、上古期：遠古至戰國（約前330～前246年）包括遠古、夏、
　　商、西周、春秋、戰國。

二、中古期：秦代至唐末（前246～907年）包括秦、漢、三國、
　　兩晉、南北朝、隋、唐。

三、近古代：五代至清末（907～1911年）包括五代、遼、宋、
　　西夏、金、元、明、清。【註十八】

　　日本音樂史家岸邊成雄，把中國音樂史如下劃分：㈠古代前期（
固定音樂時代）；㈡古代後期（國際音樂時代）；㈢中古（國民音樂
時代）；㈣現代。岸邊成雄的劃分法是根據中國音樂的內容而作的，
它不僅可以表現中國唐代音樂是燦爛頂峯，而且可以使我們了解何以
近代中國音樂一直落後的原因。下面將西洋與中國音樂史時代劃分並
列，作爲參考比較：

西　　　　　　　　洋	中　　　　　　　　國
古　　　　　代 一、單旋律音樂時代。 二、賦有音樂道德與政治的任務。 三、幾乎沒有留下的樂譜，但有樂器 　　、理論書、歌詞等的保留。	**古　代　前　期** 一、單旋律音樂。 二、固有音樂時代 三、禮樂爲主。 四、留下的樂譜幾乎沒有，但有樂器 　　、理論書、歌詞等的保留。 　　　（至四世紀的晉代）
	古　代　後　期 一、複旋律合奏音樂。 二、舞樂爲主。 三、國際音樂時代。 四、樂譜保留相當多。

（至六世紀格里哥利聖歌的產生）	五、古代樂的頂峯。 　（至九世紀的唐代）
中　　　　　　古 一、複旋律合唱音樂時代。 二、宗教音樂爲主。 三、西歐音樂的眞正本源。 四、音樂環境孤立。 　（至十六世紀文藝復興）	**中　　　　　　古** 一、戲劇音樂爲主。 二、音樂環境孤立。 三、音樂開始衰落。 四、國民音樂時代。
近　　　　　　代 一、主旋律和聲伴奏音樂時代。 二、音樂藝術脫離宗教，政治或其他 　　藝術獨立。 三、音樂開始猛進。 　　（至十九世紀）	（至十九世紀的清代）
現　　　　　　代	**現　　　　　　代**

　　由上表我們可以了解：在唐代中國音樂燦爛輝煌的時代，西洋音樂還在簡單的單旋律文化時期，西洋複旋律音樂開始於九世紀。但是中國古代音樂的長期發展，卻引起近代音樂的遲到；換句話說，我們的近代與現代音樂同時開始於二十世紀，晚西洋約300年。【註十九】

　　陳萬鼐（據林珀姬意見）按：西方音樂的發展，原以西歐爲主體，現代已遍及於世界各國，交響樂團成爲「無國界」的樂團組織模式。本世紀以來，音樂學者在世界各國進行各種不同民族體系音樂研究，發現這些民族都有非常複雜的音樂節奏，與循環節奏，以及各種平行、合音、複音的歌唱方式……，各具其獨特的風格，與美學的認知，受到

舉世學者的尊重。這些都說明音樂文化發展是多元化的，在時空上彼此不相軒輊。

附錄　近四十年來中國大陸各省出土先秦音樂文物選粹

在兩岸未開放、文化未交流時期，要想知道大陸各省出土了那些音樂文物，是件非常困難的事。會利用圖書館找資料的人，可以從大型圖書館所收藏中的外文（英日文等）藝術書、刊（如國家地理雜誌等），或者託在國外的至親好友，也可能收集到一點。現在，坊間已從各地進口許多種音樂書籍、圖鑒、圖志、期刊等公開發售，對於這方面有興趣的研究工作者，的確方便不少。我自己覺得一生眼福不淺，不僅很早就看到許多出土音樂文物圖片資料，而且還零星蒐集到幾百張彩色的幻燈片，用作自己欣賞與參考【註二十】。中國大陸在考古工作上的成就，受到世界的矚目，但音樂文物究竟有多少件出土？沒有見到正式的統計報告，甚且連那些是具代表性的，也都未作認定。本節僅是我「管中窺豹」，試將先秦時期出土音樂文物具有表徵價值的，選出三十餘件以概其餘，希望這些精彩的圖版及簡單說明，能彰顯中國古代是何等具有音樂文化與氣質的禮樂之邦！【註二一】

一、七孔骨笛

1987年河南省舞陽縣賈湖新石器時代墓葬遺址，出土七孔骨笛16隻，根據碳十四測定骨笛年代，距今約7000～8000年，相當於斐李崗文化時期。骨笛各長約20餘公分，徑約1公分，用猛禽翅骨鑽孔而成，兩端開口，無吹孔及膜孔，形制統一。現出土最完整的一隻骨笛編號M282—20，進行試奏，發音純正，至少是六聲音階（清商音階），或七聲音階（下徵調音階），然迄未獲定論。此笛最特殊的地

方，是第七孔旁有一個小孔調音？足以證明中國在新石器時代吹管樂器，相當進步了，曾被視爲「中國音樂文明之源」〔圖版五〕！1999年秋英國科學權威雜誌《自然》，介紹這件文物的發現，視爲世界上最早的吹奏樂器。

二、男女跳舞地畫

1980年甘肅省秦安縣大地灣新石器時代遺址發現，距今是5000～7000年。該遺址面積達1300平方公尺，清理出原始房屋地基240座，墓葬79處，窖址38個，各類文物8000餘件。其中有會堂式建築物一所，面積450平方公尺，地面鋪石、黏土、細砂，相當堅實。地畫圖案占地1平方公尺，繪畫一男一女跳舞形像，是先民精神生活具體表現，亦現階段唯一的文物，其價值不言而喻。

三、骨　哨

1972年浙江省杭州灣南岸，四明山、慈溪縣南部山地間河谷平原帶上出土。新石器時代（河姆渡文化）距今7000年。這些骨哨大部分是禽類動物的肢骨、長6～10公分，徑大小無定形。「骨哨」是原始社會的吹奏樂器，它起源於先民狩獵時，用來發音誘捕禽獸的工具，但也可吹奏簡單的曲調、伴奏及跳舞。〔圖版六〕

四、土　鼓

「土鼓」與「陶鼓」大概是不相同的古物？在某書籍上看到「臨汾陶寺陶鼓（夏）」圖，好像本省百貨公司買的「冰淇淋」一樣，這個杯子看來有兩個小耳，上大下小，盛著一球用圓剪挖出的一球「冰淇淋」，圖的正面還可以看到「冰淇淋」上開著兩個由內向外的圓孔（也許是三個孔），在直覺上沒有一絲一毫「鼓」的意識。我不知道

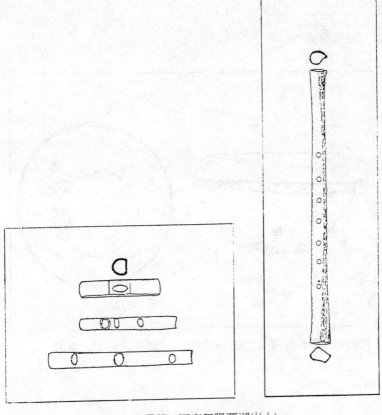

圖版五　新石器時代七孔骨笛 (河南舞陽賈湖出土)

圖版六　新石器時代骨哨 (浙江河姆渡遺址出土)

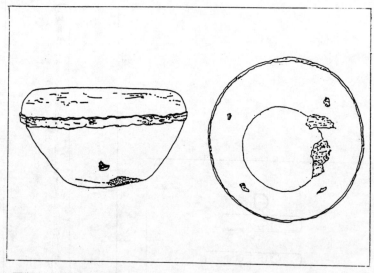

圖版七　新石器時代土鼓 (取材故宮文物月刊 81 期　重繪)

「陶鼓」究竟如何？在古籍上有這名辭嗎？一年我到山西訪問，承臨汾北區戲劇協會張彪主席，送給我許多資料：「陶寺」在「襄汾」縣，我與張主席同席用餐鄰座，相談甚歡，未曾要求安排拜觀此文物，頗失之交臂！據《周禮》〈大司樂・籥章〉引杜子春注：「土鼓以瓦爲匡，以革爲兩面，可擊也。」《禮記》〈禮運〉：「蕢桴而土鼓。」鄭註：「土鼓、築土爲鼓也。」鄭玄註比杜子春註高明多了，因爲用革爲鼓面是「想當然」的，「蕢桴」是摶草爲鼓槌，輕輕敲在土鼓面上，泥巴「築」的（條「築」用木棍敲打泥條成形）是經不起打擊，用蕢桴就沒有問題。

　　土鼓，鼓高12.8公分，最大腹圍22.5公分。鼓身與半山馬廠系列之彩陶壺的下半雷同，胎質細，泥紅陶色近磚紅，無彩，燒結情況比一般的半山彩陶雙耳鼓腹壺要粗鬆一些，較近馬廠彩陶壺。器身以條築法成形，並有用篾修整之痕。鼓面稍呈圓弧型，中央部分平面，並順著中心漸呈凹狀，鼓面中間有一不整之圓孔。鼓面中心處胎較薄，周圍則胎厚，用雙手合併拍擊之。⋯⋯這個鼓出土地點不明。因爲夏代以後，鼓出土相當多了，覺得稱這件爲新石器時代的土鼓，比較能爲一般人接受。（蔡和璧著，78年11月故宮文物引〈新石器時代考古報告〉）〔圖版七〕

五、陶　塤

　　陶塤出土的地址及時代與「骨哨」略同。用細泥捏製而成，表面光滑，但非平整，頂端只有一孔，但無音孔，（尺寸與測音未見記錄。其編號T23④：49），它是否稱「塤」尚待研究？但據河南鄭州銘功路出土的一孔「陶塤」形體比較，確屬相同。

　　「陶塤」（吹奏樂器）在西安半坡仰韶文化遺址、山西萬泉荊村遺址、甘肅玉門火燒溝遺址，及河南鄭州銘功路、二里崗商代遺址、

圖版九 夏石磬 (山西夏縣東下馮類型遺址出土)

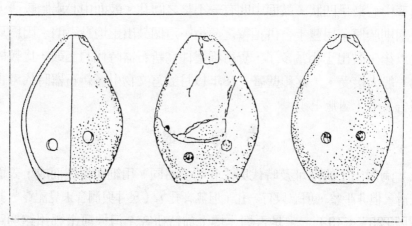

圖版八 殷陶塤 (河南輝縣琉璃閣出土)

輝縣琉璃閣區殷墓，皆有發現，是中國現存古老的樂器。〔圖版八〕

六、石　磬

　　1980年山西省聞喜縣出土石磬，新石器時代（龍山文化後期）。「石磬」長81公分、寬31公分，用石英打製而成，呈長方形，磬身沒有經過磨平，極具原始性。它一側稍微彎曲，上方有一個供懸掛穿繩用的錐形孔，孔徑由兩面向中央磨製。磬石下方有明顯的敲擊痕，此磬音質優美，證明它是經過先民音樂實踐，爲目前出土最早的音樂文物。磬是中國古代樂器之一，開始於原始社會新石器時代，原始舞蹈、歌唱，都是敲擊石器爲節奏。此磬音高爲837.58赫（a'-）。

七、夏　磬

　　1979年山西省夏縣東下馮類型遺址出土夏磬，距今4100年至3500年之間。夏（西元前2205～前1766年）「石磬」底邊長60公分，用原石打製方式成形，未經磨平石質紋理清晰可見，上端有一孔，供穿繩懸掛。磬身「股」、「鼓」（繫繩孔左右上沿）、「博」（繫繩孔左右側沿）逐漸明顯出現，即所謂「鯨魚頭」類型，極具原始性。此磬「敲擊發音，清脆悅耳。」〔圖版九〕

八、舞蹈刻紋巖畫

　　1976年內蒙古陰山山脈狼山地區發現。巖面高73公分，寬61公分，作畫年代大約是青銅器時代或更早，距今4000年。狼山地區，山勢巍峨，峽谷深邃，南麓靠近河套，山外平川廣野，沃地萬頃，據史書記載，我國古代北方民族，如匈奴、突厥、回鶻、黨項、蒙古等，都在這裡有過較長時期的活動。〔圖版十〕

　　巖畫中的舞蹈刻紋，到處可見。形成多樣化，有單人舞、雙人舞、

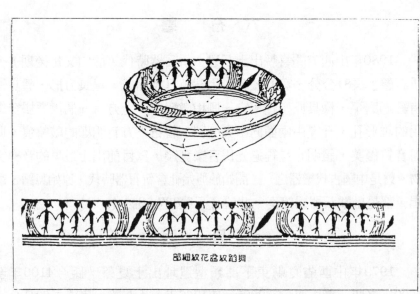

圖版十一　新石器時代舞蹈紋彩陶盆 (青海大通上孫家寨出土)

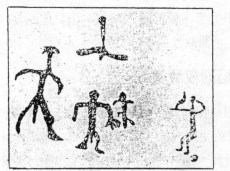

圖版十　舞蹈刻紋巖畫 (內蒙古陰山脈狼山地區發現)

團體舞等。舞蹈動作簡單，或雙臂上舉；或雙臂伸開，雙腿叉開。磴口縣額勒斯太溝南口的一幅舞蹈畫，有一群舞者，雙手叉腰，雙臂彎成弧形，腳尖著地，舞姿優美，比較少見。單獨舞者，大多數沒有裝飾，團體舞時則繫尾飾，有的扮成動物，有的週身環繞飄帶。美國印第安族屬，也發現類此嚴畫，時代也在4000年前。

九、舞蹈紋彩陶盆

1973年青海省大通縣上孫家寨出土，新石器時代（馬家窰文化）距今5000年。「舞蹈紋彩陶盆」高14公分，口徑29公分，腹徑28公分，底徑10公分。細泥紅陶燒製而成。舞蹈紋陶盆呈黃褐色、手製、斂口、捲唇、鼓腹，唇及內外壁均有彩。內彩主要紋飾為5人一群的舞蹈圖案，用內向弧線紋，將舞者分成三列，圍繞著盆沿形成圓舞。舞者手牽手，面向一致，頭側各有一斜道（紋），似為髮辮或髮飾；每舞群靠外側兩舞者的臂部，有二斜道，似為手臂及臂飾，或是繪畫者有意描繪舞者手臂動感的形像；舞者身體下肢部分，有三斜道，接地面的二道必是雙腿，另一道似為足飾，也很像是踢腳的動作？〔圖版十一〕

此文物我在1999年10月，美國華府國家藝廊博物館舉辦「中國考古的黃金年代展」（展品是大陸38個博物館的精緻文物），曾見陳列於第一展覽室最前面櫥中，感到十分親切。

十、象紋大鐃

1959年湖南省寧鄉縣老糧倉出土商（西元前1766～前1122年）象紋大鐃。鐃的造型和紋飾，都有明顯殷商時代的作風。「象紋大鐃」器身主紋為大獸面（即饕餮），用弧形粗線條組成，線條上佈滿雲雷紋。主紋左右下三方飾六虎，天魚和11個乳釘環，鼓部有一獸面，鼻樑似為

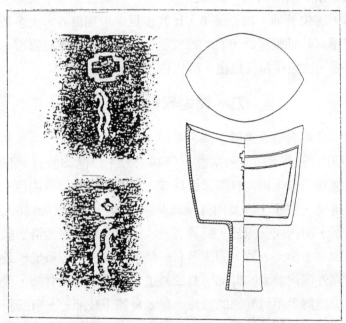

圖版十二　殷亞弜鐃 (河南安陽殷墟婦好墓出土)

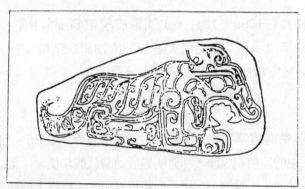

圖版十三　殷虎紋磬 (河南安陽武官村出土)

一頭牛，兩旁各有一頭下垂的夔龍紋。兩側各有一捲鼻立象，象身高6.5公分，長14公分。柄中空、柄上部接近舞面處鼓出，上有「C」形花紋8個，柄下部有渦紋乳釘四個。全身佈滿雲雷紋。

　　「鐃」是打擊樂器，在商代是3個相次爲一組，而「婦好墓」5個一組，大鐃則是單個的。殷商時期的「鐃」，其「正名」究竟如何？應用在何種音樂的場面上？迄今尚無法瞭解。〔圖版十二〕

十一、商代銅鼓

　　1977年湖北省崇陽縣汪家嘴出土商（西元前1766～前1122年）銅鼓。通高 75.5公分，徑39.5公分，重42.5公斤。銅鼓質地莊重厚實，造型奇偉。鼓面是橢圓形，素面，鼓身上部正中，立一類似某器物蓋鈕之物，下部正中有座相托。鼓框與鼓托飾「雲雷紋」，兩面蒙皮鼓箍端飾「乳釘紋」（鼓皮並非眞皮，而形像酷似）。此鼓爲現存殷商時期重器之一，對於研究青銅藝術及禮樂制度，有其珍貴價值。此「銅鼓」其外觀與現代的大鼓，可說一模一樣，這類樂器難道還保存原始形像數千年未變？

十二、虎　紋　磬

　　1950年河南省安陽縣武官村出土商虎紋磬。底邊長84公分，高42公分、厚2.5公分，大理石刻製。石磬正面雕著一隻似虎的動物，作張口欲吐狀，線條剛勁而柔和。它的背面光平，但也有幾處塗紅色，與小部分極細的劃紋，似乎要刻而未完成。懸孔上有顯著的磨損痕跡，表示它使用已久。這塊石磬只要輕微敲擊，就會發出相當明朗的聲音，已被研究音樂史的學者，作爲殷商時代音階的論證根據。此磬音高爲280.7赫（#c+）。〔圖譜十三〕

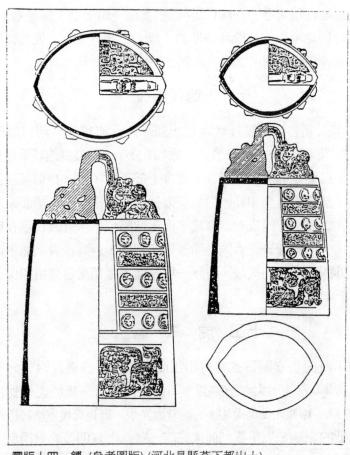

圖版十四　鎛 (參考圖版) (河北易縣燕下都出土)

圖版十五 蔡侯鎛拓片（參考圖版）

十三、克 鎛

「克鎛」是西周時期一件著名的銅器，幾十年來一直被收藏家什襲着，近年始在天津出現。據《貞松堂集古遺文》記述：北平琉璃廠趙姓的古玩商人說：「克鼎」、「克鐘（鎛）」是光緒16年（1890年）在陝西省岐山縣（扶風）法門寺任村一個窖中出土的，最初著錄於《周金文存》，其後《三代吉金文存》等有影印拓本。

克鎛通高63.5公分，體橢圓，口平，鎛體橫圈二道，有菱形紋16枚。正、背兩面的中部各有相對的二大夔龍，它在整個紋飾當中，佔主要部分。鎛銘文16行，79字，記述「克逷淫東至於京師」的一段勳業，時代在周定王時期。〔圖版十四、十五〕

殷商時代的「鐃」的口是向上的，「鐘」的口是向下的，鎛與鐘看起來相似，有時被人誤稱。鎛口是平形的，鐘口是橋形的。克鎛是中國大陸近30年來收集音樂文物之一，是珍貴的國寶。我常想「鎛」的時代比「鐘」稍早，從冶金科學技術文明上探求。克鎛兩旁有裝飾的「棱」，「棱」最早是見於殷商時代的編鈴，後來鈴沒有棱了，鐘便應運而生。

十四、雲雷紋鐘

1959年浙江省長興縣草樓村出土西周（西元前1122～前769年）雲雷紋鐘。通高51.4公分，甬長18.3公分。兩范合鑄，甬中空與內腔相通，無銘文。甬上有幹無旋，幹飾雲雷紋，和凸起的三角形鈎紋。甬上端兩面各有獸目狀乳釘一對。鐘兩面都有圓枚，枚飾圓渦紋。鼓、篆、舞、甬各部位均飾雲雷紋，佈局嚴謹穩重。雲雷紋鐘，甬上無旋，不可懸掛；鐘體上只分左右，各有9個枚，中間無鉦。從這兩點來看，這個鐘比無枚的鐘是前進了一步。但比鐘體有鉦，甬上有旋，它又顯

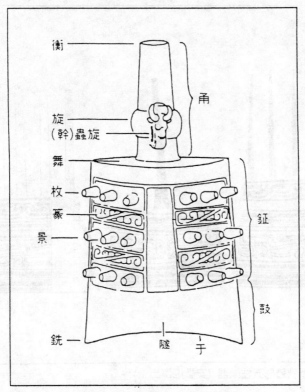

圖版十六　鐘的部位名稱圖 (參考圖版)

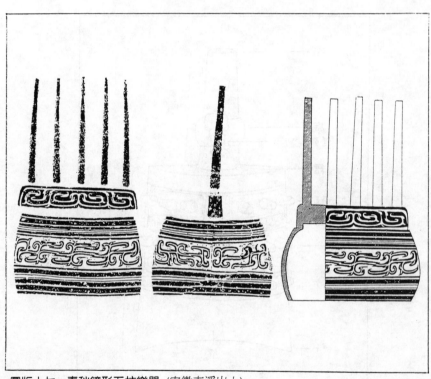

圖版十七　春秋鐘形五柱樂器 (安徽屯溪出土)

示出甬鐘初期的形態，應該是最早有枚的甬鐘，代表從殷鐃發展爲西周甬鐘的一個階段。這件銅器，紋飾精美，說明當時在冶煉技術，和掌握音律方面，有了高度的成就。

近40年來大陸各省出土了多少鐘〔圖版十六〕，我結撰《中華五千年文物集刊》的〈樂器篇〉一書，收集出土「鐘樂器」的鐃、鈴、鎛、鐘、鉦、錞于、鑾鈴、勾鑃等，截至1985年，已達118處之多，每一處有詳細出土時間、地點、墓葬形式，出土物的形制與尺寸，還附有已知實測的頻率，鐘的銘文與傳承關係。本節只是其「百分之一」代表性而已。一年吳釗教授與我談及此書，他說：該看到的都看到了。【註二二】

十五、鐘形五柱樂器

1959年安徽省屯溪縣西郊出土春秋（西元前770年～前476年）鐘形五柱樂器。青銅質，通高31.1公分，此器形制奇異，未曾見於古籍著錄，暫定本名。器下部分形似西周「鏞」（鐘）。口部平齊，有「鉦」「鼓」而無「篆」「乳」。「鉦」間飾「雙鉤夔紋」，「舞」有脊背，脊飾「C形雲紋」。「舞」上有排列間距相等五柱，敲擊柱端，即發出有高低的聲音，似與五聲音階有關係的樂器。〔圖版十七〕

十六、曾侯乙墓中樂器

1978年5月間，在湖北省隨縣西北約二公里郊外擂鼓墩，發現了一座西元前四世紀、戰國時期的大墓。這墓出土了大批的音樂文物，它對於古樂器與記譜法的研究，都具有實質上的價值。這個大墓的墓葬主「曾侯乙」，是當時「曾」國的國君。「曾」這個國家，也就是現代發現這墓地的「隨」縣。「隨」同時也叫做「曾」；從楚惠王贈送給墓葬主曾侯乙的「鎛鐘」來看，這個「曾」是楚的國中之國，而

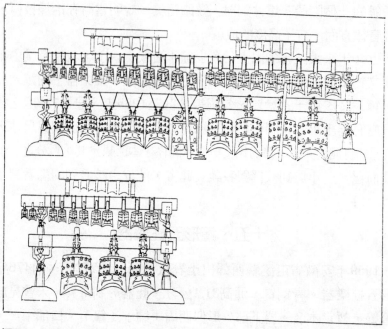

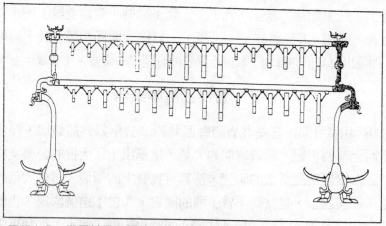

圖版十八　戰國曾侯乙編鐘 (湖北隨縣擂鼓墩出土)

圖版十九　戰國曾侯乙編磬 (湖北隨縣擂鼓墩出土)

楚國對他還相當禮遇。

　　曾侯乙墓出土的樂器：計有編鐘65件、編磬32件，鼓4件，瑟12件，琴2件，笙6件，排簫2件，篪2件，共計8種125件。這座墓享譽於世的，是它的編鐘，大家也都耳熟能詳。現在，只將鐘磬2種簡略敘述以外，其餘6種樂器，是後世該類樂器的雛形，就稍加詳細，以明古代樂器進化之源。

　　一、編鐘〔圖版十八〕　編鐘全套64件，在墓的中室內陳列著。其中包括鈕鐘19件，甬鐘45件，另外是楚惠王送給墓葬主的鎛鐘1件，總重量5134公斤。最大的甬鐘，通高153.4公分，口沿縱徑69.8公分，橫徑51.5公分，重203.6公斤。它的體形是現代發現鐘樂器中最巨大的一件。編鐘分3層懸掛在高大的鐘架上。這65件編鐘。依大小與音高為序，編成8組，鐘架上層19件鈕鐘，前6件是1套，後13件是1套，按無射均（#F調）的12個連續半音排列。中下二層由45件同一調高（姑洗均——　C調），三種形制的甬鐘和1件鎛鐘組成，是編鐘的主體。各鐘按周朝的傳統音序，從最低音「大羽」（la）到最高音「宮反」（do）排列，音域達5個8度，其中部音區12個半音齊備。演奏時，可由三名樂師手執雙槌打擊中層甬鐘奏出主旋律，另由二人用木棒撞擊下層甬鐘奏出低音與倍低音，進行烘托（此鐘一部分及若干精美的構件，也在「黃金年代展」展出，並進行演奏）。

　　二、編磬〔圖版十九〕　編磬32件，懸掛在兩個長頸怪獸的磬架上，架分上下2層，從有關的銘文看，全套編磬應為41件，上層按新鐘均（#F調——無射均）懸掛14件石磬，下層按姑洗均（C調）懸掛13件石磬，另有14件作為「間音」可隨時調用。這套編磬能與編鐘用同調合奏或同時轉調演奏。

　　三、鼓　鼓4件：㈠建鼓：用一根木柱貫穿鼓腔，插在精美青銅

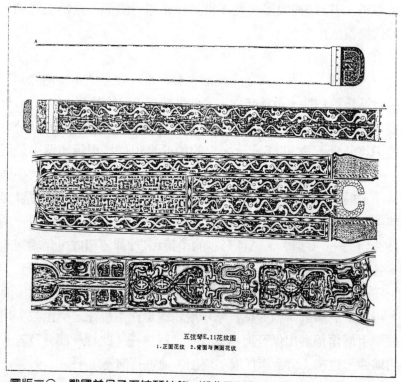

五弦琴E.11花紋圖
1.正面花紋　2.背面与側面花紋

圖版二〇　戰國曾侯乙五絃琴紋飾 (湖北隨縣擂鼓墩出土)

座上。鼓徑74公分，通高365公分，朱漆，出土時色澤仍鮮豔。㈡有柄鼓：體積較小，形似桶，鼓徑24公分，高23.8公分，有柄，可持之手擊。㈢扁鼓：鼓匡46公分，高12公分，有彩繪紋飾。㈣懸鼓：鼓有柄鼓徑42公分，高8.5公分，薄形，有彩繪紋飾。在鼓框圓周，有銅鋪首（獸頭形）耳環3枚，顯然是供懸掛打擊之用。此墓出土一件造形極為優美的「靈鳥」架，青銅材質，可能就是吊掛此鼓的構件。

我們研究中國古代樂器，有時僅僅看到圖片，產生大小上錯覺。所以，我非常注重尺寸的著錄，譬如鼓有多大多厚？笛有多長多粗？吹孔多大？對樂器實體的認知，比較落實。

四、瑟 12件：長方形，用整塊櫸木或梓木雕成或拼成，通體彩繪紋飾，色澤絢麗，共有3種形式，俱25弦：㈠瑟10件，通長168～166公分，首寬41公分。㈡瑟1件，通長164公分，首寬41公分，㈢瑟1件，通長151公分，首寬43公分。這3種瑟，以㈠式繪畫最精美，㈢式無紋飾。這些瑟的外觀，與湖南長沙馬王堆一號漢墓出土的瑟相似，卻是長了很多（漢瑟通長116公分），早期戰國楚墓出土瑟的情形，大致如此。另有瑟柱一包共1358件。

五、琴〔圖版二十〕 琴2件，木質，有二種形式：⑴五弦琴一件，形如長棒，通長115公分，首寬7公分，尾寬5.5公分，高4公分，五弦，無軫、柱，通體彩繪紋飾。這件樂器是否為「五弦琴」？頗成問題，因器身如此狹窄，如何以手操弦呢？可是它與長沙馬王堆3號漢墓出土的筑，形式完全相同。馬王堆漢筑甚短；漢代也曾出現很長筑的圖像，在江蘇連雲港市西漢侍其繇墓漆食奩的擊筑圖，這筑就是非常長。這件五弦琴應該是筑的前身。曾有學者說這是「均鐘」（調音器），與漢代京房的「準」情形相同，尚有待認定。⑵十弦琴1件，形狀非常特殊，面圓，底平，底板是活動的，通長67公分，寬19公分，高11.4公分，10弦，通體髹黑漆，有琴軫4枚。這件樂器與馬王堆一號

漢墓出土的七弦琴，形式完全一樣。馬王堆的漢琴與現代傳承古琴形式，完全不同，現代古琴，大約是晉朝後才定形，由「晉人繪斲琴圖」可證。這件十弦琴可能是七弦琴的前身。

六、笙 笙6件：匏質，與現西南少數民族「葫蘆笙」相似。其實出土的笙，並非整體，而是以「笙斗」（主體）爲單位，計有十八簧笙斗2件， 14簧1件，12簧2件，另1件殘缺。笙斗最大的通高22公分，腹週29.5公分，吹管長14公分，吹管徑3.25公分，其餘大小相異。笙苗下端插入匏體（笙斗）處，可以清楚看出有簧，簧片有的也還存在。這些笙苗用苦竹製成。笙斗有非常精緻的彩繪。

七、排簫 「排簫」這名辭最早見於《律呂正義》，古代曾稱爲「籟」或「比竹」（見莊子・齊物論），漢代人稱「簫」。漢文帝時的丞相周勃，在未發跡前，就是「吹簫給喪事」的樂工。此墓出土排簫2件，苦竹製，片狀，上平齊，下參差，兩件形制相同。其中1件上寬11.7公分，下寬0.85公分（即編管徑大小），左邊長22.5公分，右邊長5.01公分，在圖版上看起來很大，其實很小。排簫由 13隻細竹加上管子構成，出土時尙有8隻竹管可以發聲，不是按十二律（C－c），只是六聲音階，通體繪有紋飾。

這件樂器稱爲「排簫」，多少有點爭議？古代稱：無簧、無匏、吹管衆多的管編樂器，謂之「龢笙」；它正與此相符，應該是「龢笙」不是「排簫」。

八、篪 篪2件，苦竹製，管體，用一段竹子，其一端利用竹節，一端用不知名物填塞，形成兩端閉口管，通長29.3公分，管徑1.9～1.75公分。管的兩端：一端開吹孔，一端開出音孔，在這兩孔成90度的水平面上，開5個按孔，距離長短不一，按孔大小也不一，在0.27～0.44公分間，吹孔徑0.5～0.9公分。既有如此詳細的尺寸，爲甚麼未見複製品的測音的記錄？篪通體彩繪紋飾。因此器吹孔與按孔成90

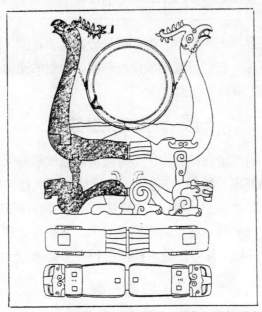

圖版二一　戰國虎座鳥架懸鼓 (湖北江陵拍馬山出土)

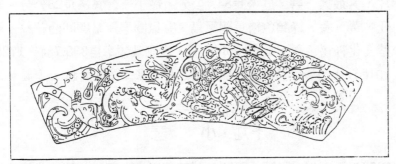

圖版二二　戰國彩繪石磬 (湖北江陵紀南城出土)

度角，演奏時用雙手將篪端平，嘴唇接觸吹孔，手指按孔掌心向內，
與吹笛掌心向下不同。最初稱此樂器爲管形樂器，後來知道它正確名
稱是「篪」。長沙楊家灣M6號漢墓出土8件樂俑，其中吹篪俑應是上
述形像。

　　以上曾侯乙墓出土的樂器，也都是見於經史著錄的，顯然有些形
制與後世的不相侔，它們可能是最接近於原始形貌的樂器，對音樂史
的研究，具有高度價值。

十七、虎座鳥架懸鼓

　　1962年湖北省江陵縣拍馬山出土戰國虎座鳥架懸鼓。木質，鼓徑
34公分。懸鼓由雙虎、雙鳥、皮鼓3部分構成。兩虎反向踞伏，尾部
不相連；立鳥長頸昂首向外，有冠，似鷺鷥。鼓腔週圍有釘鼓皮小孔，鼓
框有雙環痕蹟，推測鼓可能以鈎掛於鳥冠上。各構件皆髹黑漆，上繪
硃彩，其造型、設色，甚富於楚人神秘色彩。〔圖版二一〕

十八、彩繪石磬

　　1970年湖北省江陵縣紀南城南土臺出土戰國彩繪石磬。青石灰質，
共25片，其最大一磬，底邊長84.4公分，最小一磬底邊長28公分。磬
面用紅、黃、藍、綠顏色繪長翔鳳鳥、雲氣圖案及略顯凹凸花紋，極
富於楚文化神秘色彩。此磬呈矩尺形，實測其頻率自333.7赫～1725.
8赫（由#d─b"），跨3個8度，音域廣濶，聲音極爲清越。〔圖版二
二〕

十九、小　　瑟

　　1959年河南省信陽縣長臺關一號楚墓出土小瑟。此墓時代爲春秋
戰國之際。樂器中有著名的編鐘及鼓2面，瑟3件。瑟長約100公分，

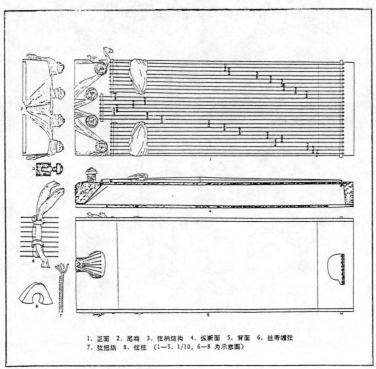

1. 正面　2. 尾端　3. 弦枘结构　4. 纵断面　5. 背面　6. 丝带缠弦
7. 弦纽结　8. 弦枘　(1—5. 1/10, 6—8 为示意图)

圖版二三　漢瑟 (參考圖版)

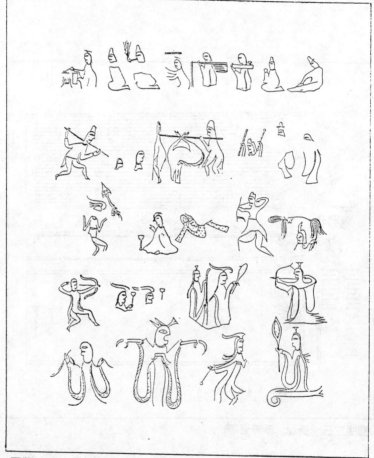

圖版二四　戰國錦瑟上的漆畫 (河南信陽長台關出土)

寬約40公分。瑟面首端有1個長岳山，尾端有3個短岳山。瑟兩端和瑟面用金、朱紅、石黃、赭紅、灰綠等色描繪射獵、樂舞、龍蛇神怪等各種奇幻瑰麗的圖像。瑟兩側和瑟柄也用彩漆畫出圖案花紋。古代瑟有大小之別。此墓同時出土的另外2具瑟，長度都在180公分以上。所以這具瑟應是「小瑟」。〔圖版二三〕

這具瑟面板殘損嚴重，但岳山殘存3段，有一盡端尚在，弦痕清晰可辨。鄰邊一弦距岳山盡端是0.25公分、弦距1.6公分，實際弦數已無法確定。依弦距推斷它可能是25弦。1953年長沙東門外楚墓出土1具小瑟， 1965年江陵望山一號墓出土1具小瑟，也為25弦小瑟；但這2具瑟無漆繪紋飾。此處小瑟的漆畫是複製品。

二十、漆　畫

漆畫也就是由上述樂器的殘片整理收拾而得，被稱為「戰國楚墓漆瑟上彩繪獵戶，樂部和貴族」（中國古代服飾研究），畫中殘片漆繪，在左邊下角最後1人，坐在榻上的似為主人，右上角第1人，似為從事烹飪的的廚師，順次大致可以辨識他們身分是樂師，捕獵手，舞者，然後還有似為「巫師」及貴族賓客的人物。這些形像並非完整連環圖畫，但像是在進行巫術或尸祝儀式？這件漆畫卻是目前出土古代人物畫的一種，反映當時社會生活多樣化，比近年長沙、江陵楚墓出土漆器彩畫和帛畫時間都早一些。〔圖版二四〕

二一、樂隊與舞人俑

1959年山西省長治市分水嶺14號戰國墓出土1組陶舞人俑共16件。此俑用紅陶燒製而成，其中有樂人8件，舞人1件，高4.6至5.1公分，以抽象手法表現，而神氣逼真，有的將舞人置於樂人排列隊形前，儼然是一樂團組織，一個指揮正進行演奏（中國古代並無指揮這種角色）。

圖版二五　戰國雕玉舞女 (相傳河南洛陽金村韓墓出土)

我想這張圖版，一定不是出土未經擾動的原形；後來被人用藝術眼光重新安排，已失去考古的價值。但值得注意的，是中國上古時代流傳下來的「偶」不是很多，這9人相當於樂隊組合極爲難得一見。

二二、雕玉舞女

出土時間未詳，戰國作品，現藏於美國弗瑞爾博物館，據說是河南省洛陽市金村韓墓出土。玉舞人兩鬢垂髮，餘髮捲束於背後，穿繞襟深衣，腰下施裯褶，寬腰帶蹈足，長袖起舞，飄飄然姿勢優美。中國玉器自商周以來，即受到人們的愛好與重視，因而促進了春秋戰國雕玉藝術的高度發展。這件玉舞人是成組列珮玉中的一件，工藝精緻，堪稱佳作。〔圖版二五〕

二三、銅質房屋模型的樂人

1982年浙江省紹興市獅子山西麓取土，發現青銅器6件，隨後進行發掘清理。此墓位於紹興城南9公里，按當地序列編號爲紹M306號戰國墓。此墓是階梯墓道帶壁龕的土坑墓，墓室曾被盜掘擾亂。從現像判斷，墓內原有木椁，隨葬器物清理出1238件，連同先期出土的6件銅器，總計1244件。銅器17件，其中銅質房屋模型1件，是極重要的音樂文物。

銅質房屋模型一座，南向置於壁龕中，爲此墓最珍貴的隨葬品。全屋通高17公分，平面作長方形，面寬13公分，進深11.5公分。屋頂心立一圖騰柱，柱高7公分，斷面作八角形，柱頂塑一大尾鳩，室內跪6人，分前後兩排。前排東1人面向西面，右手執槌，左手前伸張指作節拍狀，前置一鼓架，上懸一鼓，此人應是鼓師。前排中、西兩人面向南，雙手交置於小腹，後排東1人面向南，雙手捧笙，作吹奏狀。中1人面向南，膝上置一長條形四弦琴，右手執一小棍，左手撫弦，

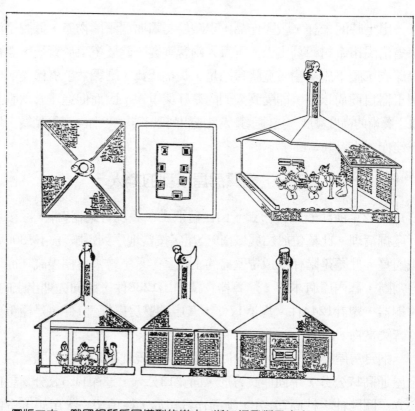

圖版二六　戰國銅質房屋模型的樂人 (浙江紹興獅子山出土)

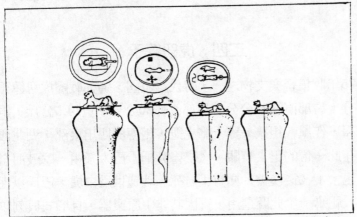

圖版二七　戰國虎鈕錞于四件 (參考圖版) (貴陽松桃木樹鄉出土)

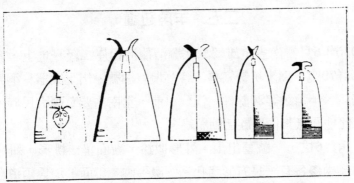

圖版二八　戰國羊角鐘五件 (參考圖版) (廣西貴縣等出土)

正在演奏。西1人面向南，身前亦橫置四弦琴，拇指微曲作彈撥狀，左手五指張開，正以小指撫弦。6人均未見衣著痕迹。前排2人前胸明顯塑出乳突，束髮於頂。其餘4人均未見乳突，結髮於腦後。根據墓中出土文物形制銘文研究，這是西元前473年越滅吳後的墓葬。〔圖版二六〕

二四、虎鈕錞于

　　1975年收集音樂文物之一，時代爲戰國，通稱戰國虎鈕錞于。通高54公分，肩部直徑32公分，足部直徑20公分，重14.5公斤，銅色青綠有光澤，作風較粗獷。錞于飾虎鈕，相傳與四川東部，湖北西部古代生活在此一帶的巴人有關，《蠻書》稱「巴人祭祖，擊鼓而祭，白虎之後也。」《後漢書》亦有「君死，魂魄世爲白虎，巴氏以虎飲人血，以人祀焉。」此圖選用，實因其非中原樂器，且形式與刻紋精美所使然。〔圖版二七〕

二五、羊角鈕鐘

　　1975年5月雲南省楚雄縣萬家壩清龍河西岸二級臺地上，發現古代墓葬群79座，爲土坑豎穴墓，各墓俱有編號。出土樂器有銅鼓，編鐘、銅鈴、羊角鐘等20餘件。漢代以前，雲南主要有兩大民族，西漢之前，此地區無其他民族活動記錄。

　　羊角鐘6枚，一號墓出土。外形似鈴，斷面呈核桃形，紐呈雙角狀。頂部兩邊各有一長方形穿孔。唇邊平直、素面，均爲兩道合范鑄成。羊角鐘是一種古老而極富地方特色的民族樂器。就目前所知，這種樂器僅發現於雲南、廣東、廣西及越南北部，可以說是嶺南青銅文化中，一種有代表性的器物。

　　這6枚羊角編鐘用金屬錘依次敲擊測音，可視爲降b調的音do,　re,

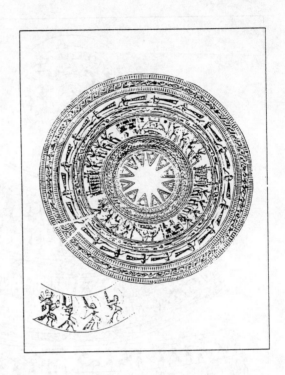

圖版二九　戰國銅葫蘆笙演奏紋飾二種 (參考圖版) (雲南開化等縣出土銅鼓刻紋)

圖版三〇　戰國宴樂鑲嵌銅壺歌舞圖像 (四川成都百花潭出土)

mi, fa, (sol)，#re⁺↑等音，包括純5度、純4度、大3度、13度、小6度等音程關係。雖未構成完整的宮、商、角、徵、羽等5聲音階，即已含有6聲或7聲音階的因素。證明中國在2000年前，漢族以外的民族音樂（包括樂器），已不侷限於簡單的五聲音階了。〔圖版二八〕

二六、銅葫蘆笙

1972年雲南省江川縣李家山24號墓出土春秋中晚期葫蘆笙2件。青銅質，笙均為曲管球狀，曲管頂端有一吹孔，球體上插管處1件為7孔，另一件為5孔，當可插入7根或5根吹管。彎曲細端上，鑄有立牛一頭，造型優美，既是樂器，也是一件不可多得的藝術品。

1964年雲南省祥雲縣大波那木槨銅棺墓，已發現兩件葫蘆笙斗，呈曲管球狀，插管處均為一大圓孔，匏體上飾有繩網狀花紋，用碳十四測定年代，為西元前465±75年，為戰國初期音樂文物。雲南省晉寧縣石寨山古墓群，亦出土3件青銅葫蘆笙。另外，還出土吹奏葫蘆笙銅樂俑，及8人樂舞銅飾物。葫蘆笙遠在春秋中晚期，已流傳於雲南滇池、洱海地區，距今約2500年前，其形制已確立了。〔圖版二九〕

二七、宴樂鑲嵌銅壺歌舞圖像

1965年四川省成都市百花潭出土戰國宴樂鑲嵌銅壺。青銅質，通高40公分。銅壺中區右側為宴樂「武舞」圖：閣上為主人宴飲踞坐，閣下左鐘右磬，樂女高髻長裳立者4人，各執一桴演奏，短服踞者 4人吹笙。閣外長裳佩劍舞者4人，執矛起舞，1人執桴擊鼓與丁寧，載歌載舞。〔圖版三〇〕

二八、宴樂射獵刻紋銅鑑歌舞圖像

河南省輝縣趙國區出土戰國宴樂射獵刻紋銅鑑（盛水器）。青銅

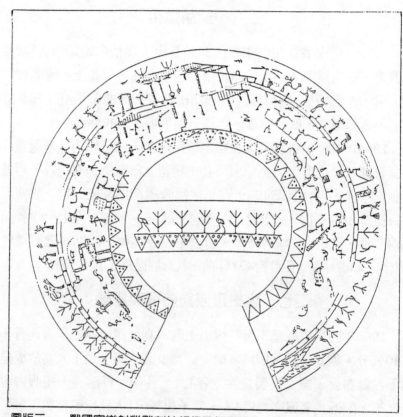

圖版三一　戰國宴樂射獵雕刻紋銅鑑歌舞圖像 (河南輝縣琉璃閣出土)

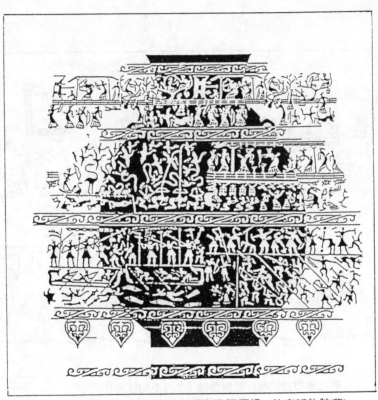

圖版三二　戰國宴樂射獵攻戰鑲嵌銅壺歌舞圖像 (故宮博物院藏)

圖版三三　戰國宴樂刻紋橢杯歌舞圖像 (上海博物館收藏)

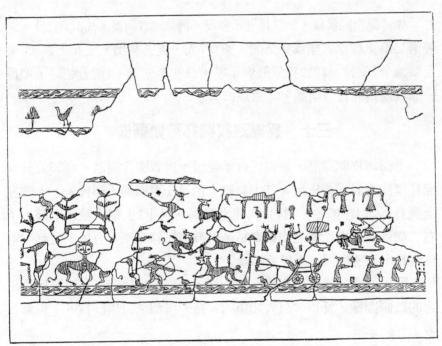

圖版三四　戰國舞樂狩獵銅奩歌舞圖像 (河南汲縣山彪鎮出土)

質，高13公分，口徑 45.2公分。銅鑑半週爲宴樂圖，半週爲射獵圖。宴樂部分，以建築物爲中心，舞樂女伎高髻，上衣下裳。左鐘1架，1樂女擊鐘， 1舞女舞蹈；右磬1架，2樂女擊磬，爲當時宴樂演奏實況。此圖刻紋細如髮絲，線條流暢。〔圖版三一〕

二九、宴樂射獵攻戰鑲嵌銅壺歌舞圖像

故宮博物院舊藏，刻紋係近年發現，爲戰國青銅器。高31.6公分。銅壺第二區上腹部右側爲宴樂圖，樂女7人，髮式突出，上衣下裳。3樂女擊鐘，1擊磬，1執2桴擊鼓與丁寧， 1吹奏樂器，1撥五弦琴，似爲一頗具規模的管弦樂團。〔圖版三二〕

三十、宴樂刻紋橢杯歌舞圖像

上海博物館藏品，刻紋係近年發現。爲戰國青銅器。高59公分。橢杯橫腹處有閣樓一所，其上有數人治具（臺灣稱「辦棹」）。閣左上側有1人似在撫琴，相對1人跽坐擊鐘。其下1人擊「雙鳥形鼓」；右二舞者，首飾所戴之物較奇特，著褲裙細腰長袖，有尾羽之飾，翩然起舞，姿態活潑。〔圖版三三〕

又，河南省汲縣山彪鎮出土一件「舞樂狩獵紋奩」，這奩碎片拼合的紋飾圖像，卻很少有人知道的，特一併輯入以供欣賞。〔圖版三四〕

三一、錯金樂府鐘

1976年陝西省臨潼縣秦始皇陵出土秦（西元前246～前210年）錯金銀樂府鐘，因鐘鈕側所刻「樂府」銘文而得名。鐘爲青銅質，鼻紐，通高13.3公分。鉦與鼓部飾錯金的蟠螭蚊，篆間飾錯金流雲紋，鐘帶飾錯銀雲紋，舞部鑄滿纖細的雲雷紋。

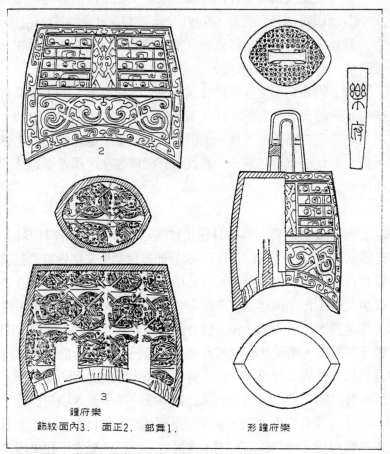

鐘府樂
飾紋面內3. 面正2. 部舞1.   形鐘府樂

圖版三五 秦錯金樂府鐘 (陝西臨潼秦始皇陵出土)

樂府鐘的製作工藝，是講求嵌錯的結合，就是先在鑄造的鐘體上，用金銀絲鑲嵌成花紋，鑄成，然後把表面磨光，使線條鮮明，花紋清晰。此鐘的內壁也有花紋，雖細如髮絲，但非常清楚。鑄造如此細微的花紋，一是製模不易，二是澆鑄時銅汁溫度難以掌握，如溫度高容易把模內紋路沖毀，溫度低則銅汁不易流動，花紋鑄造不完整。此鐘的花紋完整、清楚，令人驚異。其內壁還有四條調音槽，槽上有錯痕數道，現在測驗它的音高是（Ｃ），聲音清脆悅耳，音調準確。〔圖版三五〕

　　「樂府」的名稱，從前都是據《漢書》〈禮樂志〉：「（武帝）乃立樂府，采詩夜誦，有趙、代、秦、楚之謳。」唐‧顏師古註：「始置之也，樂府之名蓋起於此。」但由於秦始皇陵遺址中發現「樂府鐘」，表示秦代已有這名詞——甚且還有機構存在，漢朝不過是沿用舊制而已。

　　以上先秦出土音樂文物共31種（曾侯乙墓樂器10件作1種計），又山彪鎮刻紋奩1件。原擬本節將中國歷朝歷代音樂文物皆選萃敍述，因內容實在太豐富，專心致志可以結撰一本專書。現大陸一位音樂史家正從事此項工作，前年還曾來函向我索借圖版，我慷慨相贈，希望他的大作早日問世，先睹為快。曾有摯友談到本〈附錄〉初稿，問我先秦數千年歷史，僅如此30餘種音樂文物而已？我告訴他，這是將各類中具有代表性的文物選了一件，譬如前面曾提及先秦的鐘樂器，出土處所就有 100多地區，出土的鐘達數百種之多，而本稿只敍述了數件【註二二】。還有音樂文物，並非每座墓葬都必備此器，得之不易；也往往在數十冊《博物館志》中，難得有一、二件屬之；如果親自去大陸採訪，坐了大半天的汽車，就是為了拜觀某件文物或遺址，不巧遇上管理人員不在，鑰匙帶走了，就得望門興嘆罷了。我這一丁點成績，不知耗了多少心血，得到多少友人的幫助，膽敢講在目前還沒有

那本書籍，講先秦時代音樂文物，是超過於它的。何況都是精緻的線條繪畫，頗令人有敝帚自珍之感！

　　本章〈中國古代音樂史十事纂要〉，是經過長時期構思，並多方諮詢友人高見而成，咸認為此舉「大致可行，新舊並舉，且有尊敬前賢雅意，無妨一試。」「纂」（ㄗㄨㄢˇ）是「不參與已見」的一種治學方法（「撰」則是不容有人之見）；然而此章節中，因基於辭氣順暢，對於某部分文字，就其原意，稍事修飾；或因原文為長篇巨製，及敍述欠詳者，特持慎重態度，酌予節略或增列標題，及應用「按語」作為補充。我覺得這種輯覽治學的方式，比自己創作還困難；一方面囿於個人知識範圍狹隘，再方面難免主觀太深，自己以為極值得取材的資料，也許就是別人不屑一瞥的陳穀爛米。總之，為學者盡心盡力，但願功不唐捐，希望讀者不吝批評指教。

附　註

【註一】纂自中國音樂史，田邊尚雄著，陳清泉譯，民國77年，臺北，商務印書館本。第二章一節中國音樂之源泉，第37至38頁。

【註二】纂自東方民族之音樂，王光祈著，民國56年，臺北，中華書局本。上編概論世界三大樂系之流傳，第1至7頁。

【註三】纂自中國音樂史，王光祈著，民國45年，臺北，中華書局本。第二章三節十二律之成立，第26至27頁。

【註四】纂自呂氏春秋中音樂史料，吉聯抗輯譯，1963年，上海，文藝出版社本。出版致語，第1至9頁。

【註五】同註一。第37頁。

【註六】東西樂制之研究，王光祈著，民國60年，臺北，中華書局本。自序，

第1至3面。

【註七】樂律學研究，繆天水著，民國46年，臺北，淡江書局本。第七章一一二節中國律學，第61頁。此書實爲繆天瑞《律學》，現有1983年人民音樂出版社新增修訂本。

【註八】中國之科學與文明，英‧李約瑟著，陳立夫主譯，民國69年，臺北，商務印書館本，第七冊物理聲學，第324頁。

【註九】尋找中國音樂的泉源，許常惠著，民國57年，臺北，仙人掌出版社本。關於中國音樂的風格、概論，第37至39頁、18頁。

【註十】同註一。第六章歐洲音樂之輸入與中國音樂之世界化，第240至241頁。

【註十一】纂自中國近現代音樂史，汪毓和著，1991年，北京，人民音樂出版本。 第3頁。

【註十二】纂自中國大百科全書（音樂舞蹈），音樂學科編輯委員會編，1989年，北京、上海中國大百科全書出版社本。音樂美學，于潤洋、吳毓清著，第803至808頁。

【註十三】中國時報，民國71年1月4日第九版，周文中演講「中國音樂美學觀念」。周文中（1923年生）山東煙台人。是一位享譽國際樂壇中國的作曲家，其作品融合中國傳統文化思想與西方音樂作曲技巧；並常在國際音樂集會上應邀演講有關中國音樂的本質、價值、美學等方面的題目。

【註十四】同註十二，音樂考古學，譚冰若、黃翔鵬著，第800至801頁。

【註十五】纂自中國上古出土樂器綜論，李純一著，1996年，北京文物出版社本。序言，第1頁。

【註十六】日本天理大學雅樂會親善訪問演奏會節目冊，民國 70年2月22日國立臺灣師範大學綜合大樓演出，中國禮樂學會主辦。本文似另有多份節目冊參考疏記出處。

日本音樂簡史，日星旭著、李泰光譯，1986年，北京，人民音樂出版社本。

【註十七】紀念孔子誕辰促進中韓文化交流，韓國國立國樂院來華公演節目冊，民國56年9月22日臺北市中山堂演出，中華民國孔孟學會、中華國樂會主辦。梁在平著「大韓民國國樂院與韓國國樂」。

韓國音樂史，張師勛著，1976年韓文本。

【註十八】纂自中國音樂史綱，楊蔭瀏著，1944年，上海，萬葉書局本。二上古期遠古至戰國，第23頁。

【註十九】同註九。中國音樂回顧與檢討，第19至22頁。

【註二十】中國音樂史教學幻燈片、文字說明，戴嘉枋編輯，1984年，上海音樂學院本。此「說明」小冊子是敘述241張幻燈片的內容，黑白彩色俱有，也有少數較爲罕見的，我在美獲得此書及幻燈片，所費不貲。

【註二一】中國大陸近30年來先秦音樂文物的發現，陳萬鼐著，載於1988年5月音樂中國創刊號，第54至66頁，圖版彩色印製。本節所敘述較此文充實甚多。

【註二二】中華五千年文物集刊—樂器篇，陳萬鼐著，民國74年，臺北，國立故宮博物院本。此書收中國大陸近三四十年來出土鐘樂器，從殷商時期以迄於清朝，計出土處所134處，樂鐘文物數百件，圖文並重，全書十六開本，294頁，卷首敘述鐘的歷史、科技、演奏史等等，要而不繁。

第二章 中國古代中央音樂官署制度

　　我們要研究中國歷代中央音樂官署制度，追溯其制度的水源木本，對於《周禮》這部書，必須作深度探究。

　　《周禮》〔圖版三六〕本名「周官」，是記述周代政府各級機關組織、官吏編階，以及職位類系，辦事細則的書。西漢末年，王莽曾自比周公，國師劉歆以《周禮》爲周公所作；周代所以致太平，享國祚永，皆本於此書，因而表彰《周禮》通顯於世，所謂「古文禮經」。但歷代今文經學家，多詆毀此書是劉歆獻媚於新莽的僞作。

　　據《漢書》〈藝文志〉等書著錄：此書爲樂人竇公所獻；或出自劉歆之手，亦在不無疑似之間？然而書中所載周代典章制度，迄至新莽已1000餘年，在時過境遷之餘，恐後人沒有如此能力僞作或追述——這麼鉅大而完整，言之有物的制度之書；職是之故，則《周禮》至少應當是保存西周時代重要史料的底本，才能事後從事纂輯工作。所以《周禮》〈大司樂〉章中，也必然保存西周音樂文化的第一手資料。

　　中國上古時期的音樂制度（西元前11世紀至前221年），根據《周禮註疏》（鄭氏註・賈公彥疏）卷十七〈春官宗伯〉第三、卷二十二〈春官宗伯〉下〈大司樂〉；卷二十三〈樂師〉；卷二十四〈磬師〉所載；這四卷書也稱爲《古樂經》，從前曾誤傳它燬於秦始皇焚書之中，其實不然。現存此書分爲㈠樂官職稱及其編階、㈡教育宗旨與目的、㈢樂制問題、㈣樂歌與樂舞、㈤樂器、㈥樂事等項，全部經文凡1112字（原文恕不徵錄）。

　　〈大司樂〉本是《周禮》的篇名，但在這部書中，卻是主管全國

周禮疏卷第一

天官冢宰第一

天官冢宰鄭目錄云象天所立之官冢
大也宰者官也天者統理萬物天子立冢
宰使掌邦治亦所以摠御衆官使不失職不言司者大宰摠御
衆官不主一官之事也　釋曰鄭云象天也天者周天有三百六十
餘度天官亦摠攝三百六十官故云象天也云官者亦是管攝為
號故題曰天官也鄭又云冢大宰者下注對大宰則云冢者天
之上此不對大宰故云冢大宰者調和膳羞之名此冢宰亦
能調和衆官故號大宰之官鄭又云不言司者大宰摠御官不
主一官之事者此官不言司對司徒司馬司寇司空司以其
各主一官不兼群職故言司此天官則兼攝群職故不言司也若
然則春官亦不言司者以其祭祀鬼神鬼神非人所主故亦不言
司也其地官鄭云象地所立之官彼言象地實主地事此天官言
天亦取摠攝為言全無天事天事並入於春官者言冢天官取摠
攝為名象地自取掌物為號各取一邊為義理無嫌也　第一者

音樂行政官吏的職稱。周朝的政府機構，並沒有部、府、廳、會、署、司這類名稱，所以當時官吏的職稱，就是這機構名稱，全書皆然，並非〈大司樂〉這機構如此。

〈大司樂〉這機關的結構相當特殊，它是音樂行政官署，也是音樂教育學院，也是固定或非固定國家典禮的演奏樂團，並且還兼掌全國盲人福利協進會的業務。現在，就其組織內容考察，其教育意味比較濃厚，如果類似「國家中央音樂學院」，邢就稱得上是世界上最早、最具規模的音樂學府。

周代以音樂爲施教工具，曾對於從前及當代音樂文化，作綜合集中工作，規定音樂在應用上的等級制度；建立這音樂機構，舉辦音樂教育，還在中國歷史上第一次相當完整創立宮廷「雅樂」、「雅舞」的體系。有關於音樂制度各方面的記述，要比我們現代人想像中完備甚多。

第一節　樂官職稱及其編階

一、大司樂　　中大夫級　　2人

教師兼院長，爲全國音樂禮儀最高行政首長，綜理全國音樂教育及相關行政；並教授貴族子弟「國子」的樂德、樂語、樂舞、樂歌。他的主管官是「大宗伯」（上大夫）主邦禮，爲六卿之一，是中央政府負實際政治責任的官員。

二、樂師　　下大夫級　　4人

教師兼副院長，協助大司樂推行樂教。

樂師　　上士級　　　8人　　第一樂師助理

教師，教育貴族子弟「國子」的小舞。

樂師　　下士級　　　16人　　第二樂師助理

　　　　教師，教導樂工的歌舞、樂節。

以上三種「樂師」，在職級及工作性質上，顯然有相當差別。

三、大胥　　中士級　　4人

　　　　教師兼教務長、樂團總指揮。管理院中教務行政，及調查民
　　　　間優異子弟「學士」家世背景資料，按時徵召入學接受樂育；
　　　　並領導樂團參加國家典禮，執行音樂節目的演出。

四、小胥　　下士級　　8人

　　　　教師兼訓導長。掌民間優異子弟「學士」入學的徵令與日常
　　　　懲戒，並管理樂團生活、秩序，陳設典禮樂器。

以上四類人員，是院中高級教師兼行政人員，有資格在學中與貴
族子弟「國子」接觸，傳授其學與藝，其他人員除籥師以外，皆不能
與貴族子弟「國子」接觸，彼此之間似乎有相當大階級距離。

五、大師　　下大夫級　　2人　　　　盲者擔任（非盲者不得擔任
　　　　　　　　　　　　　　　　　　　　　　　此職）

　　　　教師兼技師、樂團總管。大師雖也屬教師級，但不與貴族子
　　　　弟「國子」，及民間徵選優異子弟「學士」接觸，而專門從
　　　　事瞽矇盲者音樂技術人員的教學，傳授音樂理論、聲樂、樂
　　　　器演奏，以及出席國家固定或臨時性的音樂節目。

　　　　「國家盲人福利協進會」附屬在大師的辦公署所中。如：「
　　　　凡國之瞽矇正焉。（大師）」據朱載堉《樂學新說》解釋為：
　　　　「但係國中無目之人，皆屬大師之官所統。」《樂學新說》
　　　　是研究《周禮》〈大司樂〉制度的專書。

六、小師　　上士級　　4人　　　　盲者擔任

　　　　教師兼技師，協助大師推行樂務，也不能與「國子」、「學
　　　　士」接觸，而專門訓練瞽矇這類樂工擊奏鼓、柷、敔；吹奏

塤、簫、管與弦歌。關於鐘、磬、歌唱三項，不屬於小師訓練範圍之內，或許基於瞽矇視力關係，對於懸掛樂器的演奏，無法辨識其方向，則另由他職擔任。

七、**瞽矇**　　按視力深淺度分為下列三類：

上瞽（高度失明）　　下士級　　　40人

中瞽（中度失明）　　下士級　　　100人

下瞽（低度失明）　　下士級　　　160人

技師兼歌唱（樂工性質）。接受大師、小師專業訓練，成為樂團中音樂技術人員，音樂演奏或歌唱既優美而又有默契。

八、**眠瞭**　　下士級　　　300人

技師。這類人員是視力極差，但勉強可以辨認器物，負責播鼗、擊頌磬、笙磬、撥琴等工作；並牽引瞽矇；布置典禮樂器。

以上四類人員，人數達600人之多，為國家樂團的骨幹人物。

九、**典同**　　中士級　　　2人

樂器製作師。利用各種質材，製作樂團內所需要的各種樂器，並從事樂器調律定音，及樂器和聲配器的研究。

當時國君及王公大臣殯儀所用的樂器，也是由典同工作人員製造。這些樂器由眠瞭搬運到墓地，他們還負責按照階級制度排列安當。此項工作也由笙、鎛、簫師等來協辦。所以近年來中國大陸各省出土的樂器，尤其有編鐘、編磬的大墓，如戰國時曾侯乙墓，在湖北隨縣出土，它不但排列有一定規則，每件樂器製作，一絲一毫都不苟且。

十、**磬師**　　中士級　　　4人

　　磬師　　下士級　　　8人　　　磬師助理

樂師兼教師。教導瞽矇擊奏磬、編鐘、彈奏弦樂（操縵）。
磬師在各級樂師、舞師中地位最高。

十一、鐘師　　中士級　　4人

　　鐘師　　下士級　　8人　　鐘師助理

樂師。演奏金屬樂器，以鐘鼓演奏雅樂及鼙鼓、操縵。此類
樂師專門參與演奏，不負教導責任。

十二、笙師　　中士級　　2人

　　笙師　　下士級　　4人　　笙師助理

樂師兼教師。教導瞽矇吹管樂器的竽、笙、塤、籥、簫、篪、
笛、管等的演奏，及擊奏樂器的舂牘、應雅。並參與各種音
樂節目的演奏。

十三、鎛師　　中士級　　2人

　　鎛師　　下士級　　4人　　鎛師助理

樂師。演奏金屬樂器，除參加典禮音樂演奏外，在「王師大
獻」凱旋期間，奏凱歌，並負責三更巡營擊鼓任務。

十四、韎師　　下士級　　2人

俗舞師。專跳非雅舞的民俗舞蹈，有專職舞者16人。

十五、旄人　　下士級　　4人

夷舞師。專跳民族舞蹈——少數民族的舞樂，及其他有邦誼
部落宴樂舞蹈。舞者人數無定數，視實際需要增減。

十六、籥師　　中士級　　4人

雅舞師（高級教師）。指導「國子」在雅舞時，舞羽、吹籥
工作。

上述三種舞師，其工作性質，表現於舞蹈的實質及舞蹈場合，皆
有顯然區分。

十七、籥章　　中士級　　2人

籥章　　　下士級　　4人　　　籥章助理

樂師（或作曲家）。擊鼓、吹籥合歌，其歌辭爲豳詩、雅、頌，視四季時令用之。

十八、鞮鞻氏　　下士級　　4人

俗、夷舞師。凡雅樂以外，其他民族、部落在祭祀或宴樂進行時，韎師與旄人參與舞蹈，鞮鞻氏人員負責配樂，從事演奏工作。

十九、典庸器　　下士級　　4人

管理師。爲樂團中非音樂、舞蹈工作的管理人員，但必須負責「檢場」；如爲「歌者敷蓆，舞者立表」（陳設舞器）。

二十、司干　　　下士級　　2人

管理師。管理樂器以外的舞器，並負責舞蹈「檢場」，傳遞、收拾舞器等工作。

　以上12類人員，分別是樂器製作，及音樂舞蹈、歌唱等專業人員，及兩種司管理的工作者。

　自「大司樂」以下至「司干」凡20類種的編制、員額、職掌三個大的組合。級分下士、中士、上士、下大夫、中大夫五等（中大夫是屬於貴族階級中的下、低級者流），共計職員712人。又每個職類中，配屬有「府」（庫役）、「吏」（書牘）、「胥」（工頭）、「徒」（雜役）不列階的工具，人數多寡視各類工作須要而配屬；如「小師」這階級中，就有「府」4人、「吏」8人、「胥」12人、「徒」120人。全院合計這四類從事體膚勞動作業者，達735人；連同編制人員總計1417人。這個音樂學院或音樂機構，在中國歷史上是數一的；它組織龐大，也非現代世界上任何一個樂團或音樂學府，所能望其項背。

　在〈大司樂〉公署中，人人都是教育工作者，或是接受教育者，

其職務有高低，責任有輕重、術業有專精，層級分明，也都有積資晉陞的機會，富於分工合作的團隊精神！

第二節　國家音樂教育宗旨與目的

「大司樂」學府，接受教育的學生，分為兩類：一種是貴族子弟；一種是民間資賦優異子弟，前者稱「國子」，後者稱「學士」。據《禮記》〈王制〉章所載，國子是「王大子、王子、群后之大子、卿大夫元士之適子。」但也包括「國之俊選」者在內。

以樂德教國子中和、祇庸、孝友；

以樂語教國子興道、諷誦、言語；

以樂舞教國子舞：

雲門大卷（時在黃帝在位前2698～前2599年間？）

大　　咸（時在唐堯在位前2357～前2258年間？）

大　　磬（時在虞舜在位前2255～前2208年間？）

大　　夏（時在夏禹在位前2205～前2198年間？）

大　　濩（時在商湯在位前1765～前1760年間？）

大　　武（時在周武在位前1115～前1079年間？）

以六律、六同、五聲、八音、六舞、大合樂：以致鬼神示，以和邦國，以諧萬民，以安賓客，以悅遠人，以作動物。（大司樂）

周代向以樂教視為至高無上的施政工具，至少以這種教育達到宣傳社會中，等級制度的合理性；音樂可以影響萬事萬物，精神與物質並重，接受教育的國子，將來必然是兼善天下，澤及群倫的賢臣、明君。

第三節　樂律制度

「樂制」就是究研音樂的「律」與「調」的制度問題。我們現在看到〈大司樂〉章中，所應用的律、調名辭，幾乎與現代中國傳統音樂（史）所應用的名辭，完全相同。根據1978年湖北省隨縣出土戰國曾侯乙墓編鐘65口所鑴音樂律名研究，在春秋戰國之際，楚、晉、周、齊、申、曾諸國的音律名，多達54種，其中有36種是從前未曾見過的；如十二律律名及其異名，就有26個。何以在此際以前，反而制度化、統一化了，是否經漢代人刪訂後才如此，有待考證？

西周的樂制，相當完備，除了哲學外，在樂理上也有許多輝煌的成就：

> 陽聲：黃鐘(c)、太簇(d)、姑洗(e)、蕤賓(#f)、夷則(#g)、
> 　　　無射(#a)。
> 陰聲：大呂(#c)、夾鐘(#d)、仲呂(#e)、林鐘(g)、南呂(a)、
> 　　　應鐘(b)。
> 皆文之以五聲：宮(do)、商(re)、角(mi)、徵(sol)、羽(la)。
> 　　（大師）

本書為便於讀者閱讀方便起見，已將《古樂經》少數音樂異名，如「圜鐘」直接記為「夾鐘」，「函鐘」為「林鐘」，「小呂」為「仲呂」等，以免混淆增加繁賾。

西周時期十二律的出現，就足以說明它是出於運用多調音階的需要，也說明音階首音在十二律間的移位理論已存在。周代雅樂用五聲音階，但從完整十二律律名來看，這時期音樂文化已發展成熟，且達到相當高階段了。儘管在「五聲」階名中，沒有「變徵」、「變宮」兩音，而七聲音階的樂制確立，是毫無疑義之事。

　　七聲音階出現之後，五聲音階與六聲音階也與之長期併存，但五聲音階在中國早期音樂中，曾長期佔有優越的地位，它是旋律的中心，在這時期裡，六音、七音曾被視爲五聲音階的裝飾。

> 　　乃奏黃鐘，歌仲呂，舞雲門，以祀天神。
>
> 　　乃奏太簇，歌林鐘，舞咸池，以祭地示。
>
> 　　乃奏姑洗，歌南呂，舞大磬，以祀四望。
>
> 　　乃奏蕤賓，歌應鍾，舞大夏，以祭山川。
>
> 　　乃奏夷則，歌大呂，舞大濩，以享先妣。
>
> 　　乃奏無射，歌夾鐘，舞大武，以享先祖。（大司樂）

　　周代雅樂歌唱的音高，比伴奏樂器的音高，要高一個「純四度」（五個半音音程），如果拋棄一切「陰陽、母子」迂腐的陳腔濫調，從西洋音樂理論而言：這種唱法，稱爲「平行唱法」（類似平行複音），歌唱與樂器之間，保持適度的諧音。尤其周代這種純四度平行唱法，恐怕是受笙（樂器包括竽）的發音影響所致，笙的主音之外，它的和音是一個五度、一個同度，或高低的八度。假使這種推理不錯，歌唱正好在樂器純四度、純五度之間，笙聲清和，使歌調更加和諧豐腴。西洋曾經一度用「平行唱法」（約在九世紀間），後來不用了，近來新音樂潮流，似乎以這種方式作曲，樂音還相當豐富美聽！

　　周代祭祀音樂的調子有三類方式進行：

> 　　凡樂：夾鐘爲宮、黃鐘爲角、大簇爲徵、姑洗爲羽（祀天神）。
>
> 　　凡樂：林鐘爲宮、太簇爲角、姑洗爲徵、南呂爲羽（祭地示）。
>
> 　　凡樂：黃鐘爲宮、大呂爲角、太簇爲徵、應鐘爲羽（享人鬼）。
>
> 　　　　（大司樂）

　　以上三類祭祀樂曲的調子，如夾鐘爲宮時，則仲呂爲商，林鐘爲角，無射爲徵，黃鐘爲羽，可見其樂曲主音有12種，仔細觀察，其中祀天神中的「太簇爲徵」與「姑洗爲羽」；及祭祀地示中的「林鐘爲

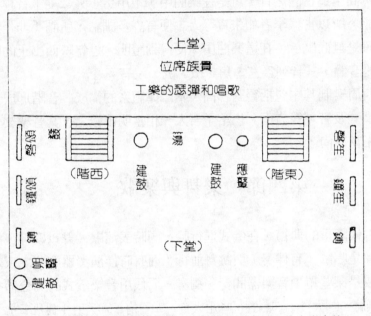

圖版三七　周大射禮樂隊排列圖 (取材楊蔭瀏中國古代音樂史稿)

宮」；與享人鬼中的「太簇爲徵」，是相同的調子，所以一共只有九種調子。夾鐘爲宮相當於西洋音樂中的F調式。這類樂曲調子，其主音起在「宮」聲上，當時稱爲「旋宮」，如果主音是起在「角」「徵」「羽」聲上，便稱爲「轉調」。

上述調子使我們明顯發現到，那就是沒有用「商」聲爲主音，當時視「商」爲亡國之音，可是在樂曲中，不用這「大二度」音程，絕無可能，所以古代學者如朱熹等人，便有許多訓詁，所謂「非是無商音，只是無商調。」在這樂曲中，便得到證明。近年陝西出土的商周青銅雙音鐘，其音列爲宮、角、徵、羽，沒有商音。

西周樂制其中包括絕對音高、十二律體系的構成、音階形成、曲調的調式及音域等方面，均給予吾人一相當明確概念，其音樂文化水準，相當高尚了。

第四節　樂舞與樂歌

古代隆重的典禮，在儀式進行時，同時表演歌、舞以娛神，但不完全都是唱歌（有伴奏）與跳舞並行；而有時僅演奏器樂曲，或是徒歌，或是某些單項音樂器間奏、獨奏。周代用音樂儀式的場合甚多：㈠大祭祀、㈡大饗、㈢燕饗、㈣王大食、㈤三侑、㈥大射〔圖版三七〕、㈦燕射、㈧賓射、㈨王師大獻、㈩鄉飲酒等禮，都需要音樂節目配合進行，所吟唱的樂章，有的是《詩經》中的篇叶：

> 凡射：王以「騶虞」爲節，諸侯以「貍首」爲節，大夫以「采蘋」爲節，士以「采蘩」爲節。（樂師）

按「騶虞」「采蘋」「采蘩」三首樂章，都在詩經國風中，「貍首」是逸詩，有目無辭。

歌唱大致上是瞽矇的專業，所謂「藝成於下」（樂記）。如「大

圖版三八　「左何瑟面鼓右手相工圖」(童子左手挎著瑟的
首部，右手扶著瞽目樂師) (採自樂律全書本)

祭祀帥瞽登歌」（大師）；「大射帥瞽而歌射節」（大司樂）；「令
相，饗食諸侯」（樂師），「令相」即「瞽矇」；「諷誦詩」（瞽矇），
「諷誦」是朗誦與宣叙，也屬於歌唱性質。但是「鄉飲酒禮」徹饌時，樂
師帥「學士」唱歌，如「及徹，帥學士而歌徹」（樂師）。「國子」
則絕對不唱歌，這是定例。

　　現在，列舉一件尊賢能、明長幼嘉禮的節目，就是自國中至於鄉
黨，均定期舉行「鄉飲酒」禮。《儀禮》〈鄉飲酒禮〉儀式進行時的
音樂。
　　鄉飲酒禮的音樂節目

> 工四人，二瑟，瑟先；相者二人，皆左何瑟〔圖版三八〕。
> 工歌「鹿鳴」、「四牡」、「皇皇者華」。卒歌。
> 笙於堂下，磬南北面立。樂「南陔」、「白華」、「華黍」。
> ……乃間歌「魚麗」、笙「由庚」；歌「南有嘉魚」，笙「崇丘」；歌「南山有臺」，笙「由儀」。
> 乃合樂，周南「關雎」、「葛覃」、「卷耳」、召南「鵲巢」、「采蘩」、「采蘋」。
> 工告於樂正曰：「正歌備。」樂正告於賓。乃降。

　　典禮開始，迎賓自階登臺，經繁文縟節，揖讓獻酬之際，復有規
定必須器樂演奏與歌唱節目，想像典禮之際，主賓升降秩然有序，周
旋中規，折旋中矩，即甚富於藝術戲劇的意味。這種合禮樂之社會、
政治、倫理的生活，整個皆表現著祥和與審美藝術的精神。
　　上述樂歌：先由專業歌者唱「鹿鳴」等三曲；笙吹奏器樂曲「南
陔」等三曲；再由歌者與奏者相間唱奏「魚麗」等六曲；最後，所有
觀禮者（民衆）合唱「關雎」等六曲。從《儀禮》記載〈鄉飲酒禮〉，執
事者共11人：工4人（瑟2人、歌2人）、笙4人（3人吹奏，1人和聲）、

擊磬1人、擊鼓1人、樂正1人、相當於管弦小合奏樂集。

　　　凡建國禁其淫聲、過聲、凶聲、慢聲。（大司樂）

　　音樂講求雅正，唱歌者不宜耍花俏，彈琴的吟猱綽注、吹笙的彈舌音、吹簫笛的顫音，都是「淫聲」。過高過低聲音是「過聲」。不祥之音是「凶聲」，漫不經心，不仔細練譜，演奏時發生差池是「慢聲」，都是被干禁之事。

第五節　樂　器

　　周代的樂器採八音法分類：金、石、土、革、絲、木、匏、竹計31類、39種，如琴就是一類，其中分大琴、小琴、龍琴3種，這些樂器傳到後世，都成爲典型的雅樂器。周代樂器見於著錄的，有70種，《詩經》中所涉及樂器只有29種。

　　這些樂器用「三分損益法」定律，八度之間12個半音，音域並不算寬廣，但已可旋宮轉調。樂器製作的方法有些也保留下來，譬如鑄鐘的銅質配方，用「銅6分」，「錫1分」，這種分量調劑的青銅，敲擊發音，的確比純銅美聽，當年稱這滲合比數，謂之「齊量」，所謂「六齊之法」即指此事。

　　中國人對音樂的感性，在世界上都是馳名的，在周代敲擊一口鐘，敲在它不同的部位上，便聽見許多不同的音響，而且還記錄下這些音色：

　　　凡聲：高聲硍，正聲緩，下聲肆，陂聲散，險聲歛，達聲贏，微聲韽，回聲衍，侈聲筰，弇聲鬱，薄聲甄，厚聲石。（典同）

　　有人對它試作解釋：聲之發於鐘之上部者是「硍」（隆隆聲），聲之發於鐘之垂直部鉦者是「緩」，……。《周禮》〈考工記〉說這

些聲音區別辭，任何樂器所發的音，都可以概括在這裡面。樂器在演奏時，必先吹律管以正其音，現代音樂演奏會也是如此：

> 比樂官展樂器。（大胥）

就是「大胥」他必須隨時檢查樂器，那些能用，那些不能用了，應該汰舊換新。陳列在樂器架上的使用樂器，必須情況良好，適於演奏。

第六節　樂　事

「樂事」是許多複雜而且相當重要的音樂等事務，使我們從這些小的地方，看到西周時期禮儀制度，與音樂文化是何等的完備：

> 凡日月食、四鎮、五嶽崩，大傀異災，諸侯薨；令去樂。（大司樂）

古代視日月食象爲異災，人束手無策似的；還有山崩（四鎮——大山）地裂、王公大臣逝世，都屬於驚恐與沉痛之事，這時期不從事音樂活動。

> 大扎、大凶、大災、大臣死，凡國之大憂，令弛懸。（大司樂）

「大扎」是嚴重的傳染病，如鼠疫、霍亂流行，凶、災巨變，大臣死，國家憂患等，它的程度要比上述「日月食」五事嚴重，前者僅「去樂」不演奏而已，現在是將樂器從樂器架上解卸下來，如此想偷偷的用也用不成。它可能是時間較長的停止音樂，這不僅是禁忌，還是相當優良的禮教。

> 大祭祀，宿懸，遂以聲展之。（大司樂）

遇到國家重要的祭典（禮），音樂工作人員，必須頭一天到會場，將樂器張掛、陳列出來，而且要每件都試試音響如何？如編鐘、編磬

掛錯了位置，臨時再去變更，便來不及了；有事豫則立的辦事精神。
這點還值得現代樂團管理去學習。

　　　凡樂官掌其政令，聽其治訟。（樂師）

　　樂團中人員眾多，難免意見紛歧，但都得接受「樂師」的管理。
如果其中不幸發生糾紛，也應該聽從樂師的處斷，以維持樂團紀律秩
序，不必要將「家醜」外揚，儘量在內部依自訂的「遊戲規則」來解
決。

　　古書中關於周代許多記述，頗使我們產生一個概念，這個概念，
就是周代是古代實行音樂教育，最具成效的時期，周以後逮及漢、魏、六
朝，學者根據周朝的經驗，逐漸得到瞭解，對於音樂乃發展而成一種
有系統的具體思想，這思想在後來一貫的歷史中，始終有它相當的力
量。

　　我們根據《周禮註疏》，詳細分析周朝音樂制度，當然是我們中
國古人的光榮成就，由這段資料，推斷其後來的制度，應該更優於前
代才是；可惜史書記載，反而不及前代周備。現在以周代〈大司樂〉
的職位分類大綱爲典範，將歷代中央音樂官署的組織，歸附其相關職
官欄中，便可看出歷代音樂職官組織演進的軌跡。

中國歷代音樂官署職稱變遷表

	大司樂 樂師 中大夫 下大夫	大 胥 中 士	小 胥 下 士	典 同 中 士
三代	大司樂 樂師 中大夫 下大夫	大　胥 中　士	小　胥 下　士	典　同 中　士
秦		太樂令	太樂丞	
漢	協律 都尉	太樂令	太樂丞	
後漢		太　子 樂　令	太　子 樂　丞	雅樂郎
三國	魏 協律 都尉	魏 太樂令		
晉	司　律 中郎將	太樂令　協律 校尉		
宋齊 梁陳		太樂令　協律 校尉	太樂丞	
北魏	協律 中郎	太樂令	太　樂 博　士	協律郎 方舞郎 庶長
北齊		太　樂 署　令	太　樂 署　丞	協律郎
後周	大司樂 小司樂 中大夫 下大夫	樂　胥 中　士	樂　胥 下　士	樂　師 中　士
隋		太　樂 署　令	太　樂 署　丞	協律郎
唐		太　樂 署　令	太　樂 署　丞	協律郎
五代		太樂令		
宋	大晟府 大晟府 大司樂 典　樂	太　樂 局　令	太　樂 局　丞	協律郎
遼		太　樂 署　令		協律郎
金		太　樂 署　令	太　樂 署　丞	協律郎
元		儀鳳司 雲和 安和 太樂 大　使 署令 署令 署令	儀鳳司 雲和 安和 太樂 副　使 署丞 署丞 署丞	雲和署 雲和署 安和署 安和署 協　音 協　律 協　音 協　律
明				協律郎
清	總理樂部大臣	神樂署署正	神樂署署丞	協律郎

三代	磬師 中士 下士　鐘師 中士 下士　笙師 中士 下士　鎛師 中士 下士　韎師 下士　旄人 下士　籥師 中士　籥章 中士 下士　鞮鞻氏 下士　司干 下士　舞師 下士	
秦		
漢	樂府 音監	樂府令
後漢		總章 樂官
三國		
晉		總章 樂官
宋齊 梁陳	監掌故 樂正	總章 校尉
北魏	方舞郎	
北齊		
後周	司歌 中士 下士　司鐘磬 中士 下士　司舞 中士 下士　籥章 中士 下士　掌散樂 中士 下士　典夷樂 中士 下士	
隋	樂師 樂正	清商 署令
唐	樂正	
五代		
宋	樂正 副使正	
遼		
金	樂工部籍直長　太樂正　太樂副正	教坊提點　教坊使
元		常和署令　天樂署令　教坊司達嚕噶齊　教坊司大使　興和署令　祥和署令
明	司樂	教坊司奉鑾
清	司樂	和聲署署正

三代		沿革與 司樂同	鼓　人 中　士
秦			
漢	樂府丞	樂府 僕射	
後漢			承華令
三國		魏 歌師 舞師	
晉			鼓吹令
宋齊梁陳	清商 署丞	沿革與 司樂同	鼓吹令　鼓吹丞
北魏			
北齊	清商 部丞		鼓吹　鼓吹 署令　署丞
後周		沿革與 司樂同	司鼓　司吹 中士　中士 下士　下士
隋	清商 署丞		鼓吹　鼓吹　鼓吹署 署令　署丞　哄師
唐			鼓吹　鼓吹　鼓吹署 署令　署丞　樂正
五代			
宋		大晟府 按協聲律官	鼓吹　鼓吹 局令　局丞
遼			鼓吹 署令
金	教坊 副使	諧音郎	鼓吹令　鼓吹丞
元	常和　天樂　教坊興和祥和 署丞　署丞　司副使署丞署丞	天樂署　　天樂署 協音　　　協律	
明	教坊司 左　右 韶　舞	教坊司 左　右 司　樂	
清	和聲署署丞	供奉供用	鑾儀掌樂官

　　本表採自清・黃本驥編《歷代職官表》卷一〈樂部〉第八表，格式略有變動。清代「總理樂部大臣」禮部滿尚書1人兼理。「神樂署署正」漢1人，正六品。「神樂署署丞」漢2人，從八品。「協律郎」漢5人，正八品。「司樂」漢23人，從九品。「和聲署署正」滿、漢各1人。「和聲署署丞」滿、漢各1人，以禮部、內務府司官充。「供奉、供用」無定員，以太常寺、鴻臚寺、內務府官充。「鑾儀掌樂官」即馴象所、旂手衛各官，已入鑾儀衛表，惟所掌前部、鐃歌大樂，應隸樂部。

參考資料

一、漢學師承記，清江藩著，民國51年，臺北，世界書局本。

二、樂學新說，明朱載堉著，民國56年，臺北，樂律全書四庫全書本。

三、周禮註疏，漢鄭玄註，唐賈公彥疏（十三經註疏），民國59年，臺北，
　　藝文印書館本。

四、中國古代音樂史稿，楊蔭瀏著，1981年，北京，人民音樂出版社本。

五、樂記譯註，吉聯抗譯註，1957年，北京，音樂出版社本。

六、儀禮疏，唐賈公彥疏，同周禮註疏本。

七、歷代職官表，清黃本驥編，民國63年，臺北，國史研究室編印本

第三章　中國古代音律的研究

第一節　中國古代音樂的音與律的關係

「音樂學」可分爲兩大類：第一類分析音樂如何作成？找出其可爲標準的要素，以便於後學者的學習依據，這便是普通所謂「音樂理論」，包括和聲學、對位法、曲式學、配器法、作曲法等；第二類是將分析音樂如何作成時，所發現的標準的「成立理由」，與音樂所曾走過的路徑，依據社會科學、哲學與自然科學等各方面，作「音樂科學」的研究，包括音樂美學、音樂社會學等。有人稱第一類爲「實用理論」，第二類爲「科學理論」。律學便是音樂科學方面的音響學的一部分，依據於數理方面；但它與其他音樂學（特別是音樂史），關係密切，故律學可說是「數理音響學」。【註一】

音的高低，是因發音體「振動數」多少而定？如果嚴格區分音的高低，即應以每相差一個振動數，就可定爲一個音。惟以人的辨音能力有限，如振動數相距太近，則無法辨聽，同時在音樂上亦沒有這種必要。今日音樂普通只用八九十個高低音，而且各音中性質相異者，只有12個。12個音中，又以5個或7個音爲基礎，然後從事於各式的組合。

第二節　中國音樂十二律計算的方法

中國音樂造音的方法，最早見於《管子》卷十九〈地員篇〉：

　　　凡將起五音：凡首，先主一而三之，四開以合九九，以是生
　　黃鐘小素之首，以成「宮」；三分而益之以一，爲百有八，
　　爲「徵」；不無有，三分而去其乘，適足以是生「商」；有
　　三分而復於其所，以是成「羽」；有三分去其乘，適足以是
　　成「角」。

　　根據上文列成算式：

$$1 \times 3 \times 3 \times 3 \times 3 = 81 \cdots\cdots\cdots 宮$$
$$81 \times \frac{4}{3} = 108 \cdots\cdots\cdots\cdots 徵$$
$$108 \times \frac{2}{3} = 72 \cdots\cdots\cdots 商$$
$$72 \times \frac{4}{3} = 96 \cdots\cdots\cdots\cdots 羽$$
$$96 \times \frac{2}{3} = 64 \cdots\cdots\cdots\cdots 角$$

　　所謂「三分損益律」，就是「三分損一」與「三分益一」的合稱。
前者是將一個發音體的長度，均分成三等分，而取其二等分，棄其一
等分，即三分之二（$\frac{2}{3}$）；後者是將上述同一發音體的長度，又均分
成三等分，而這次不是棄一等分，反而是將其中一等分，加在原來的
三等分之上，即三分之四（$\frac{4}{3}$）。中國古代定音的器物，大概以管律
爲主，弦律次之？故「三分損益律」其計算所得，也就是各音「管長
比」如：一根管子長9寸（黃鐘、宮），三分損一爲9寸的三分之二，
即得6寸（林鐘、徵），再將6寸（林鐘、徵）三分益一，即爲8寸（
太簇、商），……它們的管長比便是：1、$\frac{2}{3}$、$\frac{8}{9}$，……餘此類推。
同時，中國古代將「三分損一」視爲「下生」，也就是由這發音體再
產生一個上方五度音；「三分益一」視爲「上生」，也就是由這個新
生的發音體，再產生一個下方四度音。如此上下相互相生，在八度之
間，便可以產生十二律；這樣產生的十二律，是下方四度，與上方五
度的轉位。由此可知「三分損益法」並非只限於五音，而且還通用於
十二律中，如果延綿計算下去，便成爲60律與360律。

一、十二律造音的方法

十二律的名稱及其唱名法的秩序：黃鐘、大呂、太簇、夾鐘、姑洗、仲呂、蕤賓、林鐘、夷則、南呂、無射、應鐘、半黃鐘（C—c）為一個「八度音程」。它的產生方法用算式列後：

1. 黃鐘(c)　　　1

2. 林鐘(g)　　　$\dfrac{2}{3} = 1 \times \dfrac{2}{3}$

3. 太簇(d)　　　$\dfrac{8}{9} = 1 \times \dfrac{2}{3} \times \dfrac{4}{3}$

4. 南呂(a)　　　$\dfrac{16}{27} = 1 \times \dfrac{2}{3} \times \dfrac{4}{3} \times \dfrac{2}{3}$

5. 姑洗(e)　　　$\dfrac{64}{81} = 1 \times \dfrac{2}{3} \times \dfrac{4}{3} \times \dfrac{2}{3} \times \dfrac{4}{3}$

6. 應鐘(b)　　　$\dfrac{128}{243} = 1 \times \dfrac{2}{3} \times \dfrac{4}{3} \times \dfrac{2}{3} \times \dfrac{4}{3} \times \dfrac{2}{3}$

7. 蕤賓(#f)　　　$\dfrac{512}{729} = 1 \times \dfrac{2}{3} \times \dfrac{4}{3} \times \dfrac{2}{3} \times \dfrac{4}{3} \times \dfrac{2}{3} \times \dfrac{4}{3}$

8. 大呂(#c)　　　$\dfrac{2048}{2187} = 1 \times \dfrac{2}{3} \times \dfrac{4}{3} \times \dfrac{2}{3} \times \dfrac{4}{3} \times \dfrac{2}{3} \times \dfrac{4}{3} \times \boxed{\dfrac{4}{3}}$

9. 夷則(#g)　　　$\dfrac{4096}{6561} = 1 \times \dfrac{2}{3} \times \dfrac{4}{3} \times \dfrac{2}{3} \times \dfrac{4}{3} \times \dfrac{2}{3} \times \dfrac{4}{3} \times \dfrac{4}{3} \times \dfrac{2}{3}$

10. 夾鐘(#d)　　　$\dfrac{16384}{19683} = 1 \times \dfrac{2}{3} \times \dfrac{4}{3} \times \dfrac{2}{3} \times \dfrac{4}{3} \times \dfrac{2}{3} \times \dfrac{4}{3} \times \dfrac{4}{3} \times \dfrac{2}{3} \times \dfrac{4}{3}$

11. 無射(#a)　　　$\dfrac{32768}{59049} = 1 \times \dfrac{2}{3} \times \dfrac{4}{3} \times \dfrac{2}{3} \times \dfrac{4}{3} \times \dfrac{2}{3} \times \dfrac{4}{3} \times \dfrac{4}{3} \times \dfrac{2}{3} \times \dfrac{4}{3} \times \dfrac{2}{3}$

12. 仲呂(#e)　　　$\dfrac{131072}{177147} = 1 \times \dfrac{2}{3} \times \dfrac{4}{3} \times \dfrac{2}{3} \times \dfrac{4}{3} \times \dfrac{2}{3} \times \dfrac{4}{3} \times \dfrac{4}{3} \times \dfrac{2}{3} \times \dfrac{4}{3} \times \dfrac{2}{3} \times \dfrac{4}{3}$

13. 半黃鐘(c')　　$\dfrac{262144}{531441} = 1 \times \dfrac{2}{3} \times \dfrac{4}{3} \times \dfrac{2}{3} \times \dfrac{4}{3} \times \dfrac{2}{3} \times \dfrac{4}{3} \times \dfrac{4}{3} \times \dfrac{2}{3} \times \dfrac{4}{3} \times \dfrac{2}{3} \times \dfrac{4}{3} \times \dfrac{2}{3}$

　　上列等號右方許多項算式，大致看來，不外乎用 $\frac{2}{3}$ 與 $\frac{4}{3}$ 兩個數字輾轉相乘，而且先用 $\frac{2}{3}$，再用 $\frac{4}{3}$。但在第八次的時候，仍用三分損一法去乘，則「大呂」的音就變成與「應鐘」相等（降c'），所以此處須用三分益一法才是「大呂」。以下各律，又恢復上述輾轉相乘法。這種乘法，就是「造音」，古代稱爲「生聲」，也就是在這算式中，得到製造樂音高低的比例關係。

　　中國三分損益律與西洋「五度相生律」大致相同。五度相生律是西元前六世紀希臘哲學家兼數學家畢達哥拉斯（前582～前500年）創訂的。他曾留學埃及，就教於某教士之門，研習音樂，歸國後建立一種「數學樂理」；以爲音樂諧和原理，全視絲絃長短以及振動數多少的關係而定。這種律制，由某一律向上推五度（純五度），產生次一律，再由此律向上推五度，產生再次一律；如此繼續相生，產生許多律；乃作八度移動，以歸於一組之內。這種定律法，在西洋音樂上勢力極大，單音音樂時代，一直沿用這種定律法。

　　中國三分損益律造音的程序（—代表下生、～代表上生）：

一、宮—徵～商—羽～角

二、宮—徵～商—羽～角—變宮～變徵

三、黃鐘　林鐘　太簇　南呂　姑洗　應鐘　蕤賓～大呂　夷則～夾鐘—無射～仲呂　半黃鐘

希臘五度相生律律造音的程序

四、（本圖採自謬天瑞《律學》）

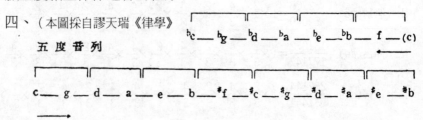

五度音列

二、三分損益律、純律、十二平均律音分值比較

律名	五音階名	七音階名	音名	唱名	三分損益律 音分值	三分損益律 音分差	純律 音分值	純律 音分差	十二平均律 音分值	十二平均律 音分差
黃鐘	宮	宮	c	do	0		0		0	
						114		92		100
大呂			#c		114		92		100	
						90		114		100
太簇	商	商	d	re	204		204		200	
						114		111		100
夾鐘			#d		318		275		300	
						90		111		100
姑洗	角	角	e	mi	408		386		400	
						114		112		100
仲呂			(f)#e	fa	522		498		500	
						90		92		100
蕤賓		變徵	f#		612		590		600	
						90		112		100
林鐘	徵	徵	g	sol	702		702		700	
						114		71		100
夷則			#g		816		773		800	
						90		111		100
南呂	羽	羽	a	la	906		884		900	
						114		93		100
無射			#a		1020		977		1000	
						90		111		100
應鐘		變宮	b	si	1110		1088		1100	
						114		112		100
半黃鐘	宮	宮	c'	Do	1223		1200		1200	

三分損益律：八度之間以一二○○音分計

純律：八度之間以一二○○音分計

十二平均律：八度之間以一二○○音分計

　　一般學者對於西洋音名與唱名，比較熟悉，當看完西洋音名關係之後，再看中國古代音律的關係，便會發現中、西音樂八度之間，都是十二律，半音的關係也都是兩種，然中國在四度、五度之間，與七度、八度之間；西洋在三度、四度之間，與七度、八度之間，兩者略有不同。「小三度」兩種，僅是中國俱有的特點。

　　從上表「音分值」與「音分差」看：「三分損益律」與「純律」是屬於「不平均律」（現在暫不置論「純律」）三分損益律中，就有兩種音分：一種是114音分，一種是90音分。如果將114音分的「半音」，稱爲「大半音」，那麼90音分的「半音」，則稱爲「小半音」，由於這兩種半音組合，而構成的「全音」（或稱「整音」），便有三種；如兩個大半音構成的全音，可稱爲「大全音」；一個大半音與一個小半音構成的全音，可稱爲「中全音」；兩個小半音構成的全音，可稱爲「小全音」。這些問題，在不平均律中，製造了「轉調」的困難，雖然這些困難可以用人力去克服，但它畢竟不是一件容易的事。

　　尤其中國古代音律中，還有一個最大的困境，至少在明朝以前，在理論上未曾突破，那就是從「黃鐘」到「半黃鐘」這八度之間，它計算的結果，不是1200音分，而是1223音分，這兩個「主音」（音階基礎）在理論上不相等，而是高了23音分，相當於一個全音的九分之一；大半音的五分之一；小半音的四分之一；有絕對音感的人，很容易聽到其高低。爲甚麼會產生這樣情形呢？也就是三分損益律潛在的問題；它用五度音列造音，當「仲呂#e」相生「半黃鐘c'」時，其管長比，並不是二比一（2：1），而是（262144：531441），前者比值是○‧五，後者比值是○‧四九三二稍強（0.4932）。如果將「黃鐘」律管視爲一尺，則「半黃鐘」律管不是五寸，而是四寸九分三釐二毫，管子短，發音高，音樂學者稱它爲「不能還原」，別看這點

幾微之差，在音樂史上，不知道耗費了多少音樂理論家的腦力，尋求其解決之道。

　　律學稱「數理音響學」，所以用數學去算律，是一種重要研究方法。許多學音樂的學生，相當怕計算律學，其實它非常簡單（不必去攻高深理論），只要照著公式，用電子計算機，很快就熟悉了。

　　上述用三分損益律造音的「管長比」，如「林鐘」（g），是三分之二（$\frac{2}{3}$），這就是「林鐘」對「黃鐘」的管長比。如果將「管長比」換成反比，就是「振動比」（亦可稱「音程比」），假設「黃鐘」頻率每秒鐘是261.63赫（Hz），則「林鐘」的振動比是「黃鐘」二分之三，「林鐘」頻率就是392.44赫（HZ），即相當於中央 c 與 g 兩音正確的頻率。求音分值；就是用「振動比」的比值，換成「對數值」，再乘以八度之間，以1200音分計的「常數」值3986.32，即可獲得。

三、求三分損益律系統的各律音分值方法

　　如：求「半黃鐘」的音分值？

1. 我們從上列十二律造音的方法中，知道「半黃鐘」的「管長比」是262144：531441，將它換成反比為531441：262144，就是「振動比」。

2. 次求「振動比」的「比值」（即求這分數的值），再查「對數表」（現在已不查對數表了）去觸「電子計算機」對數鍵【log】，就獲得對數值：

$$\frac{531441}{262144} = 2.0272, \quad \log 2.0272 = 0.3069$$

3. 以0.3069×3986.32，即得「半黃鐘」音分值為1223.4619。

算　式：

$$I（音分值）=\log\frac{531441}{262144}\times3986.32（常數）$$

$$=\log2.0272\times3986.32（常數）$$

$$=0.3069（對數值）\times3986.32（常數）$$

$$=1223.4619（即爲所求的半黃鐘的音分值）$$

答：「半黃鐘」（c'）音分值爲1223.4619音分，約值爲1223音分，即是對「黃鐘」（c）「完全一度」的相對音分值。【註二】

　　此外，另有一種音分值計算的方法，比這種方法還要簡單，不但算12律，連60律、360律都可以計算，它不求「管長比」，不用「振動比」，而是用「五度相生」的觀念，靈活運用。我們知道三分損益法與五度相生法，爲實同名異之物，如三分損益律說：「黃鐘生林鐘，林鐘生太簇，太簇生南呂，南呂生姑洗，姑洗生應鐘，應鐘生蕤賓，蕤賓生大呂，大呂生夷則，夷則生夾鐘，夾鐘生無射，無射生仲呂。三分所生，益之一分以上生；三分所生，去其一分以下生。」（見呂氏春秋）這與五度律：c－g－d－a－e－b－ #f－#c－#g－#d－#a－#c'的五度音列有何不同？如果我們將 g 看成是第一次五度；那麼 #e 便是第11次五度，餘此類推。上面例題求「半黃鐘」（c'）的音分值，就是第12次五度，現在，試用這種方式解答上述同樣問題，其答案當然是相同，而程序簡單多了。

　　如：求「半黃鐘」的音分值？

　　　1.我們從五度音列中，知道「半黃鐘」是12次五度相生，因

為五度的對數值是 0.176091（$\frac{3}{2}$五度的音振動比，$\log\frac{3}{2}$ ＝ 0.176091），將 0.176091 乘以12次，則得 2.113095。

2. 以 2.113095 乘以 3986.32 等於 8423.473293 音分；因為12個五度級中，是超過6個八度音程的，每個八度級為1200音分，減去此數（1200×6＝7200），即為所求：1223.4732音分。

3. 五度律c－g相隔1個五度級，c－d相隔2個五度級，固然d由g而生，a由d而生，……，如為了計算便利，可以將各律一概視為由c所生；中國古音律有「隔八相生」之法，用1個「五度圈」——將十二律名排成1個圓圈，如此各律相生，只須每數八律便是新生的下一律，全部律數就在1個八度音程圈內完成，其理相同。

算　式：

$$I = 12 \times 0.176091 （五度級對數值）$$
$$\times 3986.32 （常數） - (1200 \times 6次數)$$
$$= 8423.176091 - (1200 \times 6)$$
$$= 8423.176091 - 7200$$
$$= 1223.4609 （即半黃鐘的音分值）$$

答：「半黃鐘」（c'）音分值為1223.4609。

上述算法，限用於三分損益律及五度相生律方面，這是我計算音律親自體驗而得，並未見其他書籍如此敘述。它不但求十二律音分值不必求振動比，在求「京房六十律」與「錢樂之三百六十律」的音分值，也快速無比，比從前音樂書籍計算的方法進步、簡單！

我常認為一個音樂家，對於「律學」要具備相當觀念，有了這種觀念，才會發現自己演奏的樂器，或是唱歌的歌聲，有沒有待改良的

地方？要求明天會比今天好，否則，就是「饜人口水」罷了。律學不但是讀音樂史必備的工具，也是任何音樂的考金石，因爲音樂靠聽覺就不及用數字展示出來，既正確而有效，它品質的良窳就無所遁形了！

　　中國歷代音律學　可爲分㈠ 屬於「三分損益律」的系統的律：1. 漢京房六十律；2. 劉宋元嘉年間（438年）錢樂之三百六十律；3. 宋（1147年）蔡元定十八變律。㈡ 屬於「平均律」系統的律：1. 劉宋何承天新率；2. 隋（604年）劉焯等差律；3. 明（1548年）朱載堉密率律；4. 清聖祖康熙皇帝御製「十四律」。㈢ 屬於「純律」系統的律：五代、周（953年）王朴準純律。中國古代是將「律」「曆」(即天文)並言，如「漢書」等，都將「律曆」合志（篇）。當時人似乎以爲研究「律學」，就可以研究「曆學」，故上列這些律學家，也都是曆學家、數學家，甚且在曆數方面有極高的成就。事實上，音樂與天文，完全是兩種性質不相關的科學，律學被牽涉到曆學，它不但與事無補，反而使兩者步入歧途，以致未能各自發展到最高峰，非常可惜。

第三節　三分損益律系統的重要律學

一、京房六十律與錢樂之三百六十律

一、京房（前77～前37年）漢代易學家。

二、八度之間六十律。

三、六十律創作方法：六十律相生之法，以上生下，皆三生二，以下生上，皆三生四，陽下生陰，陰上生陽，終於「仲呂」，而十二

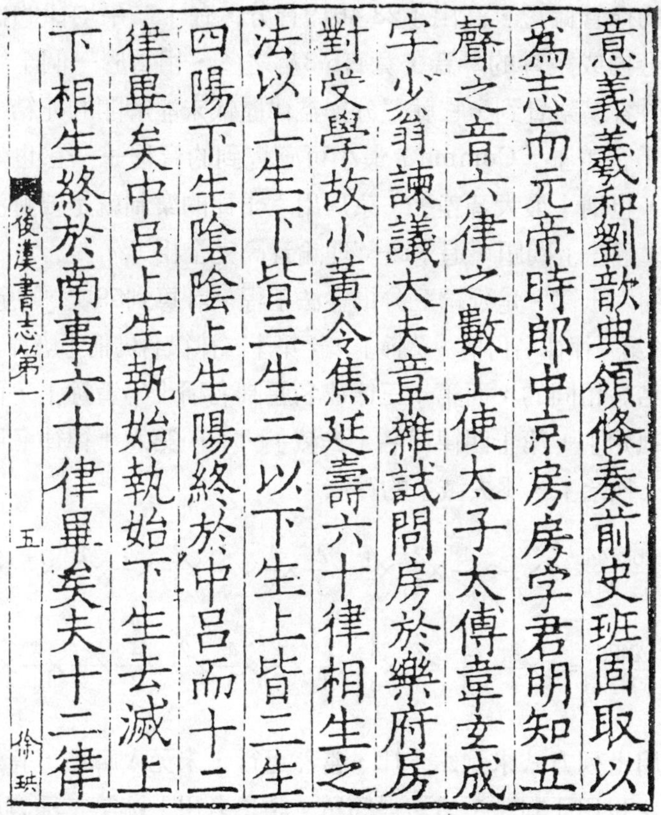

意義羲和劉歆典領條奏前史班固取以

爲志而元帝時郎中京房房字君明知五

聲之音六律之數上使太子太傅韋玄成

字少翁諫議大夫章雜試問房於樂府房

對受學故小黃令焦延壽六十律相生之

法以上生下皆三生二以下生上皆三生

四陽下生陰陰上生陽終於中呂而十二

律畢矣中呂上生執始執始下生去滅上

下相生終於南事六十律畢矣夫十二律

後漢書志第一

五

徐
珙

圖版三九　漢書律曆志京房六十律理論 (舊刊本)

律畢矣。「仲呂」上生「執始」，「執始」下生「去滅」，上下相生，終於「南事」，六十律畢矣（節漢書律曆志）【註三】〔圖版三九〕：

　　上述兩題求「半黃鐘」（c'）音分值，爲 1223.4619音分，本來「半黃鐘」音分是「八度還原」，正確的音分是1200音分，卻因爲三分律相生的律管偏短，高出了23.4619音分，在十二平均律的標準計量，這音分換成鋼琴的琴音，竟有5.3赫之多，相當於一個全音的六分之一，很容易察覺到，它就三分損益律歷代未能解開的死結。這點差，稱爲「音差」（Comma）最小可感覺到的音程——它也是「古代音差」，也稱「最大音差」。京房用六十律的樂制就是要解決這「中國古音律音差」問題。追求c－c'理論音高完全相等。

　　京房的六十律，是延續三分損益法工程，計算到59次，便產生六十律。他的第一律律名仍稱「黃鐘」，至第十二律律名仍稱「應鐘」，這與原制律名是相同的；而第十三律律名原制名稱「半黃鐘」，而京房新名稱「執始」，第十四律律名「去滅」，……第六十律律名叫「南事」。如「執始」、「去滅」的算法：

一、執始 $\dfrac{262144}{531441}=1\times\dfrac{2}{3}\times\dfrac{4}{3}\times\dfrac{2}{3}\times\dfrac{4}{3}\times\dfrac{2}{3}\times\dfrac{4}{3}\times\dfrac{4}{3}\times\dfrac{2}{3}\times\dfrac{4}{3}\times\dfrac{2}{3}\times\dfrac{4}{3}\times\dfrac{2}{3}$

二、去滅 $\dfrac{524288}{1594323}=1\times\dfrac{2}{3}\times\dfrac{4}{3}\times\dfrac{2}{3}\times\dfrac{4}{3}\times\dfrac{2}{3}\times\dfrac{4}{3}\times\dfrac{4}{3}\times\dfrac{2}{3}\times\dfrac{4}{3}\times\dfrac{2}{3}\times\dfrac{4}{3}\times\dfrac{2}{3}\times\dfrac{4}{3}$

　　如果用上列方式求到六十律，當然可行，未免太麻煩，有許多種數學方法，以用「對數」方法最簡單，請參考用上述第二種方法（五度級對數值）試算一次，對照其結果，這是研究中國律學三分損益法的一個簡易方法。

　　京房的六十律，其實只要用到五十三律（五度級），幾乎就是「八度還原」，但京房爲了配合六十干支，相生到六十律的整數。我們

計算五十三律的音分值是：3.6737音分（算法：53×　0.176091×3986.32－〔1200×31次數〕＝3.6737）。因爲黃鐘是0音分，五十三律「色育」是：3.6737音分。京房六十律解決古代「音差」的第一次試驗，其實還是未徹底解決，仍然有一點「音差」，它是3.6737音分，大約是一個全音的五十五分之一，學者稱它爲「京房音差」。在中央c（261.63赫）的相對頻率是0.57赫，1赫算是一個音程，已屬誇張不盡合理的論調，更何況0.57赫，在世界上也不會有耳音好到辨出一個頻率的人！

京房「六十律」，他的成就的確相當了不起，不僅在中國音樂理論中，現在世界音樂中的五度相生律、純律、平均律，都有五十三律的理論──京房他也知道第五十三律「色育」與「黃鐘」的音（高低八度），幾乎完全相同，但他湊成六十整數，以便於與曆數配合。五十三律這理論，既可歌唱，又有特殊風琴來演奏這種音階。如1876年英國理論家波桑魁特（R.H.M.Bosanquet）發表「五十三律」，與京房理論極相似，他根據這種律，製成一架風琴，名爲Enharmonic Harmonium，這風琴有四組半，每組12鍵，但鍵盤共有7排。其他還有日本田中正平，於1890年發表五十三純律；麥卡託（Nicholas Mercatos）約於1675年倡議五十三律平均律。這些五十三律制，應不應該奉漢京房爲鼻祖？是不是中國古代音律學上的光輝成就？值得我們深思！【註四】

還有一位名Moravian Alya Haba（1893年），似乎是歐洲人，同京房一樣，精心計畫一個六十音的音階於八度音程。照Scholes所說，他且可很正確的歌唱這種音。【註五】

劉宋元嘉年間錢樂之（438年間）太史官（職業律曆家）。他的

三百六十律，也是延續三分損益律的工程（宮徵旋韻——五度級相生），伸而引之，計算到359次，便產生三百六十律。他的第一律至第六十律的律名，與京房的律名相同、律數也完全相同，從第六十一律「荄動」後，至第三百六十律「安運」，用老方法去損益，非常麻煩【註六】，只要有一律算錯，其後各律就難以不錯。現在我們用「對數」算律，就不覺得有甚麼困難，而且不會錯誤。

　　從前京房還未徹底解決古代「音差」問題，留下「京房音差」；錢樂之又產生的許多律，仍然有2.2426音分的「音差」，大約是一個全音的九十一分之一，學者稱它爲「錢樂之音差」。

　　錢樂之計算，當然算到更回復原音的位置，假使將他理論製造樂器來演奏這種律，八度之間有360個音（鍵或孔）如何施工，這種律制，當然不是空想，如中國早已知道一周爲360度，天體的圓形也是如此；一年統稱360天，前者爲「律」，後者爲「曆」（天文），也是「天人合一」的音樂家，在西洋還有這種先例呢！

　　西洋有「天體的和聲」；首先畢達哥拉斯的宇宙觀，認爲太陽、月亮及行星，均繞著地球以不同的速度運轉，而造成了不同的聲音。後來，西塞羅（Cicero）及其他人，認爲這七個天體（月亮、水星、金星、太陽、火星、木星、土星）是音階中的七音。這個概念一直到中世紀都還以「世界音樂」來表示：「世界音樂是由於天體的運行，所造成的聲音的和協而產生的」。包伊夏斯（Boethius）、開普勒（Johanres Kepler, 1571－1630）對於宇宙的和聲，有著不同的解釋，他發現六個行星的近日點及遠日點（繞著太陽以橢圓形的軌道運轉）和基本音樂的音程，有著相同的比例；$\frac{4}{5}$（大三度）爲土星；$\frac{6}{5}$（小三度）爲木星；$\frac{2}{3}$（五度）爲火星，$\frac{15}{16}$（半音）爲地球；$\frac{24}{25}$（半音）爲金星；$\frac{5}{12}$（八度加小三度）爲水星。從這段記載，想見錢樂之的律

曆學，眞是同工異曲之妙。【註七】

　　研究中國音律，從五、七音到三百六十律的反復計算，是相當好的基本訓練，像王光祈、劉復就是經過這種磨練的前輩先生；我也經歷過這種歷程，才領悟到許多算律的便捷方法。現在我們計算工具進步，速度與準確就非以往所能比擬了。【註八】

二、蔡元定十八變律

　　一、蔡元定（1135～1198年）宋代律學家。

　　二、八度之間十八律。

　　三、蔡元定以爲古代十二律的音節，都是準的。只是到了第12次三分益一時所得之律，應爲「執始」，而古人乃勉強把它當作「半黃鐘」，認爲一周，這便錯了。因此之故，我們若欲照「十二律還相爲宮」之理，去配合十二調，那麼，只有黃鐘、林鐘、太簇、南呂、姑洗、應鐘六調是對的；其餘蕤賓、大呂、夷則、夾鐘、無射、仲呂六調是不對的。假如我們要使蕤賓等六調之音亦準，我們只須添六個變律就夠了。於是他一點也不客氣，遂從京房六十律中取出六個律來，另自與它們取了一個名字叫做甚麼：（執始）變黃鐘；（去滅）變林鐘；（時息）變太簇；（結躬）變南呂；（變虞）變姑洗；（遲內）變應鐘。【註九】「執始」「去滅」是六十律的名辭。

　　自蔡元定增加六個變律以來，於是古人所謂十二律還相爲宮之理，始能精確應用。換句話說，蔡元定十八變律制，就是十八個律（包括六個「古代音差」），它就能夠在十二均（八度）的七聲音階形式，得到統一。蔡元定六個變律的構造及音分值，完全合乎三分損益律與五度相生律，這種律調保持了中國十二律的音程特質，轉調的困難也完全克服，眞稱得上是世界上早期最完全樂制之一。如果當年樂器製造技術，能發揮它的長處，作曲法也能配合運用，加上蔡元定也不因

意義義和劉歆典領條奏前史班固取以
爲志而元帝時郎中京房房字君明知五
聲之音六律之數上使太子太傅韋玄成
字少翁諫議大夫章雜試問房於樂府房
對受學故小黃令焦延壽六十律相生之
法以上生下皆三生二以下生上皆三生
四陽下生陰陰上生陽終於中呂而十二
律畢矣中呂上生執始執始下生去滅上
下相生終於南事六十律畢矣夫十二律

後漢書志第一
五
徐班

圖版三九　漢書律曆志京房六十律理論 (舊刊本)

「僞學貶死」，現代風行的十二平均律，是否會產生，也都是未可想像之事。我們常常聽到學聲樂的人，抱怨十二平均律不好唱，是否在十八律的途徑上，用心去探索一下如何？

現在我們將五種律制的一個「半音」音程間的音階名比較列後：

一、西洋律：c、#c、……

二、三分損益律：**黃鐘、大呂、……**

三、六十律：**黃鐘**、色育、執始、丙盛、分動、質末、**大呂……**

四、三百六十律：**黃鐘**、色育、合微、帝德、廣運、下濟、尅終、執始、握鑑、持樞、黃中、通聖、潛升、殷普、丙盛、滋萌、光被、咸亨、㐌文、㐌聖、微陽、分動、生氣、雲繁、**鬱湮**、升引、屯結、開元、質末、優昧、遣建、玄中、玉燭、調風、**大呂、……**

五、十八律：**黃鐘**、變黃鐘、**大呂、……**

請仔細觀察這五種樂制，它的「小二度」（此處是大半音的音程114音分）之間「古代音差」出現的關係。

以上是屬於三分損益律系統的律。

第四節　十二平均律系統的重要律學

一、何承天十二平均律的思想

一、何承天（370～447年）劉宋廷尉、律曆學家。

二、八度之間十二律。

三、何承天「新率」的律數，載於《宋書》〈律曆志〉中〔圖版四〇〕，從他所著錄的管長尺寸，知道他創立新律的方法。如用三分

損益法，由「仲呂」生「半黃鐘」，它的管長是8寸8分7釐8毫8絲，不是「黃鐘」9寸，兩者相差是0.1212寸。何承天將它平均分配於林鐘律以下各相生律中（在他原述文字，已看出林鐘6寸1釐，比原6寸長了1釐，太簇長了2釐，如此類推）；即將0.1212寸，除以12，得0.0101寸，每律加上這差的倍數即爲「新率」：

舊律度　差　值　新律度

1. 黃　鐘（c）　9.0000 ＋ 0.0000 ＝ 9.0000
2. 林　鐘（g）　6.0000 ＋ 0.0101 ＝ 6.0101
3. 太　簇（d）　8.0000 ＋ 0.0202 ＝ 8.0202
4. 南　呂（a）　5.3333 ＋ 0.0303 ＝ 5.3636
5. 姑　洗（e）　7.1111 ＋ 0.0404 ＝ 7.1515
6. 應　鐘（b）　4.7407 ＋ 0.0505 ＝ 4.7912（以下各律算法從略）
7. 半黃鐘（c'）　(4.4394×2)＋0.1212＝9.0000÷2＝4.5000

「舊律度」是用三分損益法造音，其中有「大半音」，「小半音」之分，它的「音分值」是114及90音分。「新律度」經過補正「差值」後，就現在「新律度」數，暫時將它視爲弦律，以免有管律的管徑「端際效應」問題，那麼計算它的音分值，是否趨近於平均律呢？只要計算一下「黃鐘」與「林鐘」的五度音程的音分值是多少？就知道其是與非。計算的公式：

$$I = \log \frac{6.0101}{9} \times 3986.32,$$

$$= 699.0443 （ ≒700是十二平均律正確黃鐘與林鐘的相對$$
$$音分值 ）$$

我們知道平均律的黃鐘至林鐘（c－g）的音分值是700音分，現經實際驗算何承天所獲致的結果；爲 699.0443 分，如此這般的趨近於絕對值，可見何氏新率的補正差數的思想，是何等精妙呢！

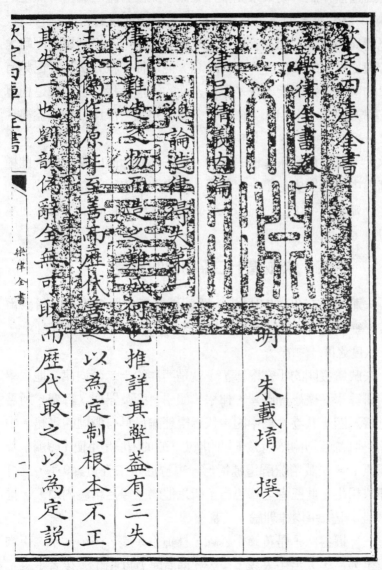

其失一也劉歆僞辭全無可取而歷代取之以為定說

主存僞作原非至善而歷代取音之以為定制根本不正

律非難造乃物而惡之難成也以為定制根本不正

三總論造律得失第一

律呂精義內篇

欽定四庫全書

樂律全書

明　朝載堉　撰

推詳其弊蓋有三失

「何氏這種律制，後來未見推行，似乎並沒有施之實用。照他的
9寸為黃鐘一點看來，似乎是為管律而設。但因他沒有考慮到管口校
正或管徑變異的問題，則在管律上若當真實用起來，仍必發生困難。
可是，若純從抽象的長度計算方便設想，他這種補救方法，實已頗有
接近等律的傾向。這不能不說是律算方面的一種進步。若把他這種算
法用到弦律方面去，則相鄰二律間音分值之差數，卻比三分損益律，
對於等律，接近得多了。」【註十】

何承天不但是律學家，他的天文、曆法都有極高成就，何氏此種
發明，實為中國音樂史上第一次創舉，較之西洋現行十二平均律，約
早1200年。中國「圓周率」七分之二十二（$\frac{22}{7}$）的周率，也是何承
天發明的。

二、朱載堉十二平均律的實踐

一、朱載堉（1536～1611年）明朝鄭恭王朱厚烷世子，後讓爵
於同宗載，璽，敕建「讓國高風」坊表揚，淡泊寧靜，著述終身。

二、八度之間十二律。

三、朱載堉發明的「密率律」，就是西洋的十二平均律。他家學
淵源、精研算學、樂學、曆學、律學、韻學、旁及器樂、舞樂，所著
《樂律全書》四十八卷，為中國古代音樂理論最具有價值的書籍。中
國三分損益律實施到明朝，有幾千年的歷史，它的困境是不便「轉調」及
不能「還原」。朱載堉瞭解這種情形，導源於「宗守黃鐘9寸，三分
損益，隔八相生，此三者之謬也。」所以他的《律呂精義內篇》，推
陳出新，創立十二平均律理論。〔圖譜四一〕

舊律三分損益法，是黃鐘生林鐘，林鐘生太簇，……。十二平均
律是黃鐘生大呂，大呂生太簇，……。前者是五度相生，後者是每半
音相距的兩律取得一定的「等比率」相生，在朱載堉律制創作方法中，用

兩個常數（等比率）：管長是1.059463094；管徑是1.029302236。
如：

1. 管長　$\sqrt[12]{2}$＝1.059463094

2. 管徑　$\sqrt[24]{2}$＝1.029302236

　　朱載堉因已瞭解在一條弦上的二分之一處，找到八度的定點，似乎將這二分之一的弦段，只要將2開12次方（$\sqrt[12]{2}$），就可得到一個數目（等比率），由這個數目連乘12次，便是十二平均律的各律，因為它是由各律間振動數比相互均等而構成，在數學上它們是「等比級數」。在明朝時期如何將「2」開「12次方」，是一個相當困難的問題，朱載堉卻以「珠算」的技法，用81檔大算盤開方，有效小數達到25位，迄今仍為國際上許多算數學者，佩服之至！

　　《律呂精義內篇》卷三「黃鐘倍律通長」數據：

尺寸分

1. 黃　鐘（c）　　200000000000000000
2. 大　呂（#c）　　188774862536338699
3. 太　簇（d）　　178179743628067860
4. 夾　鐘（#d）　　168179283050742908
5. 姑　洗（e）　　158740105196819947
6. 仲　呂（#e）　　149830707687668149
7. 蕤　賓（#f）　　141421356237309504
8. 林　鐘（g）　　133483985417003436
9. 夷　則（#g）　　125992104989487316
10. 南　呂（a）　　118920711500272106
11. 無　射（#a）　　112246204830937298

12.　應　鐘（ b ）　　105946309435929526
13.　半黃鐘（ c' ）　　100000000000000000

　　上列各種數據，視爲是管長或弦長均可，數目字大者其音低，數目字小者其音高，而這些數字都是由「等比率」1.059463094……去連乘、或連除而得來。請用前述計算音分值的方法，計算它們相鄰兩律的音分，必然都是100音分。這就是平均律成功之處，沒有轉調的困難，而又有準確「還原」的好處。

　　朱載堉「密率律」的理論，是他對於「指數函數」的「乘冪法則」運用靈活所致，這類問題要想深入探究，有許多專著可供參考。【註十一】

修正《樂律全書》十二平均律正律黃鐘十二隻律管計算頻率表

律　名	公（公釐）制			樂律全書		西洋音律			音階		修正管內徑與表件六原管內徑之差
	管　長	管內徑	管外徑	管音	弦音	頻　率	音分值	音分差	固定	首調	
正律黃鐘	254.800	9.007	12.74	上	宮	315.03	0		#d+	do	±0
正律大呂	240.498	8.501	12.375			333.77	100	100			
									e+		−0.248
正律太簇	226.998	8.024	12.024	尺	商	353.62	200	100			
									f+	re	−0.478
正律夾鐘	214.258	7.574	11.682			374.64	300	100			
									#f+		−0.686
正律姑洗	202.234	7.149	11.348	工	角	396.92	400	100			
									g+	mi	−0.874
正律仲呂	190.883	6.748	11.025			420.52	500	100			
									#g+	fa	−1.048
正律蕤賓	180.169	6.369	10.711	凡	中	445.53	600	100			
									a+		−1.206
正律林鐘	170.056	6.011	10.406	六	徵	472.03	700	100			
									#a+	sol	−1.347
正律夷則	160.513	5.674	10.110			500.08	800	100			
									b+		−1.475
正律南呂	151.504	5.359	9.825	五	羽	529.81	900	100			
									c'+	la	−1.586
正律無射	143.001	5.005	9.452			561.33	1000	100			
									#c'+		−1.692
正律應鐘	134.975	4.771	9.272	乙	和	594.71	1100	100			
									d'+	si	−1.785
正律黃鐘	127.400	4.504	9.007	仩	宮	630.07	1200	100	#d'+	do'	−1.866

本表採自陳萬鼐《朱載堉研究》表件七

根據上表，無論你用「管長」（如254.8與240.498）、「管內徑」（如9.007與8.501）、「頻率」（如315.03與333.77）的兩相鄰的律，都是距離100音分。

最後，我得到這樣的一個結論：凡十二律平均律它的律管，其「管長」與「管內徑」，與它的高一律的「管長」與「管內徑」，都是用下列「等比率」求得：

$$1 : \frac{1}{\sqrt[12]{2}} \quad (1.059463094)$$

用這個公式所獲到律管的製作尺寸，製造出來的律管，就會發出兩相鄰律的頻率都是100音分，比朱載堉的《樂律全書》所用「管內徑」的「等比率」是1.029302236，完全精確，達到十二平均律理想的目的，因為這「等比率」與朱載堉略有不同，所以上表便稱為「修正」的。

西洋音樂自16世紀中葉起，器樂已漸抬頭，轉調日趨繁複，純律的鍵盤，應用上已頗不便，為適應繁複的轉調，倘更增加鍵數，其困難可以想見，為解決這困難，遂有轉複雜為簡單的理想，提出採用十二平均律的意見。西洋近世十二平均律，最初為1691年德人弗克邁斯忒（Andreas Werckmeister. 1645～1706）所提出，弗克邁斯忒為作曲家、風琴家兼音樂理論家，他死的那年（1706年），著作家奈特哈特（Johann Georg Neidhardt, 1685～1739）提出同樣的律制，這個十二平均律，很受當時音樂家的讚許。巴赫（Johann Sebastian Bach, 1685～1750）便是熱烈擁護這個律制的人，他用作品來證明這個律制的合理與實用性；在1722年，他發表平均律鋼琴曲集（Well-Tempered Clavichord）第一卷，在這曲集內，他不偏不倚地應用十

二個大調與十二個小調，作成不朽的前奏曲（Prelude）與賦格曲（Fugue），在當時，如#C大調與#c小調，就是完全不用的；巴赫憑著等音的妙用，任何調都可應用，又可自由轉調；因此轉調的範圍就大加擴張了，十二平均律盛行於歐洲。【註十二】

第五節　清朝十四律概要

一、清朝聖祖康熙玄燁欽定十四律。

二、八度之間十四律。

三、清朝樂制認為在絃上用三分損益法造音，是準確的，在管上便不準確，必須增加二個「半音」，才能適當，所以舊制的十二律，被清人改為十四律，這些音程的差異在何處？如《律呂正義》上編卷二〈明管律絃律度五聲二變取分之不同〉云：

> 今借黃鐘之分為宮絃全分，其首音仍定以黃鐘之律；則二音限於太簇之分，而聲亦應太簇之律；三音則變為夾鐘之分，而聲始應姑洗之律，如仍取姑洗之分，則聲必變而應於仲呂之呂；四音復變為仲呂之分，而聲始應蕤賓之律，如仍取蕤賓之分，則聲必變而應於林鐘之呂；五音則為林鐘之分，而聲應夷則之律；六音則為南呂之分，而聲應無射之律；七音則又變為無射之分，而聲始應半黃鐘之律；如仍取應鐘之分，則聲必變而應於半大呂之呂；此宮絃之分，因全絃首音定黃鐘之律，而變為羽絃之分者也。

在《律呂正義》中，此章後面附有簡表：「全絃九寸定黃鐘之律：首音、聲應黃鐘之律，度合黃鐘之分；得羽絃之全分。……」此處「律」字，表示是管律發音的單位，絃律發音的單位是「分」，這種「分」、「律」的單位，來辯論管律與弦律的音程差異，如果不認清楚

這兩個字，是很難以讀得下去的。

這種取管絃相近音的方法，仔細研究一下，也覺得很有趣味。當時清人，可能先作了兩種自以爲很準確的發音器，一個是管律，一個是絃律，先將首調的主音音高定妥，然後一面吹管，一面撥絃，另一個人用耳朵去辨音，才寫下這段紀錄。我個人非常懷疑，這發音器可能不精確，如果發音極精確，則聽音的人辨音能力大有問題，如果這兩者都不是，那必是這般人諂媚，取悅於康熙皇帝，貫徹「欽定」十四律的「宸衷」，作些「掩耳鈴盜」工作罷了。還有人稱它是「十四平均律」。【註十三】

清朝十四律造音的方法，既不是三分損益法，也不是十二平均律的相鄰兩律的比；而是「測定律管」用律管的體積比例來造音〔圖版四二(見頁128)〕。如「正黃鐘(c)」、「倍黃鐘(C)」、「半黃鐘(c')」高低三個「八度音程」，它們的名稱爲：「六十四倍黃鐘之管(CC)」、「八倍黃鐘之管(C)」、「黃鐘之管(c)」、「黃鐘八分之一之管(c')」，這些名稱與用算術求積的總體積的立方體單位相合。然後用它爲主音律管每一個八度是15隻律管，每隻律管的內徑不同，長短也不同，稱爲「同形管」。再取「同形管」一隻，在管長上用三分損益法求十二律（每一個八度是13隻律管），稱爲「同徑管」。並且以「同形管爲體」、「同徑管爲用」，是非常複雜的組合，這四種「八度」律管，多達684隻。我們現在製作它的各種律管，經吹律測音，卻非清朝十四律創意時所理想音響，質言之，它的理論與實際並非一致。

清朝正黃鐘同形管十四律及同徑管十二律實測頻率總表

同　形　管　之　部（縱）								同	徑
編號	管　　　名	律呂	七聲	字譜	1.黃鐘	2.大呂	3.太簇	4.夾鐘	5.姑洗
15	黃　鐘　之　管〔1〕	黃鐘	宮	工	358.57483 f^1+	379.89033 #f^1+	396.9571 g^1+	426.41275 #g^1+	445.23275 a^1+
16	黃鐘八分之七管〔⅞〕	大呂	清宮	高工	368.88997 #f^1-	394.33095 g^1+	411.59575 #g^1-	436.07544 a^1-	459.23018 #a^1-
17	黃鐘八分之六之管〔¾〕	太簇	商	凡	390.83453 g^1-	416.53475 #g^1+	438.69182 a^1-	464.77404 #a^1-	486.5381 b^1-
18	黃鐘八分之五之管〔⅝〕	夾鐘	清商	高凡	412.8305 #g^1-	442.35473 a^1+	463.94246 #a^1-	495.34838 b^1-	518.5679 c^2-
19	黃鐘八分之四之管〔½〕	姑洗	角	六	441.30818 a^1+	468.93193 #a^1+	490.94324 b^1-	524.18642 c^2+	552.72178 #c^2-
20	黃鐘八分之三分半之管	仲呂	清角	高六	463.38807 #a^1-	489.47486 b^1-	513.88586 c^2-	549.42532 #c^2-	571.61668 d^1-
21	黃鐘八分之三之管〔⅜〕	蕤賓	變徵	五	485.06972 b^1-	518.5679 c^2-	541.18418 #c^2-	578.60038 d^1-	603.04332 d^1+
22	黃鐘八分之二分半之管	林鐘	清變徵	高五	518.5679 c^2-	552.39213 #c^2-	578.60038 d^1-	616.69987 #d^1-	647.49951 e^1-
23	黃鐘八分之二又此一分之四之一之管	夷則	徵	乙	539.53596 #c^2-	571.61668 d^1-	597.80555 d^1+	638.9004 #d^1+	671.02042 e^1+
24	黃鐘八分之二之管〔¼〕	南呂	清徵	高乙	560.96291 #c^2+	597.80555 d^1+	625.95009 #d^1+	667.10032 e^1+	705.76651 f^2+
25	黃鐘八分之一又此一分之四分之三之管	無射	羽	上	583.83851 d^1-	618.54991 #d^1-	653.37976 e^1-	694.30675 f^1-	731.18959 #f^2-
26	黃鐘八分之一又此一分之四分之二之管	應鐘	清羽	高上	605.5996 #d^1-	649.45959 e^1-	681.84697 f^1-	726.78938 #f^2-	755.39073 #f^2+
27	黃鐘八分之一又此一分之四分之一之管	半黃鐘	變宮	尺	647.49951 e^2-	693.37012 f^1-	726.78938 #f^1-	767.67354 g^1-	808.38422 #g^2-
28	黃鐘八分之一又此一分之八分之一之管	半大呂	清變宮	高尺	663.18016 e^2+	717.14966 f^1+	753.19032 #f^2+	803.69778 g^1+	840.48812 #g^3+
29	黃鐘八分之一之管〔⅛〕	黃鐘	宮	工	702.61325 f^2+	750.99052 #f^2+	786.32072 g^3+	833.07953 #g^3+	869.5345 a^3-

管　　之　　部（橫）							
6. 仲 呂	7. 蕤 賓	8. 林 鐘	9. 夷 則	10. 南 呂	11. 無 射	12. 應 鐘	13. 半 黃 鐘
475.86175 $\#a^1+$	499.75352 $b'+$	520.1286 $c'-$	549.42532 $\#c^2-$	575.00853 d^2-	616.69987 $\#d-$	643.57935 e^2-	676.61788 f^1-
486.5381 b^1-	512.32508 $c'-$	536.2395 $\#c^2-$	569.87075 $d'-$	596.05962 $d'+$	633.35027 $\#d^2-$	665.14024 e^2+	701.57494 f^2+
518.5679 c^2-	546.12887 $\#c^2-$	573.3626 $d-$	605.5996 $\#d'-$	631.50022 $\#d'+$	672.19654 e^2+	700.53662 f^2-	739.99 $\#f^2$
552.72178 $\#c^2-$	576.85445 $\#c^3+$	599.55147 $d'+$	637.05036 $\#d'+$	665.14024 e^2+	708.84089 $f'+$	742.1901 $\#f^2+$	794.91182 g^2+
583.83815 d^1-	611.14973 $\#d^3-$	635.20031 $\#d^1+$	680.8209 e^3+	704.68988 f^2+	748.79041 $\#f'+$	788.65184 g^2+	833.0795 $\#g^2+$
607.44964 $\#d^2-$	639.65918 e^3-	671.02049 e^2+	715.07303 f^2+	748.79041 $\#f'+$	790.98277 $g'+$	825.67094 $\#g^2+$	880.00 a^2
639.66518 e^2-	676.90073 e^3+	704.68988 $f'+$	746.59031 $\#f'+$	786.32092 $g'+$	841.96984 $\#g^3-$	887.84912 a^2-	936.48789 $\#a^2+$
691.81499 f^2-	722.38917 $\#f^2-$	751.87056 $\#f^3+$	795.64461 $g'+$	824.18922 $\#g^2-$	859.5345 a^3-	929.55831 $\#a^2-$	984.83324 b^2-
712.9964 $f'+$	748.79041 $\#f^2+$	776.99723 $g'-$	825.67094 $\#g^2-$	872.15088 a^2-	924.01412 $\#a^2-$	964.27568 b^3-	1038.6965 c^3-
750.99052 $\#f^2+$	787.71947 g^2-	818.2634 $\#g'-$	866.91812 a^2-	912.92627 $\#a^2-$	970.14926 b^3-	1008.3275 b^2+	1054.3035 c^3+
781.1929 g^2-	823.20141 g^3+	853.21578 $\#g^2+$	915.69824 $a'+$	948.96176 $\#a^2+$	999.51716 b^3+	1040.2772 c^3-	1108.8 $\#c^3+$
804.96831 g^2+	851.84797 $\#g^3+$	890.4655 $a'+$	951.73373 $\#a'+$	984.83321 b^2-	1049.6114 c^3+	1111.8968 $\#c^3+$	1176.6459 $d'+$
857.77485 $\#g^3+$	907.38235 a^2+	946.1898 $\#a^3+$	999.51716 b^2+	1049.6114 $c'+$	1111.9968 $\#c^3+$	1171.1067 $d'-$	1238.9499 $\#d^3-$
895.69825 a^2+	940.64588 $\#a^2-$	983.07114 $b-$	1048.9891 c^3-	1103.4259 $\#c'+$	1178.0933 $d'+$	1222.1995 $\#d^3-$	1302.8194 e^3-
926.78608 $\#a^2-$	981.89642 b^2-	1024.7202 $c'-$	1082.3253 $\#c'-$	1131.7778 $\#c^3+$	1206.04 $d'-$	1270.3006 $\#d^1+$	1328.3004 e^3+

本表採自陳萬鼐《清史樂志之研究》

清史稿　　樂志二　　二

牛太簇　少宮工字　　牛夾鍾　清少宮高工字
牛姑洗　少商凡字　　牛仲呂　清少商高凡字
黃鍾同形管聲〔同形管表繁詳正義周徑不積列分〕
八倍黃鍾之管　　黃鍾〔工宮字聲〕　　正黃鍾之管
七倍黃鍾之管　　大呂〔高清工宮字聲〕　　黃鍾八分之七之管
六倍黃鍾之管　　太簇〔凡商字聲〕　　黃鍾八分之六之管
五倍黃鍾之管　　夾鍾〔高清凡商字聲〕　　黃鍾八分之五之管
四倍黃鍾之管　　姑洗〔六角六角字聲〕　　黃鍾八分之四即二之管
三倍黃鍾之管　　仲呂〔高清六角六角〕　　黃鍾八分之三之管
三倍半黃鍾之管　　蕤賓〔五變字徵〕　　黃鍾八分之三分半之管
二倍黃鍾之管　　林鍾〔高清五變徵〕　　黃鍾八分之二之管
二倍半黃鍾之管　　夷則〔乙微字聲〕　　黃鍾八分之二分半之管
二倍黃鍾之管　　南呂〔高清乙微〕　　黃鍾八分之一之二即四

圖版四二　清史稿樂志黃鐘同形管聲 (排印本)

這種樂制，既然有兩個特殊的「半音」（#f、#b），所以在管樂器方面（或定音樂器類），用「姑洗笛」、「仲呂笛」等等，特殊的基礎音階來解決。研究清代樂制比較困難，必須細讀《清史》〈樂志〉或是尋求專著以供參考【註十四】。的確在中國樂制中，清代樂制是相當複雜的。

「律學」不但是科學，並且講究其自然率。所以五度律、純律都相當美聽，雖然可以用人工造律（如十二平均律），以數求音的諧和，並不是以音就數（自然級數）。清朝這種律，就嚴重的犯下這錯誤，美國數學家拉姆（Herace Lamb）說過一句話：「對音階橫加干涉」（Tampering with the Scale），這好似對清代十四律制下的定論。好在這種律制，只在宮掖中推行，民間根本就不知道這件事（現階段中國音樂史的書籍，也語焉不詳），固無損於中國古律是三分損益律的天下呢！

以上是屬於平均律系統的律。

第六節　楊氏〈三律考〉摘要

楊蔭瀏氏（1899～1984年）〈三律考〉【註十五】為其晚年精心傑作，甚受音樂學界重視，因其傳本稀少，本書特慎重摘錄菁華部分，以為中國音律學理論實踐之例證。

律制有三種：一是三分損益律，亦稱五度相生律；二是純律，亦稱自然律；三是平均律。在我國歷史中，這三種律制都有，出現都比較早，而且有同時並用的情形。

三分損益律：對律的認識，同使用樂器的實踐不能分開。我國遠在周代，琴和瑟等弦樂器已很流行。從琴的按音位置和瑟的安柱位置，演

奏者很容易直覺到弦份的長短比例，同形成和美的音階各音之間的關係。可以設想，古來的三分損益律，在彈奏琴、瑟的實踐中，就可能被體會出來。

琴上用十三徽來標誌泛音位置；相鄰兩徽之間，又平分為十份，每份作為一分，徽與分兩者，合稱為「徽分」。宮音三弦上以十徽八分（簡寫作「十八」）為角，以七徽九分（簡寫作「七九」）為羽，便可以說明，譜中所用，是三分損益律。自清康熙時期以後出版的琴譜，用的都是此律；近代琴家，如夏一峰、查阜西、管平湖、張子謙、吳景略，以及別的許多人，用的也都是此律。〔圖版四三〕

還有，舊時代中國民間樂器店裡的工人，在「點笙」校音的時候，常將互成完全五度或完全四度關係的二管同吹，聽其和諧關係。可見，我國民間的笙，久已應用著三分損益律了。

純　律：純律與三分損益律，都是不平均律。二者之間，有部分的音相同，又有部份的音相異。純律與三分損益律，在琴上的按音徽分位置，也互有異同。

琴上取音，有「散、按、泛」三種方法。從按音的徽分和泛音的位置，都可以看出所用為那一種律制。左指對準任一徽位，虛按各弦，右指就能彈出泛音。七弦十三徽，都有泛音。為說明便利起見，可把十三徽分成甲、乙兩類；第一、二、四、五、七、九、十、十二、十三等九個徽為甲類，第三、六、八、十一等四個徽為乙類。從比值言，甲類各徽，依次當弦度 $\frac{1}{8}$、$\frac{1}{6}$、$\frac{1}{4}$、$\frac{1}{3}$、$\frac{1}{2}$、$\frac{2}{3}$、$\frac{3}{4}$、$\frac{5}{6}$、$\frac{7}{8}$ 處，其比值的分母為由2和3兩個因數所組成；乙類各徽，依次當弦度 $\frac{1}{5}$、$\frac{2}{5}$、$\frac{3}{5}$、$\frac{4}{5}$ 處，其比值的分母均為5。前者可通用於兩種律制，後者卻為純律所獨有。換言之，一首琴曲，若用到三、六、八、十一徽上的泛音，則這首琴曲所用的律，便只能是純律。

僅僅查閱一下琴譜中所用的泛音，就可以看到古人在音樂實踐中，

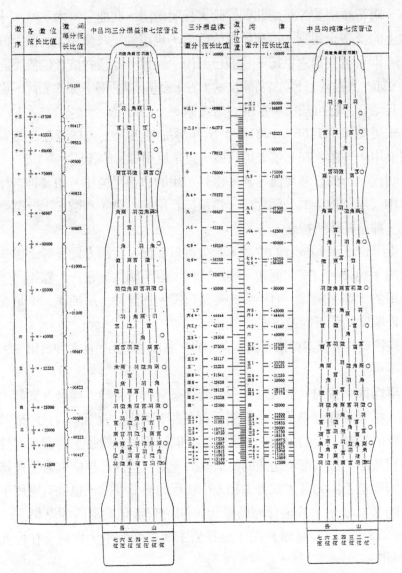

圖版四三　琴各弦上三分損益律與純律音位比值圖 (採自楊蔭瀏三律考)

早已不折不扣地應用純律了。

〈碣石調幽蘭〉是南北朝梁時人丘明傳譜。此曲三、六、八、十一徽上的泛音全用到。這裡所引的部分，也用到了八徽和十一徽上的泛音。則可見在第六世紀，我國已應用了純律。此譜對按音位置不記徽分，如「大指當七上二寸許案文武」等，記得不太明確。雖然如此，僅考察其泛音，已可知道，它用的是純律。

宋姜夔（約1155～1221年）所作琴曲〈古怨〉，按音在二弦與六弦上用十一徽，在七弦上用八徽，也是應用純律的證明。

明代刊行的好多琴譜，無一例外，用的也都是純律。如《神奇秘譜》中〈廣陵散〉的一個片段。這裡按音用的六徽、八徽、十一徽等音位，都是純律所特有。

從琴曲泛音和按音的位置，至少可以看出，我國人民在琴上曾長期應用了純律。自南北朝起，經過宋代，直至明代，在一千餘年間，琴上用的，都是純律，有不少的琴譜為證。估計琴上用純律，不是從梁代丘明開始，可能還遠在其前。

純律與三分損益律既相同，又相異。將前者視為由後者伸展出來，亦無不可。

平均律：我國從很久以來一直流行著阮咸、月琴、琵琶、秦琴、雙清、柳琴等彈奏樂器。這類樂器都是用相和品(古代稱「柱」)來節制各音的振動弦長的；每一個品，都要同時管到幾條弦上的音，而且這些相或品的形式都不是曲的而是直的。用一些直形柱位來兼管幾條弦上的高低不同的音，就有調和大小音程的必然要求，也就有應用平均律的必然要求。我國什麼時候起，開始有這類樂器的呢？傅玄（217～278年）《琵琶賦》說：烏孫公主嫁昆彌的事，大約是在公元前105年。

這個被稱為「琵琶」的樂器，是圓形、直柄，有十二柱，通用於

四條弦，就是後來被改稱爲「阮咸」或簡稱爲「阮」的樂器。後來參考了這個樂器上柱位的排法，在外來的曲項琵琶上增加了一些品位，就成爲明、清時代普遍流行的琵琶。

　　琵琶的老弦上1、2兩音的距離和中弦上2、3兩音的距離完全相等。再看表「圖譜四三」，純律1、2兩音間應相差204音分，構成一個大全音的音程；其2、3兩音間應相差182音分，構成一個小全音的音程。但山口（空弦發音處）、一相、五品、六品都是直的，在同位異弦上，不能產生大小兩個全音程；大全音只能減小一些，小全音只能加大一些，才能湊合著共用相同的直形品位。又三分損益律的半音爲包含90音分的小半音，其全音卻爲包含204音分的大全音；兩個小半音，90＋90＝180音分，不能構成一個大全音音程。但琵琶柱位的排法卻要求兩個半音，剛好合成一個全音的。因此，也勢非把小半音加大一些，大全音縮小一些，在音程大小之間，湊合一下不可。大小音程湊合的結果，就只能是平均律。但這種平均律，決不是抽象地憑空產生，而是在音樂實踐中具體地由既已用慣了的律制中，經過大小音程的湊合作用，而逐漸形成。

　　從歷史記載看來，我國在音樂實踐中開始應用平均律，約在西元前第二世紀，但平均律理論之出現，則要等到1584年明朱載堉的《律學新說》問世之時。先有實踐，後有理論；實踐與理論之先後出現，其間相去1685年。

　　餘　論：幾種律制同時存在，便有一個異律並用的問題。在我國古代，的確有著異律併用的實例。南朝宋、齊時清商樂的平、清、瑟三調中，都是琴、笙與琵琶併用；隋、唐九、十部樂的清樂中，也是琴、笙與琵琶併用；宋人臨五代周文矩的「宮樂圖」卷中，有琴阮合奏的部份。我們知道，其時琴上所用應是純律；笙上所用應是三分損益律；但琵琶與阮上所用卻只能是平均律。可見，南北朝、隋唐五代

時人都是將三律併用的。

異律併用究竟好不好？這並不是一個簡單的準確與差誤的問題，而是一個比較複雜的辯證統一的問題。

第七節　中國音律的檢討

中國音律在幾千年歷史進化中，當然不僅是上述數種而已，但它算是很重要的，可惜這些律制都未見到正式頒行的旨意，實施於全國，而三分損益律，仍是歷朝樂制的支柱，在二十五史樂律志中，就很明顯看到它的重要性。

一、中國雖無絕對協和音的八度音程以「相和」，但有所謂「相應」；此即律與律，呂與呂，常相調和也；就中國的思想而言，亦即陽與陽、陰與陰的調和，名曰「相應」，反之則名「相和」；乃陰與陽即律與呂的調和也：此為完全協和音的完全五度音程與完全四度音程，但完全四度音程，乃轉完全五度音程者。西洋音樂所用的不完全協和音的大三度、大六度、小三度、小六度等各音程，中國人全未思及。換言之，中國的樂律，徹頭徹尾，只以完全協和音組織者。此與希臘的畢達哥拉斯方法完全相同。【註十六】

二、中國古代聲學，亦如在其他很多科學，中國人之方法，與歐洲人不盡相同。古希臘好分析，古中國則著重關連。……雖然如此，中國人在聲音上的興趣，其發展的途徑，固與希臘人所循者不同，但是並非全無所穫。中國人的發展，充裕了世界上的文化，在聲學與音樂範疇內，並不少於在其他方面。……在漢代以前，中國人的社會生活，如何的使他們注意，聲是大自然在平衡或不平衡的顯示。這樣導致研究「氣」此奇妙物質，生命氣息，蘊藏散發之觀念。然後試追尋這進步到聲學為一門科學，逐漸改進聲之分類系統，及測量音度高低

之器具；及其中國於世界對聲及音樂性質之瞭解方面的貢獻。【註十·七】

三、律學自古以來，東西中外，有不少人傾注全力，加以研究。但是，一種律制的應用與流行，卻視當時音樂的音樂體裁如何，與在這種音樂周圍的種種條件而定。在單音的聲樂時代，十二平均律難望應用與流行。在和聲器樂時代，本應走入純律，但為樂器製造技術所限制，並影響演奏上的困難（五十三律的風琴，就是如此），就只能應用十二平均律；即使產生矛盾，也只好由它去。所以，倘問今後律的趨向應該怎樣，就完全視今後的音樂傾向與樂器製造技術而定。今後的音樂不會重返單音音樂，三和弦的原理一時不會推翻，如此，純律的傾向總是存在，只要樂器製造技術再進一步，解決樂器製造的困難，並解決演奏的困難，則純律的充份應用，也就不難實現了。有人疑問我國今後應當用何種律制，現在我們可以明瞭，這項視我國今日的音樂趨向而定。我國新音樂不甘停留在單音音樂上，那麼，五度相生律雖是用之已久，也就無永遠保留的可能。傾向和聲音樂的我國新音樂，在走向純律的路上，目前也要遭受十二平均律的矛盾，原是難免的事。【註十八】

西方人常說：「聲是優美的數字」，所以「定律法」——計算律必須使用數學。用數學表現音的結構，是非常有效的；所以，我們儘量要求知道它的計算方法，用電子計算機，簡單易學，則對於實際從事歌唱與演奏，自然會發生一些效應，如果一點律學的基礎及認識都沒有，那能談得上甚麼進步呢！

附　註

【註一】樂律學研究，繆天水著，第一章導論，第1至2頁（各種附註書目，

　　　　凡在前章中曾經著錄出版事項者，第二次出現時，不再重複）。

【註二】中國古代音樂研究（上篇），陳萬鼐著，載於民國72年12月中山學
　　　　術文化集刊第30期，本章所敍述與此文不同。

【註三】漢京房六十律之研究，陳萬鼐著，民國70年東吳大學中國藝術史集
　　　　刊，第11卷，1至25頁。

【註四】同註一。律史部分，第78頁。

【註五】中國之科學與文明，英・李約瑟著，陳立夫主譯，第7冊《聲學》，
　　　　第360頁。

【註六】東西樂制之研究，王光祈著，「著者敬白」㈢：「著者計算音值，
　　　　往往至深夜，雖已仔細校閱，然仍恐不免錯誤，幸讀者指出，以便
　　　　再版時更正。」（「譬如著者（王氏）計算錢樂之三百六十律時，
　　　　只誤減一數，遂致全盤皆錯，不得已乃從頭再算一遍，最後錯誤雖
　　　　已改正，而所浪費之時間不少矣。」）

【註七】採自某音樂辭典，疏記出處爲歉。

【註八】從五音六律說到三百六十律，劉復著，輔仁學誌2期，1至53頁。

【註九】同註六。第80頁。

【註十】中國音樂史綱，楊蔭瀏著，何承天三分損益均差律，第161頁。

【註十一】朱載堉研究，陳萬鼐著，民國81年，臺北，國立故宮博物院本。
　　　　　海內外許多專攻此問題者，承不恥下問，求教於我。

【註十二】同註一。律史近世期，第73頁。

【註十三】續清朝文獻通考，劉錦藻著，民國52年，臺北，興新書局本。樂
　　　　　考律呂制度，「一陰一陽分之得二個七調，合之爲十四調，故曰
　　　　　十四平均律。」

【註十四】清史樂志之研究，陳萬鼐著，民國67年，臺北，國立故宮博物院
　　　　　本。現坊間尚未見清代音樂史研究專書。

【註十五】三律考，楊蔭瀏著，見楊蔭瀏音樂論文選集，第39頁至45頁，原

載1982年「音樂研究」第一期。

【註十六】中國音樂史，田邊尙雄著、陳淸泉譯，第二章中亞音樂之擴散，第122面。

【註十七】同註五。第216至219頁。

【註十八】同註一。結論，第80頁。

第四章　中國歷代歌唱文學㈠

第一節　中國歷代歌唱文學的各種譜例

中國歌唱文學按時代演進，可以分爲古代歌謠、詩經、楚辭、漢賦、六朝樂府、唐詩、宋詞、元人雜劇、明清傳奇，先後綿亘有四千年之久。這些歌唱文學，在韻文學中自成一個體系，並且還有許多歌唱、吟哦、朗誦方法流傳下來。首先將各時代唱歌文學的詞章（也許就是「歌詞」）摘要列舉於後：

一、古謠〈擊壤歌〉　　　　　　　　　　無名氏

日出而作，日入而息；鑿井而飲，耕田而食，帝力於我有何哉？（明・朱載堉〈靈星小舞譜〉「豆葉黃鼓板節奏譜」總譜）〔譜例四四、四五〕

二、詩經國風〈關雎〉　　　　　　　　　無名氏

關關雎鳩，在河之洲，窈窕淑女，君子好逑。
參差荇菜，左右流之，窈窕淑女，寤寐求之，
求之不得，寤寐思服，悠哉悠哉，輾轉反側。
參差荇菜，左右采之，窈窕淑女，琴瑟友之。
參差荇菜，左右芼之，窈窕淑女，鐘鼓樂之。（宋・朱熹《儀禮經傳通解》卷十四載有「律呂譜」，相傳爲唐開元時期鄉飲酒禮樂譜）〔譜例四六、四七〕

三、楚辭〈國殤〉　　　　　　　　　　　　　屈　原

出不入兮往不返，平遠忽兮路迢遙。

帶長劍兮挾秦弓，首雖離兮心不懲！〔節錄〕（吟哦的韻文）〔
圖版四八〕

四、漢賦〈長門賦〉　　　　　　　　　　　　司馬相如

望中庭之藹藹兮，若秋季之降霜。夜漫漫其若歲兮，懷鬱鬱其
不可再更。澹偃蹇而待曙兮，落亭亭而復明。妾人竊自悲兮，
究年歲之不敢忘！（節錄）（漢代朗誦詩）

五、胡笳十八拍〈第一拍〉　　　　　　　　　　蔡文姬

我生之初尚無為，我生之後漢祚衰。天不仁兮降亂離，地不仁
兮使我逢此時。干戈日尋兮道路危，民卒流亡兮共哀悲。煙塵
蔽野兮胡虜盛，志意乖兮節義虧。對殊俗兮非我宜，遭惡辱兮
當告誰。笳一會兮琴一拍，心憤怨兮無人知。（《琴適》傳譜、
董婉華演唱記譜）〔譜例四九〕

六、六朝樂府〈木蘭辭〉　　　　　　　　　　　無名氏

東市買駿馬，西市買鞍韉，南市買轡頭，北市買長鞭。

朝辭爺孃去，暮宿黃河邊；

不聞爺娘喚女聲，但聞黃河流水鳴濺濺。

旦辭黃河去，暮至黑水頭；

不聞爺娘喚女聲，但聞燕山胡騎聲啾啾。

萬里赴戎機，關山渡若飛。朔氣傳金柝，寒光照鐵衣。

將軍百戰死，壯士十年歸。……

開我東閣門，坐我西間床，脫我戰時袍，著我舊時裳。

當窗理雲鬢，對鏡貼花黃。出門看伙伴，伙伴皆驚惶！

同行十二年，不知木蘭是女郎？（現代藝術歌曲中古詞新唱）〔譜例五○〕

七、唐詩送元二使安西〈陽關三疊〉　　　王　維

渭城朝雨浥輕塵，客舍青青柳色新。

勸君更進一杯酒，西出陽關無故人！

【古琴曲】清和節當春，渭城朝雨浥清塵，客舍青青柳色新。勸君更盡一杯酒，西出陽關無故人。霜夜與霜晨，遄行遄行，長途越渡關津，惆悵役此身。歷苦辛，歷苦辛、歷歷苦辛，宜自珍、宜自珍。

渭城朝雨浥輕塵，客舍青青柳色新。勸君更進一杯酒，西出陽關無故人。依依顧念不忍離，淚滴沾巾，無復相輔仁。感懷、感懷，思君十二時辰，參商各一垠。誰相因、誰相因，誰可相因？日馳神、日馳神。（清張鶴《琴學入門》載有琴譜）〔譜例五一〕

八、五代詞〈浪淘沙〉　　　　　　　　南唐李後主

簾外雨潺潺，春意闌珊。羅衾不耐五更寒，夢裡不知身是客，一晌貪歡。獨自莫憑欄，無限江山；別時容易，見時難，流水落花春去也，天上人間？（有唐宋詞新唱譜）〔譜例五二〕

九、宋詞白石道人歌曲〈疏影〉　　　姜　夔

苔枝綴玉，有翠禽小小，枝上同宿。客裡相逢，籬角黃昏，無言自倚修竹。昭君不慣胡沙遠，但暗憶江南江北。想佩環月夜

歸來，化作此花幽獨。猶記深宮舊事，那人正睡裡。飛近娥綠，莫似春風，不管盈盈，早與安排金屋。還教一片隨波去，卻怨玉籠哀曲。等恁時重見幽香，已入小窗橫幅。（童斐《中樂尋源》譯作五線譜）〔譜例五三、五四〕

十、元散曲〈秋思〉　　　　　　　馬致遠

百歲光陰一夢蝶，重回首往事堪嗟。今日春來，明日花謝。急罰盞夜筵燈滅。（孫玄齡《元散曲的音樂》有譜）〔譜例五五〕

十一、元雜劇〈竇娥冤〉　　　　　　關漢卿

【正宮端正好】沒來由犯王法，不提防遭刑憲。叫聲屈動地驚天。頃刻間遊魂先赴森羅殿，怎不將天地也生埋怨。
【滾繡球】有日月朝暮懸。有鬼神掌著生死權。天地也只合把清濁分辨，可怎生糊突了盜跖顏淵，爲善的受貧窮更命短，造惡的享富貴又壽延。天也！也做箇怕硬欺軟，却元來也這般順水推船。地也！你不分好歹何爲地，天也！你錯勘賢愚枉做天。哎！只落得兩淚漣漣。（楊蔭瀏、曹安和編《關漢卿戲曲樂譜》有譜）〔圖版五六〕〔譜例五七〕

十二、明傳奇〈牡丹亭〉　　　　　　湯顯祖

【皂羅袍】原來姹紫嫣紅開遍，似這般都付與斷井頹垣。良辰美景奈何天，便賞心樂事誰家院？朝飛暮捲，雲霞翠軒，雨絲風片。煙波畫船，錦屏人忒看的這韶光賤！（陳萬鼐《中國古劇樂曲之研究》有譜）〔譜例五八、五九、六○〕

十三、京戲〈生死恨〉　　　　　　京劇叢刊校訂本

【二黃導板】耳邊廂又聽得初更鼓響，

【散板】思想起當年事好不悲涼。遭不幸擄番邦身爲廝養，遇程郎成婚配苦命鴛鴦。我也曾勸郎君高飛遠颺，

【迴龍】又誰知一旦間枉費心腸。

【慢板】到如今受淒涼異鄉飄蕩，只落得對孤燈獨守空房。

【原板】我雖是女兒家頗有才量，全不把兒女情掛在心房。但願得我邦家兵臨邊障，要把那眾番兵一刀一個斬盡殺絕方稱了心腸。恨只恨那程郎把我遺忘，全不念我夫妻患難情長。到如今只落得空懷悵惘，

【散板】留下這清白體還我爹娘。（享譽極盛的傳統京劇，有各種錄音帶發行）

　　以上所選擇十二種中國歷代歌唱文學的作品，除了楚辭一種不能肯定其唱法外，其餘各種都是有譜傳世，甚且還有的在舞臺搬演。這些作品，它們體裁不同，而其共同特色，就是韻律優美，抑揚頓挫，生動活潑而自然。首先我們從這些文詞裡，對於中國歌唱文學，作初步認識與體驗、欣賞，以下將陸續作較深入敍述它們的傳襲與演變了。

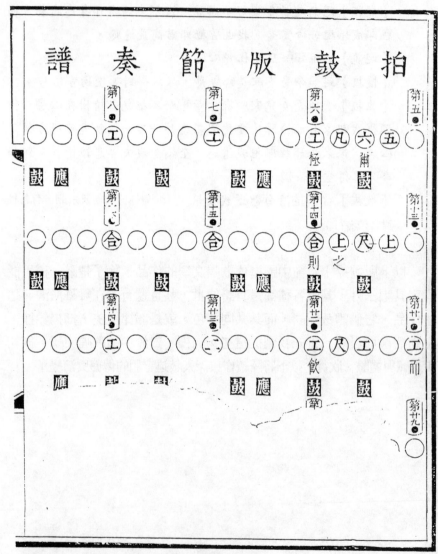

譜例四四　拍鼓板節奏譜 (採自明鄭藩邸刊本)

譜例四五　樂律全書靈星小舞譜 (採自陳萬鼐朱載堉研究)

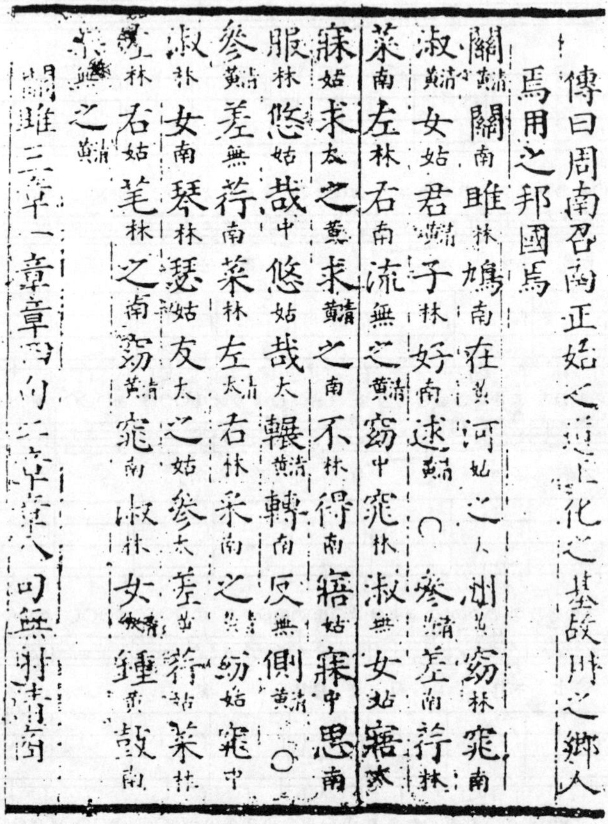

譜例四六　關雎律呂譜 (採自朱熹儀禮經傳通解)

關　　雎　唐　閻　元　傳　譜
無射清商俗呼越調　劉　德　義　校　編

1. 關關雎鳩，在河之洲，窈窕淑女，君子好逑。

2. 參差荇菜，左右流之，窈窕淑女，寤寐求之。

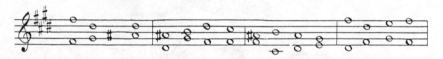

求之不得，寤寐思服，悠哉悠哉，輾轉反側。

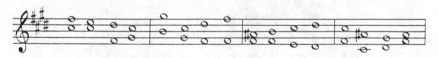

3. 參差荇菜，左右采之，窈窕淑女，琴瑟友之。

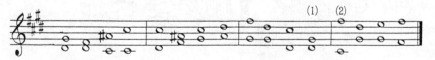

參差荇菜，左右芼之，窈窕淑女，鐘鼓樂之。

(1)：原譜係♯g″，按聲韻疑為♯g′。　(2)：儀禮為♯f′，疑誤；瑟譜為♯f″。

譜例四七　關雎五線譜 (採自劉德義中國音樂文化的回顧)

圖版四八　蕭從雲畫離騷經(東君)圖 (舊刊本)

譜例四九　漢蔡文姬胡笳十八拍第一、二拍五線譜
(採自陳玉燕魏晉音樂史研究論文)

譜例五〇　六朝古樂府木蘭辭五線譜 (黃友棣作曲)

陽　關　三　疊

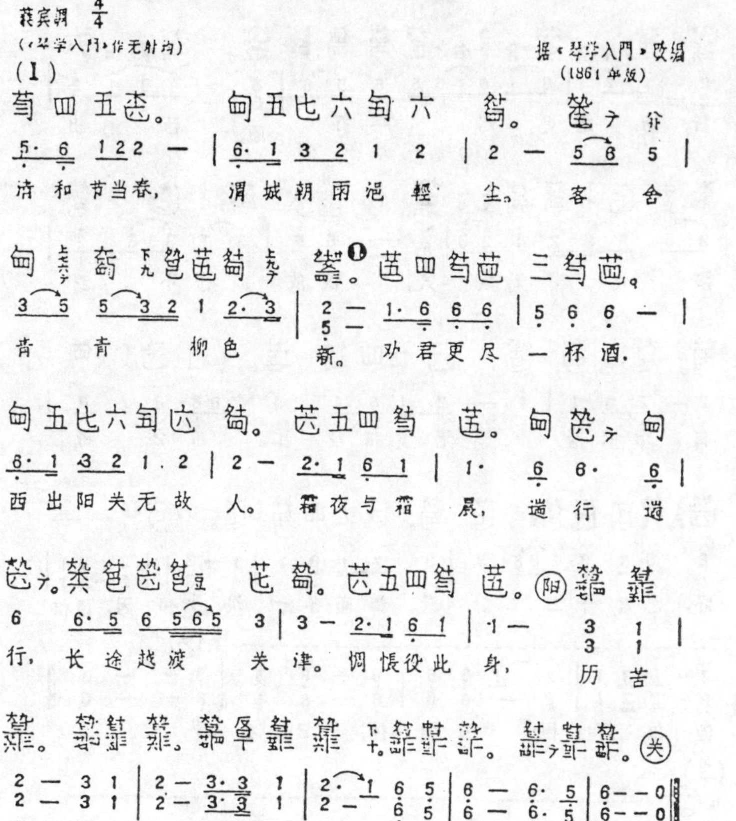

黃賓調　4/4
（《琴學入門》作無射均）

据《琴學入門》改編
(1861年版)

(1)

清和節當春，　渭城朝雨浥輕　塵。　客　舍

青　青　柳色　新。勸君更盡　一杯　酒。

西出陽關無故　人。霜夜與霜　晨，　遄行　遄

行，長途越渡　關津。悽愴役此　身。　歷苦

辛，歷苦辛，歷歷苦辛。宜自珍，宜自珍。

(2)

渭城朝雨浥輕塵。　客　舍青　青　　柳色

❶ 㣺＝㢭　即別兩法同声．

譜例五一　唐王維陽關三疊古琴簡譜 (近人據清張鶴琴學入門改編)

新。 勸君更盡 一杯 酒， 西出

阳关 无故 人。 依依 顧念不 及

離， 淚滴沾巾， 无复相輔仁。 感怀， 感

怀，思君十二 时辰。 參商各一 垠， 誰相 因，誰相

因，誰可相 因？ 日馳神， 日馳神。

（3）

渭城朝雨浥輕 尘。 客舍青青 柳色

新。 勸君更盡 一杯 酒， 西出

❶ "从阳到关"，"从三到关"是重复上面同一段曲調的略写法。

續前譜例

阳关　无故　人。芳草遍如茵，昔酒昔

酒，未饮心已先醉，载驰咽，载驰

咽，何日言旋轩槟。能酌几多巡，

千巡有尽，寸衷难铭。无穷尽的伤感，楚天湘

水隔远滇，期早托鸿鳞。尺奈申，尺奈

申　尺奈频申，如相亲，如相亲。

(尾声)

窓！从今一别，两地相思入梦频，闻雁来宾。

❶聶 在这里 ＝ 继强两大。

續前譜例 (共三頁)

譜例五二　南唐李煜浪淘沙五線譜 (採自邱燮友唐宋詞吟唱)

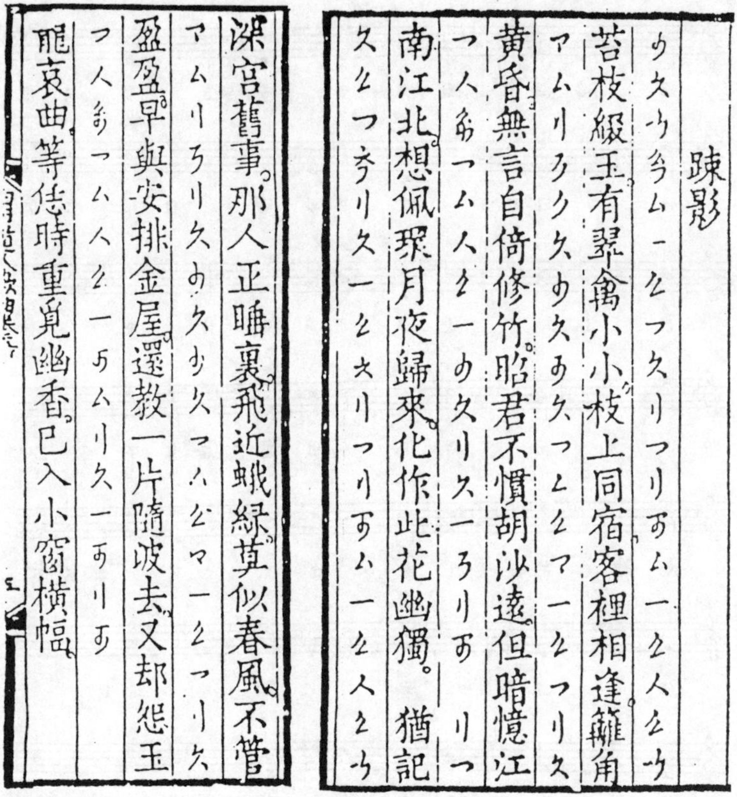

踈影

夕夂勹夛厶一厶勹夂勹丩丩勹厶

苔枝綴玉有翠禽小小枝上同宿客裏相逢籬角
ㄕㄙ丩ㄌ久夕久ㄙㄇㄚ一ㄙㄇㄙ

黃昏無言自倚修竹昭君不慣胡沙遠，但暗憶江
ㄕ人夕ㄇㄙㄚ一勹久丩ㄙ一勹

南江北想佩環月夜歸來化作此花幽獨。猶記
ㄕㄙ勹ㄙㄎ丩久ㄕㄇ一ㄙ丩ㄕㄙ人ㄙㄣ

深宮舊事。那人正睡裏飛近蛾綠莫似春風不管
ㄕㄇ丩ㄌ久夕久ㄙㄇㄚ一ㄙㄇㄙ丩久

盈盈早與安排金屋還教一片隨波去又卻怨玉
ㄕ人夕ㄇㄙㄚ一ㄅㄙㄌ久一ㄙ丩久

朧哀曲等恁時重覓幽香已入小窗橫幅
ㄕ人夕ㄇㄙㄚ一ㄅㄙㄌ久一ㄕㄇ丩久

譜例五三　宋姜夔疏影俗字譜 (採自白石道人越九歌曲)

疏　影

譜例五四　宋姜夔疏影五線譜 (採自楊蔭瀏著白石道人歌曲研究)

夜行船 "秋思" 套曲全套

譜例五五　元馬致遠秋思夜行船線簡合譜 (採自孫玄齡元散曲的音樂)

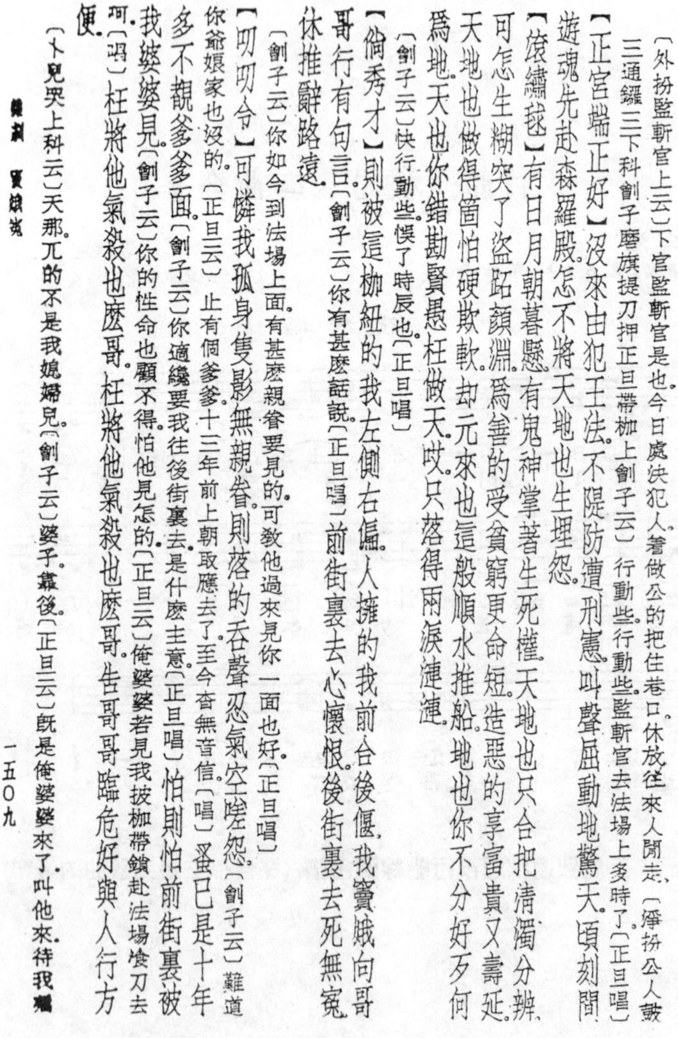

第二折

〔外扮監斬官上云〕下官監斬官是也。今日處決犯人，着做公的把住巷口，休放往來人閒走。〔淨扮公人鼓三通鑼三下科劊子磨旗提刀押正旦帶枷上劊子云〕行動些行動些監斬官去法場上多時了。〔正旦唱〕

〔正宮端正好〕沒來由犯王法。不隄防遭刑憲叫聲屈動地驚天。頃刻間遊魂先赴森羅殿怎不將天地也生埋怨

〔滾繡毬〕有日月朝暮懸有鬼神掌着生死權天地也只合把清濁分辨，可怎生糊突了盜跖顏淵。為善的受貧窮更命短造惡的享富貴又壽延天地也做得箇怕硬欺軟却元來也這般順水推船地也你不分好歹何為地。天也你錯勘賢愚枉做天哎只落得兩淚漣漣。

〔劊子云〕快行動些誤了時辰也〔正旦唱〕

〔倘秀才〕則被這枷紐的我左側右偏人擁的我前合後偃我竇娥向哥哥行有句言〔劊子云〕你有甚麼話說〔正旦唱〕前街裏去心懷恨後街裏去死無寃休推辭路遠。

〔劊子云〕你如今到法場上面有甚麼親眷要見的可教他過來見你一面也好〔正旦唱〕

〔叨叨令〕可憐我孤身隻影無親眷則落的吞聲忍氣空嗟怨〔劊子云〕難道你爺娘也沒的〔正旦云〕止有箇爹爹十三年前上朝取應去了至今杳無音信〔唱〕蚤已是十年多不親爹爹面〔劊子云〕你適纔要我往後街裏去是什麼主意〔正旦唱〕怕則怕前街裏被我婆婆見〔劊子云〕你的性命也顧不得了〔正旦云〕俺婆婆若見我披枷帶鎖赴法場餐刀去呵〔唱〕枉將他氣殺也麼哥枉將他氣殺也麼哥告哥哥臨危好與人行方便。

〔卜兒哭上科云〕天那兀的不是我媳婦兒〔劊子云〕婆子靠後〔正旦云〕既是俺婆婆來了。叫他來待我囑

一五〇九

圖版五六　元關漢卿竇娥冤雜劇書影（據元曲選排印本）

譜例五七　元關漢卿竇娥冤雜劇五線譜（採自楊蔭瀏關漢卿戲劇樂譜）

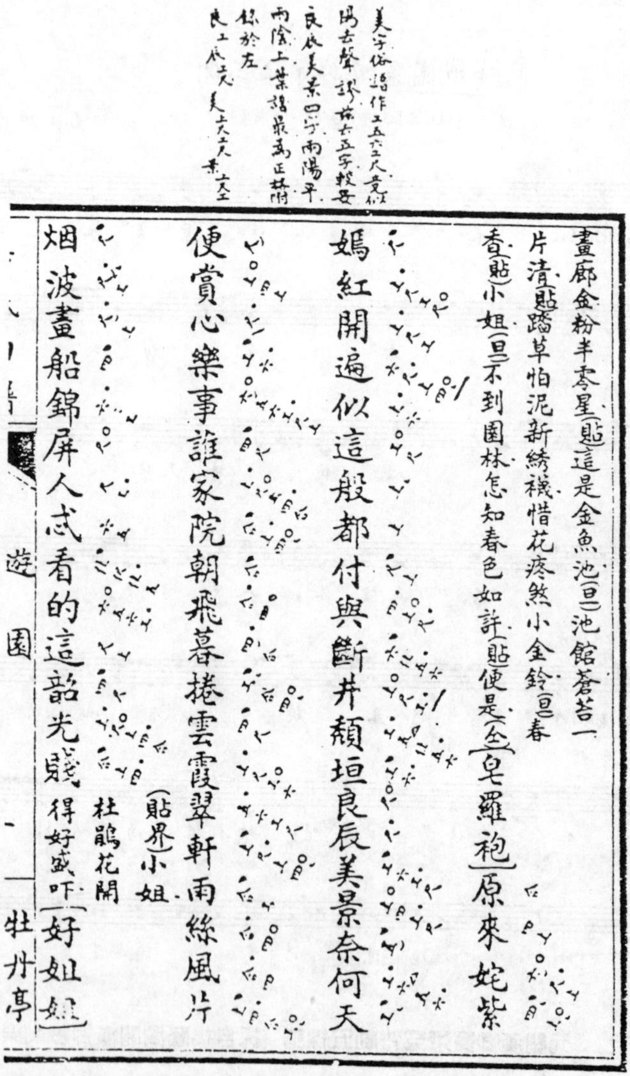

譜例五八　明湯顯祖牡丹亭遊園齣工尺譜（採自王季烈集成曲譜）

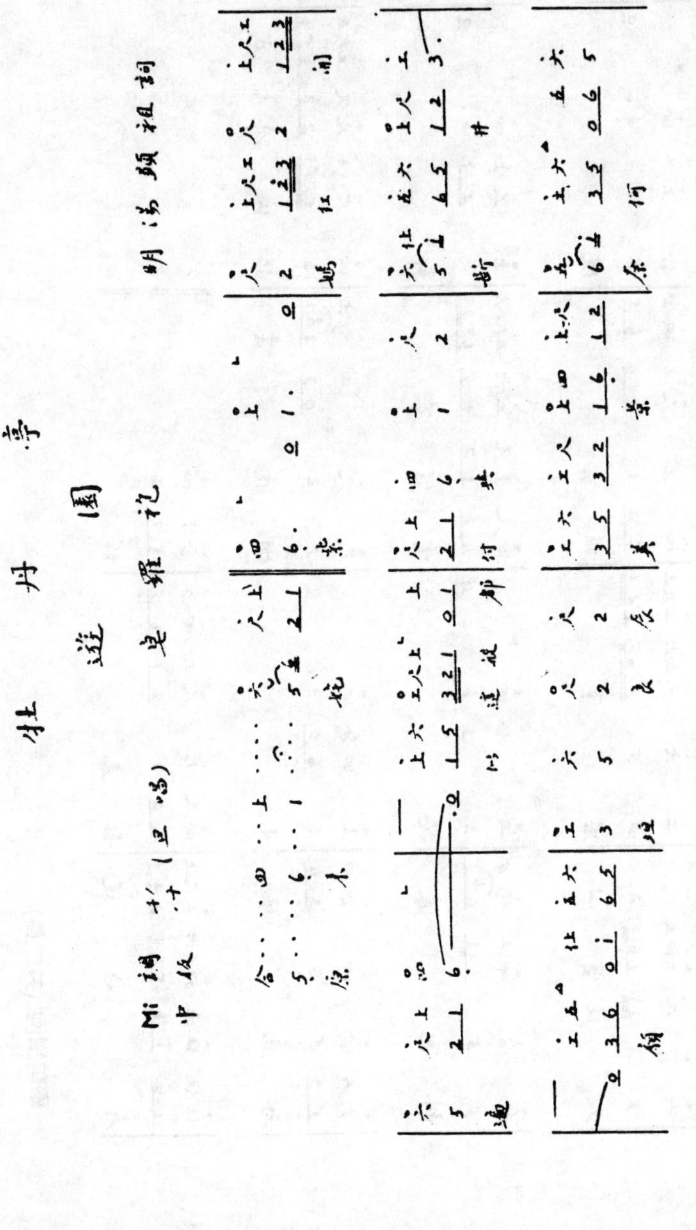

譜例五九　明湯顯祖牡丹亭遊園崑韻簡譜（採自陳萬鼐中國古劇樂曲之研究）

續前譜例 (共二頁)

譜例六〇　明湯顯祖牡丹亭遊園齣五線譜 (採自陳萬鼐中國古劇樂曲之研究)

續前譜例 (共二頁)

第二節　中國上古時期歌謠

　　中國上古時期，有若干歌謠傳流下來，是否爲當年的作品，頗令人疑竇？但他們不注重修辭，也不限於題材，完全基於人爲因素或自然因素，引起他們的共鳴，產生了這合乎自然節奏的一種特殊語言。如〈蜡辭〉：

　　　　土反其宅，水歸其壑；昆蟲毋作，草木歸其澤！

　　這是中國遠古時代「伊耆氏」之樂的「蜡辭」，即伊耆氏開始在每年12月裡，舉行一次祭祀萬物的祭典──蜡祭，這祭典常常是合詩歌、音樂、舞蹈進行的，他們祈禱上天保祐：「不要有地震、水災、蟲害、及雜草野樹叢生，妨害稼穡」。的確表示上古人民，對於大自然災禍驟臨的無奈！這類歌謠甚多，大約在西元前770年以前，從遠古到西周末年。這時期歌謠，也會有些與《詩經》（民歌）相互平行發展、流傳。「蜡辭」後來演變成「儺戲」。

　　《漢書·藝文志》著錄：〈周謠歌詩七十五篇〉、〈周謠歌詩聲曲折七十五篇〉。「周謠歌詩」就是指這類歌謠；「聲曲折」可能是這個時期還沒有採用五、七音記譜法的關係，直接用曲、折線記錄唱歌聲音的簡單方式。

第三節　中國北方第一部民歌總集的詩經

　　《詩經》是中國第一部傳世民歌總集，漢朝以後，列爲「六經」，成爲「經學」，便產生了許多解經的學者，傳衍出許多宗派；站在歌唱文學的立場，這樣會使它本來面貌，距離我們要疏遠多了。

　　一、詩的來源：當夏虞之後，政府漸設採詩的官員。如周代太史

掌「六詩」，每年孟春三月，派人到各地去採詩。也規定各地老年男女若干人，負責採詩、由鄉里達於縣邑，由縣邑轉達於中央。所謂「採詩」工作，就是收集民間流行的歌曲、歌謠，因爲這些歌曲，它是當地人民的心聲，對於政府必然有些褒貶，從這些歌辭內涵與吟咏中，可以篩揀出許多施政參考的材料。

二、詩的時代：距今三千四、五百年至二千六、七百年之間，大約從商代到春秋中葉，有人也以爲夏代的詩，《詩經》裡面也曾載入。

三、詩的地域：在中國北方15個諸侯國，包括現代的陝西、山西、河南、山東各省，及湖北省北部四川東部一帶。

四、詩的篇數：據說原來是3000多篇，後來經過孔子刪訂後，才成爲現存的305篇。

五、詩的體裁及歌詩六種

一、國風：出之於地方，小夫賤隸，婦人女子之言，其詞淺顯重複。

二、二雅：出於中央，朝廷士大夫之言，其詞純厚典則，其體抑揚。

三、頌：宗廟祀神樂歌，舖陳祖先功德，其詞嚴正，其聲有節。

以上三類詩的體裁：有的在「詩序」裡提到：如這篇是某人作的，那篇是某人作的，有的是貴族樂歌，有的是祭祀宗廟，或宴會酬唱的；而大部分是民間歌謠，它最具有文學價值，可以說是《詩經》的靈魂。

詩經一中的歌詩至少可以分成下列六種性質：

一、戀歌：男女感情的寫實，如〈靜女〉描寫一個男士與一個女子，在城角下約會，等了許久，還未見到愛人芳踪，急得像熱鍋上的螞蟻似的──「愛而不見，搔首踟躕。」

二、結婚歌：如〈夭桃〉是正待出嫁的女子，她的家人叮嚀她到夫家，要相夫教子，給人家帶來好運，家道日益興旺──「之子于歸，宜

其家人。」

三、悼歌：對親友死亡的哀悼，如〈蓼莪〉是孝子思親的詩，他嚎啕痛哭——「哀哀父母，生我劬勞，欲報之德，昊天罔極！」大有「殺身難報父母恩」的感慨。詩經中戀歌最多，悼歌較少。

四、祝歌：祝福別人的喜事，如〈螽斯〉祝福生子——「螽斯羽詵詵兮，宜爾子孫振振兮！」祝福他多子多孫，一代傳十代，十代傳百代，世澤延綿。

五、農歌：周代很早就在西北黃土高原涇渭二水谷地從事農耕，這種田家生活有苦有樂，在農歌中充份的流露了真情實話。如〈七月流火〉敍述農奴生活辛苦，「無衣無褐，何以卒歲！」終年難得溫飽，隨時想到地主對他們的威脅，甚且有人提到這詩中，還透露了地主在田埂上對他妻子欺凌強暴。

六、雜歌：不屬上列各類，有讚美、戒勉等詩歌。

六、詩經中歌唱所用的樂器

《詩經》歌唱時，有各種樂器伴奏，所以這書中以樂器合詩的有33篇，樂器有29種之多，其中打擊樂器16種，佔樂器總數55％。樂器的名稱大致為：鐘、鏞、鉦、鐲、磬、塤、箎、缶、懸鼓、鼖、鼛、鼉鼓、應鼓、朔、鞀、鼗、琴、瑟、柷、敔、簧、笙、管、籥、簫等類，顯示原始社會的音樂以節奏樂為主的風貌。關於詩篇涉及樂器方面的。如：

> 窈窕淑女，琴瑟友之；窈窕淑女，鐘鼓樂之！（關雎）
>
> 擊鼓其鏜，踊躍用兵。（擊鼓）
>
> 阪有桑，隰有楊，既見君子，並坐鼓簧。（車鄰）
>
> 伯氏吹塤，仲氏吹箎。（何人斯）

《詩經》中不但歌唱有樂器伴奏，而且與舞蹈結合於一體的詩篇，

也多得很。如：

> 穀旦于差，南方之原，不績其麻，市也婆娑。（東門之枌）
>
> 舞則選兮，射則貫兮。（猗嗟）
>
> 雖無德與女，式歌且舞。（車牽）

七、詩經中歌舞的涵吟性

詩經每篇都是可以歌唱的，應該是無疑義的事。在襄公時代（西元前544年）：——吳公子季扎聘使列國觀周樂，魯國的樂工給他歌唱召南、周南的詩篇，他道：「好啊！文王教化的始基，就在這裡表現了，雖然不是盡善盡美，可是王家盡力爲人民提供服務，人民也無抱怨了。」又給他歌唱邶、鄘、衛三國的詩篇，他道：「好啊！這音調眞深沉呢！歌聲中雖然因宣公的淫佚，懿公的敗亡，是很憂慮的，可是還不至於窮困。我聽得衛國康叔和武公的德化，正是這樣，這不就是那衛風麼？」又給他歌唱王風的詩篇，他道：「好啊！思念文王、武王的德化，能夠免於恐懼，那是周朝東遷以後的詩嗎？」繼而給他歌唱鄭國、齊國、豳風、秦國、魏國、唐國、陳國的詩篇，他都能領略歌中旋律所表達的含義，分別讚置或貶抑的道：「啊！可惜太瑣碎，百姓怎堪其擾（鄭國）；啊！宏大的聲音，眞是泱泱大國（齊國）；啊！好寬廣的音域，快樂而不淫，那一定是周公時代（豳風）；啊！華夏之音，偉大極了（秦國）；啊！高大而和順，險阻而易行，眞是中庸之道（魏國）；啊！憂思眞深呢（唐國）；啊！沒有國君，難道能長久嗎（陳國）？」後來又給他歌唱小雅、大雅，他道：「思念文王的德化，能夠不懷二心，怨恨商紂的暴虐，能夠隱忍；廣大啊！樂音和樂得很，委曲而有正直的體制。」這次季扎也聽到周頌、魯頌、商頌的演奏，看到夏禹、商湯、周文武時代的舞蹈，也都讚不絕口，參觀之後，感覺得非常滿意。還有其它未聽到的詩歌，但他從這些詩

詩本義卷第六

鹿鳴

歐陽氏

論曰鹿鳴言文王能燕樂嘉賓以得臣下之歡心爾

考詩之意文王有酒食以與羣臣燕飲如旍得美草

相呼而食爾其義止於如此而傳云勤誠發于中卷

衍說也聖人不窮所不知鳥獸之類安能知其誠不

誠考上下經文初無此意可謂衍說也其曰人之好

我示我周行者謂示我於周行恩禮之勤共此爾古

字多通用示視義同而鄭改示爲寘遂失詩義毛傳

圖版六一　詩本義鹿鳴書影 (舊刊本)

歌，可以想像到，就不要求一一演唱了【註一】。

由此可見詩經都是當年的樂曲。

　　詩經它唱起來很好聽，在它的歌詞本身文字結構，也是十分和諧、輕重、抑揚、調停都克臻於美文學之境，我們從小雅〈鹿鳴〉三章中〔圖版六一〕，就可以概括其餘了：

　　　　呦呦鹿鳴，食草之苹：我有嘉賓，鼓瑟鼓笙；

　　　　吹笙鼓簧，承筐是將。人之好我，示我周行！

　　　　呦呦鹿鳴，食草之蒿：我有嘉賓，德音孔昭；

　　　　視民不恌，君子是則是傚。我有旨酒，嘉賓式燕以敖！

　　　　呦呦鹿鳴，食草之芩：我有嘉賓，鼓瑟鼓琴；

　　　　鼓瑟鼓琴，和樂且湛。我有旨酒，以燕嘉賓之心！

　　這首詩的古訓（訓詁），描寫國君禮遇群臣嘉賓，不但有喫有喝，而且還贈予相當錢財布帛，滿載而歸，國君待人恩厚，群臣嘉賓也就盡力報效了！

　　「呦呦鹿鳴」三章、章八句，它的曲式是ABC變化重複的三段式。周代歌曲單純重複的為數最多，尤其以「三成」AAA曲式佔多數，周人喜歡用這種重複手法，就是所謂的「一唱而三嘆」！【註二】

　　《詩經》傳下來的歌譜相當多，在乾隆時代（1736～1795年）敕修《四庫全書》，其經部有〈欽定詩經樂譜三十卷、樂律正俗一卷〉，是詩經三百篇的全譜，但它是用清制的十四律的樂制來作曲，必須使用清宮披的特殊的雅樂器來伴奏，唱起來才會諧和。

第四節　中國南方第一部浪漫文學作品的楚辭

　　屈原字靈均，楚國人（湖北江陵），仕楚為三閭大夫，因同列上

官大夫嫉妬，遭致放逐，忠貞之情，無處申訴；悲歎之餘，渺觀宇宙，陋世俗之卑狹，悼年壽之不永，憂愁幽思作《離騷》以見志，後於汨羅江投水而死。生於周顯王二十九年，卒於赧王三十七年（前340～前278年），享年63歲。世人稱他是中國第一位文學家。

一、詩經與楚辭：在中國北方的民歌是《詩經》，在長江流域，南方大國的詩歌是《楚辭》；在形式上，楚辭比詩經開廓，實質上，也夾雜許多神話，使文學富於浪漫主義的色彩。詩經辭句多整齊，隔句用韻，楚辭衍爲每篇最短數百字，最長數千字，曼聲繁節，充份顯示中國北方與南方兩地域在語言上的差異。

二、楚辭篇數：共25篇，《漢書·藝文志》著錄：「屈原賦二十五篇」，大致可分爲五個系統：

一、離　騷（可以說是他的「自述」）。

二、九　歌：東皇太一、雲中君、湘君、湘夫人、大司命、少司命、東君、河伯、山鬼、國殤、禮魂。〈東皇太一〉是序曲，〈禮魂〉是尾聲。

「九歌」是一套完整宗教的歌劇，在這裡面有器樂、有跳舞、有唱辭、有佈景、有各種各樣的男女巫舞，場面非常熱鬧，範圍非常廣泛，大概要在一個重要的節日裡，才表演這種大的歌劇。古時民間祭神的時候，青年男女也在這時候談戀愛，故這些神曲裡，也含有一部分戀歌的成份。

三、九　章：惜誦、涉江、哀郢、抽思、懷沙、思美人、惜往日、橘頌、悲回風。

四、天問、遠遊、招魂。

五、卜居、漁父。

「離騷」〔圖版六二〕是作者自述生平。「九章」是自悲曲。「

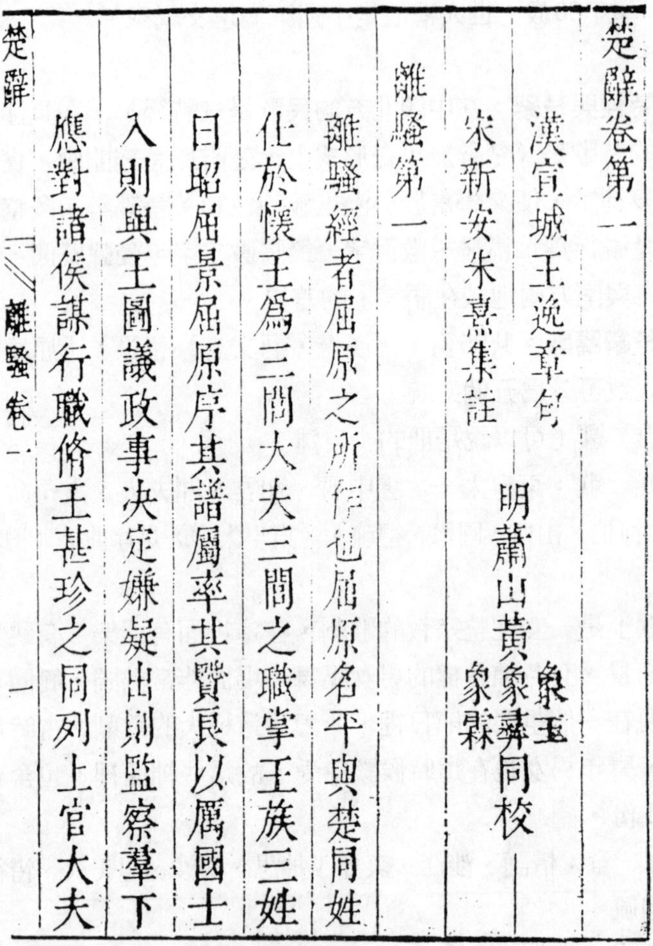

楚辭卷第一

漢宣城王逸章句

宋新安朱熹集註

明蕭山黃象彝同校　象玉　象霖

離騷第一

離騷經者屈原之所作也屈原名平與楚同姓

仕於懷王爲三閭大夫三閭之職掌王族三姓

曰昭屈景屈原序其譜屬率其賢良以厲國士

入則與王圖議政事決定嫌疑出則監察羣下

應對諸侯謀行職脩王甚珍之同列上官大夫

楚辭

楚辭　離騷卷一　一

圖版六二　楚辭離騷書影 (舊刊本)

天問」最富於幻想，一口氣提出170幾個問題，尋求天神給他答案，思想的敏銳，意識的超脫，卓絕古今。〈遠遊〉氣象萬千，神遊太虛，令人飄飄欲仙。〈招魂〉寫地獄之殘酷，報應昭彰，刑罰淒厲，不堪聞問。〈卜居〉與〈漁父〉似乎恢復了寧靜，態度就相當從容了。

三、楚辭音樂的感性：楚辭有各種不同的歌唱方法，從各篇歌辭中，可以看出它的曲式外；它聲樂基礎（大概是湖北古方言），用「兮」這個聲腔，作爲歌曲的結點，由這個「結點」，可以造成音樂的波峯與波谷，故得以流暢而自然。有些樂章的「亂日」，是強調音樂上特別緊張高潮。如：

> 揚枹兮拊鼓，疏緩節兮安歌，陳竽瑟兮浩倡。靈偃蹇兮姣服，
> 芳菲菲兮滿堂。五音紛兮繁會，若欣欣兮躬康。（東皇太一）
> 成禮兮會鼓，傳芭兮代舞，姱女倡兮容與。（國殤）

足見楚辭音樂，是管弦並陳，合樂、合歌、合舞的綜合性的藝術。它的樂器是以絲竹爲主，以鼓疏節，因爲這種樂音比較飄逸而幽遠，也頗合於巫風神秘情調。

曾侯乙墓的楚調「鐘磬古樂」　1978年5月湖北省隨縣擂鼓墩，發現西元前四世紀曾侯乙墓葬，其中室出土編鐘樂器125件，引起世界樂壇極大的震憾！1979年由湖北省博物館，及中國科學院自然科學史研究所等6個單位，組織「曾侯乙編鐘複製研究組」，至1983年工作完成，湖北歌舞團歷經3年時間，在30餘位專家指導下，創作「編鐘樂舞」，曾在世界各地表演。該團節目分十大類，其中古樂隊「鐘磬古樂」──「荊楚雄風」，與八音合奏「楚調」爲主題音樂。

〈荊楚雄風〉是採用湖北省古老民間音樂，和傳統古琴曲爲素材；此外，作曲家在《詩經》、《楚辭》、《古詩源》等歌詞語言音調中，尋

找韻調旋律，或音樂素材，並運用普通話、方言、古語，對於歌辭反覆吟誦，對比在聲調節奏表情之間的差異，然後以方言古語中，提煉出韻調旋律和腔調旋律。他們還以古樂器本身的性能，和史籍裡有關演奏記載，作爲配器與演奏參考。

〈荊楚雄風〉歌辭：

> 劈荊山兮，拓南土，歷艱百載。
>
> 駕長車啊，射天狼，壯心雄才。
>
> 展詩兮，會舞兮，文賦華彩；
>
> 精英薈萃三楚兮，民強國泰兮。

這歌辭中的「兮」字五個，無論歌譜、錄影帶、錄音帶聽來都是「呵」（ㄏㄜ）音，好像都是鄂音「候」（ㄏㄡˋ）音，漢高祖〈大風歌〉有三個「兮」字，被稱爲〈三候之章〉，在當年似乎「兮」字是唱成「候」字的。「漢承楚俗」、「特好楚聲」；「荊楚雄風」歌辭的唱法，因「呵」與「候」是雙聲，形成歌聲中最大的特色，從旁印證〈三候之章〉與〈大風歌〉中「兮」字的關聯性。2000年來傳承不絕，當然這種特色，也許是刻意在鄂西的南曲、神歌、祭祀歌、孝歌、吹打樂，以及江漢民歌中高腔等等傳統音樂中營造而成。

四、《離騷》及其琴曲：

> 帝高陽之苗裔兮，朕皇考曰伯庸。攝提貞於孟陬兮，惟庚寅吾以降。皇覽揆余初度兮，肇錫余以嘉名；名余曰正則兮，字余曰靈均。
>
> 紛吾既有此內美兮，又重之以修能。扈江離與辟芷兮，紉秋蘭以爲佩。汨余若將不及兮，恐年歲之不吾與。朝搴阰之木蘭兮，夕攬中洲之宿莽。
>
> 日月忽其不淹兮，春與秋其代序；惟草木之零落兮，恐美人

之遲暮！不撫壯而棄穢兮，何不改此度？乘騏驥以馳騁兮，來吾道夫先路。

昔三后之純粹兮，因眾芳之所在。雜申椒與菌桂兮，豈惟紉夫蕙茝？彼堯舜之耿介兮，既遵道而得路；何桀紂之猖披兮，夫惟捷徑以窘步？

惟夫黨人之偷樂兮，路幽昧以險隘。豈余身之憚殃兮？恐皇輿之敗績。忽奔走以先後兮，及前王之踵武。

荃不察余之中情兮，反信讒以齌怒！余固知謇謇之為患兮，忍而不能舍也！指九天以為正兮，夫惟靈修之故也。曰黃昏以為期兮，羌中道而改路。初既與余成言兮，後悔遁而有他！

余既不難夫離別兮，傷靈修之數化。余既滋蘭之九畹兮，又樹蕙之百畝；畦留夷與揭車兮，雜杜衡與芳芷；冀枝葉之峻茂兮，願竢時乎吾將刈。雖萎絕其亦何傷兮？哀眾芳之蕪穢。

　　以上是屈原《離騷》部分原文。「離騷」這兩個字簡單的解釋，就是「牢騷」——滿懷不平之思，也是他作品中最偉大的一篇。它描述一個苦悶的靈魂的追求與毀滅，上天下地，涉水登山，極盡其浪漫之能事。篇幅之長，文字之美，幻想的豐富，象徵的美麗，引類設喻，以芳草美人，比之忠良，惡禽穢物，比之奸佞，懷鄉愛國的情操，生離死別的苦痛，再以神話奇聞，夾雜敘述，成為中國浪漫詩歌中的傑作。離騷的精神，大體上有一點像哥德的浮士德，不過浮士德中的前途是光明的，離騷卻是幽暗的。

　　屈原的〈離騷〉在隋唐以來琴曲中，流傳很廣。晉音樂家嵇康琴曲中的「飛龍引」，就是出自「離騷」的：「為余駕飛龍兮，雜瑤象以為車。」唐初曾有「屈原嘆」琴曲目，晚唐陳康士開始以「離騷」九拍為名（新唐書藝文志著錄），明代演變為十八拍和十一拍兩種，以後陸續出現「澤畔吟」、「屈原」、「問渡」、「吊屈原」、「屈

子天問」等，有關屈原故事系統的琴曲，以至於明清離騷的傳譜，達
37種之多，可見它是比較受歡迎的演奏曲。

　　琴曲〈離騷〉，表現屈原一心一意要在楚國實行政治改革，但是
理想又不得以實現，內心非常苦悶，現存琴譜，都以原文辭句爲標題。《
琴學初津》說這曲子，「隱顯莫測，視其起意，則悲愁交作，層層曲
折，名狀難言；繼則豪放自若，有不爲天地所累之慨。」全曲十八段，始
則抑鬱，繼則豪爽，它主題音調，經常在第八段之前出現，帶有悲憤
嘆息的情調；到了第十七段發展爲總結全曲的曲調。音樂表現屈原幾
經挫折，仍然堅持自己的理想的情操【註三】。楚辭中充滿神話故事，
這些神也都是人格化的自然之神，因此有人將屈原比作希臘行吟詩人
但丁，楚辭比作《神曲》。

　　一種具有傳世不朽的偉大作品，不僅在當時是優秀作品，而且對
後世還發生相當影響，如曹子建的「洛神賦」，李白、王維、李商隱
他們詩中神秘的色彩，都是導源於此。

　　詩經、楚辭都有許多派系與傳人，這裡不詳細敘述了。

參考書目

　　本書第四章至第九章各文字，係筆者早年看書札記，經多次整理
而成，當時不作興「小註」（其實這些資料與文句是人盡皆知之事），疏
記其出處，茲將較常用昔賢的文學類參考書數種開列以外；如屬取材
於他人別具智慧結晶的論著，不敢掠人之美，自當於「附註」中詳細
注明。

一、中國文學研究，梁啓超等著，民國59年，臺北，明倫出版社。全書830頁。

二、中國文學研究新編，文基原著，民國60年，臺北，明倫出版社。全書
　　1388頁。

三、國學講話，王緇塵編著，民國24年，上海，世界書局。頁碼龐雜。

四、中國文學講座（收中國文學專書七種），劉麟生等著，民國24年，上海，
世界書局。頁碼龐雜。

五、中國文學史，鄭振鐸著，民國55年，臺北，明倫出版社。全書1024頁。

六、近代文學概論三種，徐嘉瑞等著，民國63年，臺北，鼎文書合本。頁碼
龐雜。

七、中國文學發達史，中華書局編輯部，民國57年，臺北，該局印行。全書
1099頁。

八、中國韻文學概論（上、下），傅隸樸著，民國43年，臺北，中華文化出
版事業委員會。296頁

附　註

【註 一】考正古文觀止，姚文翔譯註，民國47年，臺北，大中國圖書公司
本，〈周文、季札子觀周樂〉篇。

【註 二】中國音樂史論述稿，張世彬著，1974年，香港，友聯出版社本。
周代的音樂，第26頁。

【註 三】琴史初編，許健編著，1978年，北京，人民音樂出版社本。第五
章隋唐琴曲離騷，第20面。

第五章　中國歷代歌唱文學㈡

第一節　中國古代朗誦詩的漢賦

一、漢（西元前206～220年）賦的意義：

賦者、古詩之流，亦雅頌之亞者也。（漢·班固〈兩都賦序〉）

賦也者，所以因物而造端，敷弘澤理。（漢·張衡〈三都賦序〉）

賦也者，受命於詩人，拓宇於楚辭。（梁·劉勰《文心雕龍》〈詮賦〉）

賦者、古詩之流，辭欲壯麗，義歸博遠。（唐·李白〈大獵賦序〉）

由上列各家所敍述，可見「賦」在中國韻文系統中，居承先啓後的地位，它是《詩經》中雅頌的流亞，至《楚辭》而擴大了領域，遂成爲陳敍事理，辭藻風華，極其恢弘自由，唯美寫意的韻文。

中國上古時期，諸侯相互國際外交時，必先稱詩以表示各人意向，對方也可從這項外交辭令中，以分辨彼此賢愚，並且間接觀察其政治興衰、隆替。如：晉公子至秦，秦穆公饗之，賦〈六月〉（周宣王之世變小雅六月詩）；魯公子至晉，晉襄公饗之，賦〈菁菁者莪〉。按《春秋左氏傳注疏》卷十七僖公三十一年（西元前625年）：魯公子遂如晉。晉襄公宴饗公子，奏《詩經》小雅〈南有嘉魚〉中的〈菁菁者莪〉詩，以表示「人君喜見得賢者」（姚際恒《詩經通論》），詩四章章四句云：

【《成相篇》中的说唱音乐节奏】　这个分为三大段的相当长篇的说唱本子，包含着同一节奏形式的五十六次重复。这节奏形式为：

(节奏) ♪♪♪ | ♪♪♪ | ♪♪♪♪♪ | ♪♪ |

(词例) 请成相, 世之殃, 愚闇愚闇 堕贤良。

(句逗形式)　3　　3　　　7

♪♪♪♪♪ | ♪♪♪♪ | ♪♪ |

人主無賢, 如瞽無相 何倀倀！

　　4　　　7

五十六次重复中，除了偶然有极少数局部音节上增减的特例以外，有五十次重复，都是与上引例子完全一致。

　　在古代的曲式方面，虽然只能就现存的资料中看出一些，虽然我们明明知道，现存的资料，还远远不足以代表当时整个的面貌，但就从这些仅有的少数变化的例子，也已可以对当时歌曲创作形式的多样化，窥见一斑了。

圖版六三　荀子「成相篇」說唱音樂節奏書影

(採自楊蔭瀏中國古代音樂史稿)

> 菁菁者莪，在彼中阿。既見君子，樂且有儀。
>
> 菁菁者莪，在彼中沚。既見君子，我心則喜。
>
> 菁菁者莪，在彼中陵。既見君子，錫我百朋。
>
> 汎汎楊舟，載沉載浮。既見君子，我心則休。

這章賦詩，恰如其分的對貴賓一項禮讚。從上面情形使我們覺得「詩」與「賦」最初原是相通的；「賦」在詩經中是「六藝」之一，為詩篇寫作（賦、比、興）的手法三種之一，須直接了當指出何事，因何而作？故有「賦者敷陳其事而直言者」（朱子語）。〈菁菁者莪〉既是致歡迎辭，用「既見君子，我心則喜」，「錫我百朋」（貨幣贄見禮），應算把握題旨了。

還有荀況《荀子》卷十八〈成相篇〉有云：

> 請成相，世之殃。
>
> 愚闇愚闇墮賢良，
>
> 人主無賢，如瞽無相，何倀倀。……

「成相篇」〔圖版六三〕是先秦時期一篇體裁未成熟的文字，但此文唸誦起來，因已顧及協韻，頗富有節奏感，後人稱它是說唱音樂的最早的形式，全文甚長，包含著同一節奏形式56次的重複；將這篇文字與詩經〈菁菁者莪〉比較，也都有韻，輕重和諧，成相篇還雜論君臣治亂之事，以自見其意。

《漢書》〈藝文志〉謂：「成相雜辭，蓋亦賦之流也」（荀子楊倞註）。

綜觀上述兩例，「詩」與「賦」兩者動靜合一，「詩」是名辭，「賦」是動辭，演唱「詩」樂就稱「賦」詩；後來，這種文體演變到漢朝，專門名之為「賦」，並代表漢代文學的特殊風格。《漢書・藝文志》收集先秦及漢代賦106家，1314篇。〈成相篇〉著錄為「成相雜辭」十一篇云云。如此詩與賦嚴格有了區分，賦應與音樂發生連帶

關係，是毫無疑義之事。賦多在句末用韻，猶存一些與音樂發生關係的痕跡，但它不用於歌唱，相當於現代的「朗誦詩」。

《漢書》〈藝文志〉「詩賦略」類序云：

> 傳曰：不歌而誦謂之賦，登高能賦，可以爲大夫；言感物造端，材知深美，可與圖事，故可以爲列大夫也。古者，諸侯卿大夫交接鄰國，以微言相感，當揖讓之時，必稱詩以諭其志，蓋以別賢不肖而觀盛衰焉。

二、漢賦的篇數：見於漢書藝文志詩賦略著錄

一、抒情賦（抒情感懷用）：自屈原以下20家，361篇。

二、縱橫賦（辯論事理用）：自陸賈以下21家，274篇。

三、體物賦（描寫景物用）：自荀卿以下25家，136篇。

四、諧讔賦（詼諧諷刺用）：自客主賦以下12家，233篇。

賦是漢代文學的代表作，其數量之多，爲後世所不及。

三、賦的傳衍及其體裁：

一、短賦：最早期的賦，是漢賦的前身導引者。如：荀況〈賦篇〉。

二、古賦：漢魏時期的賦，就是賦的正宗，偉大的賦家的作品，都屬這類當中，如張衡〈西京賦〉。

三、俳賦：六朝是駢體文最光輝燦爛時期，這時期的賦，非常重視雕琢藻飾，講究對偶。如：庾信〈哀江南賦〉。

四、律賦：唐代詩人寫詩之餘，從事作賦，無形中都帶著格律的氣息。如：杜牧〈阿房宮賦〉。

五、文賦：宋代文學對唐代文學是有反動性的，他們排斥格律，寫賦也以流暢文筆爲之。這種文體在名義上稱賦，其實也就是精巧的美文學。如：歐陽修〈秋聲賦〉、蘇軾〈赤壁賦〉。

　　上述賦家及代表作，當然不能概括中國歷代優秀作家及作品，僅作提示性質而已。

第二節　漢代賦家及其作品

一、枚乘：梁王兔園賦。

二、司馬相如：上林賦、子虛賦、長門賦、美人賦。

三、賈誼：鵩鳥賦、旱雲賦。

四、王褒（字子淵）：洞簫賦、機婦賦。

五、班固（字孟堅）：兩都賦、幽都賦、終南山賦。

六、張衡：西京賦、東京賦、南都賦、思玄賦、觀舞賦。

七、揚雄（字子雲）：甘泉賦、羽獵賦、長楊賦、太玄賦。

八、王逸（字延壽、文考）：魯靈光殿賦。

　　班固〈兩都賦序〉：「至於武宣之世，乃崇禮官，考文章，內設金馬石渠之署，外興樂府協律之事。……故言語侍從之臣，若司馬相如、吾丘壽王、東方朔、枚乘、王褒、劉向之屬，朝夕論思，日月獻給；而公卿大臣、御史大夫倪寬、太常孔臧、大中大夫董仲舒、太子太傅蕭望之等，時時間作，或以抒下情而通諷諭，或以宣上德而盡忠孝，雍容揄揚，著於後嗣，抑亦雅頌之亞也。」這十位賦家，包括「公卿大臣」在內，梁・劉勰《文心雕龍》〈詮賦〉，以荀況、宋玉及枚乘等人，視漢賦十家，並對他們作品內涵提出批評：

> 漢初詞人，順流而作。陸賈扣其端，賈誼振其緒。枚、馬同其風。王、揚騁其勢。（枚）皐、朔已下，品物畢圖，繁積於宣時，校閱於成世，進御之賦，千有餘首，討其源流，信興楚而盛漢矣。……
>
> 觀夫苟結隱語，事數自環。宋發巧談，實始淫麗。枚乘兔園，

舉要以會新；相如上林，繁類以成豔。賈誼鵩鳥，致辨於情
理；子淵洞簫，窮變於聲貌。孟堅兩都，明絢以雅贍；張衡
二京，迅發以宏富。子雲甘泉，構深瑋之風；延壽靈光，含
飛動之勢。凡此十家，並辭賦之英傑也。（四庫全書本）

漢代賦家司馬相如　司馬相如字長卿，蜀郡成都人（四川成都）
（前179～前117年）。初事景帝爲武騎常侍，非其所好，後遊梁，
著〈子虛賦〉。梁孝王卒，相如歸，貧無以自業。至臨邛，富人卓氏
女文君新寡，聞相如鼓琴，大悅，夜亡奔；二人於臨邛賣酒，文君當
壚，相如穿犢鼻裩，雜役中洗器皿。卓父恥之，遂分文君僮百人，錢
百萬，因以致富。武帝讀〈子虛賦〉，恨不能與此人同時！狗監楊某，與
相如同邑人，因言於武帝，武帝大驚召回相如。相如以〈子虛賦〉爲
諸侯之事，請爲〈天子遊獵賦〉，武帝大喜，官中郎將。略定西夷，
未久消渴疾（淋病）致死。所著賦29篇，以〈子虛賦〉、〈遊獵賦〉、〈
大人賦〉、〈哀秦二世賦〉、〈長門賦〉有名。

　　〈子虛賦〉是他開啓幸福門之鑰，當然有其佳勝之處，如描寫古
代雲夢大澤的情形，就非常贍博：「雲夢者方九百里……其山則盤紆
苯薱，隆崇嵂崒，岑崟參差，日月蔽虧。交錯糾紛，上干青雲。罷池
陂陀，下屬江河。其土則丹青赭堊……。其事則有蕙圃衡蘭……。」
好像是有韻的地理志，而主旨誇張這些地方富庶，土地資源豐盛，無
論珍禽名獸，奇花異草，只要數得出名堂的，它都全有；這自然與實
際情形，相差一大段距離。所以，虞摯《文章流別論》，說賦這種文
體：「假象過大，則與類相遠，逸辭過壯，則與事相違，辯言過理，
則與義相失，靡麗過美，則與情相悖。」應算是中國古代文士對於漢
賦美學的特質體驗不深，只知其一，不知其他藝術價值的創造與鑒賞！

史記卷一百一十七　司馬相如傳

「於是乎游戲懈怠，置酒乎昊天之臺，(一)張樂乎膠輵之宇；(二)撞千石之鐘，立萬石之鉅；(三)建翠華之旗，樹靈鼉之鼓。(四)奏陶唐氏之舞，聽葛天氏之歌，(五)千人唱，萬人和，山陵為之震動，(六)川谷為之蕩波。巴俞宋蔡，淮南于遮，(七)文成顛歌，(八)族舉遞奏，(九)金鼓迭起，鏗鎗鏜鞳，洞心駭耳。(十)荊吳鄭衛之聲，韶濩武象之樂，陰淫案衍之音，鄢郢繽紛，激楚結風，(十一)俳優侏儒，狄鞮之倡，(十二)所以娛耳目而樂心意者，麗靡爛漫於前，(十三)靡曼美色於後。(十三)

(七)【集解】漢書音義曰：「觀名，在豐水西北近渭。」
(六)【集解】徐廣曰：「觀名，在昆明南柳市。」
(五)【正義】郭云：「觀名，在昆明南柳市。」
(十)【正義】轙，轙也。
(九)【集解】轙，轙也。
(八)【集解】徐廣曰：「鈞，一作『詾』也。」
(十三)【集解】徐廣曰：「音劇。」
(十二)【集解】徐廣曰：「蹋音人久反。」
(十一)【正義】蹋，踐也。

(一)【索隱】張揖云：「臺高上干昊天也。」
(二)【索隱】郭璞云：「言曠遠深貌也。」
(三)【集解】徐廣曰：「輠音葛。」
(四)【集解】郭璞曰：「木貫鼓中，加羽葆其上，所謂樹鼓。」
(五)【集解】漢書音義曰：「葛天氏，古帝王號也。」呂氏春秋曰『葛天氏之樂，三人操牛尾，投足以歌』。」

【索隱】張揖

三〇三八

圖版六四　史記司馬相如(樂府音樂演奏會)書影　(採自廿五史排印本)

第三節　上林賦中「樂府」音樂演奏晚會

漢代「樂府」的音樂演奏情形如何？沒有看到完整的音樂文獻，也未見到前人對這方面問題的敍述，在《昭明文選》中，班孟堅（固）〈兩都賦〉、張平子（衡）〈西京賦〉、左太沖（思）〈三都賦〉中，略微涉及一點，也並不明顯。惟在司馬相如〈上林賦〉（文選卷八）方始相當具體描寫「樂府」演奏音樂的場面，地點就是〈上林苑〉中「樂府」內。這篇〈上林賦〉也載於《漢書》〈司馬相如列傳〉第五十七上內，有關樂府演奏部分文字（史記司馬相如傳亦同），特徵錄於後：〔圖版六四〕

> 於是乎游戲懈怠，置酒乎顥天之臺，張樂乎膠葛之㝢，撞千石之鐘，立萬石之虞，建翠華之旗，樹靈鼉之鼓。奏陶唐氏之舞，聽葛天氏之歌，千人倡，萬人和，山陵為之震動，川谷為之蕩波。巴俞宋蔡，淮南干遮，文成顛歌，族居遞奏，金鼓迭起，鏗鎗闛鞈，洞心駭耳。荊吳鄭衛之聲，韶濩武象之樂，陰淫案衍之音，鄢郢繽紛，激楚結風。俳優侏儒，狄鞮之倡，所以娛耳目樂心意者，麗靡爛漫於前，靡曼美色於後。

我以為這是「樂府」音樂演奏的理由，因為漢代「樂府」設在「上林苑」內，《漢書・禮樂志》有云：「內有掖庭材人，外有上林『樂府』」。「上林苑」是漢代皇帝遊樂狩獵的場所，也是離宮休燕之處。它現址在陝西舊長安縣西。漢代的苑界，周袤數百里，苑內有名苑36所，池10所，宮12所，觀25所，也必然有祠壇在內。武帝為太子時，在苑內設「博望館」接待賓客，後來國家賓館就在此處，許多異邦及少數民族的領袖，來漢朝進貢，就住在賓館裡，皇帝還會親自

接待他們，餘興節目是到「平樂觀」欣賞雜技、百戲的表演。還有其
音樂演奏，是皇家樂團的氣派，如「撞千石之鐘」，「樹靈鼉之鼓」、「
金鼓迭起，鏗鎗闛鞈」；樂團組織也相當龐大，如「千人唱，萬人和」；
表演節目也非常精彩，雅舞、俗樂、民族音樂，優伶說唱調笑一起來，再
加上跳舞。女樂人「絕殊離俗，妖冶閒都」，如古代神女青琴、洛水
虙妃，令人「色授魂予」。如此水準，當然不是一般王公貴族家樂所
能比擬。司馬相如〈上林賦〉這段文字，提供了我們研究樂府演奏情
形寶貴的線索，類似的舖敍，甚值得各科學者（如地理、生物學家等
等）去發掘，也許就是漢賦對我們的恩惠罷【註一】！

第四節　漢賦的效應與現代文學的願景

　　我們如果有時間，將漢朝的賦（用《文選》卷1至19即可）涉獵
一遍，便深深體驗到這些作家，他們是何等苦心孤詣。相傳司馬相如
〈子虛賦〉，寫了三個月才脫稿，極盡心血，為博人主一粲而已。他
鍊字造句章法，無處不費推敲，不僅辭藻要宏麗，而且聲韻還講究抑
揚，最難是設想勝於事實，雖通篇不是抒情發意，而矯作捏造不著痕
跡！又如枚乘〈七發〉（賦），以楚太子有疾，吳容（也就是「毋庸」）
前往請安，聯想到太子「膚色靡曼，四肢委隨，筋骨挺解，血脈淫濯，手
足墮窳。」原來是得了「色癆」，受了「越女侍前，齊姬奉後，往來
游燕」，縱慾的影響，即使良醫也束手無策。〈七發〉一氣呵成，使
太子幾個「僕病未能也！」最後太子「一聽聖人辯士之言」，嚇得發
了一身汗，病就霍然痊癒了。又如東方朔〈非有先生論〉，也是〈七
發〉的章法，來上幾個「談何容易」，使得吳王（無王）「寡人將諫
意而覽焉。」，於是舉才布德，施仁賞功，三年後，海內宴然。漢賦
卻在「平面」文字報導上，竟然有如此神奇效應！

　　賦是作家誇示個人的才情的工具，經常在一丁點小事上，堆砌許多僻字奇文，極其細膩描寫，不憚費詞，自然引起普通讀者的厭倦。除了稱得上是記事詳細以外（近代的《辭源》、《辭海》就是從《事類賦》演變而來），它也似乎具有感人的一面。如漢武帝的皇后陳阿嬌，因宮中巫蠱之禍──用巫術咒詛，打入冷宮「長門宮」，愁悶悲思。後來聽說司馬相如是天下善於寫作的人，送他黃金百兩，託他寫一篇文章──長門賦，描寫她在冷宮思念君主；結果這文章被武帝看到，非常感動，赦免了陳皇后的過失，復得親幸。如果賦完全矯作捏造，絲毫沒有感性，能令武帝對皇后回心轉意嗎？

　　近年海內外漢賦的研究熱起來了，開了兩次國際賦學研討會。有一些學者提出「新問題」，如：漢大賦作品一部分是現實主義為主，一部分是浪漫主義為主，二者並不衝突，而像以往那樣只談浪漫色彩是片面的；漢賦研究有重大賦而忽視小賦的傾向，實際西漢已多小賦，小賦有抒情、咏物、詼諧等三種，詼諧小賦，最值得重視；大賦最能反映出賦的特點，研究賦體應以漢賦為主；賦與駢文是兩種不同性質的文學概念，二者相互滲透與分流，反映了漢語文學傳統中「文」的觀念的特點和發展變化，並提供了從審美觀念變化的角度考察文學演進規律的線索；一般學者都以為中國古代沒有希臘、印度文學那樣的英雄敘事詩、戲劇，及其中所提的神話，因此往往說在中國虛構文學比外國晚起，實則這是不確切的認識，中國的辭賦充滿了虛構，在中國、戲劇、小說還沒有發達以前，虛構文學是由辭賦擔任的。

　　與會的學者對賦學研究的展望：說它已從沉寂走向中興，又深感賦學研究尚待拓寬領域，提高學術層次，更新觀念和研究方法。饒宗頤教授在會議中提出報告，加強對賦學六個方面的研究：㈠言志類賦的獨立研究，㈡賦音佚書的輯錄；㈢賦與繪畫關係的研究；㈣賦的文化史的研究；㈤賦的修辭學的研究；㈥撰寫賦學紀事，引起極大的興

趣【註二】。我想用這些由文學或藝術觀點討論漢賦，爲甚麼沒有人從音樂角度，給漢賦體裁定位，說它是中國「朗誦詩」之祖！

我大概「迷信」漢志所講：「不歌而頌謂之賦」，常常寄望於現代有「朗誦詩」節目的聆賞，可惜從未滿足我的耳欲──想像中它不應該是如此這般的。 1999年夏天，我在報刊上讀到一位作家，於1999年5月到上海的「上海大劇院」欣賞到「中國唐宋名篇音樂朗誦會」的專文，她說：「『中國唐宋名篇音樂朗誦會』，對我來說，是一項新鮮的經驗。豪華的大劇院，坐了滿場的現代觀衆。主辦單位是『上海大劇院』『北京音樂廳』和『中國青少年發表基金會』。節目的中文標題強調『唐宋名篇』，表示所朗誦的並不只是詩；而還包括了〈陋室銘〉、〈岳陽樓記〉這兩篇精美的散文。所選的詩，高格調，大胸襟，不愧標題上的『名篇』二字。李白豪情萬丈的〈將進酒〉和〈蜀道難〉。白居易感傷動人的〈琵琶行〉和〈長恨歌〉，陸游的〈釵頭鳳〉，李清照的〈聲聲慢〉，柳永的〈望海潮〉，辛棄疾〈破陣子〉和杜甫的〈茅屋爲秋風所破歌〉。……表演朗誦的小學生演完（上百位無伴奏齊誦幾十首千家詩）後，才是正式節目登場。交響樂團的音樂方面，並不提供與詩句並行的旋律或伴奏，而是獨立的與詩文原作感情相呼應的管弦樂，與朗誦同時進行，並視所演出的詩文內容，加入中國樂器來強調所需的氣氛，形成完整而又獨具特色的中國風格。特別是〈琵琶行〉中的琵琶，和〈破陣子〉中奔騰而來的鼓聲，發揮了深刻感人的魅力。〈琵琶行〉的朗誦者孫道臨是有名的資深演員，台風與功力均屬非凡。這首朗誦加上音樂的襯托，眞個是道出了『一曲琵琶行，司馬青衫濕』，千古的抑鬱情懷。」【註三】類似這樣『朗誦』的敘述，才足以使我慰情、療饑了。

第五節　自然渾厚措辭率眞的漢詩

一、古詩與近體

漢、魏時期中的詩，稱爲「古詩」，是對待唐代「近體詩」而言。其實古詩與近體詩，並不在時代上區分，而是兩者在體裁上不同而已：

一、在音節上區別：漢魏時期，音韻學還未發明，無所謂平仄、字句、音韻，都出於自然，有天籟化工之趣，所謂「高音妙句、音韻之成，皆暗於理合。（古詩源）」；唐詩卻不然，吟詩時，要按譜諧音，極盡推敲之苦，是人籟畫工之流。

二、在文質上區分：漢魏古詩出之天然，來自生理，情辭懇切，措詞率眞，不求工而自工。唐代詩出於人爲，來自心理，因琢磨而失其天眞渾厚之氣，文勝於質。

三、在格律上區分：漢魏之際或以前古詩，無一定字句，亦無一定格式，更無一定音調，隨意之所至，經過齊、梁綺麗之後，陳、隋輕艷粧染，迄至唐代詩體大備。於是詩皆經過規畫，定字、定句、定音，依格用字，詩人受盡拘束，斲傷了元氣，形成機械化。

四、在時代上區分：此種分法，不合時宜，因漢、魏與唐的詩，分爲「古詩」與「近體」，其餘時期的詩，如何稱謂呢？便發生問題。所以上述的三種分法較佳。如李白、杜甫兩大詩家，倘不應用格律，其詩亦多溫雅遒勁，含蓄深刻，音調坦率不求工整，直追漢魏，當爲唐人所作「古詩」「古風」。如是在詩體裁上冠以時代，是詩的區分最合理的說法。

二、一對新婚夫婦的問訊──古詩十九首

　　漢代古詩，有一部分是抒情詩，有一部分是敍事，兩者都有可歌可誦的詩篇存在。

　　關於抒情詩篇，可以〈古詩十九首〉爲代表之作：

　　　行行重行行，與君生別離。相去萬餘里，各在天一涯。道路阻且長，會面安可知？胡馬依北風，越鳥巢南枝。相去日已遠，衣帶日已緩。浮雲蔽白日，遊子不顧返。思君令人老，歲月忽已晚。棄捐勿復道，努力加餐飯。（古詩十九首其一）

　　　青青河畔草，鬱鬱園中柳。盈盈樓上女，皎皎當窗牖。娥娥紅粉妝，纖纖出素手。昔爲倡家女，今爲蕩子婦。蕩子行不歸，空牀難獨守。（其二）

　　　今日良宴會，歡樂難具陳。彈箏奮逸響，新聲妙入神。令德唱高言，識曲聽其眞。齊心同所願，含意俱未伸。人生寄一世，奄忽若飆塵。何不策高足，先據要路津。無爲守窮賤，坎坷受苦辛。（其四）

　　　明月皎夜光，促織鳴東壁。玉衡指孟冬，眾星何歷歷。白露霑野草，時節忽復易。秋蟬鳴樹間，玄鳥逝安適？昔我同門友，高舉振六翮。不念攜手好，棄我如遺跡。南箕北有斗，牽牛不負軛。良無磐石固，虛名復何益。（其七）

　　　庭中有奇樹，綠葉發華滋。攀條折其榮，將以遺所思。馨香盈懷袖，路遠莫致之。此物何足貴，但感經別時。（其九）

　　　迴車駕言邁，悠悠涉長道。四顧何茫茫，東風搖百草。所遇無故物，安得不速老。盛衰各有時，立身苦不早。人生非金石，豈能長壽考。奄忽隨物化，榮名以爲寶。（其十一）

　　　去者日以疏，來者日以親。出郭門直視，但見丘與墳。古墓犁爲田，松柏摧爲薪。白楊多悲風，蕭蕭愁殺人。思還故里閭，欲歸道無因。（其十四）

孟冬寒氣至，北風何慘慄！愁多知夜長，仰觀眾星列。三五
明月滿，四五蟾兔缺。客從遠方來，遺我一書札。上言長相
思，下言久離別。置書懷袖中，三歲字不滅。一心抱區區，
懼君不識察。（其十七）

明月何皎皎？照我羅牀幃。憂愁不能寐，攬衣起徘徊。客行
雖云樂，不如早旋歸。出戶獨彷徨，愁思當告誰。引領還入
房，淚下霑裳衣。（其十九）

這古詩19首，有人以為作者未必是一人，時代也未必是同時，其
性質也甚為複雜，大約是民間樸質五言的作品，在《文選》輯成的時
代，才彙集於一題目下而成現況：事為一北方佳人流落南方，遇見一
士人結為夫妻，愛情至篤。士人至洛陽求仕，初遇知友允為謀官，後
事不成，也避而不見，士人羈留不歸，婦人作詩寄之，士人也作詩回
答，相與唱和，兩情繾綣，遂留下這千古佳構【註四】。本書所列舉
十九首詩中，特選擇比較容易對上述主題反映的詩篇，如此論詩旨趣，應
該是值得推廣的。

三、一位羈縻匈奴女子還鄉的悲情──胡笳十八拍

五言的敘事詩比較少，它與樂府往往難以區分。這時以蔡琰〈悲
憤詩〉，及佚名〈孔雀東南飛〉二章為代表作。蔡琰還有〈胡笳十八
拍〉也是敘事詩，它不僅是琴曲，現代也有人編成舞蹈。〈孔雀東南
飛〉描寫廬江小吏婚變，是家喻戶曉的名作，也是歌唱與舞蹈、戲曲
的好素材，常常看到演出。中國敘事詩不甚發達，而幾篇卻如此出色，為
甚麼在當年未能產生倡導作用，殊令人不解？

蔡琰字文姬（177～　），漢末琴家蔡邕之女，董卓專權，邕死於
獄中。興平（194～195年）中天下喪亂，蔡琰虜入匈奴，後為左賢
王妃，生二子。十二年後，曹操篤於蔡邕情誼，贖蔡琰歸漢，重嫁陳

留董祀後，感傷離亂追懷悲憤。〈胡笳十八拍〉因詩中有「笳一會兮琴一拍」及「兩拍張懸兮弦欲絕」；「十八拍兮曲雖終」之句，所以《琴集》說：「大胡笳十八拍，小胡笳十九拍，並蔡琰作。」此曲在內容上，傾訴了不同民族間母子情感，在藝術形式上，體現了匈奴民族游牧生活。〈胡笳十八拍〉琴曲的音樂，帶有深沉的傾訴性，每拍為一樂章，十八拍就是十八樂章。在全曲十八章中，第一拍是引子，第二拍到第十二拍是第一部份，它是在引子的音調基礎上，使音樂情緒不斷深化，通過她在戰亂中不幸的遭遇，表達她對祖國與家園的思念之情。第十一拍到第十二拍是全曲情緒的轉折，尤其第十二拍是全曲唯一歡愉明朗的段落，抒發兩國交歡罷息兵戈，即將回歸祖國的心情。第十三拍至十七拍是第二部份，描述她的歸途與稚子別離的痛楚心情，第十八拍是樂曲的尾聲，在激情中，結束全曲。

漢詩還包括建安（196～219年）七子及曹氏三父子在內，這些詩家真才秀發，蔚映可觀，實能擷兩漢辭藻，導六朝先路，因篇幅所限不能一一詳述了。

第六節 三度空間的漢代樂府

漢代古詩而外，還有「樂府」，在歌唱文學中，也是居有重要地位的。

「樂府」這個名辭至少有兩種意義：一是傳承西周音樂文化體系的一個中央音樂機構的名稱，如漢、晉、隋代當時中樞音樂機關，均曾稱為「樂府」；二是概括詩、詞、曲，富於音樂性可歌唱文學的總稱，如梁劉勰《文心雕龍》卷二第七的〈樂府〉，說它是文章體裁，敘述歷代吟歌與文學的關係；以及宋人郭茂倩所收集漢郊廟歌辭，以迄於唐新樂府歌辭的總集，稱為《樂府詩集》。

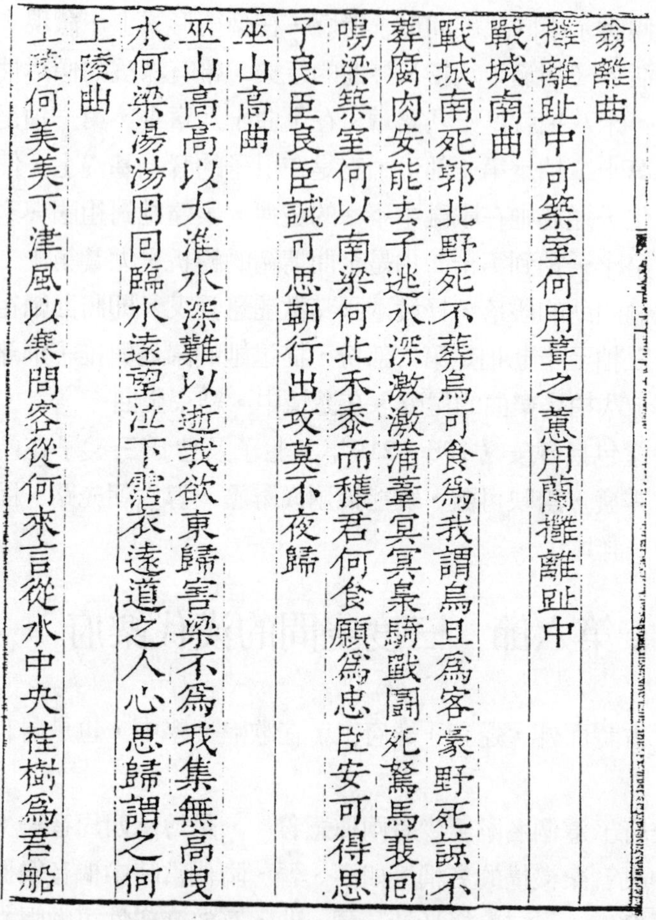

翁離曲

攤離趾中可築室何用葺之蕙用蘭謹離趾中

戰城南曲

戰城南死郭北野死不葬烏可食為我謂烏且為客豪野死諒不

葬腐肉安能去子逃水深激激蒲葦冥冥梟騎戰鬥死駑馬裵回

唱梁築室何以南梁何北禾黍而穫君何食願為忠臣安可得思

子良臣良臣誠可思朝行出攻莫不夜歸

巫山高曲

巫山高高以大淮水深難以逝我欲東歸害梁不為我集無高曳

水何梁湯湯回回臨水遠望泣下露衣遠道之人心思歸謂之何

上陵曲

上陵何美美下津風以寒問客從何來言從水中央桂樹為君船

圖版六五　宋書樂志(漢鐃歌戰城南)書影 (舊刊本)

漢朝的音樂機構——「樂府」。它的主要工作，是適應宮廷的需要，收集民間音樂，創作和填寫歌辭、改編曲調、編配樂器、進行演唱與演奏。李延年是「樂府」主管，職「協律都尉」，「樂府」中有司馬相如等十餘位文學家，擔任歌詞寫作，歌唱演藝人員880人。李延年爲當時極爲出色的宮廷音樂家。這時期張騫從西域帶回「摩柯兜勒」曲，製作新曲38首，作爲朝廷儀仗軍樂，這些樂曲流傳百年，至晉朝還能演奏〈黃鶴〉、〈隴頭〉、〈出關〉、〈入關〉……等10首。李延年將西域音調改編新曲，不但發揮了他個人作曲的技能，並使民族音樂相互交流。

一、漢代樂府歌辭八類

據清‧沈德潛《古詩源》分樂府歌辭爲郊祀歌、鐃歌、相和曲、平調曲、清調曲、瑟調曲、舞曲、雜曲等八類：

一、郊祀歌：是祭典用的歌曲，漢代有「郊廟歌」十九章，如〈練時日〉、〈帝臨〉、〈青陽〉、〈朱明〉、〈西顥〉、〈玄冥〉、〈惟泰元〉、〈天地〉、〈日出入〉、〈天馬〉、〈天門〉、〈景星〉、〈齋房〉、〈后皇〉、〈華燁燁〉、〈五神〉、〈朝隴首〉、〈象載瑜〉、〈赤蛟〉，曲辭是稱揚被祀者的功德。

二、鐃歌：是軍樂、漢代鐃歌18曲，因爲歌辭與歌聲混淆了，很不容易瞭解其意義。其中常見的是〈戰城南〉、〈臨高臺〉、〈有所思〉、〈上邪〉幾首，也是有些聲辭如「收中吾」、「妃呼豨」，據說是唱腔。如〈戰城南曲〉：〔圖版六五〕

> 戰城南，死郭北，野死不葬烏可食。爲我謂烏，且爲客豪，
> 野死諒不葬；腐肉安能去子逃？水聲激激，蒲葦冥冥；梟騎
> 戰鬥死，駑馬徘徊鳴。梁築室，何以南，何以北？禾黍不穫

君何食？願爲忠臣安可得？思子良臣，良臣誠可思；朝行出
攻，暮不夜歸。（十八曲其六）

這章鐃歌辭，加上標點後，勉強解釋它是描寫軍人在征戰時，犧
牲壯烈，視死如歸的精神表現。

近日讀到《漢詩選譯》【註五】：「戰城南就是一首眞實記錄百
姓反對統治階級窮兵黷武，悼念陣亡士卒的詩歌。全詩多以景寫情，
無論開端展示的屍骸狼藉、烏鴉爭啄的戰爭畫面，以及構思奇特的人、鳥
對話場面，還是水激葦冥的恐怖景色，都能以景寓情，收到深刻表現
主題的良好效果。」接著作者還有一段「翻譯」，特錄於後，以便大
家知道這種的敍述方式：

城南城北戰事急，城北城南屍狼藉。戰死荒野難埋葬，饑鴉
餓烏正爭食！爲我對群烏訴說：「且爲死者號哭招魂魄，
屍拋荒野一定不被埋葬，爛屍朽骨怎能逃過你吞啄！」深深
的水明澈清冷，叢叢蒲葦幽暗不明。英勇的騎士激戰犧牲，
祇剩下劣馬徘徊悲鳴！常常期待著上梁造新房，卻爲何南征
北戰多奔忙？顆粒不收，用什麼進獻君王？想做忠臣哪能實
現願望！想念你們啊，我們的英才！你們實在讓人永久縈懷：
清早結隊出征，夜晚不見歸來！（原書是分行排列的）

既是「顆粒不收，用甚麼進獻君王？想做忠臣哪能實現願望！」
與解說「百姓反對統治階級窮兵黷武」，豈不是「矛盾」？漢代鐃歌
解詁的書籍甚多，能免於臆鑿傅會的甚少，清·陳沆（1785～1826
年）《詩比興箋》（鼎文書局本）卷一〈漢鼓吹詞鐃歌十八曲〉解題，算
是很好的入門捷徑之著，值得去用心激賞。

鐃歌十八曲，除〈戰城南〉、〈遠如期〉兩首，有人肯定它是當
年的原著以外，其餘各首是否就是原著不得而知。《漢書·藝文志》
著錄：〈漢興以來兵所誅滅歌詩〉14篇？它是否就是「鐃歌」，值得

探討。因為「誅滅」這兩個字，是非常嚴重的字眼，我在《漢書》中查到用「誅滅」這辭凡62處，是犯「內亂外患」罪的成立，政府親點重兵掃平逆寇，所以才會用「誅滅」（斬盡殺絕），「誅滅歌詩」眞的是兵戎相見性質，如〈思悲翁〉是警戒反叛者；〈艾如張〉是剪除姦兇；〈巫山高〉是遠征人的心思，〈君馬黃〉是臣子不知大義，竟敢與君父比馬，所謂「君馬黃，臣馬蒼，君馬不如臣馬良。……」足見臣子欺心霸道；〈臨高基〉是臨望傷情，人不能享受太平的日子。

「鐃歌」的第一〈朱鷺〉曲，就是這樣一段文字：

朱鷺魚以鳥路訾邪鷺何食食茄下不之食不以吐將以問諫者

這一章鐃歌，至少字都能認識，就是不會斷句，更別談解詁，它是聲辭混雜的結果。還有《宋書》的樂府辭，也有幾篇從古到今，眞的沒有人懂得它講的是甚麼？其他的詩，還有些人敢猜謎，我想能不能用古漢語研究它字音的旋律？

三、相和曲：漢代的「相和歌」是北方民間流行的各種歌曲，它繼承了周代「國風」與戰國「楚風」傳統發展而來。唐吳競（670～749年）《樂府古題要解》：「按相和而歌，並漢世街陌謳謠之辭，以絲竹更相和，執節者歌之。」「謳」是一人領唱，衆人和歌，由「清歌」（徒歌）加幫和腔而成，又稱為「但歌」——《晉書·樂志》：出自漢世無絃節，作伎最先唱，一人唱，三人和。晉以後不再流行。「謠」是清唱的歌曲，不須樂器伴奏與人聲應和，又稱「徒歌」——《爾雅》：徒歌謂之「謠」。這些「謳謠」來自坊間田野，在漢代經過音樂加工，用絲竹合奏來歌唱，便形成「相和歌」。

吳競《樂府古題要解》一書，資料翔實可信。他著錄漢代〈相和歌〉古辭（漢代歌曲）有：〈江南曲〉、〈長歌行〉、〈泰山行〉（薤露、蒿里）、〈雞鳴〉、〈烏生八九子〉、〈平陵東〉、〈陌上桑〉、

譜例六六　漢代相和歌白頭吟五線譜 (採自孫玄齡中國古代歌曲)

〈秋胡行〉、〈董桃行〉、〈善哉行〉、〈東門行〉、〈西門行〉、
〈豔歌何嘗行〉（飛鶴行）、〈步出夏門行〉（隴西行）、〈滿歌行〉、
〈雁門太守行〉、〈白頭吟〉〔譜例六六〕等17曲曲目，是純粹的漢
代原歌辭，醇正高古已極。

　　相和曲本來是男女相悅的歌辭，也有些間接反映許多社會現象的
詩在內。如〈《雞鳴》高樹顚〉：

　　　　雞鳴高樹巔，狗吠深宮中。蕩子何所之？天下方太平。刑法
　　　　非有貸，柔協正亂名。黃金爲君門，璧玉爲軒堂。上有雙尊
　　　　酒，作使邯鄲倡。劉玉碧青覽，後出郭門王。舍後有方池，
　　　　池中雙鴛鴦。鴛鴦七十二，羅列自成行。鳴聲何啾啾，聞我
　　　　殿東廂。兄弟四五人，皆爲侍中郎。五日一時來，觀者滿路
　　　　傍。黃金絡馬頭，頮頮何煌煌？桃生露井上，李樹生桃傍。
　　　　蟲來齧桃根，李樹代桃殭。樹木身相代，兄弟還相忘！

　　這首詩前後有些不隸屬，有人以爲採詩入樂，合而成章的原故，
算是樂府的特色。

甚麼是「相和歌」它的內容如何，當年如何演唱

　　根據張永《元嘉正聲技錄》（是一部六朝已佚的古老著作），卻
有一段劉宋時代相和歌歌唱的情形〔圖版六七〕，我將它的大意敍述
出來，可以供這方面研究者參考。平調曲〈相和歌〉歌唱時：先來一
個「鬧臺」音樂（相當平劇「打鬧臺」），鬧臺由笙與笛兩種管樂開
始，笛的吹奏儘量運用技巧作「裝飾奏」（Cadenza），炫耀該主奏
樂器的高度技巧。笛子在這時候可能已是「橫笛」了；接著笛的演奏
後，琴、瑟、箏、琵琶四種樂器也加入齊奏，相當於「複協奏」（
Double Concerto）方式，演奏八段器樂曲，這是「相和歌」的前奏
曲。這時候「相和歌」的「三調──平調、清調、瑟調」正曲，才正

圖版六七　漢代相和歌畫像拓本 (採自山東沂南漢墓)

續前拓本 (共二頁)

式開始歌唱，曲目已列如上，每一部正曲唱完之後，都有一隻「送曲」，這「送曲」內容與正曲的曲子相吻合，它雖相當於「尾聲」，但不是簡單器樂曲。本來「相和歌」節目，到此應該結束，如果是平調的「相和歌」，還有一段「大歌弦」，就是唱漢代樂府中的〈相逢行〉（已徵錄在後面）。這隻曲子是唱整隻，還是僅唱那後面六句，都有可能性。「相和歌」各曲唱到最後，是一聲尊稱：諸位親愛聽衆們──「丈人且安坐，調絲方未央」。也十分迎合現場環境，好戲還待上場呢！是何等意猶未盡，情致婉轉呢。又據張永《技錄》說這隻曲子，不用管弦伴奏，也許就是大家齊聲高唱，唱罷，高高興興的散場了？

四、清調曲：──

五、平調曲：──

六、瑟調曲：以上合稱三調，是漢魏樂府相和歌的主要宮調形式。南北朝稱之爲「清商三調」，隋唐時代與南北朝的吳歌、西曲並稱「清商樂」，迨流入燕樂調中，漸漸難以分辨了。

根據琴家以琴調研究：㈠「清調以商爲主，即是以二弦爲宮，琴書稱之爲清商調，與六朝時代清調稱爲清商相合，可以相信這是自六朝沿用下來的習慣稱呼。」㈡「平調之基本形式爲林鐘均，林鐘調爲正調弦式，三弦定林鐘爲宮音位置。平調居三調之首，以三弦爲林鐘的平調，可以相信是平調早期形式。」「清調不轉弦而以三弦爲宮，即是平調。」㈢「瑟調以宮爲主，如一弦定爲黃鐘，則其基調應爲太簇宮，也就是清調轉弦而來，因清調一弦爲太簇，慢弦適爲黃鐘。」如上所述：清、平、瑟三調，並非三種調式，而是三種調高，最初是漢魏相和歌的宮調形式。

現在，古琴音樂中，仍保存有三調的遺聲，如清調的「白雪」「猗蘭」「嵇氏四弄」；平調的「神人暢」「岐山操」；瑟調的「廣陵散」「忘憂」。正是《通典》、《唐書》所說：「惟琴家猶傳楚漢舊

聲及清調、瑟調。」【註六】

　　以上三種樂府，也稱「清商樂」或「清商三調」，它的內容相當廣泛：有的由園中向日葵興起，聯想萬物興衰有時，良辰瞬間長逝，人生應及時努力事業的「長歌行」；有的勉人為善的「君子行」、「善哉行」；勸人即時行樂的「西門行」；還有相當苦淒的「孤兒行」、「艷歌行」，這些詩非常動人，值得細讀，不過有些句子詰屈聱牙，大約是樂府辭的聲辭混雜的缺點。其中一首〈相逢行〉，它與上面徵錄的〈雞鳴〉內容，有的幾乎相同，也是「相和歌」，從漢以來就是如此流傳著。如〈相逢行〉：

　　　　相逢狹路間，道隘不容車。不知何年少，夾轂問君家？君家
　　　　誠易知，易知復難忘。黃金為君門，白玉為君堂。堂上置尊
　　　　酒，作使邯鄲倡。中庭生桂樹，華燈何煌煌！兄弟兩三人，
　　　　中子為侍郎。五日一來歸，道上自生光。黃金絡馬頭，觀者
　　　　盈道傍。入門時左顧，但見雙鴛鴦。鴛鴦七十二，羅列自成
　　　　行。音聲何雕雕，鶴鳴東西廂。大婦織綺羅，中婦織流黃，
　　　　小婦無所為，挾瑟上高堂。丈人且安坐，調絲方未央。

　　這隻樂府曲辭，敘述故事相當完整，它與「雞鳴」是一個來源，還有〈長安有狹斜行〉：

　　　　長安有狹斜，狹斜不容車。適逢兩少年，夾轂問君家。君家
　　　　新市傍，易知復難忘。大子二千石，中子孝廉郎。小子無職
　　　　官，衣冠仕洛陽。三子俱入室，室中自生光。大婦織綺羅，
　　　　中婦織流黃。小婦無所為，挾琴上高堂。丈夫且徐徐，調絃
　　　　詎未央。

　　這三首樂府詩，從漢朝以來，就沒有人對它們主從作分辨，視為樂府的常態，也是不辨來源先後的古辭。樂府中有大量描述社會、家庭生活的情節，對漢代社會生活瞭解極有幫助。

〈雞鳴高樹顚〉是相和歌辭中的「相和曲」；〈相逢行〉〈長安有狹斜行〉是相和歌辭中的清調曲，在《樂府詩集》編次上畛域甚嚴。其他平調、瑟調曲茲不縷舉了。

七、舞　曲：舞蹈時所唱的曲辭，淮南王劉安（～前122年，50餘歲）好神仙求長生，反而致死，時人作爲警誡，在宴飲舞蹈中傳唱。如〈淮南王篇〉：

> 淮南王，自言尊，百尺高樓與天連。後園鑿井銀作牀（指用銀質的汲水架子），金瓶素綆汲寒漿。汲寒漿，飲少年，少年窈窕何能賢。揚聲悲歌音天絕，我欲渡河河無梁。願化雙黃鵠，還故鄉。還故鄉，入故里，徘徊故鄉，苦身不已。繁舞寄聲無不泰，徘徊桑梓遊天外。

「繁舞寄聲無不泰，徘徊桑梓遊天外。」算是這曲子的主旨了——可惜淮南王做神仙的美夢，卻被人當作眞實的事傳說，結果聽到武帝劉徹的耳朵裡，便命令他傳授眞招，而他的確知道自己甚麼也沒有；武帝卻怒他隱私，要殺他，後來淮南王就不知所終？「言自尊」是指他當神仙去了！

八、雜　曲：其中許多悲愴的曲子。如：〈悲歌〉描寫當時社會動亂，有些流浪他鄉的人，思念家園，無家可歸！

> 悲歌可以當泣，遙望可以當歸。思念故鄉，鬱鬱纍纍。
> 欲歸家無人，欲渡河無船。心思不能言，腸中車輪轉。

其他〈傷歌行〉、〈枯魚過河泣〉、〈古歌〉、〈猛虎行〉，都有些如訴如泣的意味，尤其「枯魚過河泣，何時悔復及？作書與魴鱮（指鯿、鰱魚），相教愼出入。」

漢代樂府歌辭，是相當有靈氣而富於情感的文學。

　　六朝（222〜589年）文學的最大光榮傑作，就是「新樂府辭」。漢魏樂府題材較廣垠，六朝樂府多屬少年男女相愛慕，青春熱烈情緒，似由民間歌曲升級而成。如〈子夜四時歌〉：

　　　　梅花落已盡，柳花隨風散。嘆我當春年，無人相要喚。

　　「子夜」是晉朝一個少女的名字，此歌在《樂府詩集》中收了42首，後人更爲時行樂——〈子夜四時歌〉（春夏秋冬）75首，爲晉、宋、齊辭，即長江下游的民間情歌。上述〈子夜四時歌〉，寫懷春的少女，看到春盡花殘，想到自己正當青春年華，緣何沒有人來追求呢？它情節誠摯無邪，如《詩經·國風》中〈標有梅〉篇叶相似。德國大詩人歌德的小說《少年維特之煩惱》卷頭詩：青年男子那個不多情，少年女子那個不懷春呢！足見古今中外皆然。

　　北齊攻北周時的戰歌，斛律金唱〈敕勒歌〉：

　　　　敕勒川，陰山下。天似穹廬，籠罩四野。

　　　　天蒼蒼，野茫茫，風吹草低見牛羊。

　　此歌辭長短參差，本爲鮮卑語，後易爲華語，仍充滿異國風情，其豪放悲壯，爲北漠樂府的典型。

　　六朝時代是樂府的黃金時代，它的篇叶數量極多。關於它的詠味與風格、體裁，在漢樂府已嘗試過，因限於篇幅，不能一一敍述了。

二、樂府歌曲的音樂性標題

　　樂府歌曲有許多含有音樂性的題目，茲將常見八種敍述於後：

　　一、行、歌行：步驟馳而不滯，相當於現代的「進行曲」。樂府中這種體裁的作品甚多。如魏武帝曹操的〈短歌行〉，教人及時行樂，所謂「對酒當歌，人生幾何？譬如朝露，去日苦多。」後面又言到「青青子衿，悠悠我心」，「契潤談讌，心念舊恩」，及至「山不厭高，水不厭深。周公吐哺，天下歸心」，滿腔熱情，感物抒懷。

二、引：述事本末，先後有序而抽其臆，頗相當於現代的「序曲」。如〈箜篌引〉：「公無渡河，公竟渡河，墮河而死，當奈公何！」描寫朝鮮軍人霍里子高，晨起撐船，看見一個白頭老人，披著頭髮提著壺，向流水中走去。他的妻子跟在後面阻止不及，老者沒頂。妻彈箜篌作〈公無渡河〉曲，後來也殉情了。子高將這件事告訴給妻子麗玉聽，麗玉非常同情這對夫婦，便用箜篌寫其聲。這首歌在「相和歌」中屬「瑟調」曲。

三、歌：放情長言，慷慨淋漓。如漢代郊廟歌中的〈天馬歌〉，就是以「歌」記述貳師將軍李廣利，斬大宛王首，獲汗血馬的故事。

四、曲：高下長短，委曲盡情。如晉、謝尚的〈大道曲〉：「青陽二三月，柳青桃復紅。車馬不相識，音落黃埃中。」謝尚是鎮西將軍，常常穿紫羅短衣，坐在胡床上（椅子是由胡床演變而來，古代人是席地而坐），在市中佛國門樓上彈琵琶，唱著這曲子，市人還不知道他是位極人臣的三公呢！

五、辭：因意立辭，相當完整的歌唱一件事。如宋、謝莊的〈紹古辭〉：「昔與君別時，蠶妾初獻詩。何言年月駛，寒衣已擣治。縑繡多廢亂，篇帛久塵緇。離心壯為劇，飛念如懸旗。石席我不爽，德言君勿欺。」這是其三首中之二，全詩描寫一個女子，在一次華宴上，邂逅到這位男士，兩人一見鍾情；後來男子求官他去，經過春夏秋冬，了無音信，她思念不已，情緻纏綿。「徒畜巧言鳥，不解心款曲」，似乎感到自己受騙了。這是「辭」的體裁，它以完整見稱。

六、篇：樂府常用的題目，較「辭」為簡約的敘事詩。如陳、江總〈閨怨篇〉：「寂寂青樓大道邊，紛紛白雪綺窗前。池上鴛鴦不獨自，帳中蘇合還空然。屏風有意障明月，燈火無情照獨眠。遼西水凍春應少，薊北鴻來路幾千。願君關山及早度，照妾桃李片時妍。」描寫閨閣少婦思念遠征丈夫，早日歸來，重溫馨夢，稱得上體貼入微！

　　七、吟、咏：吁嗟慨歎、吟咏是一體的。如漢・司馬相如的妻子卓文君〈白頭吟〉。及梁、吳均〈春詠〉，前者描述人物，後者描述景物，「吟」的目的是吟唱；「詠」就不一定要唱，但須作有聲調的誦念。

　　八、怨歌：憤怨而不怒，抒寫委婉溫柔。如齊、謝朓〈玉階怨〉：「夕殿下珠簾，流螢飛復息；長夜縫羅衣，思君此何極？」大概是說入選宮禁中女子生活的沉寂。

　　操弄《樂府詩集》云：「漢魏之世歌詠雅典，而詩之流乃有八名，曰『行』、曰『引』、曰『歌』、曰『謠』、曰『吟』、曰『詠』、曰『怨』、曰『歎』，皆詩人六藝之餘也。」又：「琴論曰：和樂而作，命之曰『暢』，言達則兼濟天下而美暢其道也。憂愁而作，命之曰『操』，言窮則獨善其身而不失其操也。『引』者進德修業，申達之名也。『弄』者情性和暢，寬泰之名也。」如古琴曲有五曲、九引、十二操等等是也。

　　樂府的本質就是可以歌唱，不能歌唱也稱「樂府」，那是後代變質的情形。它的辭句長短與言數——三字句——稱三言、四言、五言、六言等都有，句數長短也不一定，非常自由，無嚴格規定，其遒勁、縱橫、恣意為特色，是詩無法達到的。

　　中國韻文發展到這時期，已達於相當高的層次，聲韻學也漸漸發明了，詩人們也體驗到如何才能使韻文達到盡善盡美的「唯美主義」的高峯。可是一旦登峯造極，而綺麗紛華的局面，必然形成，便不免矯揉做作起來，再回想到漢、魏詩那種古拙風貌，已不可能了。

　　六朝是中華民族第一次大融和時代，漢魏誠樸純潔的作風，變成六朝瑰麗華美；南方輕靡，與北方渾厚、胡夷雄肆，也各具其特色，這南北的結合，將為中國文學開啓新運。

附　註

【註一】漢代樂府之研究，陳萬鼐著，民國80年，臺北，國立藝術學院藝術
　　　　評論，第3期，117～158頁。

【註二】第二屆國際賦學研討論學述綜述，畢萬忱著，民國82年，臺北，漢
　　　　學研究通訊第45期，19～21頁。

【註三】橫看成嶺側成峯的今日上海，羅蘭著，1999年8月26日，世界日報（
　　　　在美國發行的中文報章）B8版。全文3800餘字，敍述朗誦詩音樂的
　　　　部分約2000字。

【註四】國學講座，王鏞塵著，民國24年，上海，世界書局本。

【註五】漢詩選譯，張永鑫著，1986年，臺北，錦繡出版社本。37～40頁。

【註六】清平瑟調考辨，丁承遠著，輯於《古樂索源錄》，1985年，江蘇，
　　　　文化藝術中心，192～206頁。

第六章　中國歷代歌唱文學㈢

第一節　源遠流長歷久彌新的唐詩

　　中國人廣義的將一切歌唱文學，都稱之爲「詩」。它的起源很早，原始時代，人體受外界情物感染，通過中樞神經的一切「反射作用」，如喜、怒、哀、樂的思潮，表現於聲腔的，就是「詩」。

詩的定義：

　　詩者，志之所之也，在心爲「志」，發言爲「詩」。（〈詩
　　　大序〉）

　　哀樂之心感，而歌詠之聲發。（《漢書》〈藝文志〉「詩賦略」）

　　民之生莫有知其始也？含靈抱智以生天地之間。夫喜怒哀樂
　　之情，好得惡失之性，不學而能，不知所以然而然者也。怒
　　則爭鬥，喜則詠歌。夫歌者，固樂之始也，詠歌不足，乃手
　　之舞之，足之蹈之。（《宋書》〈樂志〉）

　　天地著人生焉，人莫不有心，此歌曲所由起也。（宋·王灼
　　　《碧雞漫志》）

　　「詩」從唐虞以迄唐代，大約有三千年的歷史，經過歷代的演進，它的發展達於最高峯。

　　唐朝的詩，受了六朝的「聲韻學」的影響，完成了「格律」的編組，對待漢魏詩而言：漢魏詩稱「古詩」，唐詩稱「近體詩」──這種文化模式，一直傳承到我們這個時代，如果我們這一代用西方詩體寫作的「詩」，與唐代「近體詩」區分，應稱爲「新詩」。

第二節　唐詩的格律

一、唐（西元618～907年）詩的音調

聲　別	讀　　法	發　聲	尾　音
平　聲	隨口平讀	聲和暢	尾音長
上　聲	向上高讀	聲響亮	尾音無
去　聲	向下重讀	聲纏綿	尾音短
入　聲	向直急讀	聲迫切	尾音無

　　「四聲」在梁代（502～557年）讀法實例，見於舊籍的，有「天子聖哲」、「天子萬福」、「天保寺刹」，這四個字就是平上去入四聲，合成的句子。詩中四聲分成兩類聲部：平聲爲平聲；仄聲爲上、去、入聲，詩的格律就是以「平仄」爲抑揚律。

二、唐詩的聲韻

　　一、隋‧陸法言編《切韻》：這部書是改編魏人李登《聲類》、晉人呂靜《韻集》、張諒《四聲韻林》、梁人劉善經《四聲指歸》、沈約《四聲》等書而成，因反切發聲以分音，按收聲以分韻，故書名《切韻》，全書五卷，原書已佚，後來在敦煌唐人手寫殘卷中，發現一些片段。

　　二、唐‧孫緬改編「切韻」爲《唐韻》。

　　三、宋‧陳彭年重訂「唐韻」爲《廣韻》。

　　《唐韻》、《廣韻》都是經過很多聲韻學家，聯合增減附益「切韻」而成，而且並不只一次的增補修改。現存最早的韻書是《廣韻》。

四、宋・丁度廣編「廣韻」（等舊韻）爲《集韻》。

五、宋・戚綸編《禮部韻略》，是宋代官書供考試用。

六、宋・劉淵合《集韻》、《禮部韻略》編《平水韻》，現代詩人吟咏舊詩，就是以此韻書爲準。

韻書（廣韻以來略有變更）韻目分：平聲 57韻、上聲55韻、去聲60韻、入聲34韻，合計206韻。各種韻書所收的韻，不過將收音類似的字，放在一個韻目之內，而實際應用起來，不只是時代變遷，發生音值的差異，加以方言雜出，讀法難以一致，而勉強將各種不同時間、空間的音聲，編合在一起，或從比較研究理論上，具有相當價值，對於詩人吟詠的採用，是一項約束。

唐人作詩不一定用「唐韻」，而後代反而嚴格要求用韻，絕對不允許「飛韻」——指嚴格運用各韻目中的聲字，凡音相近似的混用，形成不懂韻目中所隸屬的聲字，胡亂糾葛在一起，就不算是寫詩了！

現存最早的韻書，在國立故宮博物院藏有唐女士吳彩鸞手寫的「唐韻」冊葉，我曾多次拜觀，非常珍貴。

現行本《詩韻集成》目次，如上平聲的「韻目」爲：一東、二冬、三江、四支、五微、六魚、七虞、八齊、九佳、十灰、十一眞、十二文、十三元、十四寒、十五刪。……如唐・張籍〈沒蕃故人〉詩：「前年戍月支，城下歿全師。蕃漢斷消息，死生長別離。無人收廢帳，歸馬識殘旗。欲奠疑君在，天涯哭此時。」這首詩中押韻的字聲，是「支」、「師」、「離」、「旗」、「時」，就是「四支」的韻目；雖然令人感覺這「離」字並不與其他幾個字聲相協，但韻目中卻收了這「離」字，作詩遵守音韻就應當如此，這是格律的問題。

三、唐詩的句型

唐以前的古詩，有三言、四言、五言、六言、七言、九言等，這

種句型，在前面例句中有的涉獵到。「三言」樸素簡古，類似口語，修飾不足，缺少變化。「四言」文約意廣，較三言稍勝，也是因文繁而意少，不易開展。「五言」格調清麗，居文辭之要津，是七言以外最便於抒寫的字句；「七言」比五言多兩字，在格律上，比五言多一層的困難。

唐代詩（近體詩）句型，最主要者有四類：

一、律詩：五言、八句、40字；七言、八句，56字。具凝重，渾厚雄健感。格律極嚴。

二、絕句：五言、四句、20字；七言、四句，28字。具飄逸，婉委深遠感。格律極嚴。

三、古詩：五言、七言、雜言，句數不一定，仿漢魏古風而作，格律不嚴，講究氣勢與韻味。

四、樂府：言數、句數，結體較爲自由，仿六朝樂府而作，爲便歌入樂之物，講究氣勢與風格。

四、唐詩的聲調譜

茲舉五律、七律詩聲調譜各一章爲例：

一、五言律詩譜（仄起押韻或不押韻式）

　　仄仄平平仄，平平仄仄平。　　平平平仄仄，仄仄仄平平。
　　仄仄平平仄，平平仄仄平。　　平平平仄仄，仄仄仄平平。

　　【例】　杜少府之任蜀川詩　　　　　　王勃作
　　城闕輔三秦，風煙望五津。　　與君離別意，同是宦遊人。
　　海內存知己，天涯若比鄰。　　無爲在岐路，兒女共沾巾。

二、七言律詩譜（平起押韻或不押韻式）

　　平平仄仄仄平平，　　仄仄平平仄仄平。

仄仄平平平仄仄，　　平平仄仄仄平平。

平平仄仄平平仄，　　仄仄平平平仄平。

仄仄平平平仄仄，　　平平仄仄仄平平。

【例】客至詩　　　　　　　　　　　杜甫作

舍南舍北皆春水，　　但見群鷗日日來。

花徑不曾緣客掃，　　蓬門今始爲君開。

盤飧市遠無兼味，　　樽酒家貧只舊醅。

肯與鄰翁相對飲，　　隔籬呼取盡餘杯。

　　這種「平仄聲調譜」相當於西洋的「音度律」，它的抑揚（平仄）長短之差，使得語言合於音樂的活動，包括「長短律」、「輕重律」在內。上「例」一是平起押韻式，上平聲十一「眞」韻；「例」二是平起不押韻式，是上平聲「灰」韻。

五、詩的八病

　　唐詩的格律，是積極的規定詩人作詩，必須遵守實踐的；而消極方面，也提示詩人要重視詩的結構；所謂「八病」等，指詩的健康的作品，不要發生這些毛病，如果感染上這些毛病，在音樂效果上，會大打折扣，不是盡善盡美的有聲文學。茲各舉一個簡單的例子，以供現代從事作曲工作者參考：

　　一、平頭：五言詩（例句多用漢詩、樂府及古詩十九首）第1字不得與第6字同聲。如「今日良宴會，歡樂難具陳」，「今」「歡」是平聲。又，第2字不得與第7字同聲，如上句「日」「樂」是入聲。

　　二、上尾：五言詩第5字不得與第10字同聲。如「青青河畔草，鬱鬱園中柳」，「草」「柳」是上聲。又，「西北有高樓，上與浮雲齊」，「樓」「齊」是平聲。

三、蜂腰：五言詩第2字不得與第5字同聲。如「聞君愛我甘，竊欲自雕飾」，「君」「甘」是平聲。「蜂腰」是兩頭大中間小。

四、鶴膝：五言詩第5字不得與第15字同聲。如「客從遠方來，遺我一書札，上言長相思，下言久離別」，「來」「思」平聲。「鶴膝」是形容兩頭細中間粗。

五、大韻：五言詩首句第1字不得與後句尾1字同韻。如「微風照羅袂，明月耀清輝」，「微」「輝」同爲上平聲五「微」韻。「大韻」是重疊相犯。

六、小韻：五言詩上句第4字不得與下句第1字同韻。如「薄帷鑑明月，清風吹我襟」，「明」「清」同爲下平聲八「庚」韻。

七、旁紐：五言詩一句中如已有「月」字，再不得著「魚」「元」「阮」「願」等字，這是雙聲字，雙聲即犯旁紐。如「我本漢家女，來嫁單于庭」，又如「朝濟清溪岸，夕憩五龍泉」；前者「家」「嫁」，後者「溪」「憩」，均爲雙聲字。

八、正紐：十字內兩字疊韻爲正紐。如「丈夫且安坐，梁塵將欲起」，「丈」「梁」疊韻字。

上列「八病」實例，分別取自《文鏡秘府》《詩人玉屑》及《古詩紀》等書，這些都是有名的例子，它是在音律學方面研究，確可以作到剖析毫芒的工夫，當時人已批評它的苛刻。我個人覺得詩倒不必嚴到這種程度，但它是供吟詠，而歌曲中犯了這些毛病，聽起來便有些彆扭，它的音樂價值甚高，值得學理論作曲的人去重視它。雖不能奉爲圭臬，此理論不可不知也。

六、雙聲與疊韻

「雙聲」是同音而不同韻；「疊韻」是同音又同韻。例如：「彷彿」、「熠燿」、「騏驥」、「慷慨」、「咿喔」皆雙聲；「侏儒」、「

童蒙」、「崆峒」、「螳螂」、「滴瀝」皆疊韻。許多「民俗曲藝」運用雙聲疊韻作辭，頗富聲音流暢之美，這應是現代作曲者工作取向之一。

第三節　唐詩的分期與各期著名詩人

一、初唐：唐初至開元（618～713年），自高祖歷太宗、高宗迄玄宗三朝，共95年。

王　勃　楊　烱　盧照鄰　駱賓王　蘇味道　李　嶠
崔　融　杜審言　張九齡　陳子昂　沈佺期　宋之問

二、盛唐：開元至大曆（713～766年），自玄宗歷肅宗迄代宗二朝，共53年。

李　白　杜　甫　王　維　李　頎　高　適　岑　參
崔　灝　常　建　賈　至　儲光羲　孟浩然　王之渙
王昌齡

三、中唐：大曆至大和（766～827年），自代宗歷德宗、順宗、憲宗、穆宗迄文宗五朝，共61年。

韋應物　劉長卿　柳宗元　韓　愈　李如珪　孟　郊
賈　島　劉　義　盧　全　皇甫冉　戴叔倫　李　益
劉禹錫　元　稹　白居易　張　籍　王　建

四、晚唐：大和以後（827～907年），自文宗歷宣宗、懿宗、僖宗、昭宗迄昭宣帝七朝，共80年。

李商隱　溫庭筠　韓　偓　杜　牧　羅　隱　許　渾
馬　戴　李　頻　趙　嘏　朱慶餘　司空圖　方　干
皮日休　陸龜蒙

第四節　初唐詩家

一、唐初四傑：王　勃　楊　炯　盧照鄰　駱賓王。

二、復古詩人陳子昂　陳子昂字伯玉，四川梓州射洪人（四川三台）（658～698年）。他鄙薄齊梁詩風，用平淺字句，直抒胸臆。〈登幽州臺歌〉是他的代表作：

　　　　前不見古人，後不見來者，念天地之悠悠，獨愴然而涕下！

這是自然的音調，樸實的語言，自由的格律，表達個人的情感，富有一種高遠意境與豪邁氣慨。像是一首「新詩」。

三、格律派詩人沈佺期、宋之問

宋之問，字雲卿，河南內黃人（河南湯陰），七世紀末八世紀初期在世。唐詩的五律、七律在他手上完成定形工作，在詩史上是一件大事。這種體裁成為詩中正格，顯然與古詩畫分界線。他的〈被試出塞〉就是初唐五律典型作品：

　　　　十年通大漠，萬里出長平。寒日生戈劍，陰雲拂斾旌。

　　　　饑鳥啼舊壘，疲馬怨空城。辛苦皋蘭北，胡霜損漢兵。

宋之問與沈佺期（生平事跡從略）同時代人，詩的作風也相似，都是律詩運動推行者。

第五節　盛唐詩家

一、詩仙李白　李白字太白，隴西城紀人，或云山東人、蜀人（籍貫有許多枝節問題）（701～762年）。十歲通詩書，喜縱橫術，好任俠，輕財重施，有戰國時代人物性格。「樂府到了李白，可算是集大成了。他的特別長處有三點：第一、樂府本起於民間，而文人受

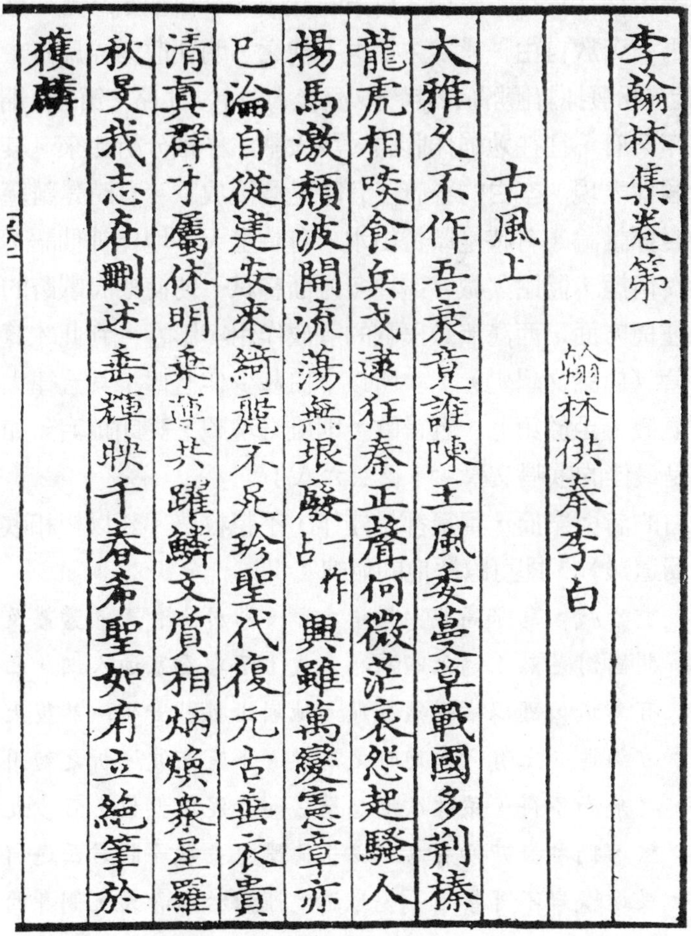

李翰林集卷第一

翰林供奉李白

古風上

大雅久不作吾衰竟誰陳王風委蔓草戰國多荊榛
龍虎相啖食兵戈逮狂秦正聲何微茫哀怨起騷人
揚馬激頹波開流蕩無垠廢興雖萬變憲章亦
已淪自從建安來綺麗不足珍聖代復元古垂衣貴
清真群才屬休明乘運共躍鱗文質相炳煥眾星羅
秋旻我志在刪述垂輝映千春希聖如有立絕筆於

獲麟

圖版六八　唐李白李翰林集書影（舊刊本）

了六朝浮華文體餘毒，往往不敢充份用民間語言與風趣。李白認清了文學趨勢，他有意用『清眞』來救『綺麗』之弊的，所以他大膽地運用民間的語言，容納民間風格，很少雕飾，最近自然。第二，別人作樂府歌辭，往往先存了求功名科第的念頭；李白卻始終是一匹不受羈勒的駿馬，奔放自由，『人生在世不稱意，明朝散髮弄扁舟』這種精神，故能充份發揮詩體解放的趨勢，爲後人開不少生路。第三，開元、天寶詩人作樂府，往往勉強作壯語，說大話；仔細分析起來，其實很簡單很少個性表現。李白的樂府，有時是酒後放歌，有時是離筵別曲，有時是發揮議論，有時是頌贊山水，有時上天下地作神仙語，有時描摹小兒女情態，體貼入微。這種多方面嘗試，便使樂府歌辭的勢力侵入詩的種種方面，西漢無數民歌的解放作用與影響，到此才算大成。（胡適著《白話文學史》）」所以李白甚少作七律；其五律大有古體歌行的氣概。至於第七、五言歌，則雄奇瑰麗，爽朗疏宕，如行雲流水，也是最佳的歌唱文學。〔圖版六八〕

　　李白的詩與樂府，篇篇都是佳作，不勝枚舉。茲以相和歌詞的瑟調曲〈蜀道難〉，即可瞭解他的氣魄：

　　　　噫吁戲，危乎高哉！蜀道之難，難於上青天。蠶叢及魚鳧，開國何茫然！邇來四萬八千歲，不與秦塞通人烟。西當太白有鳥道，可以橫絕峨眉巔。地崩山摧壯士死，然後天梯石棧方鈎連。上有六龍廻日之高標，下有衝波逆折之廻川。黃鶴之飛尚不得，猿猱欲度愁攀援。青泥何盤盤，百步九折縈巖巒，捫參歷井仰脅息，以手撫膺坐長歌。問君西遊何時還？畏途巉岩不可攀。……蜀道之難難於上青天，側身西望長咨嗟。

他描寫蜀道險阻，砌詞壯潤，情思奔放，無人能及。

二、詩聖杜甫　杜甫字子美，襄陽人（湖北今同）（712～770

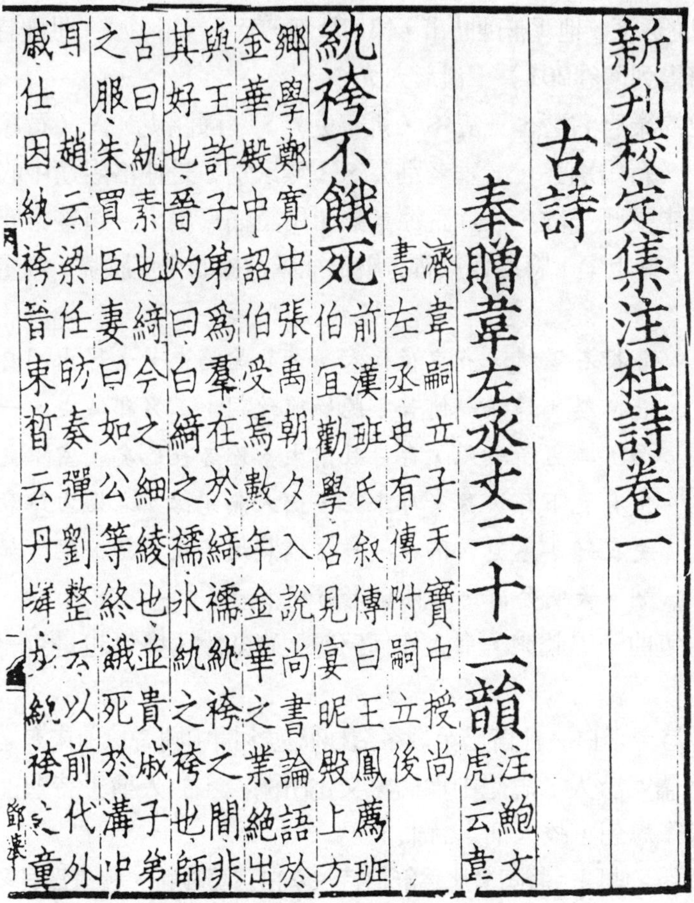

新刊校定集注杜詩卷一

古詩

奉贈韋左丞丈二十二韻　〔注〕鮑文彪云

濟韋嗣立子天寶中授尚
書左丞史有傳附傳曰嗣立後尚
前漢班氏叙傳見宴昵殿鳳上薦方班
伯受朝數年入說金華之書論語出於
宜勸學召見華之業絕

鄉學鄭寬中張禹班伯
金華殿中詔伯受

紈袴不餓死

與王許子第爲羣在於緗緌紈袴之間子弟
其好也晉臣妻曰今之細綾終也並貴於戚
之服也朱素也綺曰如公等絝終賊死於戚溝子外中
古曰紈素綺今之綺綈紈袴之袴也子師
耳仕因紈袴音束晳奏云丹崞
戚仕因趙云梁任昉奏彈劉整云以前代章
童

圖版六九　唐杜甫新刊校訂杜詩書影（舊刊本）

年）。他以儒家自命，雖無以展抒霖雨蒼生之願，而惓惓忠愛之情，寄託於詩。如〈兵車行〉描寫人民苦於戰禍徭役的哀鳴；〈儷人行〉諷刺楊氏兄弟姊妹驕奢淫佚；〈奉先詠懷〉控訴貧富之間生活懸殊；〈春望〉、〈哀王孫〉、〈哀江頭〉深刻的呻吟了國破家亡的悲痛，使人讀之淚下。他「善陳時事，律切精深，至千言不少衰，世號詩史。」（新唐書列傳卷201）〔圖版六九〕

　　他的樂府名著，三吏：〈新安吏〉、〈潼關吏〉、〈石壕吏〉；三別：〈新婚別〉、〈垂老別〉、〈無家別〉是往洛陽途中的見聞，將戰事中妻離子散，一片荒涼景象，用詩描寫出來。這些樂府中以〈石壕吏〉最坦率，將擅作威福，壓迫征戰遺族的小吏臉嘴，刻畫殆盡。如：

> 暮投石壕村，有吏夜捉人。老翁踰牆走，老婦出門看。吏呼一何怒，婦啼一何苦！聽婦前致詞：三男鄴城戍，一男附書至，二男新戰死，存者且偷生。死者長已矣，室中更無人，惟有乳下孫，孫有母未去，出入無完裙。老嫗力雖衰，請從吏夜歸，急應河陽役，猶得備晨炊。夜久語聲絕，如聞泣幽咽。天明登前途，獨與老翁別！

　　這隻曲子唱起來，令人作何感想，豈知大唐盛世也是有一片烏雲存在。

　　唐詩至李白、杜甫已至登峯造極狀態，開中國詩以前未有之境地。杜甫為儒家詩人，思想中為儒家文化所瀰漫，故人稱「詩聖」。李白充滿道家思想，故人稱「詩仙」。

　　鋼琴家傅聰：將陶潛比為舒伯特、李白為莫札特、杜甫為貝多芬。

三、自然派詩人王維、孟浩然

　　王維字摩詰，先世山西太原祁人（山西永濟縣）（700～760年）。他信佛教，善於繪畫，後人推為南派開山之祖，文人畫之先驅。蘇軾

稱他「詩中有畫，畫中有詩」。王維是大自然愛好者，其詩善於寫靜中之趣，五言尤勝，其「明月松間照，清泉石上流。」「大漠孤烟直，長河落日圓。」不用裝飾，不用誇張，讀其詩如身臨其境。他的樂府〈送元二使安西〉──陽關三疊，除本書已徵引琴曲外，還有一種「北曲大石調」，所謂三疊：第一句單誦，餘三句每句反復誦之，歌法複雜，從文句中可以窺視古詩唱法。

　　孟浩然，字浩然，襄陽人（689～740年）。他也是自然派詩人，但他與王維的心情不同。王維是一個貴族隱士，飽嘗富貴與功名滋味，而寄情於山水之間。浩然在40歲以前，落魄蕭條，在鹿門山居住，雖然身在江湖，心懷魏闕，所以作品中，不時流露憤慨與嗟怨。

四、邊塞詩人高適、岑參

　　高適字達夫，渤海蓨人（河北滄縣）（700～765年）。少時家貧以求丐取給，足跡遍黃河流域，北至熱河，西達甘肅、四川，東南到江蘇，飽受流浪生活的痛苦，其詩多悲涼寂寞之感。後來他做了官進封渤海縣侯，經歷軍事生活與邊塞環境，他的樂府便以邊塞作爲題材，戰事場面，征夫疾苦，少婦情懷，都能於悲壯的風格裡，呈現出哀怨之音。如〈營州歌〉：

　　　　營州少年愛原野，　　孤裘蒙茸獵城下。

　　　　虜酒千鍾不醉人，　　胡人十歲能騎馬。

　　「營州」今在熱河省朝陽縣境內，北魏時期少數民族居住此地，唐代開發此處，設靇糜郡爲政治中心。「虜酒千鍾不醉人，胡人十歲能騎馬，」親身經歷寫實，是樂府歌辭中上乘作品。

　　岑參也是邊塞詩人，南陽人少孤苦貧賤，好學能自砥礪。他與高適齊名，人稱「高岑」。他詩中所表現人物事實，都是最偉大的、最雄偉的、最愉快的，好似一百二十銅鼓與七十金鉦合奏鼓吹曲，氣勢十分儡人。他意志堅強，終身不曾說兒女冶媟的話；越是危險，越是

他痛快的時候，他感受大沙漠雄壯的印象，由恐怖到同情，產生偉大意境，其作品中有大雪、大熱、大戰、大風、大宴、雄壯音樂、舞蹈等他都經歷過，豈是一般人所能企及的。

王之渙也是邊塞詩人，他的生平事跡在本章第九節「唐詩的音樂」中敘述，此處從略。

第六節　中唐詩家

一、白話詩人白居易　白居易字樂天，太原人（772～846年）。他善於運用社會題材，暴露當日時局背景，其詩近於義理，纏綿悱惻，讀之一掬同情之淚。他的詩爲求易解，好以口語，世傳他詩成，必先使老婦人聽之，如果不解，就再改寫。這事未必盡然，無非表示他自稱「苦學力文」而已。他的五言排律，屬對精緊，使事嚴切，條理井然，讀之使人惟恐其盡，不過他不以雅頌自鳴，博學自炫。白居易〈新樂府〉凡9252言，50篇，所攝取材料，上自宮廷闕失，下至民生疾苦，取資廣泛，爲民爲物爲事而作，不是爲文而作。新樂府辭：海漫漫——戒求神仙；華原磬——刺樂工非其人也；胡旋女——戒近習；折臂翁——戒邊功；捕蝗——刺長吏；西涼伎——刺封疆大臣；杜陵叟——傷農夫之困；草茫茫——懲厚葬之風；……〈新豐折臂翁〉是讀者所熟悉的詩篇，從這詩就可以推想其餘了。

同〈折臂翁〉相似手法，尚有〈長恨歌〉、〈琵琶行〉，都是長篇敘事詩，早已被人認同是最好的「音詩」，詩的本身，就帶著優美的旋律。

二、宮詞詩人元稹　元稹字微之，河南洛陽人（779～831年）。他的詩同白居易一樣，淺顯易解，寄託深遠，世人以「元白」並稱，且稱其詩體爲「元和體」。

　　元稹的詩往往被人歌唱，流傳於宮中，受到妃嬪宮娥喜愛，都呼他爲「元才子」。他與白居易是誠摯的朋友，二人都是仰承杜甫，張籍的餘緒，多寫社會實況，爲平民呼籲，伸張輿論。尤其〈新題樂府〉12首最受杜甫影響。他長於抒情，〈悼亡〉詩三首，「誠知此恨人人有，貧賤夫妻百事哀」，是人間酸鼻至情之詩。

　　中唐時期盛行文辭優美「宮詞」，它描寫宮中女性生活一切的綺羅香澤，細密樸實。他的「連昌宮詞」，是帶有規諷性的綺艷宮體詩，與白居易〈長恨歌〉詠天寶宮中之事，世人稱爲美文「雙璧」。如他的〈連昌宮詞〉：

> 連昌宮中滿宮行，歲久無人森似束。又有牆頭千葉桃，風動落花紅簌簌。宮邊老人爲予泣：小軍進食曾因入。上皇正在望仙樓，太眞同凭欄干立。樓頭樓前盡珠翠，炫轉熒煌照天地。歸來如夢復如癡，何暇備言宮裡事。……年年耕種宮前道，今年不遣子孫耕。老翁此意深望幸，努力廟謀少用兵！

　　三、民俗詩人劉禹錫　劉禹錫字夢得，彭城人（江蘇銅山）（772～842年）。因附王叔文貶朗州刺史，落魄無聊，所作詩多諷託。蠻地風俗好巫，嘗倚聲作「竹枝詞」——地方性腔調歌唱民俗的韻文，歌唱時各加散聲，手拿竹枝爲拍，它原屬戀歌，青年男女聚會所樂用。他的〈竹枝詞〉9篇又2首（共11首）有序，自比屈原的九歌：

> 山桃紅花滿上頭，蜀江春水拍天流。
> 花紅易衰似郎意，水流無限是儂愁。

　　禹錫的詩，以近體與樂府爲多，他與元稹、白居易齊名，是中唐時期的大家。他〈金陵五題〉名噪江南，〈西塞山懷古〉與崔灝〈黃鶴樓〉異曲同工，一時推爲絕調。

第七節　晚唐詩家

　　一、象徵派詩人李商隱　李商隱字義山，懷州河內人（河南沁縣）
（812～858年）。他最愛用怪僻的典故，含蓄的言語，寫香艷的故
事，使人讀了，只覺得其詩是音美、調美，而不知道他的眞實心意如
何？一些註詩的人，對他的詩，往往有各種不同詮釋。他詩的藝術，
不僅在晚唐文壇有領導作用，流風也被及於宋初半個世紀，延綿不絕，開
宋人七絕的先聲。

　　商隱爲人耿直灑脫，也自負懷才不遇，常假借動植物以自況。如
〈錦瑟〉就是感時傷世，痛悼亡妻，其辭凄冷，有人說這詩是指令狐
楚妾錦瑟而作：

> 錦瑟無端五十弦，一弦一柱思華年。莊生曉夢迷蝴蝶，
> 望帝春心託杜鵑。滄海月明珠有淚，藍田日暖玉生烟。
> 此情可待成追憶，祇是當時已惘然。

他還有許多〈無題〉之作，那更是寄寓深遠了。

　　二、浪漫派詩人杜牧　杜牧字牧之，京兆萬年人（陝西西安附
近）（803～852年）。他與李商隱同時，喜愛寫宮體，寫色情，多
色彩鮮明，辭藻綺麗之作。他幾首名作，大半爲青樓妓女而寫，如〈
遣懷〉：

> 落魄江湖載酒行，楚腰纖細掌中輕。
> 十年一覺揚州夢，贏得青樓薄倖名！

杜牧的七言律詩，情緻豪邁，言情抒景，渾融精鍊，音節嘹亮，
是晚唐期間的第一人。

　　三、唯美詩人溫庭筠　溫庭筠字飛卿，太原祁人（山西永濟）（
802～872年）。經學世家，母唐宗室之女。他雖然飲酒賦詩浪漫無

羈，因忠孝之忱，在詩中往往流露真摯情感。他作詩與李商隱風格類似，擅長修辭，尤其樂府文彩綺靡，含意吟味，有清麗之感。如〈商山早行〉：

> 晨起動征鐸，客行悲故鄉。雞聲茅店月，人跡板橋霜。
>
> 槲葉落山路，枳花明驛牆。因思杜陵夢，鳧雁滿回塘。

這詩的第三、四句「雞聲茅店月，人跡板橋霜」，已走向「詞」的道路，也正是宋詞在晚唐的蓓蕾的時期。

唐代還有許多詩人及其作品，因篇幅所限，未曾詳敘，而他們出身的家庭，不一定富庶，但大多數在功名上得遂所願，中國向無純粹文人，而只有學優而仕的官僚。詩人除各有專集，如杜甫《杜工部集》，李白《草堂集》，……等外，在《全唐詩》中僅收錄有名望者，凡2200餘家，48900餘詩篇。本書所列各期詩家，是足以代表流派，在音樂史上影響於後世者，豈僅掛一漏萬而已。

第八節　魏晉六朝古詩、樂府與唐詩彼此間承襲關係

一、魏武帝（曹操）〈苦寒行〉為唐代杜甫〈石龕〉詩之本，稍變其面目而已。

二、魏文帝（曹丕）〈燕歌行〉每句押韻，洋洋灑灑，為後來七言歌行之祖。

三、陳思王（曹植）〈七步詩〉，唐代諸賢無不師其風格。

四、應瑒〈侍五官中郎將建章臺詩〉，開後世應酬之作。

五、阮藉82首〈詠懷詩〉，是〈古詩19首〉後的大手筆；陳子昂

〈感遇〉38首，李白〈古風〉59首，先後相承襲其體貌。

六、謝靈運〈登池上樓〉詩，開唐代律詩的先河。

七、鮑照〈樂府〉，李白往往仿傚之。

八、謝朓所作之詩，相當於唐人之詩，詩法成熟。

九、梁武帝（蕭統）〈河中之水〉詩，其婉約之聲，為初唐張九齡等人所摹擬。

十、隋煬帝（楊廣）〈玉樹後庭花〉詩，開後世「宮體詩」之源。

第九節　唐詩的音樂

一、「樂府」必須歌唱，詩不一定要歌唱。

二、詩供吟哦，也可以用樂器伴奏。

三、唐代是中國國際音樂時代，這時有外族音樂滲入詩中。

四、中唐以前，詩人與樂工性質不同：詩人所作的詩，雖供給人歌唱，但音樂的感性，並不一定都好，樂工所作的曲詞，雖然合乎音樂條件，而詞並非典雅；後來兩者結合了，樂工用詩人的詩為歌詞而作曲，於是相得益彰。

五、盛唐詩人的詩，以供給伶人、妓女歌唱為榮。

王之渙，山西并州人（山西陽曲），生平欠詳。他是盛唐時期的邊塞詩人，名重一時。一日與王昌齡，高適在旗亭飲酒，有伶官與妓女續至。王昌齡與高適、王之渙私約，凡諸妓所唱為自己作品，各在壁上畫一記號記之，最後再比多少。一會，高適得一，王昌齡得二，只有王之渙沒有。王之渙指諸妓中最佳一人說，如她所唱不是我的詩，我就甘拜下風了。稍後此妓唱：「黃河遠上白雲間，一片孤城萬仞山。羌笛何須怨楊柳？春風不度玉門關。」正是王之渙得意之作（唐、薛用弱《集異記》）。這就是「旗亭畫壁」的典故。可見詩人的作品，

譜例七〇　唐李白清平樂五線譜 (採自孫玄齡中國古代歌曲)

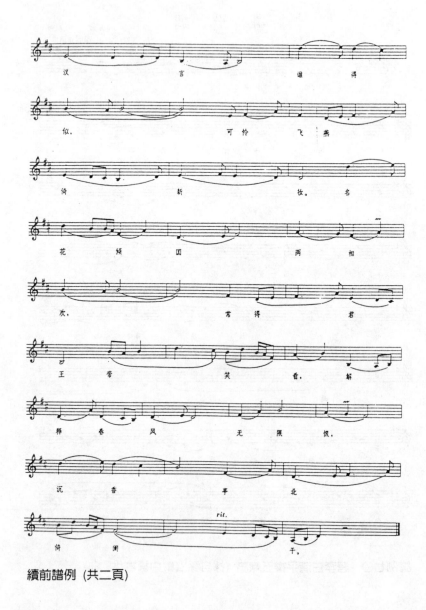

續前譜例（共二頁）

被人歌唱是一種光榮。

　　唐宮中重視木芍藥，玄宗李隆基移植於沉香亭畔，後來芍藥花繁開，玄宗騎著「照夜白」（馬名），楊貴妃車輦相隨。玄宗說：賞名花，對妃子，豈能用舊歌曲？立刻命李龜年持金花箋，宣賜翰林學士李白來；李白至，立進〈清平樂〉三篇〔譜例七〇〕，頃刻新歌演唱起來（唐、樂史〈太眞外傳〉）。可見詩人作詞，樂工譜曲，歌唱演奏情形。這兩則故事，證明唐詩的確是歌唱文學。

　　六、中唐時期樂工賄賂詩人新作，那時著名的詩人李賀、李益、韋應物、劉禹錫、白居易、元稹等都爲伶人提供新作去歌唱。

　　七、詩人逐漸用樂工曲調，將自己新詩套進去唱，爲了美聽，整齊句型變得有些長短句型，於是開五代「詞」的端緒了。

　　八、吟詩的方法，傳於後世的，就是現代詩家的吟哦——用各地方言，將詩辭一字一字慢慢「哼」著，但重視它的字性的節奏，如「不聞——爺娘——喚女——聲」；「桂影——自嬋——娟」，最後一字延長其音，算是傳統方法。它音域極狹，音階也拘束，不能算是好聽的音樂，「吟咏」而已。

　　本章徒摭舊稿重新整理，恕未注釋。

第七章 中國歷代歌唱文學㈣

第一節 豪放婉約兼而有之的宋詞

宋代（960～1279年）的「詞」也是中國歌唱文學中佔極重要地位的一種文體，它是「樂府」的流別；但由唐人的「絕句」直接演變而來。唐代人歌唱「絕句」，因為句法整齊缺少變化，在歌唱時，必須加些「和聲」、「散聲」、「偷聲」……等等，形容聲腔的文字，使得「絕句」有了拗折之聲，以表達其激蕩之情。久而久之，感到這聲腔用字不便，於是出於樂工的請求，或是詩人自出新意，作為長短句的「新體詩」──詞──就慢慢誕生了！所以說，「詞」的簡單定義便是：「詞者，詩之餘也。」（此語未知出自何書？）

現在，列舉中唐時期幾位大詩人他們所作（嘗試？）的「詞」，看看「詩」過渡到「詞」變化的軌跡。

一、詞的起源

唐・韋應物〈調笑令〉：

　　胡馬胡馬，遠放燕支山下。跑沙跑雪獨嘶，東望西望迷路。

　　迷路、迷路，邊草無窮日暮。

唐・白居易〈長相思〉：

　　汴水流，泗水流，流到瓜洲古渡頭，吳山點點愁。

　　思悠悠，恨悠悠，恨到歸時方始休。月明人倚樓。

唐‧劉禹錫〈憶江南〉：

> 春去也，多謝洛城人。弱柳從風疑舉袂，叢蘭挹露似霑巾，
> 獨坐亦含顰。

　　以上三家的長短句的「詩」，都十分俏麗。到了晚唐如詩人溫庭筠等，更是「逐弦吹之音，爲側豔之詞」（舊唐書），則這「新體詩」已完全奠定了「詞」的基礎。

　　五代時期（907～960年）是詞的草創時代，在這個時代的作家韋莊、馮延己、李煜（後主）都是偉大的創造者。他們沒有先進的典型作楷模，只好自己去絞心思經營作品，所以他們寫的「詞」，都是不相師承而有個性，這類作品，竟然將許多老詩人苦心磨煉出來的「新體詩」歌打倒了；因爲「詞」信手拈來，晶瑩可愛，在文壇上興起新的勢力，所以五代時期的「詞」，是「詞」體所表現的最初的成績。【註一】

二、詞與詩在形體上的區分

　　一、詩句是整齊的（理論上）、詞句是長短參差的。

　　二、詩用韻較爲自由，句型的平仄協調，雖非容易之事；而詞的句型，必須按《詞譜》的規定體製填詞，不允許踰越。

　　三、詩不通韻（韻目規定極嚴）；詞比較寬，它往往有數個聲部合爲一部，使用詞韻，感覺比較自由些。

　　四、詩應用的範圍比較廣，詞應用的範圍比較狹。

　　五、詩的內容比較單純，詞則言簡意賅，情韻逸緻。

第二節　宋詞的格律

一、四聲——詞的四聲大致與唐詩情形相同。

二、詞韻——《菉斐軒詞林韻釋》，相傳爲南宋時代的韻書。這部詞韻書的韻目分爲19部：東紅、邦楊、支時、齊微、車夫、皆來、眞文、寒間、鸞端、先元、蕭韶、何和、嘉華、車邪、清明、幽游、金音、南山、占炎，稱爲「部類」。這些韻目與後期韻目不同，收字較廣，入聲字派到平上去三聲中。詞韻用韻較爲自由，句末的韻，四聲可以通押。

凡「部類」性質的韻書，如元曲韻書《中原音韻》19部、都是如此。現代《中華新韻》及「京劇十三轍」，也是「部類」分韻的書。

這時候因爲歌唱的原故，開始注意到古劇曲聲樂原理——發音與增音的機能：

「五音」：喉、舌、牙、齒、唇。

「四呼」：開、齊、撮、合。

三、詞 調

小　令（單調）：27字至58字；

中　調（雙調）：59字至90字；

長　調：90字以上（以上皆原則性的）。

最短的詞16字，如〈十六字令〉，最長的詞 240字，如〈戚氏〉（鶯啼序），無論令、調都有其「牌名」以便區分，牌名有其來歷，如：

〈點絳唇〉：取江淹「白雪凝瓊貌，明珠點絳唇」句。此牌名在詞曲中最常見。

〈蝶戀花〉：取梁元帝「翻階蛺蝶戀花情」句。

〈鷓鴣天〉：取鄭嵎「家在鷓鴣天」句。

〈西江月〉：取衛萬「只今惟有西江月，曾照吳王宮裡人」句。

詞牌名品彙甚多，有的用地名、人名、物名、事名、意名，如〈

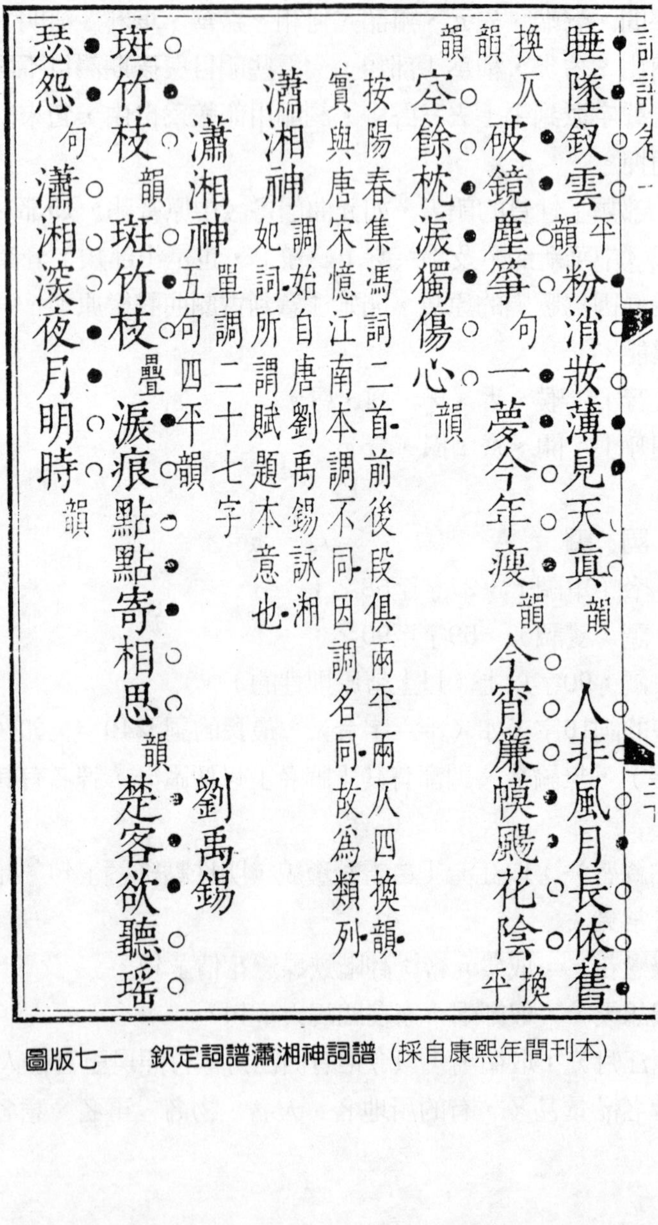
詞譜卷一

睡墜釵雲平粉消妝薄見天眞韻人非風月長依舊

換仄破鏡塵箏句一夢今年瘦韻今宵簾幙颺花陰換平

韻空餘枕淚獨傷心韻

按陽春集馮詞二首前後段俱兩平兩仄四換韻

實與唐宋憶江南本調不同因調名同故爲類列

瀟湘神調始自唐劉禹錫詠湘

妃詞所謂賦題本意也

瀟湘神　單調二十七字

瀟湘神五句四平韻　劉禹錫

斑竹枝韻斑竹枝疊淚痕點點寄相思韻楚客欲聽瑤

瑟怨句瀟湘深夜月明時韻

圖版七一　欽定詞譜瀟湘神詞譜（採自康熙年間刊本）

〈八聲甘州〉、〈虞美人〉、〈玉樓春〉、〈浪淘沙〉、〈訴衷情〉等等，不勝枚舉。

四、句　法

詞的句法，從一字句到九字句均有。如「眠，月影穿窗白玉箋。」「眠」就是一字成句；「錦帽貂裘千騎轉平岡。」就是九字句，由這種句子用字的結構自由，便可瞭解詞其活潑與生動之處。

五、詞　譜

「詞譜」聲調的記法：○平聲　◐平聲可用仄聲　●仄聲　◑仄聲可用平聲

　　　　　〈瀟湘神〉譜例　　（五句、二十七字、四韻）

○●○首句平韻起　○●○疊上三字　◑◐●●◐○○三句平叶　●●●◑○○●●四句　◑◐◑●●○○五句平叶〔圖版七一〕

　　　　瀟湘神　　　　　　　　　　唐劉禹錫

湘水流，湘水流，九嶷雲物至今愁。　若問二妃何處所？零陵芳草露中秋。

這是唐朝詩人劉禹錫咏湘妃所作的原詞，他創始這詞，用單調二十七字、五句、三平韻、一疊韻，收在王奕清《詞譜》中，此詞第一句「流」字平聲，第二句「疊上三字」的「湘水流」。第三句「愁」字平聲，與「流」在一個詞韻「幽游」部類中，曲韻就在「尤候」中。用「叶」是要押韻，「句」就不必押韻，句逗而已，全詞四次用韻。這闋詞是早期作品，牌名與內容也是相合的，應該是「創作」，到了後來如果填「瀟湘神」，只要用「五句、二十七字、四韻」，就可以了，不必一定講瀟湘水神之事。

珠玉詞

宋　晏殊

點絳唇

露下風高井梧宮簟生秋意画堂筵啓一曲呈
珠綴天外行雲欲去凝香袂爐煙起斷腸聲
裏斂盡雙蛾翠

浣溪沙　舊刻十三闋孜青杏園林煑酒香是永叔作今删去

閬苑瑶臺風露秋整鬟凝思捧觥籌欲歸臨別

珠玉詞　一

圖版七二　宋晏殊珠玉詞（舊刊本）

　　當年「作詞」稱爲「塡詞」，是作者將適於「詞譜」的字聲，按著譜中規定的字句，非常仔細，不能錯的鑲嵌在那裡面。故《詞律》說：「塡詞、如坑穴在焉，以實之而合滿。」

第三節　宋代的詞家

一、北宋初期四大家

　　一、晏殊（991～1055年），著《珠玉詞》；「昨夜西風凋碧樹，獨上高樓，望盡天涯路！」（蝶戀花）世稱輕柔細膩之作。〔圖版七二〕

　　二、晏幾道・晏殊第七公子，著《小山詞》；「今宵剩把銀釭照，猶恐相逢是夢中。」（鷓鴣天）善於融化詩句。

　　三、歐陽修（1007～1073年），著《六一詞鈔》；「燕子飛來窺畫棟，玉鈎垂下簾旌。」（臨江仙）詞章窈窕，世所矜式。

　　四、張先（990～1078年），著《安陸詞》。雲破月來花弄影，重重簾幕密遮燈。」（天仙子）辭藻纖巧見長。

二、宋詞五大派詞家

　　一、浪漫派柳永生卒年待考（大約在11世紀上半期），著《樂章詞鈔》；「今宵酒醒何處？楊柳岸曉風殘月。」（雨霖鈴）曲折纖巧之至。

　　二、豪放派蘇軾（1036～1101年），著《東坡詞鈔》；「亂石穿空，驚濤拍岸，捲起千堆雪。」（念奴嬌）豪邁曠達。

　　三、婉約派秦觀（1049～1100年），著《淮海詞》；「消魂當此際，香囊暗解，羅帶輕分，謾贏得青樓薄倖名存。」（滿庭芳）閑

雅有情思。

　　四、**豔冶派賀鑄**（1052～1125年），著《東山詞》：「一川烟草，滿城風絮，梅子黃時雨。」（青玉案）取前人詩句鎔冶於詞。

　　五、**瀟灑派毛滂**（約1055～約1120年），著《東堂詞》：「玉人細細酌清霞，醉裡將春留下。柳外鴛鴦作伴，花邊蝴蝶為家。」（西江月）瀟洒明潤，空靈自運。

三、女詞人李清照

　　李清照（1081～）著《漱玉詞》：「風住塵香花已盡，日晚倦梳頭。物是人非事事休，欲語淚先流。　聞說雙溪春尚好，也擬泛輕舟。只恐雙溪舴艋舟，載不動許多愁。」（武陵春）「梧桐更兼細雨，到黃昏點點滴滴。這次第，怎一個愁字了得！」（聲聲慢）意境高超，造境工麗。

四、南渡前後兩大派詞家

　　一、**消極派朱敦儒**（生於神宗初年，卒於孝宗初年），著《樵歌鈔》：「莫聽古人閒語話，終歸失馬亡羊，自家腸肚自端詳。」（臨江仙）唯白話主義是崇。

　　二、**積極派辛棄疾**（1140～1207年），著《稼軒詞》：「了卻君王天下事，贏得生前身後名。可憐白髮生。」（破陣子）慷慨悲歌。

五、南北風雅三大家

　　一、**姜夔**（1155～1235年），生平事跡詳本章第四節。

　　二、**史祖達**（約1195年前後在世），著《梅溪詞》：「記當日門掩梨花，剪燈深夜語。」（綺羅香）輕盈綽約，盡態極妍。

　　三、**吳文英**（生年待考—約1260年），著《夢窗詞》：「黃蜂頻

撲秋千索，有當時纖手香凝。」（風入松）鍊字精妙，格調俊美。

六、南宋末年三大家

一、王沂孫（生平待考—約1290年），著《碧山樂府》；「料如今，門掩孤燈，畫屏塵滿斷腸句。」（綺羅香）琢句峭拔，意境最深。

二、張炎（1248～1318年）著《山中白雲詞鈔》；「十年舊事翻疑夢，重逢可憐俱老。」（臺城路）清幽疏曠，波瀾壯濶。

三、周密（1232～1308年），著《絕妙好詞》；「故苑秋聲，危弦調苦，前夢蛻痕枯葉。傷情惜別，是幾度斜陽，幾回殘月。」（齊天樂）哀豔雅潔，堪與姜夔齊美。

以上詞家，我所列舉其詞作中精采句子，讀之如臨仙境，豈是出於凡夫俗子之口。我這種寫作體例，係規仿清人張維屏輯《國朝詩人徵略》的方法進行的，這些選句，失於我個人主觀，恐是難免的，因學識與見解先天所限使然耳。

宋詞風格：從晚唐到宋末約四百年，詞的變遷，由「小令」而演變成「長調」；由浪漫自由主義，而演變成唯美古典主義；由意象白描技巧的表現，而演變成深密刻劃與雕琢辭句的表現；由通俗白話文學，而演變成雅馴文士賞心抒情的專利品；由隨意發抒性靈的辭句，而演變成嚴格的詞律與呆板的填詞。大約美文學都是在這種軌跡之下前進，還不僅宋詞是這樣而已。

第四節　宋代兩大詞樂的音樂家【註二】

一、一曲當年動帝王的周邦彥

　　由五代殘唐步入北宋，中國音樂的發展，出現了一個新的高潮，這時期，商品經濟發達與繁榮，在全國規模上形成了許多大都市。這些都市裡，絃歌夜夜，有說不盡的繁華。原來滋長在帝王宮闕，以及貴族門閥中間的音樂活動，此時得了一個更爲廣潤的溫床，在都市生活中找到了立足生根的新天地。這種新局面的展開，又與當代新興的文學形式緊密結合，相應取得了十分出色的成就。在中國文學史上，居重要地位的「宋詞」，也就是這樣適應著音樂上的新發展而繁榮起來的。由於音樂在社會上得到普及，在藝術上得到了提高，所以過去那些形式莊重，格律整齊的「唐詩」，已不能滿足社會上一般的需要，尤其不能配合日新月異的許多新歌調，所以自然而然的產生了一種句法長短不齊的詞。這種新體裁，最大的優點，是能在細碎錯落之中，保持抑揚頓挫的音節。在這方面，第一個能夠將音律作周而且密的控制，把這種音樂的發展與文學上的新境界融合起來的，就是大音樂家，大詞人周邦彥。

　　周邦彥字美成（1055～1121年），號清眞居士，浙江錢塘人。元豐初年（1078年），以太學生進〈汴都賦〉，召爲大學正，其後在京外作州府知縣等職。他是一位鎔鑄音樂與文學於一爐的天才巨匠，他所作的詞，音韻鏗鏘，辭藻華麗，不但可以傳出精微的意境，事實上，等於嚴格的音符，而創造出絕俗離塵的音樂境界。徽宗設立一個音樂機構──「大晟樂府」，周邦彥他任提舉，負責整理古代樂曲與當代音樂創作，成績斐然。他的名著〈六醜〉（薔薇謝後作），一天在朝廷御宴上歌唱，徽宗聽了大爲欣賞，還問〈六醜〉這個名辭是甚麼意思？邦彥爲之解釋：高陽氏（即顓項）有子六人，俱有才而貌醜，此詞它「犯六調」，聲律優美，可是唱起來不容易。，所以也稱「六醜」：

　　　　正單衣試酒，悵客裡光陰虛擲。頤春暫留，春歸如過翼，一
　　　去無跡。爲問家何在？夜來風雨，葬楚宮傾國。釵鈿墮處遺

香澤，亂點桃蹊，輕翻柳陌。多情為誰追惜？但降媒蝶使，
時叩窗槅。東園岑寂，漸蒙籠暗碧。靜繞珍叢底，成嘆息。
長條故意惹行客，似牽衣待話，別情無極。殘英小，強簪巾
幘，終不似，一朵釵頭顫裊，向人欹側。漂流處，莫趁潮汐。
恐斷鴻，尚有相思字，何由見得。

此詞雙調140字，上片69字，14句8仄韻；下片13句19仄韻。周
邦彥的長調尤善舖敍，富豔精工，紆徐反覆，能道盡所蓄之意，而下
字用韻，又皆有法度。

二、小紅低唱我吹簫的姜夔

北宋亡於金人之手，從此在臨安成立偏安的王朝，史稱「南宋」。
當時，金人的勢力處在全盛時期，宋室南渡的君臣，為了苟安且夕，
不惜卑躬屈節，向金人納貢稱臣。這種屈辱與苟安的情況，使得整個
社會，充滿了低沉鬱結的氣氛。其影響所及，在藝術上也就成另一片
苦悶與消沉，若干擁有蓋世才華的藝術家，驚心世變，蒿目時艱，也
只能偶而發為狂吟，用憂傷的調子，傳達出整個時代的惶惑。在音樂
上，南宋著名的一大巨匠——姜夔，也正可以說是這方面的代表人物。

姜夔字堯章（約1155～約1221年），自號白石道人，江西鄱陽
人，他一生沒作過官，行動無拘無束，性格瀟灑自如，人品高尚雅潔，與
范成大、辛棄疾、楊萬里、陸游等人相吟酬唱，嘯傲山水，寫下不少
著名的詞。他不僅在填詞度曲方面有卓越的成就，即使在純粹音樂的
研究上，其造詣也是獨一無二的。他眼見宋室南渡後，許多舊有的樂
曲散佚不存，於是他專門從事於古曲蒐集工作。慶元三年（1197年）
他向朝廷進獻〈大樂議〉與〈琴瑟考古圖〉，討論當時樂器與樂曲的
流變與得失，希望朝廷改訂樂典，可惜未經實施。他所著《琴曲》一
書，系統的記錄他所蒐集的古代琴曲，而且每個曲譜都附有唱法，對

於保存古曲琴技，很有幫助。此外，他又曾將屈原的〈九歌〉，注以律呂，這在中國音樂史上，是一件大事；以及他所創的新譜17首，除註明宮調外，也加註樂譜，是七八百年前流傳到現在唯一完整的宋詞樂譜，已被視爲研究中國音樂發展的一項重要文獻了。

范成大（1126～1193年）是當時風流倜儻大詩人，他家中養著一班女樂，能歌擅舞，聲色絕人，其中小紅是魁首，范成大請姜夔作客，將姜詞給小紅試唱。紹熙二年（1191年）冬天正值大雪紛飛，姜夔看到院子裡梅花盛放，暗香浮動，疏影徘徊，便譜成二隻新詞〈暗香〉、〈疏影〉，借物寓情，才思敏捷，令人傾倒。後來范成大將小紅贈給他，於是二人到處遊山玩水，所有新作，都由小紅歌唱，自己吹簫拍和：姜夔自製《白石道人歌曲》17首，經現代人整理之後，寫成五線譜，以往被視爲拗戾的曲子，已能復聞其聲歌之妙曼了（參考譜例五三、五四）。

第五節　宋詞的音樂

宋詞（包括宋以後的詞）是屬於歌唱文學的，從宋朝當時一些文人記事片段，就可以看出端倪來。

一、姜夔的〈大樂議〉：「協四聲各有其自然之理，今以平入配重濁（低音），上去配輕清（高音），奏之多不諧協」。如果詞不要求去歌唱，還談甚麼諧協與否？歌唱詞與言語發音不同，四聲清濁非常重要，經過柳永、張先、周邦彥的改進，到了南宋就成定式了。

二、張炎的《詞源》：「先人曉暢音律，有寄閑集，旁綴音譜，刊行於世，每作一詞，必使歌者按之，稍有不協隨即改正。曾賦〈瑞鶴仙〉詞：『……繁華迤邐西湖上，多少歌吹。粉蝶兒撲定花心不去』……此詞按之歌譜，聲字皆協，惟『撲』字稍不協，遂改爲『守』字乃

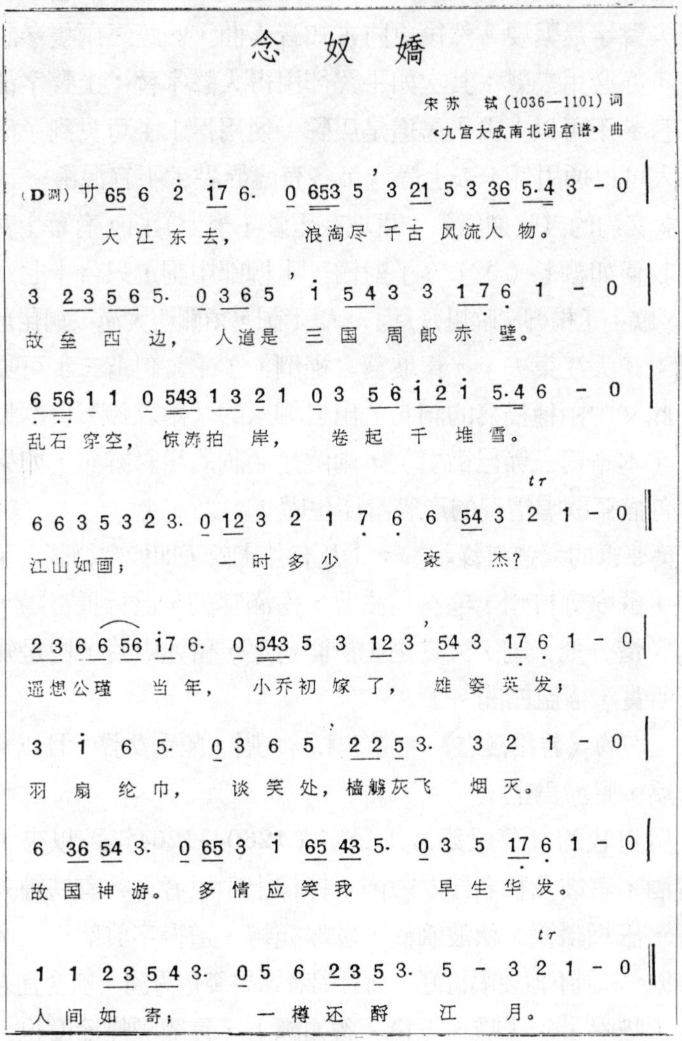

念 奴 嬌

宋 苏 轼（1036—1101）词
《九宮大成南北词宮谱》曲

(D调) 廿 65 6 `2̇ 1̇7` 6. `0 653` 5 ’ 3 `21` 5 3 `36` 5.`4` 3 - 0 |
大 江 东 去， 　 浪 淘 尽 千 古 风 流 人 物。

3 `23` 5 6 5. `0` `36` 5 ’ 1̇ 5 `43` 3 `1̇ 7̇` 6 1 - 0 |
故 垒 西 边， 人 道 是 三 国 周 郎 赤 壁。

6 `56` 1̇ 1̇ `0` `543` 1 3 `2` 1 `0` 3 `56` 1̇ `2̇ 1̇` 5.`4` 6 - 0 |
乱 石 穿 空， 惊 涛 拍 岸， 　 卷 起 千 堆 雪。

　　　　　　　　　　　　　　　　　tr
6 6 3 `53` `23`. `0` `12` 3 2 1 7 6 6 `54` 3 2 1 - 0 ‖
江 山 如 画； 　 一 时 多 少 　 豪 　 杰？

`23` 6 6 `56` 1̇7 6. `0` `543` 5 3 `12̇` 3 ’ `54` 3 `1̇7̇` 6 1 - 0 |
遥 想 公 瑾 当 年， 小 乔 初 嫁 了， 雄 姿 英 发；

3 1̇ 6 5. `0` `36` 5 ’ `22` 5 3. 3 2 1 - 0 |
羽 扇 纶 巾， 谈 笑 处，樯 橹 灰 飞 烟 灭。

6 `36` `54` 3. `0` `65` 3 1̇ `65` `43` 5. `0` 3 5 `1̇7̇` 6 1 - 0 |
故 国 神 游。 多 情 应 笑 我 　 早 生 华 发。

　　　　　　　　　　　　　　　　　tr
1 1 `23` `54` 3. `0` 5 6 `23` 5 3. 5 - 3 2 1 - 0 ‖
人 间 如 寄； 　 一 樽 还 酹 江 月。

譜例七三　宋蘇軾念奴嬌赤壁懷古 (採自楊蔭瀏中國古代音樂史稿)

協。」「撲」字是動態，「守」字是靜態，與原意相差十萬八千里，為了協音，便如此改動，可見南宋人對於詞律的重視。

三、沈義父的《樂府指迷》：「腔律豈人人皆能，按簫填譜，但看句中用去聲字最緊要。然後更將古知音人曲，一腔三兩隻參訂：如都用去聲，亦必用去聲；其次如平聲卻用得入聲字替；上聲字最不可用去聲字替。不可以上去入盡道是仄聲，便用得！」可見到了南宋填詞，除平入可以通用外，去上等音，各有臨界點，不宜混淆。

四、俞文豹的《吹劍錄》：東坡在玉堂（學士）日，有幕士善歌。因問：「我何如柳七（永）？」對曰：「柳郎中詞，只合十七八女郎執紅牙板，歌：『楊柳岸曉風殘月』；學士詞，須關西大漢，銅琵琶、鐵綽板，唱：『大江東去』。東坡為之絕倒。」〔譜例七三〕可見詞是歌唱的，此文中兩種描寫的詞句，出自柳永的〈雨霖鈴〉與蘇軾的〈念奴嬌〉（本章第三節已徵引），兩闋是名詞的精彩辭句，如果詞不唱，那會有描寫歌唱情況的形容辭產生呢！

五、葉夢得的《避暑錄話》：「凡有井水處，即能歌柳詞。」又，「元祐中，蘇軾守杭州，毛滂為法曹，秩滿當去，已行抵富陽，軾聞有人歌其〈惜分飛〉詞，大賞之，折簡追逐，留連數月，由是知名，後為曾布所賞，擢至館閣。」

六、王灼的《碧雞漫志》：當年宋詞歌唱，頗重女聲，且以婉媚、溫柔、語嬌，聲顫為上。

七、吳自牧的《夢梁錄》：景定（1260～1264年）以來，諸酒庫設法賣酒，官妓及私名妓女數內，揀擇上中甲者，委有娉婷秀媚，桃腮櫻唇，玉指纖纖，秋波滴滴，歌喉宛轉，道得字真韻正，令人側耳聽之不厭。宋詞不但要唱得好，而且唱者還要姿色秀麗，風度宜人。

八、「嘌唱」：「嘌、玉篇·讀如飄」，言嘌嘌無節度也。這大概是自由節奏散板唱法。姜夔《白石道人歌曲》它的歌詞旁附記音階，沒

有板眼（節奏），不容易上口，我想這可能是「嘌唱」的遺規，後世人便無從得知其唱詞的實際狀貌了。

第六節　現存宋詞的數量

一、康熙敕撰《欽定詞譜》826調、又體1478，別名585，總數2391首。

二、清王奕清《詞譜》820餘調、2300餘體。

三、清萬樹《詞律》6666調，包括《詞律拾遺》〈補遺〉共1184體。

四、近人唐圭璋《全宋詞》收宋詞人1230餘家，詞作19900餘首，殘篇530餘首。有民國59年12月明倫出版社本，精裝6冊。目前又有新出版完備的詞總集。

五、潘慎之主編撰《詞律辭典》，1991年山西人民出版社本。收唐宋詞1242調，3412體，大曲50，別名詞910，總數3773首。

附錄：北京大學古典文獻研究所編《全宋詩》，1999年10月（世界日報神州風情版介紹）北京大學出版社本。收宋詩8900餘家，72冊，3785卷，3734萬字，歷時8年完成。

附　註

【註一】詞學小叢書，胡雲翼主編，民國38年，上海，教育書店本。唐五代詞選小序，4頁。

【註二】中國古代音樂家，東方明著，1972年，香港，上海書局本。此書敘述中國15位大音樂家的故事，周邦彥、姜夔二人屬之。

第八章　中國歷代歌唱文學㈤

第一節　高下長短委曲道情的元曲

　　「雜劇」與「傳奇」是中國韻文學中兩種體裁，它的實質，就是元、明、清三朝舞台劇的「劇本」。「劇本」是歌唱的骨幹，就是「曲」──元代（1271～1365年）文學的傑作，是歌唱文學發展到巔峯狀態的產物。

　　曲的定義：

　　　　音韻雜比，高下長短謂之曲。（明・張表臣《珊瑚鈎詩話》）

　　　　高下長短，委曲以道其情者，曰曲。（明・吳訥《詩體明辨》）

　　「曲」表示音響要曲折婉委，能將聲情發揮出來，達到美聽的效果。

一、中國古典劇的特質

　　中國戲曲起源甚早，而正式戲劇（元人雜劇）卻成熟於元世祖忽必烈至元年間（1264～1294年），約爲西元十三世紀後半期。爲甚麼這樣歷史悠久的國度，戲劇成就反而落後西方國家甚遠？這可能與中國文化特質有相當關係：

　　一、希臘戲劇是美麗的宗教詩篇，優越的表演，復以適度之音樂與舞蹈的混合品。

　　二、中國上古時代有「巫」，跳巫舞祀神，其是否相同於希臘的「大安妮西亞祭典」（祭酒神）祭師？不便臆斷。「巫」實是以歌舞

為職業而樂神的人，當時「恒舞於宮，酣歌於室」，稱為「巫」風，它對於戲劇發展有相當助力，這種生活方式，並沒有廣泛傳衍下來。

三、中國人多秉持儒家傳統思想，一生之中，極力排斥新奇的娛樂：故而宮廷帝王僅知滿足於少女清歌妙舞，與弄人（俳優）的調謔說笑。民間士庶也僅知滿足於清唱、雜耍，以及迎神賽會的簡樸娛樂之中，從不曾進一步而發展所謂「戲劇」的。

四、在古代中國沒有劇場，也亦沒有希臘的專門劇作家與行吟詩人。中國古代之禮，起初固然為事神之禮，樂亦當為頌神之樂。當自政治、宗法，人倫之條理出現，則禮漸以人間之禮為主，樂亦以人間之樂為樂，即所謂「禮樂社會」。

五、中國古代《禮經》（經部之屬書籍）所載的禮，分為冠禮、婚禮、喪禮、祭禮、朝聘禮、鄉飲酒禮、士相見禮，觀其儀節之詳，服飾之繁，禮器之多，想像於行禮之際，主賓升降之秩然有序，周旋中規，折旋中矩，即甚富於戲劇藝術的意味，觀者就如同看「戲」似的，欣賞這種近似乎「表演」的藝術。

六、中國古代沒有獨立的戲劇，正由於合禮樂的社會、政治倫理的生活，整個皆表現審美藝術的精神。

七、中國古代只有頌神的舞踊，沒有戲劇的舞踊（演戲），元朝以後的戲曲，它是韻文學系統：

　　　原始歌謠——詩經——楚辭——漢賦——古詩——六朝樂府
　　　——唐詩——宋詞——元曲——明清傳奇

元曲是韻文學（歌唱文學）的一部分，積漸發展至最高峯，加上元韃靼入據中原，為適應他們對於漢文化瞭解的需要，才正式產生「戲劇」（元曲），所以說：元曲是中國韻文學中的詩、詞之流變。

二、元明清戲劇所薈萃歷代音樂舞蹈的資源

一　在舞蹈方面的資源

㈠太古時期原始歌舞，無假借事物爲媒介，以手舞、足蹈發抒內心的感情。

㈡先秦時期優孟、優施、優旃的便給語言，如模仿、諷刺等，（見史記滑稽列傳）。

㈢秦漢時期「角抵」戲，原本是武技，後來演變成化裝性的角鬥，（見西京雜記角抵）。

㈣漢代平樂館「百戲」，是綜合遊藝廣場，有雜耍、馬戲、歌舞、魔術，（見西京賦平樂觀）。

㈤晉石勒「參軍戲」是二人的嬉謔，相當於現代對口相聲，（見太平御覽晉代戲曲）。

㈥北齊蘭陵王長恭「代面」，是戴著面具的舞蹈，（見教坊記，參見本書第一章「日本雅舞」陵王），與「蘇皰鼻」故事即紅鼻子故事，簡單的女性扮演的歌舞劇。

㈦北魏「撥頭」（缽頭）是外來民族男性扮演的歌舞劇，（見樂府雜錄）。

㈧隋東都「散樂」，與漢代平樂館百戲相似，專供外族來華觀光人士而設置，（見隋書音樂志）。

㈨唐代「戲弄」與晉石勒參軍戲相似，已正式化裝，偶而亦歌唱，（見鮮于庭誨墓出土的戲弄俑）。

㈩宋代「滑稽戲」，當時稱「雜劇」的科白劇，與唐代戲弄相似，但不歌唱，就是現代相聲表演，（見宋人筆記小說）。

「傀儡戲」表演君臣將相講史雜戲，（見都城紀勝）。

「皮影戲」（表演三國之戰故事）。

(十一)金院本是鬧劇、以說笑爲主，有時也歌唱幾隻同調的小曲子，（見《呂洞賓花月神仙會》雜劇中插演，及《金瓶梅》等小

說中上演的院本情形）。

二　在音樂方面的資源

㈠漢代平樂館百戲歌唱（如「女娥坐而長歌，聲清暢而委蛇。」）

㈡北齊蘇鮑鼻簡單合唱（如「旁人齊聲和之云：『踏謠娘苦和來！』」）

㈢北魏撥頭歌唱（如「山有八折，故曲八疊。」）

㈣唐代合生胡人歌唱（如「宴殿上有胡人襪子何懿唱合生。」）

㈤唐代樊噲排君難讚成功曲（如「宴於保寧殿，上製曲名曰：『讚成功』……作樊噲排君難以樂焉。」）

㈥宋代歌舞劇：

1. 傳踏：歌舞相兼的敍事戲曲，手舞足踏，與唐代轉應詞、踏歌有關，最初爲宮廷所製，後士大夫皆傲作。歌詞前句後二字與後句前二字連貫起來，如「日晚饘饑欲歸去——歸去、携籠女，南陌柔桑三月暮。……」

2. 隊舞：與傳踏同實而異名的歌舞劇。隊分「小兒隊」與「女弟子隊」兩種，隊舞排場依性質不同而異，如《齊東野語》所載張鎡家伎「牡丹會」隊舞：衆賓既集；群伎以酒餚絲竹次第而至，別有名姬十輩皆衣白，凡首飾衣領皆牡丹，……衣與花凡十易，所謳者皆前輩牡丹名詞。酒竟，歌者樂者，無慮百數十人。這是「女弟子隊」表演大致情形，「女弟子隊」舞者135人，「小兒隊」只72人。

3. 曲破：是截「大曲·入破」以下用之，「入破」後舞者入場，那麼在入破前各遍徒歌不舞。宋人用「曲破」演項莊舞劍故事。樂部唱〈劍器曲破〉，二舞者同唱「霜天曉角」等曲。

4. 大曲：是一曲多遍合樂歌、舞蹈的舞曲，最初一本24段，表演一個故事。

沈括《夢溪筆談》：「所謂『大遍』者，有序、引歌、歈、

催、哨、攧、衰、破、行、中腔、踏歌之類，凡數十解，每
解數疊者。裁截用之，謂之『摘遍』。今人『大曲』，皆是
截用，悉非『大遍』也。」

王灼《碧雞漫志》：「凡大曲有散序、靸、排遍、攧、正攧、
入破、虛催、衰遍、歇拍、殺衰，始成一曲，此謂『大遍』。」

「大曲」以樂與舞爲主，不以詞爲主。宋人大曲現存稱完整者，
爲董穎〈道宮薄媚・西子詞〉歌舞句踐復國故事。

㈦金諸宮調：含蓋宋代清唱——以歌唱與故事爲主，而以音樂伴
奏之曲藝。諸宮調爲無限制使用各種「宮調」（如元曲每折限
用同一宮調）的曲調，來詠唱一個長篇故事。這種曲藝，它有
說、有唱，其純熟傳世的作品，有金董解元《西廂記諸宮調》。

㈧賺詞：在樂曲組織上，雜綴各種小曲，詠唱一個故事，其聲腔
最難：兼慢曲、曲破、大曲、嘌唱、耍令、番曲、叫聲，諸家
腔譜皆備。現在傳世的「賺詞」，只有〈圓社市語〉一種，描
寫踢球，它已具有元人雜劇聯套的雛形。

以上所列舉的各項，是中國戲劇發展過程中，與音樂、舞蹈比較
密切的資料，它當然是構成戲劇要素，然而不是完整的戲劇，因爲戲
劇有它的特殊界限，如元人戲曲（雜劇）的定義：

戲劇是一種有唱、有白、有動作，且以「代言體」（就是演
員裝扮成劇中人如「俺薛仁貴」，以第一人稱在舞台出現），
表演一個首尾畢具的故事，呈現於舞臺上的戲曲。

在上面所敍述從上古的原始舞踊，以迄於宋代唱賺，雖然各自獨
立出現各種構成戲劇的原素，但沒有這定義中所週備的條件。所以，
中國戲劇到十三世紀元人入據中原時代才積漸成熟——元人雜劇——
導源於唐代參軍戲，襲用宋人「雜劇」名稱，摘取歷代各種樂曲的精
華，既唱、且白，以角色扮演故事、時事的戲曲。然後再演進至明清

傳奇——傳承元人雜劇的文化模式，襲用唐人小說「傳奇」名稱，卻是相當長的戲幅，表演（傳述、傳唱）一件奇異的故事的劇曲。【註一】

第二節　元曲的音樂結構

音與律的關係（參見本書第三章〈中國古代音律的研究〉）是研究任何種音樂的重要因素。

一、宮調問題

中國古代音樂嚴格規定「結音」（一曲最後用的一個音），然而「結音」又與「起音」（一曲最初用的一個音）必須相同，在雅樂譜中這種情形，的確是存在？這就是所謂「起調與畢曲」問題。

一曲的「結聲」在「宮」，就是五、七聲中的「宮」聲，便稱爲「宮」；如果不結聲於「宮」，而結聲在「商、角、徵、羽」，便稱爲「調」，這就是「宮調」名詞的由來。

二、宮　調

「宮調」是研究中國詞曲音樂最重要的問題，它相當於西洋音樂中的曲調。如中國劇曲的「正宮」，這名辭或許一般人都讀到過、看過、但它的內容是甚麼，就不一定會知道？如果說它相當於西洋音樂大音階中的第一度音爲起音的Do調，就清楚明白；其餘的「宮」「調」如何去化合爲西洋的調子，便有門徑可入。可是中國古代音樂有一個半音在四度、五度之間（變徵、徵），一個半音在七度、八度之間（變宮、宮）；這樣的音律關係卻是Sol調式（「調子」與「調式」應該分辨）。中國的宮調是由唐宋時期的燕樂產生的。

中國古樂曲宮調相關音樂問題一覽表

五音宮調	宮		商		角			徵		羽		
七音徵調	濁徵		濁羽		濁變宮	宮		商		角		變徵
西樂調名	Do	降Re	Re	降Mi	Mi	Fa	升Fa 降Sol	Sol	降La	La	降Si	Si
中樂律名	黃鐘	大呂	太簇	夾鐘	姑洗	仲呂	蕤賓	林鐘	夷則	南呂	無射	應鐘
宋俗名	合	下四	四	下一	一	上	勾	尺	下工	工	下凡	凡
黃鐘均	①宮 正宮		②商 大石調		③角		④變徵	⑤徵		⑥羽		⑦變宮
大呂均		⑧宮		⑨商		⑩角		⑪變徵	⑫徵		⑬羽	
太簇均			⑮宮		⑯商		⑰角		⑱變徵	⑲徵		⑳羽
夾鐘均				㉒宮 中呂宮		㉓商 雙調		㉔角		㉕變徵	㉖徵	
姑洗均					㉙宮		㉚商		㉛角		㉜變徵	㉝徵
仲呂均						㊱宮		㊲商		㊳角		㊴變徵
蕤賓均							㊸宮		㊹商		㊺角	
林鐘均								(50)宮 南呂宮		(51)商		(52)角
夷則均									57宮 仙呂宮		58商 商調	
南呂均										64宮		65商
無射均											71宮 黃鐘宮	
應鐘均												78宮

	Do	降Re	Re	降Mi	Mi	Fa	升Fa 降Sol	Sol	降La	La	降Si
五音宮調	清宮		清商		清角			清徵		清羽	
七音徵調	徵		羽		變宮	清宮		清商		清角	
中樂律名	清黃鐘	清大呂	清太簇	清夾鐘	清姑洗	清仲呂	清蕤賓	清林鐘	清夷則	清南呂	清無射
宋俗名 ㄠ / 六	下五	五	高五								
黃鐘均											
大呂均	14 變宮										
太簇均		21 變宮									
夾鐘均	27 羽		28 變宮								
姑洗均		34 羽		35 變宮							
仲呂均	40 徵		41 羽		42 變宮						
蕤賓均	46 變徵	47 徵		48 羽		49 變宮					
林鐘均		53 變徵	54 徵		55 羽		56 變宮				
夷則均	59 角		60 變徵	61 徵		62 羽		63 變宮			
南呂均		66 角		67 變徵	68 徵		69 羽		70 變宮		
無射均	72 商 越調		73 角		74 變徵	75 徵		76 羽		77 變宮	
應鐘均		79 商		80 角		81 變徵	82 徵		83 羽		84 變宮

採自陳萬鼐中國古劇樂曲之研究

　　本表係根據張炎《詞源》八十四調，及參考各種相關音律的書籍編列而成，其中，新舊樂音階的半音位置，與西樂半音位置配合無爽。這表的讀法：①「正宮」是在橫欄的第6列內的一個調，它是「黃鐘均」（「均」就是一個「八度音程」）的「宮」聲（主音）；這個音，同時也是縱欄第6列「黃鐘」的一個律，而它就是這個八度五聲音階聲的第一度音，或是七聲音階的第五度音（低音部）。中國音樂的「起調與畢曲」兩音是相同關係，所以它所產生的樂調結構，相當於西洋的音樂的 C 調以Do爲第一度音，「大石調」相當 Re調；「正宮」就是「黃鐘（均的）宮」，「大石調」就是「黃鐘 商」，餘此類推。同時在這份表上，還可以看到類似琴鍵上的「等音音程」關係，如「商調」與「黃鐘宮」。讀這表對中國「宮調」問題，眞是直截了當。

　　一隻曲子的「結聲」也稱爲「住字」，如果它不結、住於本律（起音），那就是「犯調」，在宋代便有許多專門名詞來解釋這件事。如宋張炎《詞源》卷上有〈結聲正訛〉：「商調是下凡字結，用折而下，若聲直高而不折，或成六字，即犯越調」等等，請查閱上表便知其意義何在，其實這是在補救「宮調」的結聲定調的理論之不足。

三、元人雜劇的五宮四調

　　元人雜劇只用五宮：「正宮」、「中呂宮」、「南呂宮」、「仙呂宮」、「黃鐘宮」；四調：「大石調」、「雙調」、「商調」、「越調」。如果綜合起來用音高排列：「正宮」（Do調）、「大石調」（Re調）、「中呂宮」（降Mi調）、「雙調」（Fa調）、「南呂宮」（Sol調）、「仙呂宮」（降La調）、「商調」（降Si調）、「黃鐘宮」（降Si調）、「越調」（Do調）。從前舊曲譜的宮調排列：是「黃鐘」、「正宮」、「大石調」、「小石調」、「仙呂宮」、「中呂宮」、「南呂宮」、「雙調」、「越調」、「商調」、「商角調」、「般涉

調」（據《太和正音譜》秩序），這種舊式排列，完全沒有音樂理念，我所著的音樂論著，都是按音階高下組合，中西半音階的位置也絕對正確。

現在，我們已知道「正宮」是Do調；如果唱元人雜劇的〔正宮〕〈端正好〉這隻曲子，用鋼琴中央 C 爲第一度音行嗎？這問題得視元代「黃鐘」律管（標準音）音高如何？元代「黃鐘」音高是 298.7Hz（d'＋），則用Re調去唱，應該是接近於當時調門的。

四、聲　韻

曲的聲韻是承襲「唐詩」、「宋詞」聲韻系統逐漸演變而來，但它的「四聲」又分「陰陽」，形成了八聲：陰平、陽平；陰上、陽上；陰去、陽去；陰入、陽入，這八種聲調的輕重、抑揚，構成曲的聲樂基本要素。

元人周德清《中原音韻》是第一部曲韻專書，他的創作是依據當時作曲需要而來。中國北方的音韻，自宋元以來變革甚大，文人吟咏，勉強使用「廣韻」以次韻書尚可行，待劇曲興起，曲辭須要歌唱，如果仍用舊韻，就與當時語言音調不合，所以《中原音韻》特爲唱曲、作曲審音辨字而設，便與傳統韻書編法不同。至於它審音辨字的標準，是根據元劇四大家關漢卿、白樸、馬致遠、鄭光祖作品用字而成，故能切合實際，便於採用。

《中原音韻》是將傳統韻書，先分「聲調」，而後分「韻部」（如一東、二冬詩韻）的方式，改成先分「韻部」（如：一東鐘、二江陽），後分「聲調」，每一個韻部，包括原有的四種聲調，並將官音系統以外韻書的入聲，照實際情形取消，分別派在其他三聲內，組織一本19韻部的曲韻書，其韻目：東鐘、江陽、支思、齊微、魚模、皆來、眞文、寒山、桓歡、先天、蕭豪、歌戈、家麻、車遮、庚青、尤

候、侵尋、監咸、廉纖等，只要我們對於詩詞韻稍有瞭解，也會覺得這種編制分合，比較自然，所以後世韻書，如《中華新韻》就採這種方式了。

董同龢著《中國語音史》所擬元曲韻目19部音值：

1.	東鐘	uŋ，iuŋ	2. 江陽	aŋ,iaŋ，uaŋ
3.	支思	i	4. 齊微	i，iei，uei
5.	魚模	u，iu	6. 皆來	ai，iai，uai
7.	眞文	ən,iən，uən，yən	8. 寒山	an，ian，uan
9.	桓歡	on	10. 先天	ien，yen
11.	蕭豪	ɑu，au，iau	12. 歌戈	o，io，uo
13.	家麻	a,(ia)，ua	14. 車遮	ie，ye
15.	庚青	əŋ，iəŋ，uəŋ，yəŋ	16. 尤候	ou，iou
17.	侵尋	əm，iəm	18. 監咸	am，iam
19.	廉纖	iem		

上列音質符號，大約與「國際音標」（International Phonetic Alphabet）相同。

劇曲不但講求聲韻，也因歌唱關係，將原在宋代已甚重視的「五音」——喉、舌、牙、齒、唇五處唱曲時，字音著力的地方，經辨正後，則大小、闊狹、長短、尖鈍，判然清晰，聽眾聽到這字音，便知道是某字；「四呼」——開口、齊齒、合口、撮口四處唱曲時出音的方法，如此字音才能合度。有人將人的念字譬如樂器，「五音」是發音器，「四呼」是增音器，若增音器形體不佳，會使所發的音，音色改變，所以要求唱歌徐曼風韻流美，對這方面得重視講究。

第三節　元曲的形體結構

一、曲　牌

「曲牌」就是「曲子」──曲的單元。曲牌應該稱爲「曲調」，如「黃鐘‧醉花陰」：「黃鐘」是這隻「醉花陰」曲子的「宮調」；「醉花陰」便是這隻曲子的名稱。「醉花陰」有「醉花陰」獨特的咏味，唱起來是一種趣味、風格，與其他曲子截然不同。它是一種小曲體，並經過多少年試唱，而適合於聽眾的耳音，得以保持下來的優良作品。

明‧朱權《太和正音譜》所載元曲的各種宮調曲牌：

一　正　宮：端正好　滾繡球　倘秀才　呆骨朵　叨叨令　塞鴻
秋　脫布衫……等25章

二　大石調：六國朝　歸塞北　卜金錢　怨別離　念奴嬌　喜秋
風　好觀音……等21章

三　中呂宮：粉蝶兒　醉春風　迎仙客　紅繡鞋　普天樂　鬥鵪
鶉　滿庭芳……等32章

四　雙　調：新水令　駐馬聽　喬牌兒　步步嬌　夜行船　慶宣
和　五供養……等100章

五　南呂宮：一枝花　牧羊關　烏夜啼　罵玉郎　感皇恩　採茶
歌　紅芍藥……等21章

六　仙呂宮：賞花時　點絳唇　混江龍　油葫蘆　天下樂　那吒
令　鵲踏枝……等42章

七　商　調：集賢賓　逍遙樂　上京馬　金菊香　醋葫蘆　掛金
索　玉抱肚……等16章

八　黃鐘宮：醉花陰　喜遷鶯　出隊子　刮地風　四門子　水仙
子　寨兒令……等24章

九　越　調：鬥鵪鶉　金蕉葉　小桃紅　天淨沙　調笑令　禿廝

兒　聖藥王……等35章

以上北曲（元雜劇用）常用曲牌316章，還有南曲（明清傳奇用）曲牌在明・沈璟《南九宮譜》中記載，共542章，事實上南曲用得甚多，總數在1300～1500章之間，「章」或稱「隻」。這些曲牌有專書，本書不予詳述。

二、小令與帶過曲

「小令」是指一隻曲子（或稱曲牌），宋人在宴席間的伎樂是唱「小令」。「帶過曲」是由唱「小令」發展聯結幾隻曲子（曲牌），唱起來時間比較長一些；如「中呂宮」的「帶過曲」，常見的是「十二月帶堯民歌」；「南呂宮」帶過曲是「罵玉郎帶感皇恩、採茶歌」。

三、套　　數

「套數」也稱「大令」，它是集合許多個「小令」而成一套曲調，這個「套曲」可以比作「樂章」。與「帶過曲」區別，它至少是在6隻曲子以上。在元雜劇中唱的曲子，每種劇「四折」（四個樂章），每折中有10餘隻曲子，20隻曲子已少，有時也有例外，最長達30隻曲子，比較罕見就是。

現在列舉一個「套數」，例如元・紀君祥〈趙氏孤兒〉雜劇第二折「套數」曲：

【南呂宮】　一枝花——梁州——隔尾——賀新郎——牧羊關——
　　　　——紅芍藥——罵玉郎——感皇恩——楚江秋——煞尾

這劇的「套數」是採用《元刊雜劇三十種》本，最原始的板本。該劇用「南呂宮」的曲調，「南呂宮」有曲牌總共是21章（隻），從「一枝花」開始到「煞尾」的秩序，在曲譜書中已安排好了，起首是散板（序曲），接著慢板（正曲開始），其次中板、行板、快板（也

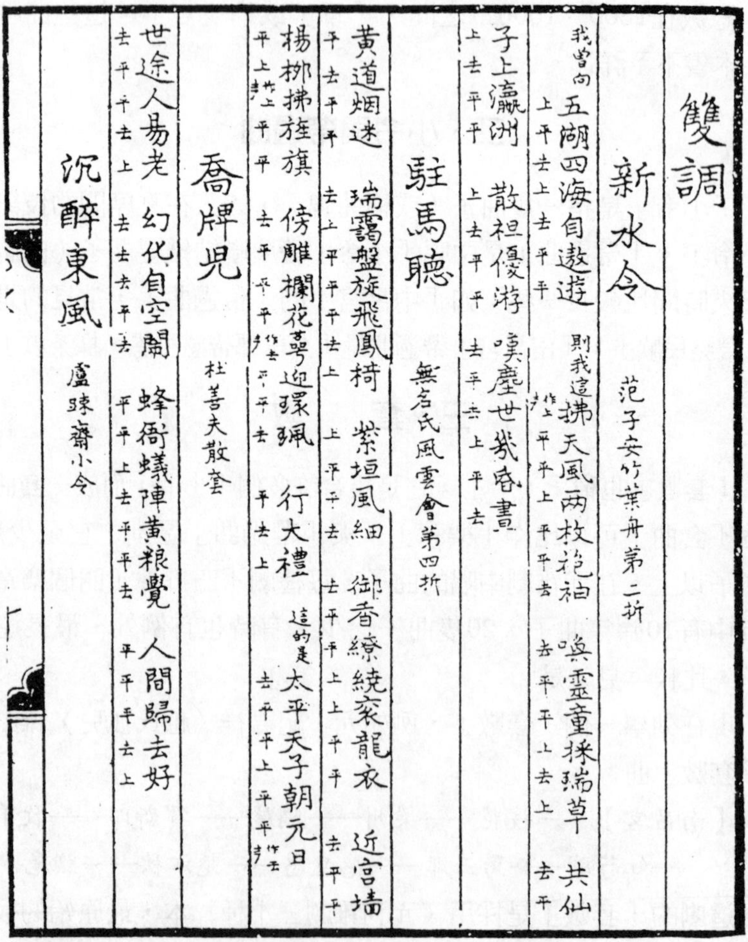
雙調

新水令　范子安竹葉舟第二折

我曾向五湖四海自遨遊　則我這拂天風兩枚袍袖　喚靈童採瑞草　共仙
上平去上去平平　作上平平上平平去　去平平上去上　去平

子上瀛洲　散袒優游　嘆塵世幾昏晝
上去平平　上去平平　去平去上平去

駐馬聽　無名氏風雲會第四折

黃道烟迷　瑞靄盤旋飛鳳椅　紫垣風細　御香繚繞袞龍衣　近宮墻
平去平平　去上平平平去上　上平平去　去平平上上平平　去平平

楊柳拂旌旗　傍雕欄花萼迎環珮　行大禮　這的是太平天子朝元日
平上作上平平　去平平平作去平平去　平去上　去平平上平平作去

喬牌兒　杜善夫散套

世途人易老　幻化自空鬧　蜂衙蟻陣黃粮覺　人間歸去好
去平平去上　去去去平去　平平上去平平去　平平平去上

沉醉東風　盧疎齋小令

圖版七四　明太和正音譜雙調新水令曲譜（舊刊本）

都屬於正曲，就是視情節由慢而快的進行），最後又是散板（尾聲）。「散板」是自由節奏。

四、曲　　譜

曲譜就是一隻曲子的「聲調譜」。這種譜式，是綜合唐詩、宋詞格律演變而來，有些字句比詩、詞的聲調，限制嚴格些。

【雙調】〈新水令〉（曲譜字聲）

　　上平去上去平平（韻）　上平平上平平去（叶）　去平平上去上（句）　去平上去平平（叶）　上去平平（叶）　去平去上上平去（叶）〔圖版七四〕

【雙調】〈新水令〉　　　　　　　范子安〈竹葉舟〉雜劇第二折

　　我曾向五湖四海自遨遊，則我這拂天風兩枚袍袖。喚靈童採瑞草，共仙子上瀛洲。散袒優游，嘆塵世幾昏晝。

原譜第一句7字，第二句7字，在曲詞中有「我曾向」及「則我這」是襯字性質，譜中用小體字不佔譜中正字，故「五湖四海自遨遊」的字聲為「上平去上去平平」，餘皆類此。這隻曲子第一句就開始就用「韻」了，第二句「叶」韻，第三句不用韻，也不叶韻，是「句」逗，第四句以後都是「叶」韻。它的字聲，有「平」「上」「去」聲，沒有「入」聲，如果有入聲字，也會被分配在其他三聲內。這曲全曲只有一個「拂」字是入聲字，已分在上聲中。詩的聲律只分平仄兩聲類，詞分平仄，有平仄可通用之處。曲的音階與聲樂氣息，導源於曲詞的聲調，看起來它比較嚴格，不允許假借，事實上也是平仄兩大聲類，但每句的句逗上所用的字，是不得改變的，尤其是「上」「去」必須按譜諧音，否則就談不上是「填曲」。

這曲子選自朱權《太和正音譜》下卷，在原譜詞旁附有四聲——

當是明初北方讀音，將「入」聲分在其他三聲（平上去）中。曲中的「襯字」作用，是劇作家按譜填曲時，可以自由應用的口語，以便增進曲詞的流暢。這首曲的「聲調譜」，是我將原譜的四聲分析出來寫成這樣形式，可是《曲譜》並未見前人如此作過，大多是詞與聲合寫，或者只寫詞，聲由作劇的人自己去依附，如吳梅《南北詞簡譜》是也，但它將重要的句式的用聲，在譜後加以註記而已。

　　這隻曲子，它的「宮調」是屬於「雙調」、「曲牌」是「新水令」，作品是元雜劇作家范康〈竹葉舟〉劇的第二折唱詞，是「神仙渡化」的戲，所以在詞中可以看出它的道家無為清靜思想。

　　每一種曲調（曲牌），它都是經過時代考驗，試聽美好，而有成效的作品。它既與其他宮調的曲調不同，即使是同一宮調的曲調也不一樣，而是各個曲調的樂語各自結構，然而它們聯成一個套數，卻發生相互間的聯絡、對比、照應等不同關係，加上每曲的速度（拍數）限制，所以中國古劇的樂曲，就有這樣一個相當堅實的模式——它的「音樂結構」與「形體結構」，較元代以前歌唱文學的音樂問題，複雜、困難甚多。大概一種正式供給專業人員（演員或演奏者）的應用歌曲，便不得不如此，否則，難以引起觀眾的共鳴。【註二】

五、劇曲與散曲

　　「元人雜劇」是以「北曲」（曲辭中無「入」聲，音階中七音俱全）為主要樂曲的舞臺劇。

　　明清傳奇是以「南曲」（曲辭中四聲俱全，音階中無Fa、Si音）為主要樂曲的舞臺劇。

　　「雜劇」與「傳奇」是元明清三朝的「舞臺劇」，它唱的曲子就是「劇曲」，也就是「舞臺劇」做作時唱的「臺詞」（曲辭）。

　　「散曲」正好與「劇曲」是相對待的，雖然同屬是歌唱文學，而

散曲唱時只唱一隻曲子（小令），或是幾隻曲子（帶過曲），即使唱一整套曲（套數），唱時就不須化裝，樂器也不必齊備，多用於宴飲時侑酒，唱者也多屬文士客串或歌伎者流獻唱，而且唱不到兩個以上的套曲。這實是劇作家將「散曲」與「劇曲」分成兩件事，前者較容易，後者較困難。還有一種遣興寄懷所填的散曲，它不必歌唱，僅是供人欣賞其文詞，或相互酬應、抒情、寫景而已；如元‧杜善夫〈莊家不識勾欄〉，用〈般涉調‧耍孩兒〉散套，描寫鄉下人到城裡看戲，他親眼看到許多劇場中新奇事物，後來因小便急了出場，整個情節細膩有趣。一般來講，劇作家有時染筆一些散曲，顯露自己才情；散曲則多是文人所作，其實他們也未見得有這種戲劇構造才華去創作劇曲，而供優伶演唱。

六、現存散曲的數量

要研究「散曲」及其歌唱，有四部最值得推重的好書：

一、散曲叢刊　任訥校輯，民國20年，中華書局出版。全書44卷，收元明清散曲與樂府16家，附任訥自著《散曲概論》4種，為當時重要曲籍參考之書。

二、全元散曲　臺北　中華書局編輯部編（影印大陸本），民國58年印行，全書124頁？分上、下冊，24開本精裝。（本擬「提要」其內容，未知那位高材生借去忘記歸還，我收藏的書籍，現在普遍形成有目無書的情形。）

三、元散曲的音樂　孫玄齡著，北京，文化出版社出版，1988年，全書上下冊，計384、564頁，24開本平裝。此書收元代散曲680首，因為它是唱曲子的書，有譯譜說明，每隻散曲都詳細記載「宮調」、「劇名」、「劇作家」、「曲牌」、「曲辭」等，譜則為五線譜附簡譜讀者稱便。讀這類書畢，會感慨作者投注心力之鉅。

　　四、中國古代散曲史　李昌集著，上海　華東師範大學出版，
1991年第1版，全書761頁一冊，24開本平裝。內容豐富，誠爲難得
之佳構。

附　　註

【註一】元明清劇曲史，陳萬鼐著，民國54年，中國學術著作委員會初版，
　　　　民國69年，臺北，鼎文書局增訂2版等。全書35章，732頁。
【註二】中國古劇樂曲之研究，陳萬鼐著，民國63年，中山基金會初版，　67
　　　　年，臺北，鼎文書局增訂2版，全書10章，374頁。附俞宗海《粟廬
　　　　曲譜》，俞振飛〈習曲要解〉及牡丹亭「遊園」「驚夢」二齣曲譜。
　　　　以上拙著內容尙稱完備：前書是中國以往論戲曲史第一本採用音樂
　　　　與搬演考的書，在圖書館將民國54年以前，中國戲曲史翻開比較便
　　　　知；後書以西洋樂理與科學方法研究中國古劇的樂曲。本章各節多
　　　　架構於此二書補充而成，而文字簡鍊，內容更爲精審。現此二書在
　　　　坊間已多年無售本。

第九章　中國歷代歌唱文學㈥

第一節　元代雜劇作家及其分期

元雜劇作家分期，以元朝人鍾嗣成著《錄鬼簿》最早（有十幾種板本），該簿略依時代先後區分：前輩已死名公才人，有所編傳奇行於世者；方今已亡才人，余相知者；已死才人，不相知者；方今才人，相知者；方今才人，聞名而不相知者。以上五類，實爲三類，二、三與四、五可以合併。因之王國維《宋元戲曲史》根據此方式分爲三期：

一、蒙古時代：「此自太宗取中原以後（1240年），至至元一統之初（約40年、1281年），錄鬼簿卷上所錄之作者57人，大都在此期中，其人皆北方人也。」元雜劇的傑作，亦在此時期產生，劇本傳下來的甚多。現代還有劇作傳世的作品作家姓氏於後：

關漢卿大都人	白仁甫眞定人	庾吉甫大都人	高文秀東平人
馬致遠大都人	王實甫大都人	楊顯之大都人	李壽卿太原人
劉唐卿太原人	武漢臣濟南人	王仲文大都人	陸顯之汴梁人
李文蔚眞定人	岳伯川濟南人	康進之棣州人	石子章大都人
孔文卿平陽人	張壽卿東都人	石君寶平陽人	紀君祥大都人
孟漢卿亳州人	尙仲賢眞定人	戴善夫眞定人	鄭廷玉彰德人
李直夫女眞人	張國賓大都人	花李郎□□人	李致遠□□人

二、一統時代：「則自至元後（1280年），至至順、後至元間約50年（1340年），錄鬼簿所謂已亡名公才人，與余相知或不相知者

是也。其人則南方為多，否則，則北人而僑寓南方者也。」作曲家以宮大用、鄭德輝、喬夢符為大家，餘皆無足取，劇本存者不多。

宮大用大名人　鄭德輝平陽人　范子英杭州人　喬夢符太原人
秦簡夫大都人

三、至正時代：順帝至正二十七年間（1367年），「錄鬼簿所謂方今才人是也。」曲家更為稀少，元人雜劇至此，如強弩之末，微不足道，傳世者其少，惟秦簡夫，蕭德祥（？）數家而已。

蕭德祥杭州人　朱士凱杭州人

以上這些劇作家的作品，在《元曲選》中很容易的讀得到，當然還有佚名的作家；除此以外，凡是沒有作品的作家，我都將他們劃掉了。

第二節　雜劇作家的派別

日學者青木正兒就元人雜劇作風，於所著《元人雜劇序說》中，分為「本色派」與「文采派」兩類。所謂：「大約曲詞素樸多用口語者為『本色派』。曲詞藻麗比較多用雅言者為『文采派』。……文采派僅致力於曲詞之藻繪，拙於劇之結構排場者為多；本色派專致力於結構排場，曲詞平實素樸者為多。」茲將這兩大派別所屬的流派及其作品簡目於下：

一、本色派（另有三個支系）

一、豪放激越派：「在質樸之中，具有豪爽之致，以氣力勝者。」如：

| 陳州糶米 | 賺蒯通 | 玉鏡臺 | 殺狗勸夫 | 謝天香 |
| 爭報恩 | 救風塵 | 燕青博魚 | 凍蘇秦 | 小尉遲 |

蝴蝶夢	勘頭巾	黑旋風	救孝子	魯齋郎
漁樵記	誶范叔	金線池	氣英布	趙氏孤兒
竇娥冤	李逵負荊	連環計	還牢末	望江亭

二、敦樸自然派：「恰像用口語說話似的，極自然的作曲詞，具有妙味。」如：

鴛鴦被	東堂老	楚昭公	老生兒	虎頭牌
兒女團圓	玉壺春	鐵拐李	謝金吾	馬陵道
昊天塔	後庭花	趙禮讓肥	桃花女	忍字記
冤家債主	度柳翠	魔合羅	盆兒鬼	貨郎旦
馮玉蘭				

三、溫潤明麗派：「以本色為主而兼有文采者，一面用著口語，一面做著美麗的曲文。」如：

金錢記	合汗衫	張天師	瀟湘雨	曲江池
薛仁貴	硃砂擔	合同禮字	風光好	秋胡戲妻
酷寒亭	單鞭奪槊	東坡夢	留鞋記	隔江鬥智
百花亭	抱妝盒	羅李郎	看錢奴	柳毅傳書

二、文采派（另有兩個支系）

一、綺麗纖穠派：「最富藻彩，在口語之中，比較的多雜雅言以為修飾。」如：

牆頭馬上	梧桐雨	神奴兒	倩女離魂	揚州夢
王粲登樓	麗春堂	紅梨花	金安壽	灰闌記
㑳梅香	劉行首	蕭淑蘭	碧桃花	張生煮海
生金閣				

二、清奇輕俊派：「多用雅言，其修飾並非惹人注目，乃是有清疏之感。」如：

漢宮秋	來生債	薦福碑	岳陽樓	伍員吹簫
陳摶高臥	黃梁夢	青衫淚	舉案齊眉	范張雞黍
兩世姻緣	竹葉舟	城南柳	梧桐葉	誤入桃源
竹塢聽琴	任風子			

以上係根據《元曲選》100種劇目先後秩序排列。雜劇內容分派，雖失之瑣屑，亦難以一概而論，而明晰實為所長，上列劇目係我區分的，以備讀曲者參考。

第三節　元曲六大家

元代曲家雖衆，稱大家者僅四家或云六家，王國維《宋元戲曲史》云：

> 元代曲家，自明以來，稱關、馬、鄭、白，然以其年代及造詣論之，寧稱關、白、馬、鄭妥也。關漢卿一空倚傍，自鑄偉詞，而其言曲盡人情，字字本色，故當為元人第一。白仁甫、馬東籬高華雄渾、情深文明。鄭德輝清麗芊綿，自成馨逸，均不失為第一流。其餘曲家，均在四家範圍之內，惟宮大用瘦硬通神，獨樹一幟。以唐詩喻之：則漢卿似白樂天、仁甫似劉夢得，東籬似李義山，德輝似溫飛卿，而大用則似韓昌黎。以宋詞喻之：則漢卿似柳耆卿，仁甫似蘇東坡，東籬似歐陽永叔，德輝似秦少游，大用似張子野，雖地位不必同，而品格則略相似也。

現代所謂四大家：「關漢卿、白樸、馬致遠、鄭德輝」，或六大家所增之「王實甫、喬吉」。關白馬王代表初期，鄭喬代表中期。茲將元曲四大家生平事略敍述於後：

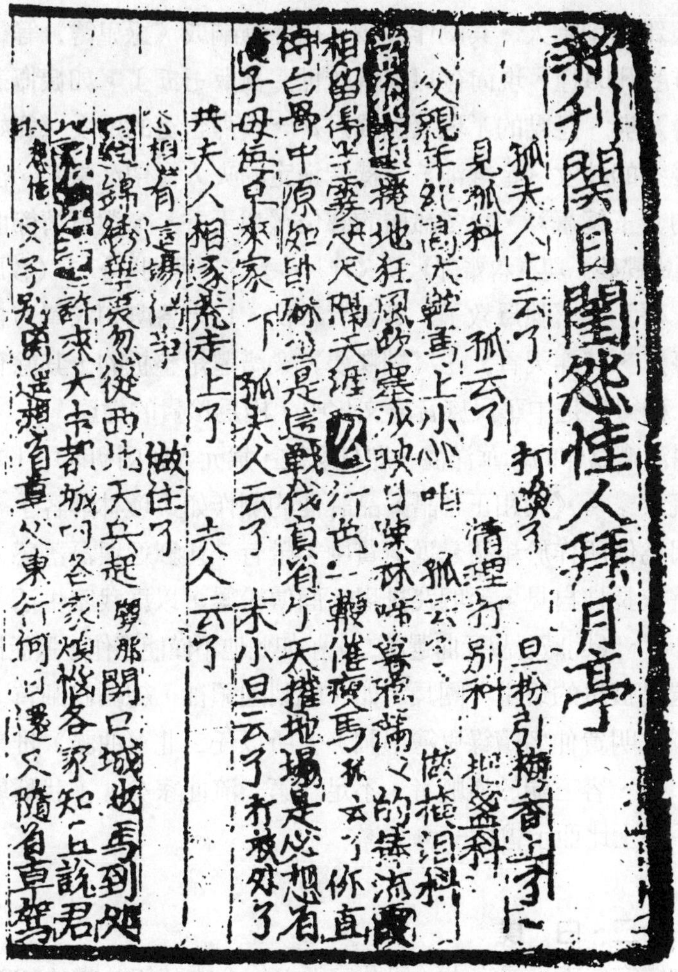

圖版七五　元關漢卿拜月亭雜劇書影 (採自元刊雜劇三十種)

一、關漢卿

關漢卿號已齋叟，大都（北平）人氏，曾爲太醫院尹。年齡應與白樸（1226～約1306年）相若。關漢卿是一位優秀的雜劇作家，也是元人雜劇創始人。其劇作甚多，據元鍾嗣成《錄鬼簿》等書著錄，所作雜劇凡64種，現尙存14種傳於世〔圖版七五〕。如慷慨悲歌的《單刀會》與、慧黠的丫環《調風月》、貞烈含冤的婦女《竇娥冤》、多情善怒的妓女《金線池》、機智鎮定的夫人《望江亭》、浪漫瀟灑名士的《玉鏡臺》，見多識廣的藝伎《謝天香》，還有情節曲折的公案戲《蝴蝶夢》與《魯齋郎》及《拜月亭》、《西蜀夢》、《救風塵》、《緋衣夢》、《陳母教子》等各有千秋。以上各劇如《單刀會》、《望江亭》、《謝天香》、《蝴蝶夢》樂譜還是整折的，其餘有的是些隻曲，稱得上是中華民族音樂文化中，極爲珍貴的遺產。

關漢卿寫作的才華洋溢，題材廣泛，爲元人雜劇初期中「本色派」第一流大家。《太和正音譜》品評他的劇作如「瓊林醉客」，也甚切貼；因爲他所作於粗獷豪邁氣質中，帶有一些飄逸與磊落感。又據說他「爭挾長技自見，至躬踐排場，面傅粉墨，以爲我家生活，偶優倡而不辭者。（明臧晉叔元曲選序二）」如此他不僅能寫作，還能扮演。又說他還是戲班的班主、團長，如「驅梨園領袖，總編修師首，捻雜劇班頭。（明賈仲名續錄鬼簿弔詞）」所以任二北《曲諧》推崇他「非兼文、聲、容三端於漢卿者，不足爲第一流曲家矣。」我稱譽他是中國的「莎士比亞」曾撰一專文。

二、白　樸

白樸字仁甫，眞定人（河北定縣）。金亡時年八歲（1226年）。父白華，仕金爲樞密院判官，幼時曾鞠養於元好問家，受好問思想的薰沐，立志讀書，博覽群籍，絕意仕進。至元一統之後，家徙金陵，

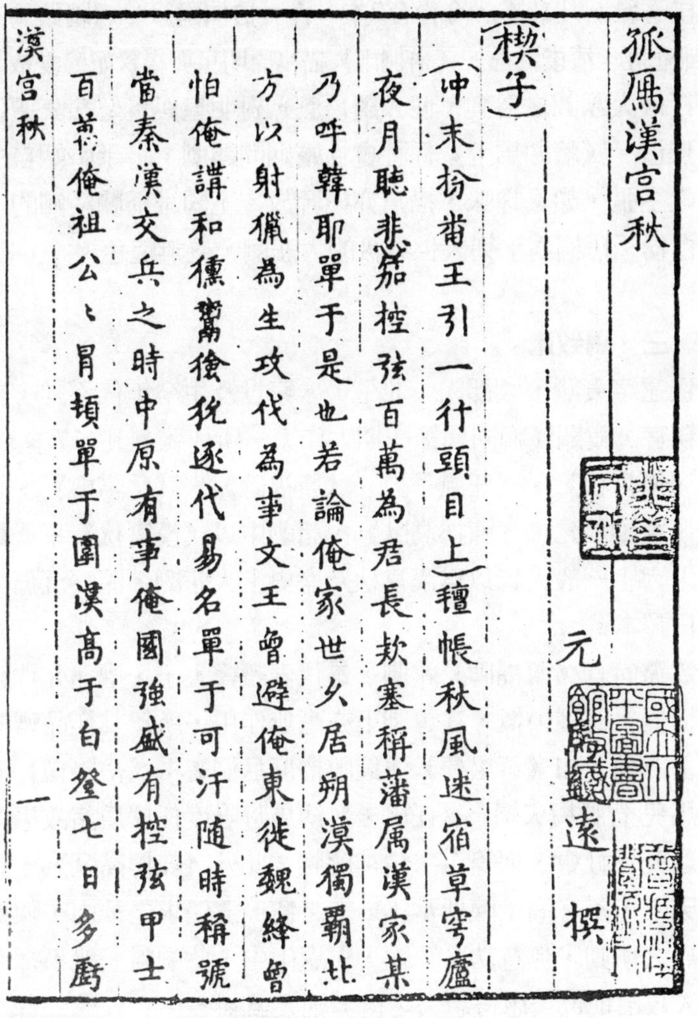

孤鴈漢宮秋　　　元　遠撰

【楔子】

(沖末扮番王引一什頭目上)種帳秋風迷宿草窄廬夜月聽悲笳控弦百萬為君長欸塞稱藩屬漢家某乃呼韓耶單于是也若論俺家世々居朔漠獨霸北方以射獵為生攻伐為事文王曾避俺東徙魏絳曾怕俺講和獯鬻驚徐狄逐代易名單于可汗隨時稱號當秦漢交兵之時中原有事俺國強盛有控弦甲士百萬俺祖公々冒頓單于圍漢高于白登七日多虧

漢宮秋

一

圖版七六　元馬致遠漢宮秋雜劇書影 (採自古名家本)

與遺老輩寄情詩酒。大德十年（1306年）遊揚州，年八十尚存。其「散曲」有《天籟集》2卷，殘缺不全，存曲清俊可喜。

　　白樸著雜劇凡15本，今僅存2本：爲《梧桐雨》、《牆頭馬上》。作風沉雄悲壯，清俊飄逸。《梧桐雨》描寫唐明皇與楊貴妃戀愛故事，其特點爲打破大團圓之俗套，使人讀梧劇，對明皇與貴妃悲哀遭遇，爲之黯然無已。《牆頭馬上》係社會性婚姻問題劇，暗示婚姻自主，戀愛自由之主張，頗具趣味，描寫亦極奔放。王國維稱關漢卿的「竇娥冤」與白樸「梧桐雨」列入世界級的大悲劇，毫無愧色。

三、馬致遠

　　馬致遠字東籬，大都人（北平）。家世及生卒年代不詳。曾任浙江行省務官，與關漢卿同屬第一期大作家。所作雜劇凡 17本，今存7本：爲《漢宮秋》、《任風子》、《薦福碑》、《岳陽樓》、《青衫淚》、《黃粱夢》、《陳摶高臥》，諸劇中以《漢宮秋》享譽最隆，〔圖版七六〕一般人皆以爲漢宮秋乃歷史上大悲劇，深爲沉痛！此劇有英、日譯本。

　　馬致遠尚有《薦福碑》雜劇，是代表讀書士子，遭遇元代統治者輕視之憤懣；此種憤懣，在專制下亦毫無作用，所以其作品轉向「神仙道化」方面，如《黃粱夢》演鍾離權度呂洞賓；《岳陽樓》演呂洞賓度郭馬兒 賀臘梅夫婦、《任風子》演馬丹陽度任屠戶諸故事；在苦悶不平之元代社會，何等企求精神解脫？此外《陳摶高臥》，寫宋太祖既得天下，不忘高士陳摶當年一卜之情，遣使求之華山，陳摶不爲聲色犬馬之所動，無意功名宦途，復返山中，此劇對一般不擇手段，鑽營個人政治地位，患得患失之徒，絕大諷刺。

四、鄭光祖

　　鄭光祖字德輝，山西平陽人，生卒不詳，以儒補杭州路史。元雜劇第二期作家中，鄭光祖與喬吉同負盛名。他爲人端方、不苟交游。所著雜劇15種，傳於世者4本：爲《王粲登樓》、《倩女離魂》、《㑳梅香》、《周公攝政》。

　　《王粲登樓》雜劇，帶有濃厚書生氣質，當艱窘落魄之時，每懷憤懣不平之思，如此劇第一折「哪吒令」：「我怎肯空隱在嚴子陵釣灘。我怎肯甘老在班定遠玉關。我則待大走上韓元帥將壇。我雖貧呵樂有餘，便賤呵非無憚。可難道脫不的二字饑寒。」豈非爲自我寫照。《倩女離魂》以綺麗纖穠見長，排場特殊。《㑳梅香》寫裴夫人賴婚，丫鬟樊素與白敏中、小蠻傳書遞簡，成其佳偶，是會眞記拷紅之翻板。此劇曲辭流暢，作表尤能傳神，香艷不落俗套。所以鄭德輝「聲振閨閣」。

五、王實甫

　　王實甫名德信，大都人（北平）。生平事跡無考，略與關漢卿同時。所著雜劇14本，今存3種：爲《西廂記》、《破窰記》、《麗春堂》。《西廂記》膾炙人口，爲實甫精心傑作，不僅在元曲中佔重要地位，且有外文譯本，於世界文壇上也稱偉構。

　　現存北曲的《西廂記》共分5本，每本4折，據云前4本係王實甫手筆，後一本爲關漢卿所補？王實甫西廂寫到第4本「草橋驚夢」，這時張生與鶯鶯訂親，卻悽涼上道了，以後能否重逢，意在使讀者構想其後事？此種手法爲文學作品中，最上乘意境的，不意續本（第5本）一出，使天下有情人終成眷屬，也頓使全曲了無餘韻。

　　王實甫之死，有云：其寫至第4本3折哭宴：「碧雲天，黃花地，西風緊，北雁南飛」時，因苦思嘔血撲地而死！倘王實甫至此而死，其最後精彩一段，必爲他人補綴而成；在「北雁南飛」下句，爲「曉來誰染霜林醉，總是離人淚！」這決非補筆者，所可以想像得到？總

之，王實甫《西廂記》，絞盡曲人腦汁，則爲事實，否則，能留下文學史上光輝一頁嗎？

六、喬　吉

喬吉字夢符，太原人（1280～1345年）。僑寓杭州。其人美容儀，能辭章，以威嚴自飭，人敬畏之。散曲有《西湖梧葉兒》百篇，與張可久齊名。雜劇11本，今存者有《兩世姻緣》、《揚州夢》2本，皆戀愛故事。輟耕錄云：「喬夢符吉，博學多能，以樂府稱。」

《太和正音譜》〈古今群英樂府格勢〉：列元劇作家 187人，其中有劇作家，及部分非劇作家，僅作散曲者。此書爲明代研究元曲的開山之著，評騭元劇作家作品風格，與著錄曲家之多，首屈一指。作者朱權因喜好高雅整秀之作，所以對馬致遠、張可久推崇備至，尤其是擬定等次，每家皆有四字評語，因屬主觀性批評，而失客觀標準。

第四節　元人雜劇的詞藻

雜劇劇本之生命，本寄託於「場上」——演出，「本色派」多以淺顯之文字，通俗的題材，活潑生動，較易滿足觀衆的視聽享受。但觀衆知識水準不同，一般較有學識者，對樸質無文的戲曲，觀賞之餘，以其無咀嚼曲詞的餘味，是故「文采派」作家，應需求而起。故文采派多爲「案上」——讀之甚妙的作品，世人重之。《宋元戲曲史》云：

> 元曲之佳處何在？一言以蔽之，曰「自然而已矣」。蓋元劇
> 之作者，其人均非有名位學問也，其作劇也，非有藏之名山，
> 傳之其人之意也。彼以意興之所至爲之，關目之拙劣所不問
> 也，思想之卑陋所不諱也，人物之矛盾所不顧也；彼但摹寫

　　　其胸中之感想，與時代之情狀，而眞摯之理，與秀傑之氣，
　　　時流露於其間，故謂元曲爲中國最自然之文學，無不可也。
　　茲列舉「文采派」〈清奇輕俊〉系的馬致遠之《漢宮秋》雜劇（
古名家本）第三折漢王昭君和番劇情部分曲辭以供欣賞：

　　　　（番使云）請娘娘早行，天色晚了也。（駕漢元帝劉奭唱）：
【落梅風】可憐俺別離重，你好是歸去的忙，寡人心先到李陵台上。爲
頭兒卻才魂夢裏想，便休題貴人多忘。

　　　　（旦明妃王昭君云）陛下妾這一去，再何時得見陛下也，把我漢家衣服
　　　　都留下者。正是，忍著主衣裳，爲人作春妍。（留衣服科）（駕唱）：
【殿前歡】則甚麼舞衣裳，怕西風吹散舊時香。我委實怕宮車再過青苔
巷，猛到椒房，那一會想菱花鏡裏妝。風流相，兜的又橫心上。看今
日昭君出塞，幾時得蘇武還鄉。

　　　　（番使云）請娘娘行罷，臣等來多時了也。（駕云）罷罷罷，明妃你這
　　　　一去，休怨朕躬也。（做別科駕云）我那是大漢皇帝。（駕唱）：
【雁兒落】我做了別虞姬楚霸王，全不見守玉關征西將。那裏取保親的
李左車，送女客的蕭丞相。

　　　　（外尙書云）陛下不必掛念。（駕唱）：
【得勝令】他去也不沙架海紫金梁，枉養著那邊庭上鐵衣郎。您也要左
右人扶侍，俺可甚糟糠妻下堂。您但聽的刀鎗，卻早小鹿兒心頭撞。
今日央及煞娘娘，怎做的男兒當自強。

　　　　（駕云）您文武百官計議，怎生退了番兵，免明妃和番者。（唱）：
【駐馬聽】宰相每商量，入國使還朝多賜賞。早是俺夫妻屈快，小家
兒出外也捲裝。尙兀自渭城衰柳助淒涼，兀那灞橋流水添悲愴，你每
不斷腸，想娘娘那一天愁都撮在琵琶上。
【步步嬌】怎且把一曲陽關休輕放，俺咫尺如天樣。滿滿的捧玉觴，

朕本意待尊前捱些時光。且休問劣了宮商，恁則與我半句兒俄延著唱。

（番使云）請娘娘早行，天色晚了也。

（外云）陛下不必只管叫他，著他去了罷。（駕唱）：

【梅花酒】迴野悲涼，草又添黃，色已早迎霜。犬褪得毛蒼，人溺起纓鎗。馬負著行裝，馳運著餱糧，人獵起圍場。他傷心辭漢主，望携手上河梁。前面早叫排行，愁鑾輿到咸陽。到咸陽，過蕭牆；過蕭牆，葉飄黃；葉飄黃，遶迴廊；遶迴廊，竹生涼；竹生涼，近椒房，近椒房，泣寒螿，泣寒螿，綠紗窗；綠紗窗，不思量。

【收江南】不思量除是鐵心腸，鐵心腸也滴淚千行。美人圖今夜掛昭陽，我那裏供養，便是我高燒銀燭照紅妝。

（外云）陛下回鑾罷，娘娘去遠了也。

此曲膾炙人口，所謂「寫情則沁人心脾，寫景則在人耳目」，（王國維語）誠登元人雜劇上乘之選。

第十章　中國歷代歌唱文學㈦

第一節　南戲與傳奇

「南戲」是北宋末年溫州（浙江永嘉）的民間歌舞小戲。當時稱爲「溫州雜劇」、「永嘉雜劇」或「鶻伶聲嗽」；因爲以南方（指相對中原北方）聲腔歌唱這俳優戲文，故亦稱爲「南戲」。它是中國最早出現的正式戲曲，甚至於比元人雜劇還早，至少在後來是平行的、重疊的，分別在南北兩地城鎮各自演出。

「南戲」萌芽於宣和（1119～1125年）年間，南渡時（1127～1130年左右）開始盛行，至紹熙年間（1190～1194年），已有較成熟的「趙貞女」與「王魁」戲文搬演。其曲，則宋人詞而加以里巷歌謠，不講宮調（音樂道理），疇農市女順口而歌，一度曾遭到禁演。

從南宋紹興初年到慶元元年（1131～1195年）這60多年，溫州是中國對外貿易通商口岸之一，南戲就在這商業茂盛，經濟繁榮的城市中滋長茁壯，迨流傳到政治中心臨安（杭州），更加蓬勃發展。咸淳四、五年間（1268～1269年），曾有一位太學生黃可道，他採用這種民間劇藝體裁，編寫了一部「王煥」戲文。現在根據資料，可以確定爲宋代南戲的有：「趙貞女」、「蔡二郎」、「王煥」、「樂昌分鏡」、「韞玉」等五種，可惜俱佚沒有傳於後世。元統一後，南方的南戲與北方的雜劇，分別在杭州與北平各大都市流行，雖然它一時尚不能與雜劇相頡頏，但始終保持地方戲的色彩，富有潛力，擁有廣大的觀衆。

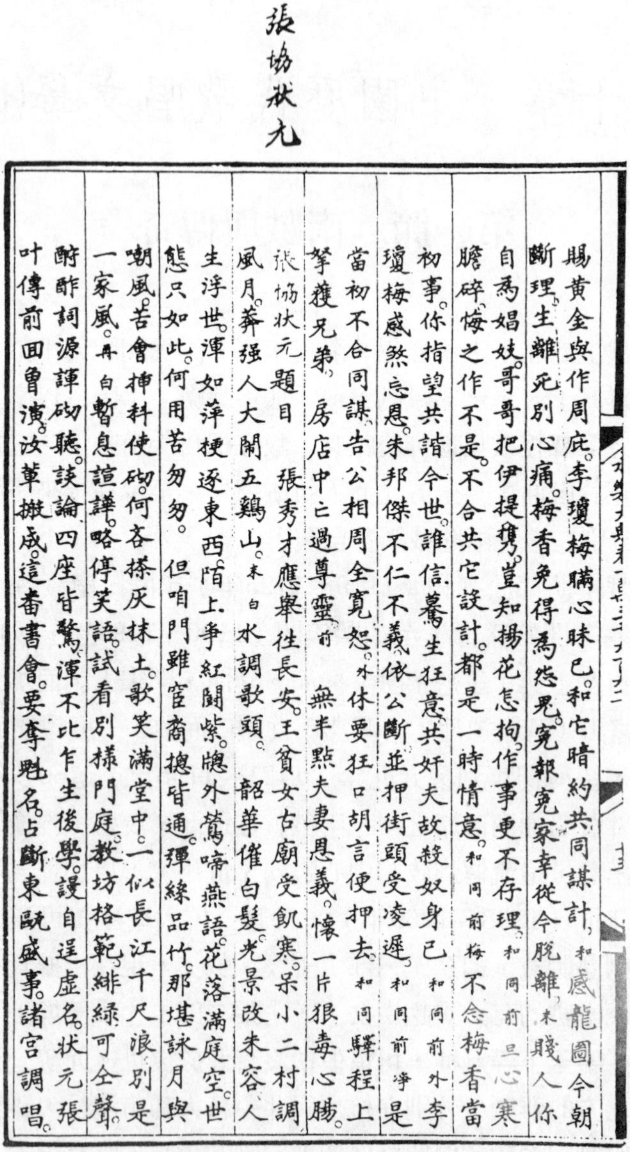

張協狀元

賜黃金與作周庇，李瓊梅瞞心已和它暗約共同謀計。（和感龍圖今朝）
斷理生離死別心痛梅香免得為怨兒冤家幸從今脫離（未賤人你）
自為娼妓哥哥把伊提攜豈知揚花怎拘作事更不存理（和同前梅不念梅香當）
膽碎悔之作不是不合共它設計都是一時情意。（和同前水李）
初事你指望共諧令世誰信蕙生狂意共奸夫故殺奴身已（和同前淨爭是）
當初不合同謀告公相周全寬恕。（外休要狂口胡言便押去和同前驛程上）
瓊梅感然忘恩朱邦傑不仁不義依公斷並押街頭受凌遲（和同前淨淨是）
拏獲兄弟，房店中已過尊靈，（前）無半點夫妻恩義，懷一片狠毒心腸。

張協狀元題目
張秀才應舉住長安（王資女古廟受飢寒）（呆小二村調）
風月莩強人大鬧五雞山（本日水調歌頭）
韶華催白髮，光景改朱容人
生浮世渾如萍梗，逐東西陌上爭紅鬥紫。臚外鶯啼燕語，花落滿庭空。世
態只如此。何用苦匆匆。但咱門雖官商摠皆通。彈綠品竹，那堪詠月與
嘲風苦會插科使砌，何吝搽灰抹土。歌笑滿堂中。一似長江千尺浪，別是
一家風。丹白暫息諠譁，略停笑語試看別樣門庭。教坊格範緋綠可全聲。
醉酢詞源諢砌聽談論，四座皆驚渾不比生後學。譚自逞虛名狀元張。
叶傳前回曾演汝草撤成這番書會要子弟名占斷東甌盛事諸宮調唱。

圖版七七　南戲張協狀元(前段為小孫屠南戲)書影　(採自永樂大典本)

　　宋、元南戲主要是民間創作的，從元天曆到至正（1328～1367年）這40年內，卻產生大批南戲作品，在《南曲九宮正始》中，尚保存很多劇目及其殘曲。當時南戲刻本發行的機會並不多，孑遺於後世的，究竟有若干種，無從查考。但從《永樂大典》南戲目錄、及《宦門子弟錯立身》南戲（四隻曲文）等十餘種曲籍當中，將所收南戲劇目及曲文等資料彙集起來，當年南戲有180餘種之多。今傳世完整全本南戲是「小孫屠」、「張協狀元」〔圖版七七〕、「宦門子弟錯立身」三種（永樂大典所收本），確屬未經後人妄改，而保存南戲原始面貌的珍本。其次，還有《趙氏孤兒》、《破窰記》、《東窗事犯》、《牧羊記》、《黃孝子尋親記》、《蘇秦還鄉記》、《三元記》、《荊釵記》、《白兔記》、《拜月亭記》、《殺狗記》、《琵琶記》，雖亦多為早期南戲，而現流傳的刻本，或多或少經過明代文士、藝人藻飾及改寫；如《新刊元本蔡伯喈琵琶記》陸貽典鈔本，則是未經明人刪改的原本；又江蘇嘉定縣宣姓墓中出土明成化年間《新編劉知遠還鄉白兔記》，其情節結構較為簡鍊，與現行傳本皆不相同，也是未經後世人潤飾的腳本。從這類板本才能看到元代南戲固有之風姿。再其次，為各種曲譜中所徵錄的曲文，都是有曲無白，如《三負心陳叔文》、《王子高》、《王月英留鞋記》、《王仙客》、《王母蟠桃會》、《王祥臥冰》、《王魁負桂英》、《父子夢欒城驛》、《司馬相如題橋記》、《玉清庵》、《朱文太平錢》、《朱買臣休妻記》、《百花亭》、《李亞仙》、《李勉負心》、《孟月梅寫恨錦香亭》、《孟姜女送寒衣》、《林招得》、《柳耆卿詩酒玩江樓》、《風流王煥賀憐憐》、《浣紗女》、《祝英臺》、《崔君瑞江天暮雪》、《崔懷寶月夜聞箏》、《崔護覓水記》、《崔鶯鶯西廂記》、《張浩》、《張瓊英》、《曹伯明錯勘贓》、《許盼盼燕子樓》、《陳光蕊江流和尚》、《陳巡檢梅嶺失妻》、《無雙傳》、《貂蟬女》、《溫太真》、《董秀才遇仙

記》、《董月英花月東牆記》、《詩酒紅梨花》、《賈似道木棉庵記》、
《裴少俊牆頭馬上》、《劉文龍菱花鏡》、《樂昌公主破鏡重圓》、
《蝴蝶夢》、《磨勒盜紅綃》、《薛包》、《韓翊章臺柳》、《韓壽
竊香記》、《蘇小卿月夜販茶船》、《蕭淑貞祭墳重會姻緣記》等，
這些劇目所存曲文，最多者為《王祥臥冰》存81隻，《陳巡檢梅嶺失
妻》存35隻，最少者為《玉清庵》1隻，都是當時膾炙人口被選入的
佳詞佳調，實為南戲典範作品，正是現在我們研究古典劇的寶貴資料。

南戲在發展過程中，受到「宋雜劇」，尤其是說唱伎藝及民間歌
舞影響以外；其演出結構和塑造人物手法，也頗多吸收話本「諸宮調」及
「傀儡戲」的藝術經驗。十三世紀後期，元代北方的雜劇流傳到南方，對
南戲發展，也給予有力的刺激，使得南戲大量吸取雜劇藝術。此外，
在樂曲方面，南戲聯套的方式極為自由，而且各種腳色，也都可歌唱，並
且有各種唱的方式，真相當於「歌劇」，故能充分發揮音樂效果，更
加速推廣了南戲表演藝術的形式。

元朝滅亡中原光復，雜劇漸漸退居後位時，南戲傳至北方，也引
起上層社會文士與士大夫之流的注意，如元末學者高明（見明儒學案），
便用南戲體裁編撰「琵琶記」，以「清麗之辭，一洗作者之陋，於是
村坊小伎，進與古法部相參，卓乎不可及已。（南詞敍錄）」而且有
人視該劇為「南戲中興之祖」，繼而這個新劇種（後來稱為「傳奇」）出
現了新的創作高峯，如柯丹丘《荊釵記》、佚名《白兔記》、施惠《
拜月亭記》、徐畛《殺狗記》，合稱「荊、劉、拜、殺」四大傳奇，
在戲曲史上具有承先啓後之地位，到了明朝成化、弘治年間（1465～
1505年），劇作家人才濟濟，作品推陳出新，成為全國興盛一時的新
劇。【註一】

第二節 南戲的聲腔

南戲是宋元時期流行秦嶺以南,與北方元人雜劇對峙的劇種,傳唱久了便形成五大地方聲腔:

一、溫州腔(浙江省):即「南戲」用溫州方言唱曲子,這是最原始的南戲聲腔。它以乾唸為主,不用樂器的和歌。溫州腔是「幫和唱」,一直到明成化年間(1465~1487年)還存在。

二、海鹽腔(浙江省):即「南戲」用海鹽方言唱曲子,它以拍手清唱散曲或劇曲,演唱戲曲用鑼、鼓、板打擊樂器,沒有管弦樂器來伴奏。

三、餘姚腔(浙江省):即「南戲」用餘姚方言唱曲子,它以「滾唱」即流水板,明快爽朗為其特色,觀眾都聽得懂,也都會唱;因為沒有特殊曲調的關係,學習也不困難。

四、弋陽腔(江西省):即「南戲」用弋陽方言唱曲子,它是用鑼、鼓、板打擊樂器,不用管弦樂器的「幫和唱」。

五、崑山腔(江蘇省):即崑腔,它是改良上述各種「南戲」地方聲腔的缺點,而建立統一南戲聲樂的準繩──從此以後南戲就進入「崑腔」時代──也是「明清傳奇」(戲劇)傳統的聲樂崑腔創始人(或改革者)魏良輔的偉大貢獻。

南戲聲腔在宋元時期,簡單樸素,採用「幫合」(幫腔)唱法,明代傳奇曲文中,常有「合」、「合前」「合同前」、「合頭」等字眼,即幫合唱重要痕跡。還有一種以「乾唱」為主,「若以被之管弦,必致失笑(猥談)」,可見明代中葉南戲基本上,還不合管弦樂,純是人聲自然的音調,不受伴奏樂器的限制,所以一般平民百姓都會歌唱,臺上、臺下共鳴交融。明代南戲的五大聲腔,都是明代以前和明代人創

造的：溫州、海鹽二腔是由明代以前歌曲、戲曲發展變化而來，餘姚、弋陽、崑山三腔是明人所創造。除溫州腔消亡較早外，餘姚、弋陽二腔甚受當時人民喜愛，特別是弋陽腔擁有大量觀眾。海鹽、崑山腔具有婉轉曲折的特色，與餘姚、弋陽腔剛勁樸質形成壁壘，各有其愛好者。南戲聲腔變化，是以萬曆前後為分水嶺；當正德、嘉靖年間（1506～1566年），海鹽、餘姚、弋陽、崑山四腔並行，主要是弋陽與海鹽兩腔對峙，崑腔限於蘇州一隅之地，到了萬曆年間（1573～1620年），海鹽腔開始衰微，弋陽與餘姚腔在嘉靖年間（1522～1566年），吸收「滾唱」──以流水板迅速快唱，輕鬆見長，亦稱「滾調」，直至崇禎時期（1628～1644年）仍為流行的唱法。清代初年滾唱式微，崑腔就極為盛行。

　　崑曲與魏良輔　魏良輔字尚泉，江蘇崑山人，生活於明朝嘉靖、隆慶年間（西元16世紀中期）。他瞽目而慧，常以古代師曠自期。他本來學習北曲，因為當時北曲王友山稱霸，便改習南戲，據說他專心致志足跡10年不下樓，轉喉押調，度為新腔，疾徐高下，清濁之數，一由本宮，取字唇齒之間，跌宕巧掇，以深邈而助其慘淚。當時蘇州老曲師袁鬍子，尤駝子等人，皆瞠目自以為不及。魏良輔創造「崑腔」，得力於他女婿張野塘助力不少，野塘是明朝中葉北曲方面極成功的聲樂家，他們翁婿相得益彰。還有著名的文壇怪傑徐渭（文長），對他揄揚備至，加上音樂界的朋友與門生張梅谷、鄭思笠、謝林泉、陸九疇、包郎之、戴梅川、張小泉、季敬坡、周夢山等更唱迭和之下，使得「崑腔」很快傳播開來；尤其戲劇家梁辰魚將所編〈浣紗記〉傳奇用崑腔上演，肯定了它是很有歌唱價值的聲腔。於是便由吳中逐漸向北方流行，壓倒了其它地方聲腔，風行於時，流風餘韻，迄今未泯！【註二】

第三節　傳奇　南曲　崑腔　南戲

「傳奇」「南曲」「崑腔」（也被人混稱為「崑曲」）三者，各有其意義；

「傳奇」是明、清劇曲的體例，它與元人「雜劇」相對稱；是中國韻文學上的兩種文體，一是明清的舞臺劇，一是元代的舞臺劇。

「南曲」是傳奇歌詞（即唱的「曲子」）所寄託的調子——就是用「五聲音階」作曲，也是填詞的一種格律，與「雜劇」用「北曲」同理。

「崑腔」是南戲到後來重要聲腔之一，它發展成熟時，便為「傳奇」的聲樂，一直延綿到現代。我們現代能在舞臺上看到明人傳奇如湯顯祖「牡丹亭」等劇搬演，這就是因為「崑腔」傳承不絕的成果。

「南戲」本來是一種沒有一定音律，一定唱腔，甚至同一唱腔，所用的樂器也都不一致的劇種，這種情形在中國戲劇發展流程中，被稱「亂彈時期」。「崑腔」雖然是崑山地方戲的調子，但參合其他各種地方聲腔的原有唱法，又能將南方與北方慣用不同的樂器，交相配合起來，繁聲合奏，柔腸迴盪之致，這樣就形成了一種格律嚴謹、曲調優雅的新歌劇——明清傳奇。

最後，我還補充一點說明：如高明所編的《琵琶記》，為甚麼稱它是「南戲中興之祖」，豈不是指「老南戲」日漸式微了，由它來振衰起敝；可見它本身就是一種「新南戲」。「南戲」是用南方地方聲腔去唱戲，同是一本《琵琶記》在當年可用溫州腔、海鹽腔、餘姚腔、弋陽腔等等聲腔去唱，也許就是不會用崑腔去唱，因為崑山腔是諸腔的後起之秀，迨《琵琶記》用崑腔去唱，也就是「南戲」這個劇名慢慢

退休下來，接著是「崑曲」時代的來臨。而且這時候無論新編的「傳奇」、舊日的「南戲」，都只有寄聲這新型標準腔之中。時至今日，還未讀到那本能唱的傳奇，不是用「崑腔」譜曲的？

附　　註

【註一】取材中國文化大學中華百科全書有關南戲及明清戲曲等條目記述。此條目為陳萬鼐執筆，皆屬博採約取之著。

【註二】中國古代音樂家，東方明著。書中介紹15位大音樂故事，魏良輔為其中之一。

第十一章　中國歷代歌唱文學㈧

第一節　明清傳奇的分期

根據日本學者青木正兒《中國近世戲曲史》對於明清傳奇分期情形分列於後：

一、南戲復興時期：元朝中葉至明正德間（1260～1521年）。

二、崑腔昌盛時期：明嘉靖至清乾隆間（1522～1736年）。

　㈠崑曲勃興期：嘉靖至萬曆初年（1522～1573年）。

　㈡崑曲極盛前期：萬曆年間（1573～1620年）。

　㈢崑曲極盛後期：明天啓至清康熙初年（1621～1662年）。

三、崑曲衰落時期：嘉慶至清朝末年（1796～1908年）。【註一】

從整個分期年代來看，設定「元朝中葉」爲至正中期西元1335年起，迄「清朝末年」爲光緒年間西元1908年，先後凡573年。崑曲極盛時期，是在嘉靖、萬曆之間，這時崑山魏良輔，對崑腔創格完成，大師級的戲曲家沈璟與湯顯祖降生，都是這時期戲曲被分門立派的巨人。

第二節　明清重要傳奇作家及其所作劇目

高　明	琵琶記	柯丹丘	荊釵記	佚　名	白兔記
施　惠	拜月亭記	徐　㫱	殺狗記	蘇復之	金印記
王　濟	連環記	沈　采	千金記	姚茂良	精忠記
邵文明	香囊記	邱　濬	五倫全備記	李開先	寶劍記

薛近袞	繡襦記	鄭若庸	玉玦記	陸　采	明珠記
孫仁孺	東郭記	張鳳翼	祝髮記	梁辰魚	浣紗記
沈　璟	義俠記	顧大典	青衫記	葉憲祖	金鎖記
湯顯祖	還魂記	梅鼎祚	玉合記	高　濂	玉簪記
袁于令	西樓記	阮大鋮	燕子箋	吳　炳	畫中人
李　玉	一棒雪	李　漁	風箏誤	嵇永仁	雙報應
朱素臣	十五貫	洪　昇	長生殿	孔尚任	桃花扇
張　照	內廷七種曲				

　　明清及其以前的傳奇作家，據統計有312家，所作傳奇1023種（其中有無名氏311種）【註二】。我為甚麼僅抉擇30餘家，其中有兩個原因：一沒有詳細的必要，目前這類書籍多的是，二是便於敘述傳奇的演進例證。如高明等五種，是明人開山之作，不可不知；蘇復之《金印記》與元人雜劇《凍蘇秦衣錦還鄉》是一個本事。《千金記》與元金仁傑《蕭何月夜追韓信》雜劇本事也相同，而其中「北追」一齣，是雜劇的第二折情節，文辭也相同；《連環記》是佚名《錦雲堂暗獻連環計》、《精忠記》是元孔文卿《秦太師東窗事犯》雜劇，也是本事雷同，曲辭也抄錄在劇中。這種情形，可以看出宋元南戲傳到南方後，大量吸取雜劇藝術的成果，以充實南戲的內涵；在音樂方面，劇曲的組織解放，不限於四折與同一宮調、一人獨唱限制，聯套也自由，各種角色都可以歌唱。僅憑著這內容改良還不夠，還須大量採取元人雜劇的故事，即所謂用「骨子老戲」的方式，爭取「老」觀眾接納，所以，明初傳奇好似用新瓶裝陳酒。至於其餘劇目，我認為有的具代表性的如《香囊記》，關鍵性的如《明珠記》、反諷性的如《玉玦記》、流派性的如《義俠記》、歷史性的如《桃花扇》，以及還在舞台上搬演看得到的《玉簪記》、《十五貫》等等；尤其1950年以後，《十五貫》

是現代崑劇生命得以延續的返魂眞香。這是我主觀的選擇，提供讀者參考。

第三節　明清傳奇文化的特徵

明朝初年的南戲——應該稱它是「傳奇」比較好，「南戲」只是它的演出史的部分而已，過渡時期的名辭。「傳奇」在文學體裁上，它與「雜劇」相對待，故稱之「傳奇」。南戲在明朝初年大多取材於元人雜劇本事，也算是舊劇新編，但可直接從這時期南戲本質上，看出下列文化特徵來【註三】。

一、純正典雅的教化傳奇

明太祖定都南京後，用高明這類較高學術地位的人，編製《琵琶記》傳奇，來取代了留在中國北方的元人雜劇，因爲新的朝代肇始，就必須有新的戲劇文化，來取代異族舊的文化，這種思想對政策當然是有利而無弊。朱元璋鼓勵士人來看戲，說「五經四書如五穀，家家不可缺。高明『琵琶記』如珍饈百味，富貴家豈可缺耶？（徐渭南詞敍錄）」更何況《琵琶記》的主題：是「有貞有烈趙貞女，全忠全孝蔡伯喈，極富極貴牛丞相，施仁施義張廣才。」這戲曲表現著何等美好社會與幸福家庭，令看戲的人在敬仰中，油然而生思齊之心！

與《琵琶記》性質相若，也是有益於風教的戲劇，是邱濬的《五倫全備記》，邱濬官至文淵閣大學士，權位極崇高，他寫的劇本，搬演一個組成分子複雜的家庭，而能和順融洽相處在一個屋簷下：伍典禮，有子倫全，倫全是亡妻所生；次子倫備是繼室范氏所生，還有一個義子是同僚的遺子克和，與他們生活在一起。典禮逝後，范氏撫育三子，一無所私，三子都孝順，所娶媳皆賢德，堪稱「模範母親」的

好家庭。從前家庭中有了前娘後母，就會鬧翻天，「五子哭墳」就是後母家庭的悲情故事。伍典禮這本南戲在上演時，不知羨慕多少人，見賢思齊，就達到戲劇教育的目的。

還有沈受先《三元記》：搬演《宋史・馮京傳》的故事，馮京的父親馮商，一生之中不知積了多少陰功德行（所有說部中那種「好事」、「好人」，都集中於他一身），卻得到好報；生子馮京，娶了富弼的女兒，連中三元，故名《三元記》，是從前舊社會耳熟能詳，百聽百看都不厭的故事。這兩個戲在高臺教化，給惡人看了反省，善人看了效法。現代人比較聰明，必然認爲「死板」、「僵化」的老骨董，那能比看殺人、越貨、搶超商來得刺激呢？

現代新編的「荒謬劇」如《荒謬潘金蓮》；一天，在臺北市社教館看到《女人涅槃》這個劇，終場後，親耳聽到幾個年輕人說：「這個戲劇教我們作甚麼？」眞令人難堪，可見看戲也還是要有點教化作用的。

二、本色派與文采派的傳奇

「本色」與「文采」本是雜劇屬性問題，但在傳奇中也存在。施惠《拜月亭記》是本色派，它與關漢卿《幽閨佳人拜月亭》雜劇是相同的劇情，也都代表本色派。文采派本以《琵琶記》爲魁首，其實不盡然，而邵文明《香囊記》傳奇，劇情綜合琵琶、拜月，但曲辭中帶有許多眩目的詩詞駢語，如「黃昏古驛」、「殘星破暝」、「紅入仙桃」……，儷語藻辭；還有《連環記》、《玉玦記》也是注重修辭，四六駢體入賓白，也屬戲曲的文采派。本色與文采就是「場上」與「案頭」戲曲的分野。

三、針鋒相對的反諷傳奇

　　薛近袞《繡襦記》傳奇，搬演鄭元和與李亞仙戀愛的故事。元人雜劇有佚名《鄭元和風雪打瓦罐》，及石君寶《李亞仙詩酒曲江池》大致相同，但傳奇將李亞仙描寫得特別多情，幫助鄭元和脫離困難而功成名就。此劇上演，頗使得當年一些「嫖蟲」，覺得花點錢是值得的。可是鄭若庸《玉玦記》傳奇：描寫宋朝人王商上京趕考，王妻贈以「玉玦」一塊，望郎多作決斷，歹路不可行，希望早日榮歸。王商在京考試落第，與妓女李娟奴打得情熱如火。一日，王商與李娟奴赴錢塘江口「癸靈神王廟」結盟，王商將「玉玦」掛在靈官的刀上，表示與元配要情斷義絕。後來李妓將王商金錢吸盡，趕出妓院流浪，幸好考上狀元當了官。在金兵戰亂中與妻相遇，共慶團圓。此劇排場，贏得很多觀眾喜愛，可是愛嫖妓的大爺們，就嚇破了膽，深怕登王商的覆轍。據說「一時秦淮客稀」，只好紛紛關門歇業。但有頭腦的老鴇，就請薛近袞，編了一部《繡襦記》，來反諷《玉玦記》，描寫操此業者，也有美貌多情、多義的，不可一概而論，於是「紅燈戶」重新開張生意興隆。

　　這兩種對立性的戲劇，十分有趣，鄭若庸是嘉靖時代的人（約十六世紀中期），薛近袞是弘治時代的人（約十五世紀末期），當然不會發生時代顛倒的故事，而這種屬於「反諷性」的戲劇，時代先後並無不可？

四、本事轉變的關鍵傳奇

　　元人雜劇的故事都非常簡單，其中也有些複雜曲折的，但都不難在頃刻之間辨知其糾葛。譬如《楊氏女殺狗勸夫》雜劇，就是一位賢德的妻子楊氏，規勸丈夫孫榮不要交際一幫酒肉朋友，可是丈夫不理。一日楊氏殺了一條狗，穿上人的衣裳，放在自家門口，等待丈夫回家，一看發生了命案，便找那幫酒肉朋友來幫助「移屍」。這些無賴漢非

但不幫忙，反而告了官，孫榮就喫上官司。經過楊氏向官府呈情，眞象就大白了。這故事說給孩子聽是可以的；聰明的成年人或長者們，立刻就指出許多破綻，「狗」就是「狗」，那有辨認不出來的，簡直「不值得一笑」嘛！可是元代戲曲就是這般的「愚直性」，這類似的劇情 還多著呢。到了明朝徐㠊的《殺狗記》傳奇，這條「死狗」須要土地爺來幫忙，所以加了一齣〈土地顯化〉，因爲土地爺感應到楊氏勸夫的赤誠，祂顯化之後，「狗」在孫榮眼中變成了「人」。覺得加上這一筆，故事就完美了，其實，「畫蛇添足」，爲甚麼元人能接受，明人及現代人不能接受呢？

　　「傳奇」是承襲唐人小說的名辭──傳奇，它的目的就是要傳達或搬演一件奇異的事。由雜劇過渡到傳奇的關鍵劇，是明初年楊文奎《翠紅鄉兒女兩團圓》雜劇，它的本事是比較複雜傳奇性的，我常將中國古代戲劇的故事，分成兩種：一種是「宋元故事型」，一種是「唐人故事型」，前者就是屬於「宋元故事型」的。

　　陸采《明珠記》傳奇，是屬「唐人故事型」，可視爲傳奇本事擴大搬演內容的轉振點。《明珠記》取材於唐人薛調小說《劉無雙傳》；王仙客早年喪父，與母寄居舅父戶部尚書劉震邸中，劉震愛女無雙，爲劇中女主角。仙客母去世時，與無雙和仙客訂下婚姻；太原節度使朱泚之亂，無雙與仙客別離，無雙贈明珠一顆與仙客作表記。後無雙入宮爲宮女，幾同終身禁足，仙客思念無雙不已。旋得道士之助，付靈丹一粒，無雙食後佯死，經驗屍出宮，二人得偕婚姻。劇作家梁辰魚欣賞此劇，李漁不滿意此劇，彼此各有增改。人由死而復生，對戲劇情節開展是有很大的突破，清孔尙任《小忽雷》傳奇就是這種模式。現代劇有時看到某角色受創，喪失了記憶，頗類似此手法，高下之分，不待言喻。明清傳奇故事，經過這樣一次整形，對於戲曲開闔是有很大的幫助。

五、心靈改革的宗教傳奇

　　戲劇在中國古代是有益於社會教育的，舞臺上鮮明的揭示忠孝節義的主題。但有些戲劇只提供娛樂，如「打城堭」、「打櫻桃」、「打麵缸」（三打），還有傳奇中許多「劇中劇」就是如此。爲了顧及社會大眾都有機會看戲，尤其僧侶道眾、善男信女，必須不定期或定期（神誕期）演些正正經經戲曲供他們觀賞，避免傳奇中許多「醜事」（男女狎暱，如《雙報應》還有同性戀）、「醜話」（大開黃腔）污染這般人士的耳目，宗教劇便有其需要。張翼鳳《祝髮記》搬演《陳書·徐陵傳》（父徐摛，弟克孝）爲其母八十華誕祝壽。劇中克孝遇達摩祖師渡化爲弟子，法號「法整」。王僧辨平侯景之亂，與克孝共證前因。還有釋智達《歸元鏡》傳奇，及釋湛然《魚兒佛》雜劇，作者爲有道高僧，此劇上演，俾僧侶等觀賞娛樂。戲曲中的宗教劇爲數不鮮。

六、迂迴曲折的錯認傳奇

　　元人雜劇中有佚名《玉清庵錯送鴛鴦被》，聽到這題目就很好笑。明清傳奇以「錯」爲重要關目的甚多，但以清阮大鋮的《燕子箋》《春燈謎》達到高峯，然後李漁《風箏誤》、《凰求鳳》（京劇鳳還巢）追蹤在後，這些傳奇錯得離奇，關目迂迴曲折，頭緒太多，閱讀一遍，不一定能釐清劇情，要轉述這本事，更是困難之舉。現在，我舉一則民間「十錯認」的摭談：張三與兒子至鄰縣某地開店作生意，因生意忙碌，店中雇了一名工人，父子二人皆不識字，求人寫信回家告知此事。這位寫信先生寫：「店中生意好『忙』（將『忙』字寫成『亡』字），『雇』（將『雇』字寫成『故』字）一人。」這信到達家中，家中婆媳也不識字，請人代讀。這位讀信先生說：「店中生意好，亡

故一人。」婆媳聞之痛哭，也不查證，便請來僧侶設靈位誦經超渡。
事畢婆媳二人各返娘家休息。張三父子在店中，偶見鄉鄰經過，便詢
問家中情形；此人說：看見你家中好像死了人，正在設靈位誦經。於
是父子大驚，收拾店務，倉卒返家，見家門緊閉，父子二人各自去岳
家探聽。此時老父見了老伴，認為是媳婦死了，老伴見了老父，認為
兒子死了。另外的一方，也是媳婦認為公公死了，兒子以為母親死了。由
兩個錯字，一個句逗，引起一場糊塗誤會，其中共有十個「錯誤」，
荒謬可笑。《春燈謎》也稱「十錯認」，劇中安排的人物、佈置的事
件，非常複雜，真是錯誤百出，陷於惡謔。這種以錯為關目的戲劇，
清初風行一時，上演時不知觀眾頃刻之間能領悟多少？

七、始屯終亨的團圓傳奇

　　明清傳奇最後結局是「大團圓」，皆大歡喜的散場，這是它的編
劇的宗旨，很少用悲劇結局，所以「劇作家明知世上之事，不如人意
十常八九，亦明知世上之事，是非顛倒，生離死別，卻閉著眼睛不看
天下之悲劇，不願寫天工顛倒的殘酷，只圖紙上大快人心。西儒莎士
比亞之悲劇中，羅米歐與朱麗葉，只相逢於墳墓；在中國之牡丹亭，
則必有杜麗娘之還魂。歌德之浮士德中，馬格烈被焚，即魂飛天國，
一去不還；而中國之長生殿，則必求唐明皇與楊玉環情重恩深，世世
生生共為夫妻。此皆足以證明中國人不真了解悲劇之美者。」【註四】
古今中外任何一個國家、社會，都有好壞極端兩極化的人，沒有壞人
作惡多端，就不足以彰顯好人的良善。一般傳奇中男女主角，皆是良
善之輩，但總是遭逢不幸，必然受奸臣、貪官、盜匪、流氓的陷害，
來催化劇情的昇華。這般惡人氣焰囂張，令人切齒，正是「惡有惡報，不
是沒報，只是日子時辰未到。」故而劇中也常將他們在劇情進展中，
報應昭彰的得到處置，或是留下孤貧受苦的殘生，以顯示男女主角否

極泰來，這就是「大團圓」的傳奇格局。用不團圓的戲劇，我覺得清
孔尚任《桃花扇》傳奇，此劇非常忠實搬演南明（1645～1661年）
小朝廷上下交陣利的故事，向有「八實二虛」寫實劇的美譽。劇中主
角爲明末四大公子之一的侯方域，與秦淮名妓李香君相戀故事，歷經
動亂，方域與香君相遇於南京樓霞山白雲觀中元法會上，二人出「桃
花扇」共敘舊情，爲壇主張薇道士所見，下壇取扇撕之，喝道：「阿
呸！兩個癡蟲，你看國在那裡？家在那裡？君在那裡？父在那裡？偏
是這點花月情恨，割他不斷麼！」於是二人頓悟。拜揖，各從師修眞
學道而去，曲終人杳，江上青峯，留有不盡餘思。這種悲情，就能發
生各種思力深沈，感人最烈的戲劇歌唱文學。

　　以上爲我個人人多年濫竽中國戲曲史教學讀劇本的一點經驗，還
有許多「瑣言」，恕不在此贅述了。

第四節　傳奇的派別【註五】

　　崑曲在嘉靖年間定形之後，後世人根據當時劇作家作風，尋繹出
其思想線索，分屬派別，以便於讀曲者參考。戲曲作家分門派傳承，
當然是受了《學案》書籍的影響，如黃宗羲《宋元學案》，敘述學者
生平及其學術著述，附案家學、弟子、交遊、從遊、私淑等等系統；
戲劇不算是嚴格道統相傳，與學案性質不相同，但有人給它體系化，
同時也被大眾接納，不失爲是件有意義之舉。

　　明清傳奇在萬曆年間全盛時期，出現兩位大師級的戲曲家沈璟與
湯顯祖。沈璟是江蘇吳江縣人，人稱爲「吳江派」的開山之祖；湯顯
祖是江西臨川縣人，因其堂名曰「玉茗堂」，人稱爲「玉茗堂派」的
傳法之師。兩者既立門戶，在許多戲曲實質中，發現若干差異。正是

「法法相傳必有傳法之祖，人人受度豈無度人之師？」

一、吳江派的沈璟

　　沈璟字寧菴號詞隱生（約西元1550～1615年在世），江蘇吳江縣人。萬曆二年（1574年）進士，官至光祿寺丞。深通音律之學，晚年與同里顧大典並蓄聲伎，作香山洛社之遊。客至每談及聲律娓娓剖析不倦，所著《南九宮十三調曲譜》22卷，爲傳奇製曲之圭臬。又作傳奇17種，以《義俠記》譜水滸傳故事，享譽於世，迄今仍有數齣在舞臺上演。

　　沈璟對於曲的音律，非常究心，「守斤斤三尺，不欲一字乖律，而豪鋒殊拙。（明王德驥《曲律》語）」表示他填曲的音韻鑲嵌得很妥，曲辭就寫得不美。他自己也說：「宜協律而詞不工，讀之不成句，而謳之始協，是曲中之工巧。（明呂天成《曲品》語）」所以他作曲尚本色，譜的曲非常諧和美聽，尤其《南九宮十三調曲譜》後世奉爲南曲作曲的金科玉律。

　　沈璟的姪子沈自晉作《望湖亭》傳奇第一齣〈臨江仙〉詞，涉及到吳江派的香火傳人云：

> 詞隱登壇標赤幟，休將玉茗稱尊。鬱藍繼有欄園人，方諸能作律，龍子在多聞。香令風流絕調，幔亭彩筆生春，大荒巧構更超群。鯫生何所似？顰笑得其神。

　　這首詞涉及許多人物，都是歸於吳江派的戲劇作家。如「詞隱」是沈璟的別號，人稱「詞隱先生」。「玉茗」是湯顯祖的堂號，在曲壇上他們是持敵對的態度，不相上下。「鬱藍」是呂天成，是沈璟弟子，字句守平仄最嚴，可惜未見作品傳世，「欄園」是葉憲祖，從詞意看，葉是呂的弟子，豈不是沈璟的再傳門人。著《金瑣記》傳奇（

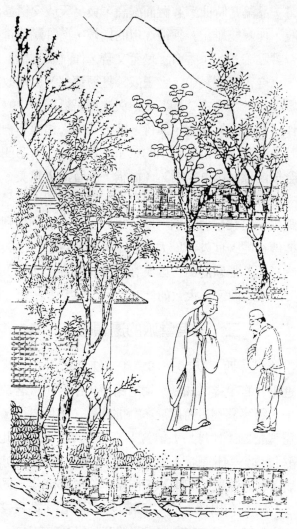

圖版七八　牡丹亭還魂記版畫 (舊刊本)

類似演元人竇娥冤雜劇），《曲品》評葉憲祖的曲：「當是詞隱高足」，
似在輩份上有點糾葛？「方諸」是王驥德，作《題紅葉》傳奇，又作
《曲律》一書，品論當時曲家客觀而嚴謹，與呂天成交情甚深。「龍
子」是馮夢龍，作《雙雄記》獲得沈璟的指教，馮評點傳奇甚多，稱
「墨憨齋傳奇評點」本。「香令」是范文若，作《鴛鴦棒》傳奇（京
劇金玉奴），《今古奇觀》中〈金玉奴棒打薄情郎〉就是改訂此劇而
成，並非此劇取材於《今古奇觀》，他與沈璟是鄉親。「幔亭」是清
人袁于令，作《西樓記》傳奇，風行一時，其中〈錯夢〉一齣，連販
夫走卒都會哼上幾句。他是葉憲祖的弟子，算是吳江派第四代。《西
樓記》填曲全按沈璟《南九宮譜》（簡稱），音韻很諧美。「大荒」
是卜世臣，守沈璟曲律最謹，作《乞麾記》全齣不用上去疊字，避免
不合律。「鯫生」是沈自晉自稱，即「小人」也，能夠學到了叔叔的
樣子，而且極傳神呢。此外，顧大典也是吳江派巨擘，他與沈璟朝夕
過從，作《青衫記》無駢麗氣，因吳音方言「亂押」（韻）毛病，但
瑕不掩瑜。吳江派的曲家，大致如此。

二、玉茗堂派的湯顯祖

　　湯顯祖字義仍（西元1550～1617年）江西臨川人。萬曆十一年
（1583年）進士，官至遂昌知縣，窮老蹭蹬，所居「玉茗堂」文史狼
籍，賓朋雜坐，雞窩豬圈接跡庭戶，蕭閒詠歌，俯仰自得。所作傳奇
五種，以《還魂記》（牡丹亭）稱著〔圖版七八〕；又以此記與《紫
釵記》、《南柯記》、《邯鄲記》俱以夢境為主軸，合稱「臨川四夢」。
牡丹亭與莎翁《羅米歐與茱麗葉》，同是創作於1598年，同是世界名
劇。1999年冬牡丹亭在巴黎上演，55齣分3天演出，觀眾掌聲不絕，
此劇佈景、音樂美妙，錦繡的戲服500餘套，堪稱空前。
　　王氏《曲律》：「臨川之於吳江，故自冰炭。……臨川尚趣，直

是橫行，組織之工，與天孫爭巧，而屈曲聱牙，多使歌者齚舌。」「詞隱之持法也，可學而知也；臨川之修辭也，不可勉而能也。」湯顯祖自云：「予意所至，不妨拗折天下人嗓子。」可見吳江派是重格律，講製曲的榘度，要求戲曲既好唱又好聽；湯顯祖則要求辭句琢磨鮮美，辭藻風華精警動人，不論與曲譜規定音律協不協調。為了使這些華美曲辭搬上舞臺，沈璟、呂天成、臧晉叔（元曲選的輯者）、馮夢龍等人都曾加以改定。湯顯祖對朋友的善意並不以為然，一次告訴他的愛伶說：「牡丹亭記要依我原本，呂家改的，切不可從。雖增減一二字以便俗唱，卻與我原本做的意趣大不同了。（玉茗堂全集尺牘）」與湯顯祖往來的曲家如梅鼎祚、汪廷訥；梅作《玉合記》（以玉盒為媒體的唐人故事），則以曲詞典麗見長，與湯顯祖同一風格，而「恨不守音韻耳」（曲品）。

　　湯顯祖「臨川四夢」後，踵事增華後繼有人。基於格律與詞藻不宜偏廢，能兼及兩家之長，折中一是，故有「以臨川之筆，協吳江之律。（吳梅《戲曲概論》語）」稱為「玉茗堂派」。此派代表為阮大鋮。

　　阮大鋮字集之號圓海（1587～1646年），安徽懷寧人。萬曆四十四年（1616年）進士，天啓間附魏忠賢黨，為士人所不齒，究其一生行為，實為大奸慝、惡性極深的大文化流氓（詳見拙著《孔尚任研究》商務印書館本）。但他富有編劇天才，所作《燕子箋》等十種傳奇，頗具情思，說他「自學玉茗堂」（葉堂語）未必，「深得玉茗之神」（吳梅語）恐不盡然，而是「學玉茗而別闢一蹊徑者」（青木語）誠是。《燕子箋》與《春燈謎》的本事，與臨川四夢格格不入，（還魂記有「硬拷」死不承認事實，也不相干），他將本來極單純事件，使它迂迴曲折錯誤百出，取悅觀者耳目，識者以為墮於惡趣；然而曲辭

典麗爲世人艷稱，步伍於湯顯祖後塵。

玉茗堂派還有吳炳作《粲花五種》劇，其中《療妒羹》傳奇「題曲」一齣，劇情相當於牡丹亭春香鬧學；《畫中人》傳奇就相當於牡丹亭的「叫畫」，吳以沈之音律、湯之筆觸，正法眼於葉憲祖，爲「玉茗堂派」後第一人。其次，李玉四劇合稱「一人永占」（即一棒雪、人獸關、永團圓、占花魁），曲辭典雅，不讓吳炳專美於前。還有吳江派餘勢作者范文若，所著《夢花酣》傳奇，與牡丹亭情景相似，而詭異則過之，如以吳炳《畫中人》分派別，則范文若則兼吳江與玉茗兩派之長了。

吳梅《戲曲概論》云：「乾隆以上有戲有曲，嘉道之際有曲無戲，咸同以來無曲無戲。」

第五節　元雜劇與明清傳奇體製的比較

元雜劇與明清傳奇體製的比較

元人雜劇的體製	明清傳奇的體製
一雜劇每本四折爲通例。	一傳奇通常四、五十齣。
二雜劇在正曲開始之前有楔子（補充折），與劇情相關。	二傳奇在正曲開始之前有家門、開場（序曲），或與劇情無關。
三雜劇每折限用一種宮調、一部曲韻。	三傳奇不受此種限制。
四雜劇在原則上每折限男、女主角獨唱，其餘角色賓白而已。	四傳奇每齣不限男女主角獨唱，任何角色都可以唱。
五男主角稱末，劇本稱「末本」，女主角稱旦，劇本稱「旦本」。	五傳奇無末、旦本之分，因各種角色皆可唱。
六雜劇故事情節比較單純，給人以愚直感，讀之頗令人感覺自然而然，不矯揉做	六傳奇故事情節較重機巧，給人以傳奇感，但因篇幅過巨，穿插些惡謔，頗使人

作。	讀之生厭。
七雜劇末尾用俳句對聯作「題目」、「正名」，以標示劇旨。	七傳奇每齣或者有下場詩，也是標示劇旨性質的。
八雜劇角色有正末、正旦、淨、丑、外末、沖末、二末、老旦、大旦、小旦、俫旦、色旦、搽旦、外旦、貼旦、孛老、卜兒、俫兒、孤、細酸、曳剌、邦老等22種。	八傳奇角色有老生、冠生、小生、老旦、正旦、刺殺旦、閨門旦、作旦、貼旦、正淨、白淨、副淨、丑、外、末等等15種。
九雜劇現存的唱法是用「崑腔」記譜的，原始唱法如何，尚待繼續研究。	九傳奇唱法因曲譜流傳下來，它不但可唱，而且可見於舞臺搬演，並有各種演唱家的派數。
十雜劇當年搬演的砌末：鎗、刀、劍、戟、帳額、牌、旗；並且要化妝、穿戲衣等。	十傳奇搬演與現在京劇搬演完全一樣，身段較複雜。
土雜劇所用的樂器為鼓、鑼（大小鑼）、板、笛、琵琶、笙（見於金元墓戲俑）	土傳奇所用的樂器，文劇用笛子、簫、絃子、琵琶、笙、提琴、九雲鑼、拍板、懷鼓；武劇用堂鼓、單皮鼓、大小鑼、大小鈸、齊鈸、嗩吶、海笛。

第六節　傳奇作家的雜劇作品【註六】

　　「雜劇」是元人以北方大都為中心的國家級戲劇，相當於「國劇」的地位；這個劇種，迄至明朝初年王子一、谷子敬、楊文奎、賈仲名等人所作雜劇，如《劉晨阮肇誤入天臺》、《呂洞賓三度城南柳》……六種，刊於明臧晉叔輯的《元曲選》（亦稱元人百種曲）中，其體制與元人無異。至多是在用曲韻習慣上有些差別。我的意見認為真正的「明人雜劇」，以黃元吉《黃廷道夜走流星馬》開始，至周憲王（明朝宗親）朱有燉所作三十一種雜劇，算是衍化成熟了。後來明人雜劇經過再造，既不限於四折，長短較自由，一折短劇更見盛行；曲調也不限於北曲，南曲也可用；唱法更是活潑，而且在劇中普遍搬演各

種「曲藝」的表演藝術，非常精彩。這種一折式的短劇，大概是受傳奇作家沈采《四節記》的影響而形成；這類型雜劇一直延綿到清朝，故而在元人雜劇系統之下，還應加入「清人雜劇」，合稱「明清雜劇」也是中國歷代歌唱文學未經開發，很重要的一環。因本書篇幅有限，對於明清雜劇家及其作品不予列舉。

「明清雜劇」內容十分精彩，比元雜劇更簡練，一掃傳奇長篇累累「拖棚」之弊，稱它是戲劇的「小品」、「散文」，富人情味與雋永。尤其作家大多數是傳奇作家，於作傳奇之餘，染筆雜劇，往往心有寄託，意到筆隨，充份發揮了「文士氣質」，現在用明雜劇作家沈自徵的作品說明其例。

沈自徵江蘇吳江人，是沈璟的姪兒，與沈自晉是兄弟輩，國子監生，萬曆末年尚在世。負才任俠，然累試不第，娶同縣清秀佳人張倩倩為妻，鶼鰈情深，詎料倩倩三十四歲病故，一生遭逢不幸。在所作《霸亭秋》、《鞭歌伎》、《簪花髻》三雜劇，多寫悲傷哀怨之情，有「哭」、「罵」、「笑」三種情懷，茲分別敘述其本事：

《霸亭秋》演宋朝士人杜默應試不中，返鄉過烏江亭項羽廟，拜謁神像，朗讀其考卷文章，訴說牢騷，痛哭失聲云：「英雄如大王而不能得天下，文章如杜默奈何不得狀元？」結果霸王泥偶也淚流滿面。此劇杜默唱了又說，說了又唱，激昂悲壯，不是親身經歷考試折磨，難以如此傳神。清朝尤侗依託此劇作《鈞天樂》傳奇，劇中「哭廟」齣的沈生，也是喪偶鼓盆哀歌的人，似乎隸括沈自徵的事跡，沉痛的寫士人懷才不遇，非青雲直上坐直升機之徒，所能想像！

《鞭歌伎》演唐朝張建封少年時落魄於淮泗之間，一日遇禮部尚書裴寬回朝的官船於江岸，裴寬見建封氣度非凡，邀至船上盤桓。時

建封雖敝衣破帽，而器宇軒昂，縱談古今，痛罵這世俗名利骯髒，患得患失無所不爲，可恥已極！裴寬爲之傾倒，便將官船及船中金銀財寶與兩位歌伎均贈予建封。一般世俗必然客氣一番，不敢接納；而建封一諾無辭，並立刻要求賓主移坐，命人置酒款待嘉賓裴寬，又命二歌伎奏歌侑酒。這時歌伎以爲新主人是「甚麼東西」！不從，建封當裴寬面鞭打歌伎。末已送客，尙書與一僕上岸告別而去，建封載二歌伎等飄然啓航。張建封是唐代人，在《唐書》卷一四○有傳，官節度使，還任時德宗以「此鞭朕久執用」賜之，器重備至。沈自徵以此爲關目，以建封爲其爲「化身」（最近在電視新聞中，看到某人在坐牢喫官司，他的「化身」卻在加拿大出現了，眞驚世駭俗之事），大約張建封對裴尙書罵的，可能就是這些事。一位光明磊落不群的人，膽敢詬詈社會現實怪樣，大概裴寬也欣賞他的「罵」人有理。

　　《簪花髻》演明朝嘉靖年間經筵講官楊愼的故事。楊愼因議「大禮」案下獄，後遣戍雲南永昌衛（雲南保山），以詩酒縱情，流連妓院。妓女以白練衫請升菴題詩，醉後借穿妓女錦衣，將辮髮打成丫鬟、侍女的雙髻，與妓女出外遊春，路人見之皆笑其狂態，升菴不以爲意，只要「我自自己高興，有甚麼不可以」這句時髦語，應該奉楊愼爲「鼻祖」。

　　楊愼字升菴（1488～1559年），新都人（四川成都）。正德六年（1511年）舉進士第一（狀元），武宗出居庸關微行（京劇遊龍戲鳳）抗疏進諫（找死），世宗時大禮議起哭廷（再找死），詔廷杖下獄，發配雲南。因投荒多暇，著作之多，在明朝推第一（許多「僞書」都假升菴之名行於世）。他在永昌行爲，就是沈自徵雜劇所演的，其放誕不羈，不避世人譏「笑」，劇中演升菴打扮成女人，由門生抬著，衆妓捧觸，遊行街市。祝英台是女扮男裝，比較平庸，而男扮女裝反其道而行之，就趣味橫生了。

　　沈自徵三劇，《霸亭秋》的「哭」，《鞭歌伎》的「罵」、《簪花髻》的「笑」，概括人生眞實的情緒，如果自徵不曾身臨其境，能深刻表現出一代文人的性格嗎？

　　還有王衡（1561～1609年）的《眞傀儡》雜劇，演宋朝祁國公杜衍故事。杜衍70歲致仕回鄉，隱遊於鄉里，一日在桃花村看傀儡戲表演──這傀儡可能是「肉傀儡」，用眞人扮裝。富紳趙大爺在座，一般小人如眾星捧月圍在趙大爺四周，趙更倨傲。戲上演，趙大爺爲眾人解說劇情，錯誤百出，杜衍從旁予以糾正，眾人叫「老兒」少講話。俄而朝廷遣使臣至，眾人大驚，希望有「問題」的人，好漢作事好漢當，快點站出來，免得連累大家使劇場輟演。誰知是天子思念杜衍，賜白玉靈壽杖、赤金九霞杯；杜衍奉詔接旨，臨時借穿傀儡戲班的戲服接旨。眾人便趨前謝罪，杜衍也不介意，次年又來觀傀儡戲。這段借穿戲服接旨，一定很滑稽，眞人去穿傀儡衣，是何等不合身裁（不像現代人動輒就「量身打造」），但令人感到「情理之中，意想之外」；現在的各式各樣戲劇，其特色是「情理之外，意想之中」。王衡是相國公子，當初恥無科甲，迨父親罷相後，才中進士授編修。神宗酖於享樂，邊事嚴重，王衡乃辭官歸里不出，作曲自娛。《眞傀儡》雜劇，是藉古人宣揚其父「家居時，混跡市廛，不矜富貴，如杜祁公也（劉賓嘉話錄）。」從前故戲劇大師俞大綱教授，背後對他學生某君說：在台灣讀古典劇本最多的是「陳某」；我實在不敢當，但這多麼劇本中，我最欣賞明清雜劇，卻是事實。

　　明清雜劇的佳勝處，爲前人所不及，大約文人在困頓之際，詩酒之餘，消遣一般不學無術，遊手好閒，還要高談闊論的假裝斯文之輩，便張開幻想之翼，企求心理平衡，在戲曲之中，「文士氣質」不禁就展露了。

　　研究雜劇、傳奇，會背誦整個劇本的人多的是，它的重要辭句會背、會唱的人，也車載斗量，可是像明清雜劇這種好戲劇文學，可能被忽略了。一年我在文大碩士班招生，出了一個題目：清雜劇「博望訪星」，結果沒有一個考生願意作答。這種思想博大、劇力何等精深的佳作，學生不讀，寧非是學術上的奇觀。

　　茲將王衡《真傀儡》雜劇《古今名劇合選本》的「酹江集」本的曲詞，摭錄數段以供欣賞。【註七】

　　一、劇中人杜衍（末角）去傀儡棚，拴住驢子，付了銀子看戲。

【新水令】二十年來不犯五更霜，則我這白襴袍，至今無恙。乾坤干打哄，風雨亂排場。著甚忙忙，著甚忙忙，一任這懶驢頭半街撞。

　　　　（拴驢進介）列位請了。（丑）看你不村不郭，是什麼樣人來此怎麼？
　　　　誰與你請。（末）便請何妨？（淨趙大爺）我說道不要放這等沒規矩的
　　　　進來。（淨）咦！這老兒拿得出這錠鈔來，如今怎麼坐？（眾）自然趙
　　　　大爺坐了。（淨）這個我也決不讓他。

【沉醉東風】（末）咳！他有幾床笏，怎般官樣？這有幾船茶，便會風光。這須是野鷗席上，又不比鷺序鵷行。我一向只道宦途上難處，誰知道這狠人心到處炎涼，

　　　　（丑）適纔既收了他的會錢，做個方便，放他在檯角兒捱捱罷，老兒勾
　　　　了你了。（末）多謝多謝，
一任你牛表沙三自逞強。

　　二、傀儡戲登場，眾人問趙大爺甚麼故事，趙解說自然胡嚕亂扯（現在這種人還多呢，可能是趙大爺的裔孫），杜衍一一駁正。傀儡演宋太祖雪夜訪趙普，杜衍對本朝故事更熟了。

【掛玉鈎】（末）笑煞你老精神也消磨錦瑟傍，看這些俏香魂容不得

些兒長。剛贏得兩道墨，掛在眉尖上。一個是這樣，一個是那樣。看這依樣葫蘆也，古來史書上呵，知多少李代桃僵？

（指末介）你老兒像個識字的。這書可曾見麼？（末）也曾見來。

【殿前歡】（末）這滋味也曾嘗，則這趙（普）韓王呵，他雲龍風虎善施張，也是他布衣兄弟好肝腸。我想也波想，我便有硬手兒敢批黃，則這生面兒也難投狀。罷罷罷，功業讓與前人了，只可笑趙韓王二百萬買第。止得一日臥遊，爭如我二十年呵，漁樵相傍，這都是無邊界的相公莊。

　　三、朝廷的小黃門官至劇場，奉勅宣杜衍接旨受杯杖，杜衍權將傀儡戲的衣冠穿戴起來領旨謝恩，眾人驚訝！

（眾看介衣）相公，穿得來不稱體，不好看哩。

【得勝令】（末）顛倒著這衣裳，裝扮的不廝像，分明是木伴哥登場上，身材兒止爭短共長。（拜介）我再啓首吾皇，問甚麼麥熟蠶荒狀。生疏了朝章，捏不出擎天浴日的謊。

【水仙子】（末）感皇慈特地相咨訪，我則怕沉閣了當時舊奏章。如今雖說是太平，常言道忙時用著閑時講，可惜朽腐了先朝封庫椿。儘堪克雁鶩餘糧，則願的密結起麒麟網，高擎著鳳凰梁，便是老微臣諫草生香。

【喬牌兒】（末）又費了朝廷萬石糧，報答曾無紙半張。止餘得憂時白髮三千丈，這的是傀儡場落來的賞。

　　四、鄉里眾人謝罪「有眼不識泰山」，杜衍並不介意，說明年還會來看傀儡戲。

【鴛鴦煞尾】（末）還了你門面的被衣囊，原歸我鄉祭酒那窮門巷。哥兒們也，則勸你無是無非，相親相讓，有馬同騎，有酒同嘗。（對淨丑）休誇你舞袖郎當，我杜平章，也纔克個社長。惟祝願歲歲春王，常

聽這古櫟叢中笑聲響。

　　（衆）那知道這個老兒這樣大來頭，且是好相處，這會兒強似看戲哩。

　　「有酒同嘡」的「嘡」字讀「床」音，表示多喫一點，請別讀錯了，不押韻當然沒有甚麼關係？文學家們讀錯音，會「隨風而逝」的；有些人還故意的用白紙黑字在節目表或新編劇本上，來幾個「別」（白）字，試試觀者知不知道這點常識？

　　總之，我國古典戲曲，完成於元，而領域擴大於明，讀元雜劇之後，不可不讀明清雜劇，「尤其是要想習作雜劇者，應先讀明劇，以上追元賢。（盧前明雜劇選導言）」誠經驗之談。

第七節　現存元明清雜劇及明清傳奇的數量

　　現存「古劇」，應該指京戲地方戲以外，宋元南戲以來，以迄元人雜劇，明清「南戲」傳奇及明清雜劇等舊刊的劇本；它現在傳世（連同同劇異板在內）總共有多少種？不知有何人作過較詳細的記錄？我從前在國家圖書館服務，業餘收集古今各種劇曲資料著錄之書120餘種，款目數千條，結撰《元明清劇總目》稿本三巨冊，曾經據此稿本在某集刊提出下列數據：

　　一、現存元人雜劇219種。

　　二、現存明人傳奇204種。

　　三、現存明人雜劇172種（明人雜劇多一折短劇，往往一折一劇）。

　　四、現存清人傳奇237種。

　　五、現存清人雜劇205種。

　　合計現存古劇999種，皆極保守而確知傳世的數量。如果問它的可信度有多少？應該先問這個人知道究竟是多少種？我現在將「知見」（

書目）的古劇本，寫在下面：

一、古本戲曲叢刊初集　古本戲曲叢刊編刊委員會編，1954年，上海，商務印書館，線裝影印本，十二函，100種，120冊：此集其中有永樂大典本的南戲是三本合 1種、元人雜劇3種、明人雜劇4種（是經嚴格的劃分朝代的），其餘皆是明人傳奇，此書已絕板，海外的大圖書館有的曾收藏。

二、古本戲曲叢刊第二集　編輯同上，1955年，出版者等項均與上集同。此集收未刊刻年代的明傳奇10種、明人傳奇90種，已絕板，亦未見書商販售目錄。

三、古本戲曲叢刊第三集　編輯者同上，1957年，文學古籍刊行社，裝函種冊同上。此集收清人雜劇七十二種，其餘皆明人雜劇。亦未見書商販售目錄。

四、古本戲曲叢刊第四集　編輯者同上，1958年，上海商務印書館，線裝，14函，120冊。此集收元明間重要雜劇彙刻本，如《元刊雜劇三十種》，迄明孟稱舜《古今名劇合選》（柳枝集、酹江集）8種（因元曲選刻本普及未收入），實收元人雜劇185種，明人雜劇180種，是空前元明雜劇珍本集其大成之書。此集初出，在香港售價新台幣8000元。前年曾見有若干殘破之本兜售，不甚值錢與受歡迎了。

五、古本戲曲叢刊二〜九集　編輯同上，年代不明，線裝影印本，9函，收清代宮廷演劇：《楚漢春秋》、《鼎峙春秋》（三國故事）、《昇平寶筏》（唐三藏故事）、《勸善金科》（目蓮故事）、《盛事鴻圖》、《鐵旗陣》、《昭代簫韶》、《如意冊》共8種86冊，其中有3種為管理樂部大臣張照所編，並上演於乾隆初年。此劇集我未曾經眼，但有緣閱讀過部分原刻本。

六、全元雜劇　初編正本、初編別錄；二編正本。二編別錄；三編正本、三編別錄；外編正本、外編別錄，楊家駱主編，民國51年

起，臺北，世界書局「中國學術名著」本，影印精裝，32冊。共收元
人雜劇（無元曲選板本）258種，弁端述例甚精覈，現仍普遍發行。

七、全明雜劇　陳萬鼐編，民國68年，臺北，鼎文書局，影印
精裝，12冊，第1冊《全明雜劇提要》346面，全書共收明人雜劇168
種，共7890面。現鼎文書局易手，未知此書是否陸續印行？

八、全明傳奇　朱傳譽編，民國72年，臺北，天一出版社，影
印線裝，收明人傳奇247種，529卷，36匣，分裝370冊，美金售價
4369.5元，可以分售。據「景印贅言」印100部，在本省圖書館未多
見。承朱教授賜我目錄一冊劇數種，可感。

中國書籍用「全」字冠稱者，如清康熙46年（1707年）敕編的
《全唐詩》、嘉慶19年（1814年）敕編的《全唐文》等書，都是卷
帙較多，收集在當時應算是最完整豐富的，以此方之以上數書，自有
其參考之處。

現在，尚未見《全清傳奇》、《全清雜劇》，惟拭目以待於來茲。

附　註

【註一】中國近世戲曲史，青本正兒著、王古魯譯，民國27年，長沙，商務
　　　　印書館本。目次部分。

【註二】復道人今樂考證，清姚燮著，民國57年，臺北，古亭書屋影印本，
　　　　書末有趙萬里跋語。

【註三】六十種曲，明毛晉輯，民國59年，臺北，開明書店本，所收各種傳
　　　　奇。以及筆者早年在文化大學教學的講稿，重新整理而成，內容尚
　　　　稱扼要。

【註四】胡適文存（第一集），胡適著，民國42年，臺北，遠東書局本，文
　　　　學進化觀念與戲劇改良，第143頁。

【註五】同一注，第211、304頁起，各例證係筆者撰稿，有些意見難免差池。

【註六】請參見第十章註一，陳萬鼐又撰有南雜劇等戲曲條目，茲不一一著錄。

【註七】拙著《元明清劇曲史》第705至712頁，曲白文字稍有刪節。

第十二章 中國古代音樂
工尺譜的記譜法

第一節 音階與音高

一、俗譜記名法

　　討論中國古劇音樂，是比較複雜的問題，除了第一手資料劇本真實性外；首先，是我們所能見到的樂譜，上自《九宮大成南北詞宮譜》，下至《與眾曲譜》，都是傳奇（明清戲曲），崑腔「工尺」記譜的，所以清，徐大椿《樂府傳聲》〈源流〉云：「至明之中葉，崑腔盛行，至今守之不失。北曲一二調，亦改爲崑曲之北曲，非當時之北曲矣。」便有人將這段話，衍繹爲元人雜劇爲「崑腔化」的雜劇（北曲）。我們都知道，古代初期的劇種，可能無譜，民間的樂種，也可能無譜；現代臺灣南管音樂，在民間還有許多館閣，只有曲詞的板眼而無譜，樂曲全靠口傳心授。歷代正式的歌曲，包括劇曲，都必有樂譜，而且歷代傳承下來的樂譜，數量應該很多，可惜都散佚了，或是不知竄到那裡去了？直到十八世紀清乾隆初年，《九宮大成譜》編輯完成，才裒輯了唐宋歌舞大曲、宋代南戲、金元說唱諸宮調，元明清三朝戲曲樂譜，共82卷，4466隻曲子。如果沒有大量舊曲資料與檔案存在，就是動員再多人手，也無能力去追溯歷朝音樂陳跡，去整理編輯。他們當時只是將各種不同記譜法，作大一統工作，將各種樂譜記法都予以形式化，又因爲這些譜多爲崑腔而設，也就成爲「崑腔化」這論調的由來。

圖版七九　清姑洗笛按孔與音高圖 (採自陳萬鼐中國古劇樂曲之研究)

　　有一個十分淺顯的例證：現代認識「工尺譜」的人不太多，因爲它不合時宜，被視爲骨董，日漸消滅；如教導一些學生，將「工尺」兩字讀音爲「工扯」（王沛綸《音樂辭典》樂友出版社本，也將「尺」字特別註讀「扯」音），這些學生應該耳音很好，卻是聽不進去，照常讀「工尺（遲）」，不去讀爲「工扯」，久之，令人懶去糾正他了！現在崑腔已用簡譜，簡譜是流行歌曲用的，同上述理由，是否也意味著「崑腔流行歌曲化」了；同樣也有用五線譜記譜，是否也可以說「崑腔西洋化」了。

　　翻譯「工尺譜」，有人主張將（上）字譯作「Do」，也有人主張將「合」字譯作「Do」，其實這是新音階與舊音階的歷史問題也，一般民間譯法是如此的：

「工尺譜」與「簡譜」的音名關係：

南曲五聲音階				上	尺	工		六	五		仕	伬	仜
北曲七聲音階	合	四	一	上	尺	工	凡	六	五	乙	仕	伬	仜
西 洋 音 階	$\underline{5}$	$\underline{6}$	$\underline{7}$	1	2	3	4	5	6	7	$\dot{1}$	$\dot{2}$	$\dot{3}$

　　「半音」在「一上」與「工凡」、「乙仕」之間，「小三度」在「四上」與「工六」、「五仕」之間，其餘都是「全音」。這種對譯稱「新音階」譯法，也就是隋代「清樂」七聲音階，當時不僅用於外來音樂，而且也是與漢代以來的民歌音樂結合在一起的。

二、笛調音高

　　崑曲是以笛子爲主奏，笛子長短粗細與孔距不一，發音高低與音色有別，從前我非常堅持一項理論，採用清朝乾隆敕撰《律呂正義》〈姑洗笛〉〔圖版七九〕圖爲「標準笛」，製造出來的笛子測音，決

定「笛調」，在拙著《中國古劇樂曲之研究》中，就是實踐這理論。現在我這本書並不是「承認」我過去是「錯誤」的，而採用「民間工尺七調」方式，來敘述笛調的音高。因爲我所接觸到一些吹笛子的朋友，他們只知有「孔」，按孔發音，乃不知有「調」的高低。又如以笛子放第三孔作「上」　Do音，順次向上放第四孔爲「尺」Re音、放第五孔爲「工」Mi、放第三、六孔爲「凡」Fa、六孔全掩爲「六」Sol、放第一孔爲「五」La、放第二孔爲「乙」Si，這是「小工調」的指法，任何笛子在他手中，都是如此。然後以「小工調」的各音爲基礎，如果要「翻調」，可以向上升高六個調，（或向下也可以降六個調）；向上升的調名，順序是「凡字調」、「六字調」、「正工調」、「乙字調」、「上字調」、「尺字調」——就是工、凡、六、五、乙、上、尺調。同時也可以用「小工調」的各音爲基準，新翻的調「工」字音（三度）在「小工調」基準音是某字上，便是某字調；如凡字調，它的「工」字是在小工調的「凡」字上，餘此類推。笛調只能稱「翻調」或「變調」，不能用西樂名「轉調」，兩者實質意義是不同的。

　　「翻調」的方法已明白了，但他們始終不講音階的頻率是多少。本來應該根據「標準笛」測試結果，才能說「小工調」的音高，相當於西樂某調等。現在，僅將「民間工尺七調」與西樂調號相對關係列表於後：【註一】

笛　　　子	正工調	六字調	凡字調	小工調	尺字調	上 字調	乙字調
鋼　　　琴	G 調	F　調	降E調	D　調	C　　調	降B調	A　　調

　　每本傳奇的開頭的那一齣，就將該齣用的笛調寫在前面，如《西廂記》的〈佳期〉這齣一開始便寫著「小生上」唱「小工調」，《牡丹亭》的〈遊園〉就寫「旦唱」「小工調」等等，伴奏的樂隊（是否

也稱「文場」？）吹笛子的人就用「小工調」的指法吹奏起來，將笛子放第三孔爲「上」（Do）音作領奏，第一他不曾考慮這把笛子是否與人家不同；第二也許想到 D 調的問題，究竟是不是這個頻率？非所究也！我所希望的「小工調」的確是鋼琴的 D 調，中西音樂才能談得上溝通。從前我製作清制「姑洗笛」實驗，小工調是接近標準的 E 調，它的「上」字（Do）的頻率是 326.81Hz（e-）【註二】。按鋼琴 E 的標準頻率是329.63Hz，兩者就相當接近了。

第二節　節拍與速度【註三】

我國古代樂曲的「板眼」，即西洋音樂的「節拍」，節拍在西洋樂理中，以爲係「強音」與「弱音」相間，按照一定規律反復又反復，所構成的符號。至於中國的板眼，是勻劃一曲的時間，使歌者控制其聲的長短、徐疾、斷續，兩者理論並無岐異，而後者比較有情感成份。

茲就《集成曲譜》所用符號分別敘述於後：

一、「板」的符號

一、正板：每一曲調中固定不易的板，如每曲的曲辭旁所點畫者。但一字之腔有「頭」、「腹」（腰）、「尾」之別，各佔四分音符的一拍：正板有三種：

㈠「、」頭板，亦稱「迎頭板」：此板多點於「字頭」，唱者此字出口，適當於拍板之時。

㈡「ㄥ」腰板，亦稱「掣板」：此板多點於腔之中間，唱者此腔須先出口，以待拍板既過，然後換腔。

㈢「一」底板，亦稱「截板」：此板點於腔盡之處，唱者遇截板既下，則腔可盡。魏良輔《曲律》有謂：「迎頭板隨字而下，掣板隨

腔而下，截板腔盡而下。」

　　二、贈板：曲譜書中，本未定此板，但欲求其和緩美聽，而有贈板曲的產生，即每一正板之後，增加一板，則歌曲速度，較正板原曲增長一倍。〈桂枝香〉曲在譜中正曲，本爲二十二板，如果是一隻〈桂枝香〉贈板曲，即四十四板，此類贈板曲甚多，凡細訴衷情的曲子多用贈板。惟何曲可以增加板數？皆有一定法則，必須檢視曲譜之書，不可差錯。贈板分爲二種：

　　㈠「×」頭贈板：此板與正板的「迎頭板」（、）相似，點於字頭或腔頭。此類板式是各佔八分音符的一拍。

　　㈡「｜×」腰贈板：此板與正板的「腰板」（ㄴ）相似，點於腔的中間。（板式同上）

　　三、流水板：其符號即「、」，急曲有板無眼，俗曰「流水板」，相當於西洋音樂中的整拍$\frac{1}{4}$。（板式同上）

　　四、散板：曲譜僅記工尺，而不點板，但於曲調句末處下一「截板」（一）符號，其旋律如何歌唱，須視歌唱者藝術文學修養，疾徐自由，以情感表達詞意。其最重要之處，爲每字的聲腔一定唱斷，不容連接，否則字音不準。

二、「眼」的符號

　　一、中眼「。」，又稱正眼：中國音樂一板三眼，或一板一眼即構成一個樂節，相當於西洋音樂$\frac{4}{4}$或$\frac{2}{4}$拍的一「小節」，中眼爲一板三眼曲的第二眼，或一板一眼曲的曲眼，故亦稱爲「正眼」。此眼點於字或腔的頭，其地位與正板中的頭板相似，不過在曲中勻畫時間長短不同而已。

　　二、側眼「△」，又稱宕眼：點於腔之中間或腔末，與正板中的腰板或截板地位相似。

三、正眼與「‧」側眼「└」：兩者俱稱為小眼，用於一板三眼的頭眼及末眼。

綜合上述各種符號共有9種：頭板「、」，腰板（└），底板（—），頭贈板（×），腰贈板（|×），中眼（。），側眼（△），小眼中之正眼（‧）、側眼（└），其中「腰板」與小眼之「側眼」符號相似，其有大小之別，亦頗明顯。至於各符號的異名，不必記憶，其中符號對於聲樂約束較嚴。

筆者恆以為我國樂曲之板眼，合於西洋四分音符，故而正板曲應為四拍子，贈板曲係正板曲之板數增加一倍，自應為八拍子；如果不如此，而譯為四拍子，則許多不重要板眼，均落置強拍上，失掉拍子構成節奏與音之強弱價值（西樂強音不落第一拍上，稱為「不正規節奏」），雖然八拍子不是很普遍的樂曲，用這種譯法的人不多，然以基礎拍子（二拍子）本身四次相加，而形成大型拍子，未嘗不可，且每曲正板起於第一拍上，俾合於國樂以「板」疏「節」之需。

三、曲的尺寸

西洋音樂對於樂曲速度分析極細，至少有14種以上，中國約可分為「慢板」（贈板曲）、中板（正板曲）、快板（快曲）、「急板」（急曲）四類。中國樂曲以「正板曲」相當西洋的「中板」，即普通速度進行（事實上較慢）。「正板曲」應為 $\frac{4}{4}$ 拍式。慢於正板曲的「贈板曲」，應稱「慢板」，為 $\frac{8}{4}$ 拍式。根據板式比較，似無不適宜之處。「快板」較「正板」為快，用 $\frac{2}{4}$ 拍，無「頭」、「末」眼，即一板一眼。「急板」較「快板」又快，曲中有板無眼，但有唱腔；及有板無眼，亦無唱腔——乾念。吳梅《南北詞簡譜》謂：「撞板」，有板無眼快之極點。曲子唱得好常被讚為「尺寸」拿得很穩；所以曲的速度，也稱為「尺寸」，否則是荒腔走板不搭調。

西洋「速度」的快慢，究竟其快慢至何種程度？演奏者對音符所表示速度，如何統一？奧人梅爾智（Maelael, J. N. 1772～1838年）曾發明「拍節機」（Metronome），可以統一快慢速度，以規定音符絕對長度。拍節機最慢每分鐘四十下，最快爲二百零八下，只須將所要求每分鐘若干下速度，定在機的指示板上，觸動開關，即如數擊拍。如譜表記有 ♩＝100，即表示每分鐘唱四分音符一百次。

　　筆者爲求明瞭明清傳奇歌聲速度的徐疾，特就名家唱曲，及眞正內行人共同研究，擬訂出崑曲主要速度原則：

　　一、散板曲：有腔無板，雖無板，然不無受板的牽制；久而久之，有些方家也記上板眼，算是通便罷了。

　　二、贈板曲（即 $\frac{8}{4}$ 拍式）：♩＝40—45

　　三、正板曲（即 $\frac{4}{4}$ 拍式）：♩＝45—55

　　四、快板曲（即 $\frac{2}{4}$ 拍式）：♩＝65—75

　　五、急　曲（即 $\frac{2}{2}$ 拍式）：♩＝75—80

　　此種速度究竟如何？還請專家指正。

第三節　重要音形與字聲【註四】

一、重要腔格

　　音樂爲時間上成立之聽覺藝術，必須經過演奏或吟歌，才能聆賞，比較空間上成立的視覺藝術——繪畫、雕塑，既抽象而無形，尤其傾俄消失，難以把握，故用樂譜以示「音形」與內容。凡能瞭解樂譜者，便可就譜中記事，獲致該樂章的性質、種類、曲體、感情等等效果。曲譜屬於專門知識，對音形的長短、強弱、高下有其特殊記載方法。茲爲瞭解我國古劇樂譜「腔格」，即西洋音樂的「音形」，茲特分別敘

述於後：

一、**正板**（、）必須定在第一拍上，第一拍視爲強拍，爲國樂之拍板處。

如「尺工上四」（琵琶記書館解三醒），此四音各佔一拍，「尺」字必須在第一拍上，每拍相當於一個 $\frac{4}{4}$ 音符長度（見音形譜例①）。本書所翻譯的音形，概以上、尺、工、凡、六、五、乙；配 Do、Re、Mi、Fa、Sol、La、Si，各樂曲均不細分曲調，概依「這首調的音名直譯名」，以資統一。

二、二拍之間有二音三音、四音者，在曲譜中以二、三音者居多，如「合弓弓四合」及「工五六上尺工六工」（同上樂曲），前者「合弓」佔一拍，「合」佔半拍，「弓」佔半拍；「四」佔一拍半。合字半拍；後者「工五六」佔一拍，「工」佔半拍，「五六」佔半拍，「上尺」佔一拍，「工」字一拍，「六工」佔一拍。又「工五六」能否以「工五」佔半拍，「六」佔半拍？在崑腔中此時依傳統唱法可以如此，否則不能如此（見音形譜例②）。

三、南北曲唱腔最長腔不過四拍，如果腔起在第一拍上（頭板）當無問題，可用拍線（簡譜）延長之。在小眼（第二拍）之下，四拍延長時，必有一拍在下節的板上（第一拍），須用「連結線」，簡譜稱「過節線」表示之。如「六尺上四」（琵琶記喫糠山坡羊）（見音形譜例③）。

四、「△」側眼有時將一拍分成兩半拍，半拍在上　半拍在下，如「六五六工尺」（長生殿聞鈴武陵花）。該曲「六」字佔二拍半，休止半拍，「五」字佔一拍；「六」字一拍半，「工」字半拍，「尺」字一拍半，休止半拍（見音形譜例④）。

五、西樂譜有「休止符」，國樂譜中也有，除上項所述外，即將

小眼中的「側眼」（し）號，記於工尺旁單獨佔一拍的地位時，則爲休止半拍，如在譜中佔二拍以上者，視爲小眼，不必休止。如「六工尺上四」（喫糠山坡羊），「六工」佔一拍後，休止半拍；「尺」字佔半拍，「上」、「四」各佔一拍。此種休止時間雖僅半拍，頗爲緊湊動聽（見音形譜例⑤）。其次遇「底板」（一）於曲詞逗點之處，亦應休止半拍。腰板、贈板的中眼、頭眼下無工尺時，也可休止半拍。

　　六、譜中常見某音下加「˙」的記號，表示「疊音」，亦稱「疊腔」。如「上 工尺 ˙˙ 上四 上尺上」（占花魁受吐雙蝴蝶），即「尺」字下重音二次，爲「尺尺尺上」四音佔一拍（見音形譜⑥）。疊音須稍斷，疊音爲一疊者，亦稱「掇音」，「掇」較「疊」爲輕。「疊音」最多爲三疊，多用於腰板以下長腔。

　　七、音左下角有「˙.」號，表示「撠音」，因音稍加抖撠，益覺動聽。凡見此音形，即將本音向上挑一音，然後回復到本音。國樂曲譜中常用「m」表示，西樂用tr即Trill（震音），爲「裝飾音」的一種，亦稱「顫音」。如「上˙.」即成「上尺上上」佔一拍，如「尺˙.」即「尺工尺尺」，……如此類推（見音形譜例⑦）。南北曲演奏，允許帶少數「花腔」（裝飾腔），而繁手淫聲，爲方家所不取。曲音重穩實，要字字能送入耳鼓。

　　「掇」、「疊」、「撠」三者相似，而「掇」動作 最爲輕微，「疊」較「掇」爲沈著，「撠」則音雜腔繁。

　　八、「豁音」用於曲辭「去聲」字，因送足其音，必向高一挑而即落下。如「尺上 一四」（長生殿絮閣刮地風），將「尺」字下畫上挑號；吹奏時「尺」字向上挑一音，即爲「尺工」，其中「工」字不佔拍，相當於西樂中的「倚音」（見音形譜例⑧）。倚音有「長倚音」、「短倚音」在主音之旁，佔時極短。又如「六 五六工 尺上」即爲「六 仕五六工 尺上」，此爲南曲中常用之腔，因「六」字上挑一音應

爲「乙」音，復因南曲無「乙」、「凡」二音，故「六」上挑即「仜」也。

　　九、「霍音」用於曲辭「上聲」字。霍音即古時稱謂「頓音」，適與「豁音」相反，因上聲字固宜低起，然前一字如遇高腔及緊板時，曲情促急不能過低，則初出稍高，轉腔落低，而後再向上，才肖上聲字面，其轉腔所落低音，即所謂「頓音」，欲其短，不欲其長，一出即須頓住。譜中上聲字的腔格，如「尺 ╵工 四 合丂合 」（邯鄲夢三醉紅繡鞋），「尺上工」的「上」係偏寫，唱奏時帶過不佔拍，不可延長（見音形譜例⑨）。此曲「四合丂」，爲二拍間三音特例，即「四合」佔半拍，「工」佔半拍，不如此歌唱，即非統傳腔格，此與第二項二拍之間三音唱法敘述不甚相同。

　　十、工尺旁有「╰」符號，爲鈎住再起之意，歌者在此處作短暫時間的休止，以便轉氣換腔，如「五仜'五'六五 ╲'工╰」，須按曲辭一字一字斷音作適當休止，頗相當於西樂譜法五線譜上之「，」號，在唱腔中表現極明顯。

　　十一、曲譜僅記工尺而無板眼，曲辭字句上加「底板」（—），此種曲子，稱爲「散板曲」。「曲之有板者易，無板者難。有板者聽令於板眼，尺寸自然合度，無板者須自己斟酌緩急，體會收放，過緩則散慢無律，過急則短促無板，須用『梅花體』格（即疏密相間之意——補注），錯落有致，有停頓，有連貫，有抑有縮，方能合拍。」（顧誤錄）

　　以上工尺譜譯簡譜基本方法（簡譜譯五線譜又會遇到其他問題），這種譯法應算是非常正統而認眞的直譯，但也將許多具關鍵性的腔格，略加敘述，對於不會崑腔的人譯譜，多少有點幫助；雖然它與名家私房曲譜有別（如俞振飛「習曲要解」），還得感謝傳授此技術給我的師長，沒有「莫把金針妄渡人」那種惡習。

崑腔腔格（音形）譜例

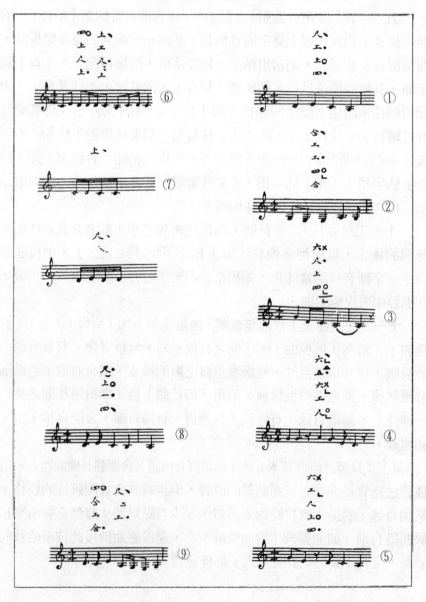

至於「工尺譜譯法」還有下列三點特殊的考慮【註五】：

一、由於有些工尺譜，爲了某種技術目標或其他原因，它們本身原來是移調記譜的，如江蘇鑼鼓曲中吹嗩吶的藝人，他們對六字調（正工調）手法最熟悉，所以他們的嗩吶曲的工尺譜，很多用六字調的音階去記譜。譬如原來的曲子是尺字調，故聽起來實際是尺字調。《九宮大成譜》中，就有這種情形，對它統一宮調理論，因移調而自亂其系統了。

二、工尺譜在表面不轉調，沒有升降符號的曲調，有時卻實際包含著轉調及升降半音的運用，如明·湯顯祖《邯鄲夢》〈掃花〉「賞花時」曲牌，雖全部用小工調（D調）形式記譜，但第一句「翠鳳毛翎紮帚叉」實際用尺字調，若與一般曲家實際歌唱的聲音相核對，便可聽出。大多數有經驗的曲家，唱到這裡「乙」與「工」音，都是降低了半音唱的，這時歌聲與笛音是不和的。但爲全曲旋律的調性，不得不用D調記譜，然在第一句某些音上，加上降半音符號，才與實際歌唱相合。在下面實際對譯的簡譜，看出「毛翎紮帚」四字的樂調，全與第二句「閒踏天門掃落花」的「天門掃落」四字的樂詞相同；它們之間，形成相差大二度的異調上同旋律的轉調關係，解決這問題的辦法，就是根據實際奏唱的音，仔細辨別記譜，不受曲譜上所記的工尺字樣的限制。

附　邯鄲夢掃花賞花時工尺譜譯法

翠鳳毛　　翎　　紮　　帚　　叉，

六 五 仕‧五 六 五 ｜ 六 五 六‧凡 工 六 ｜ 五 仕 五 六 工 六 工 尺 上 尺 上 一 四 ｜ 上　尺 上 ｜……｜

5‧6 1 16 5 6 ｜ 5‧6 5 54 3 5 ｜ 6‧1 653‧5 321‧2 17 6 ｜ 1‧2 1‧1 ｜……｜

（以下轉入Ｄ調）

　　閒　踏　　　天　門　　　掃　　落　　花‧

　　三、有些樂種，與有些地區的工尺譜，個別屬於另外的一些不同系統，只能各自予以不同的處理。各地人民，在古時長期隔離的情況之下，爲了保存並推進他們藝術的創造，各自有了自己的符號，在一定的地區內，起了相當的作用，在當時，是有著它們的積極意義的。在從前，我們對於這些實際存在，而且被應用著的工尺譜系統，只能根據書本上所曾記載過的一些帶有局限性的說法，由於脫離實際，現在可從事於田野調查，實際的聽音，漸進的將各地工尺譜中的不同，統一起來。

二、重要字聲

　　一隻曲子無論歌唱或演奏，要求達於盡善盡美之境，必先詳細研究曲辭的四聲、句逗、曲韻。「入聲」在南曲中與其他三聲分明，北曲則派入其他三聲中。「上聲」爲「霍腔」，「去聲」爲「豁腔」，「入聲」爲「斷腔」。「豁腔」有時譜中已加入「ㄑ」號；「霍腔」有時譜中已將該工尺偏寫，亦有時不寫，或已記在譜中不注明，演唱者宜注意。例如：《琵琶記》傳奇〈書館〉齣「解三酲」的曲辭有「教兒讀古聖文章」句，「教」、「聖」二字俱爲去聲，豁腔一定用在去聲，而去聲又不一定用豁腔，故「聖」字在曲譜中已加入「ㄑ」號，而「教」字則未加。

「斷腔」用於曲詞中的「入聲」字，中樂譜中並無特殊符號；西樂稱「斷音」，唱奏時短促輕快。南曲中入聲仍作入聲，唱時必須唱斷，不使字音連續，明・沈寵綏《度曲須知》云：「毋長吟，毋連腔，出口即須唱斷。」樂譜對於「斷腔」無法用記號表示，五線譜係用「・」或「，」加於第五線上方，奏時間斷。

關於曲韻，應注意閉口韻，演唱時如遇該韻，在行腔終了之際，必先將氣切斷，再變動口腔，接唱下字，否則，字音流走，如「家麻」韻，唱「家」字，如不先將氣切斷，再閉口腔，便成「江」字。演奏該譜遇上該部的韻，亦在行腔終了之前，加以「斷音」。例如：《紅梨記》傳奇〈醉皀〉齣「紅繡鞋」曲詞有：「只見那異草奇葩滿架」句，「葩」、「架」二字俱「家麻」韻，原譜皆作「五六」，唱時須唱「斷」。曲韻中屬「閉口」者，有「侵尋」、「監咸」、「纖廉」類韻。「支時」韻出音不收，亦應準此法唱之。

第四節　明高濂玉簪記傳奇情挑齣
朝元歌工尺譜與簡譜的對譯〔譜例八〇、八一〕

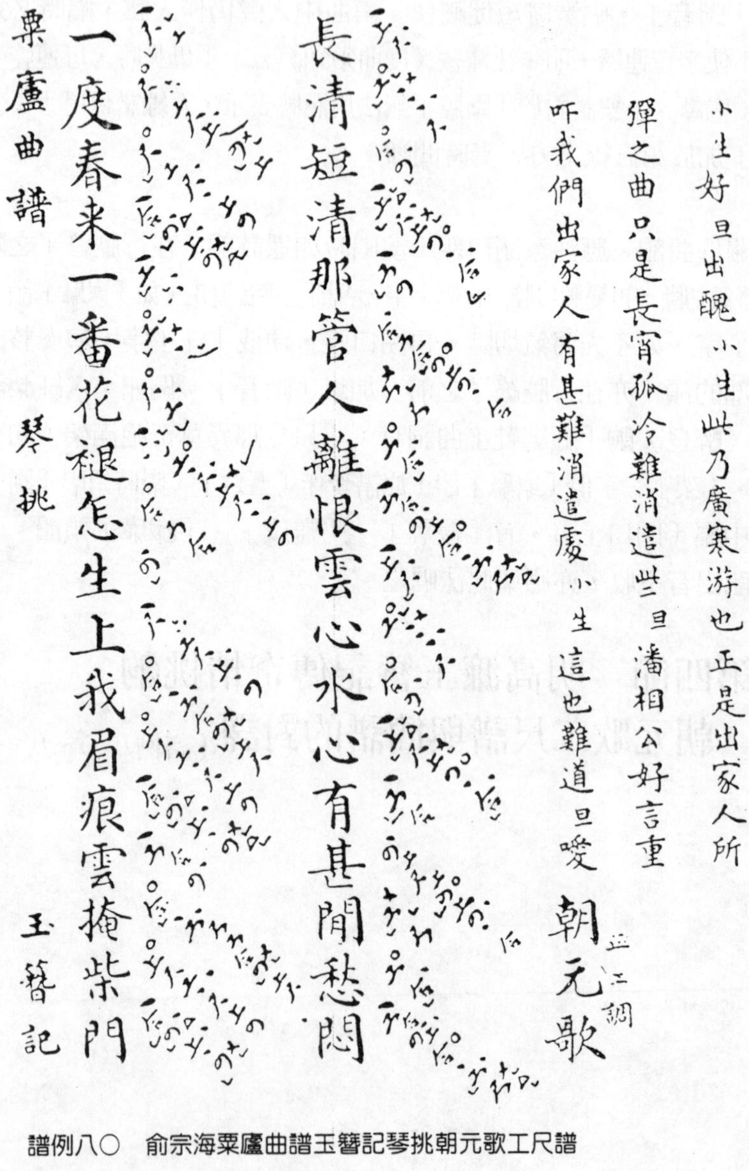

小生好旦出醜小生此乃廣寒游也正是出家人所

彈之曲只是長宵孤冷難消遣些旦潘相公好言重

吓我們出家人有甚難消遣慶小生這也難道旦噯　朝元歌 正工調

長清短清那管人離恨雲心水心有甚閒愁悶

一度春來一番花褪怎生上我眉痕雲掩柴門　玉簪記 琴挑

粟廬曲譜

譜例八〇　俞宗海粟廬曲譜玉簪記琴挑朝元歌工尺譜

鐘兒磬兒在枕上聽柏子座中焚梅花帳絕塵

果然是冰清玉潤長長短短有誰評論怕誰評

論

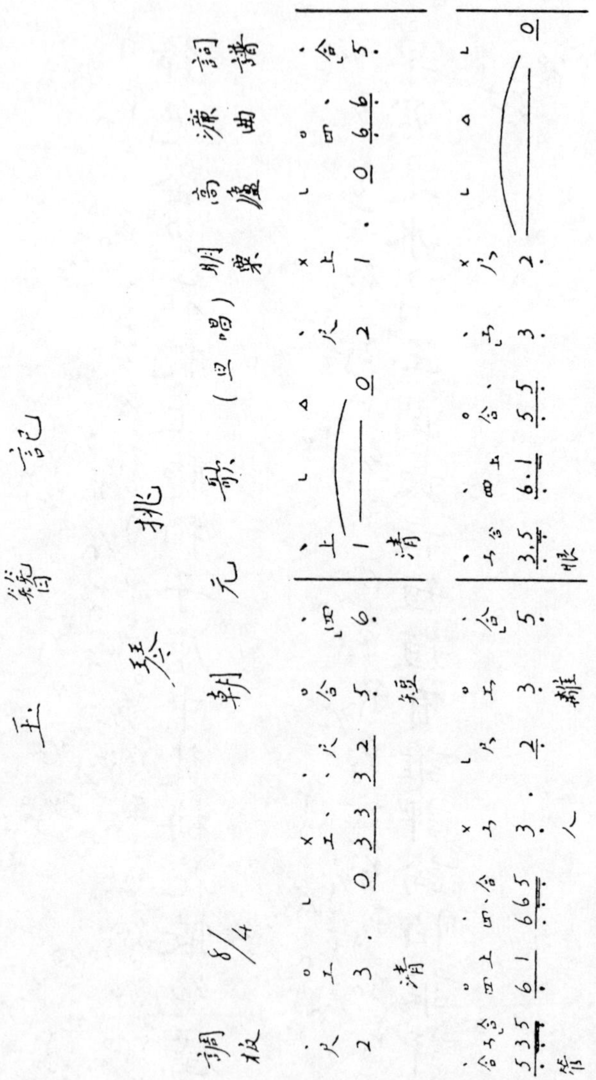

譜例八一　俞宗海粟廬曲譜王鍌記琴挑朝元歌簡譜

續前譜例

續前譜例

續前譜例（共四頁）

　　本曲爲南曲：南曲的節奏，較爲細膩而繁瑣；大部分用順級的進行（級進），比較顯得柔馴。在音階上：南曲用五聲音階，中國古代音樂，似乎不大愛用半音音程的上行進行，在上行進行中，遇到四度與七度音的時候，每引起小三度（如四上、工六）的跳躍，與大二度的逆行；在旋律的上：南曲上聲每從低處起而上行，其去聲從高處起而下行；這些法則便與北曲音樂有所不同【註六】。

　　歌曲是一種藝術，藝術是不可以範疇它的，所以上述明清傳奇的歌唱問題，尤其是翻譯的樂譜，只是一些原則提示性的。其運用之妙，則視個人學與藝的基礎而定！

第五節　元貨郎旦雜劇第四折二轉曲全譜析例

　　中國古代戲曲音樂，有一些名詞，在廣義上稱爲「曲譜」的，其可細分爲：㈠劇作家寫作曲詞，稱爲「製曲」或「塡曲」，就是根據「詞譜」的四聲陰陽和劇情需要而寫成戲曲的唱詞；㈡爲了音樂歌唱，塡註工尺（音形），現代所稱「作曲」，當時稱「譜曲」或「製譜」，這工作完成後，就可以歌唱；㈢我們現代「聲樂」，當時稱爲「度曲」，以研究曲詞唱唸字的格律與技法。塡曲所用的譜稱「詞譜」，奏唱所用的譜稱「宮譜」，在這二者之間過渡時，還有「板式譜」；研究戲劇樂曲，從著手到完成，各階段中應用的工具書籍──廣義稱爲「曲譜」。我們現在用到的各種曲譜，都是後世人整理或編輯前賢典範的作品而成，所以常常發生此缺彼全，或是彼缺此全，一折戲曲，能從劇本到樂譜都能蒐集齊全，就我所知，只有元無名氏《貨郎旦》雜劇，在作曲的各個環節上，也都銜接無缺，使我們研究元雜劇音樂，得到一個具體的認識！【註七】

一、元人貨郎旦雜劇的梗概

一、**劇名**：貨郎旦雜劇、**簡名**「貨郎旦」。

二、**題目**：拋家棄業李彥和；**正名**：風雨像生貨郎旦。

三、**作者**元代中期作家，姓氏無考。

四、**雜劇本事**：在長安城有一家開典當舖的老板李彥和，認識了妓女張玉娥，往來甚歡，張願意嫁李爲妾，但仍暗中與過去狎客魏邦彥勾通。張初入李門，數日後將大婦劉氏氣死。後魏唆使張捲走李家金銀財寶，放火燒燬典當舖，因火災延及舖旁公廨，恐得罪刑，彥和遂率六歲兒子春郎及乳母張三姑，全家逃走。行至途中遇大雨，路途泥濘，狀甚狼狽。迨至洛河渡口，魏假扮船夫等張至；便乘機推李落水，乳母張三姑帶春郎脫離虎口，因婦孺孤苦無依，生活困難，途中遇一蒙古人，官拈各千戶，無嗣，三姑便立文書賣春郎爲千戶之子而去。後三姑與彥和邂逅相遇，時三姑已從義父張撇古處學會唱「貨郎兒」曲爲生，並將李家故事，新編成二十四回「九轉貨郎兒」曲歌唱。十三年後，元人拈各千戶病篤，告春郎身世後逝世，春郎襲拈各千戶職官，攜賣身文書回中原尋找生父。春郎於驛館寂寞無聊，令驛子召樂人來唱戲曲解悶。彥和與三姑結爲兄妹，正聽候唱曲召喚。春郎因思念生父下落，食難下咽，將所食烤肉串，賞與唱貨郎詞男女二人食用，又不經意將賣身契誤爲廢紙，拭手中油污後棄去。李張二人見狀，因不敢冒認官親，便將李家所遭遇故事，以唱「貨郎兒」曲，勾起春郎回憶，並明說春郎胸前有一顆硃砂痣，於是父子相認團圓，繩姦夫淫婦魏張於法。

此劇最精彩部分，在第四折「九轉貨郎兒」唱曲，其一至九轉曲，以聲腔悽切哀婉動人。二十年代日本學者青木正兒《元人雜劇序說》，徐調孚校註云：「本折（貨郎旦）今已不能演。」又指元雜劇有十種「今亦有演者」凡七種：可見當時崑腔班中，在此前亦常常演出元人貨郎旦雜劇。

二、貨郎旦雜劇二轉曲的劇本與曲譜資料十種彙刊

茲將貨郎旦雜劇第四折二轉曲現存歌唱資料十種，分別輯錄影印於後：

一、明趙琦美脈望館萬曆四十一年（1613年）《鈔校古今雜劇》〈貨郎旦〉雜劇第四折鈔本書影〔圖版八二〕。

二、明臧晉叔雕蟲館萬曆四十四年（1616年）《元曲選》〈風雨像生貨郎旦〉雜劇第四折刻本書影〔圖版八三〕。

三、明朱權（署丹丘先生）《太和正音譜》〈樂府〉「正宮・貨郎兒」「二轉」曲（聲調譜）影鈔本書影〔圖版八四〕。

四、清李玄玉一笠菴《北詞廣正譜》「正宮・九轉貨郎兒」「二轉」曲（板式譜）刻本書影〔圖版八五〕。

五、清乾隆十一年（1746年）允祿等編《九宮大成南北詞宮譜》卷三三「高宮（正宮）隻曲・九轉貨郎兒」「二轉」曲宮（即工尺）譜刻本書影〔譜例八六〕。

六、清乾隆五十七年（1792年）葉堂編《納書楹曲譜》正集卷2〈貨郎旦雜劇〉「二轉」曲宮（即工尺）譜刻本書影〔譜例八七〕。

七、民國十三年（1924年）王季烈、劉富樑編《集成曲譜》聲集卷一〈貨郎旦〉雜劇「二轉」曲宮（即工尺）譜石印本書影〔譜例八八〕。

八、陳萬鼐《中國古劇樂曲之研究》（再版本）第七章〈古劇樂曲製作〉〈貨郎旦雜劇〉「二轉」曲工尺與簡譜對照書影〔譜例八九〕。

九、楊蔭瀏《中國古代音樂史稿》第二十一章〈說唱音樂曲例〉十六〈貨郎旦第四折〉「二轉」曲簡譜書影〔譜例九〇〕。

十、林慧婉《元人雜劇貨郎兒九轉曲之研究》（台灣師範大學音樂研究所碩士論文）第四章〈貨郎旦雜劇〉「女彈」（第四折）「九轉貨郎兒」「二轉」曲五線譜書影及該曲調分析〔譜例九一〕。

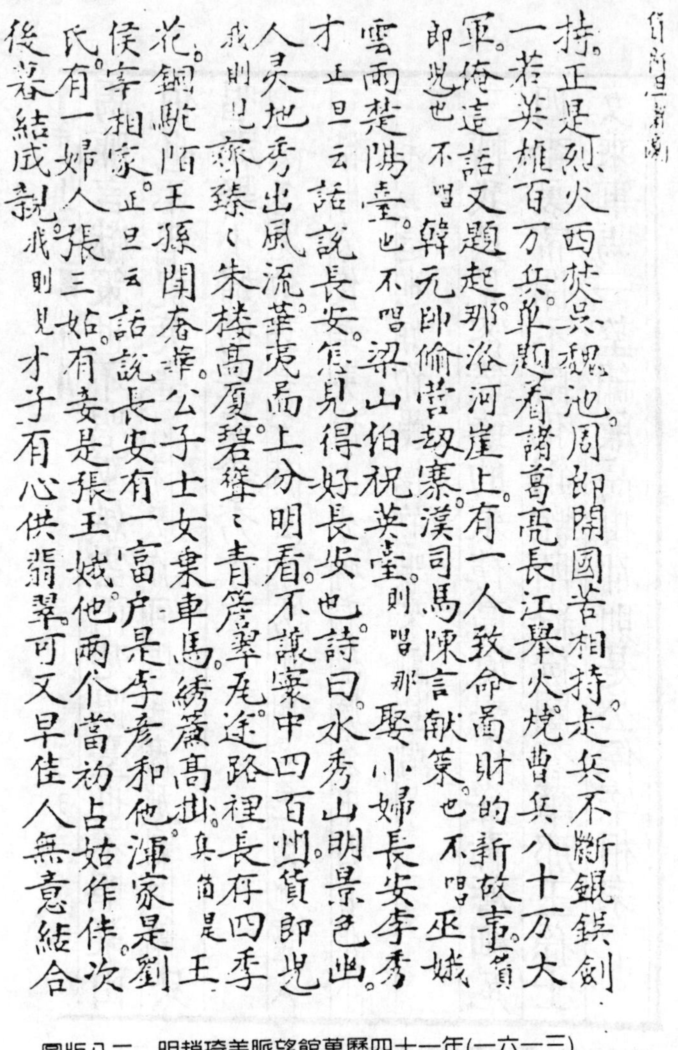

貨郎旦新編

按正是烈火西焚吳艦池。周即開國苦相持走兵不斷鋃鐺劍一若英雄百萬兵單題着諸葛亮長江舉火燒曹兵八十萬大平俺這話文題起那浴河崖上有一人致命獻財的新故事也不唱即婁也不唱元帥偷營劫寨漢司馬陳言獻策也不唱巫娥雲兩楚陽臺也不唱梁山伯祝英臺則唱那娶小婦長安李秀才正旦云話說長安也詩曰水秀山明景色幽人是地秀出風流華夷屬上分明看不護寰中四百州質即婁我則見齋臻朱樓高厦碧鞤青簷翠瓦途路裡長存四季花。銅駝陌王孫閒春公子士女東車馬繡蘆高掛真簡是王侯宰相家正旦云話說長安有一富户是李彥和他渾家是劉氏有一婦人張三姑有妾是張玉娥他兩个當初占姑作伴次後嫁結成就我則見才子有心供翡翠可又早佳人無意結合

圖版八二　明趙琦美脈望館萬曆四十一年(一六一三)
《鈔校古今雜劇》〈貨郎旦〉雜劇第四折鈔本書影

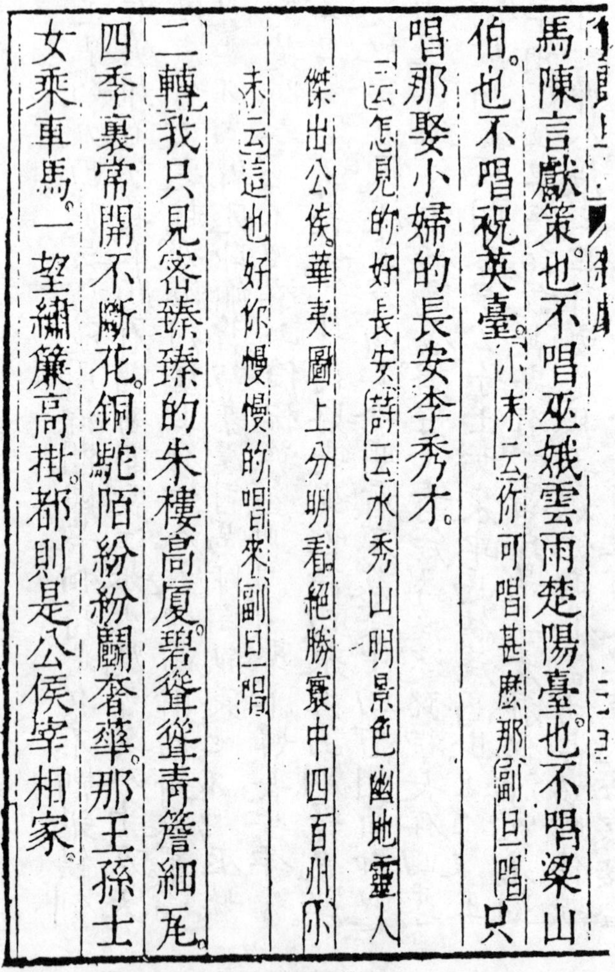

馬陳言獻策也不唱巫娥雲雨楚陽臺也不唱梁山
伯。也不唱祝英臺。〔小末云〕你可唱甚麼那〔副旦唱〕只
唱那娶小婦的長安李秀才。
〔云怎見的好長安〕〔詩云〕水秀山明景色幽地靈人
傑出公侯。華夷圖上分明看絕勝寰中四百州〔小
〔末云〕這也好你慢慢的唱來〔副旦唱〕

【二轉】我只見容臻臻的朱樓高厦。碧聳聳青簷細瓦。
【四季裏常開不斷花。銅駝陌紛紛鬧奢華那王孫士
女乘車馬。一埕繡簾高掛。都則是公侯宰相家。

圖版八三　明藏晉叔雕蟲館萬曆四十四年(一六一六)
《元曲選》〈風雨像生貨郎旦〉雜劇第四折鈔本書影

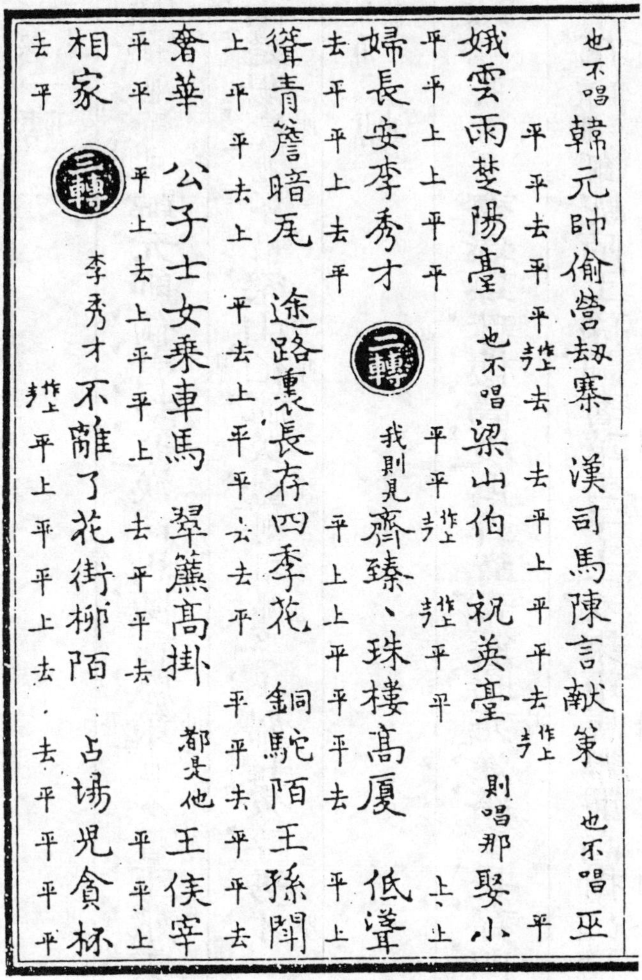
也不唱韓元帥偷營劫寨　漢司馬陳言獻策　也不唱巫
平　平去平平挫上去　去平上平平去挫上　平
娥雲雨楚陽臺也不唱梁山伯祝英臺　則唱那娶小
平平上上平平　平平挫上　挫上平平　上上
婦長安李秀才　二轉　我則見齊臻、珠樓高廈　低聳
去平平上去平　平上上平平平去　平上
聳青簷暗瓦　途路裏長存四季花　銅駝陌王孫閒
上平平去上　平去上平平去去平　平平去平平去
奢華　公子士女乘車馬　翠簾高掛　都是他王侯宰
平平　平上去上平平上　去平平去　平平上
相家　三轉　李秀才不離了花街柳陌　占場兒貪杯
去平　挫上平上平平上去　去平平平平

圖版八四　明朱權(署丹邱先生)《太和正音譜》〈樂府〉
「正宮貨郎兒」「二轉」曲(板式譜)刊本書影

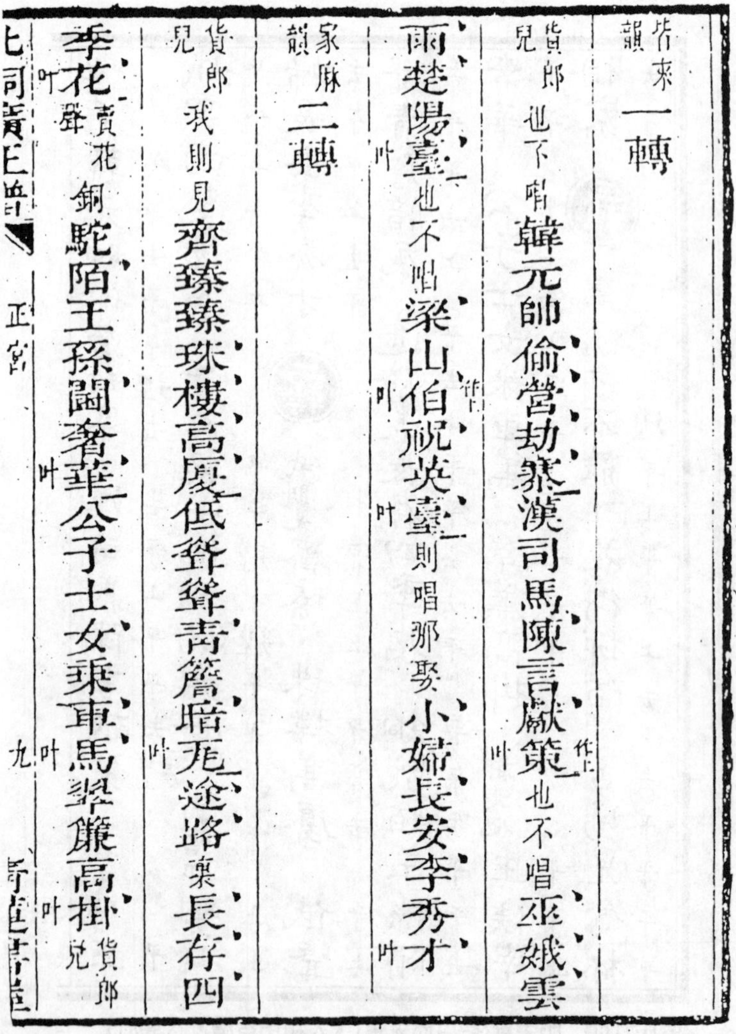

皆來 一轉

韻

貨郎 也 下 唱 韓元帥 偷營 劫 寨 漢司馬 陳言 獻策 也 不唱 巫娥雲

兒

雨楚陽臺 也 不唱 梁山伯 祝英臺 則唱那聚 小婦長安李秀才

韻家麻 二轉

貨郎 我則見 齊臻臻 珠樓 高厦低 聲 青簾暗 迷途路 棗 長存四

兒

李花 貨花 銅駝陌 王孫 閙奢華 公子 士女乘 車馬 輕 簾高掛 貨郎

聲

比司貨正譜 正宮 九

圖版八五 清李玄玉一笠菴 《北詞廣正譜》〈正宮九轉貨郎兒〉
「二轉」曲(板式譜)刊本書影

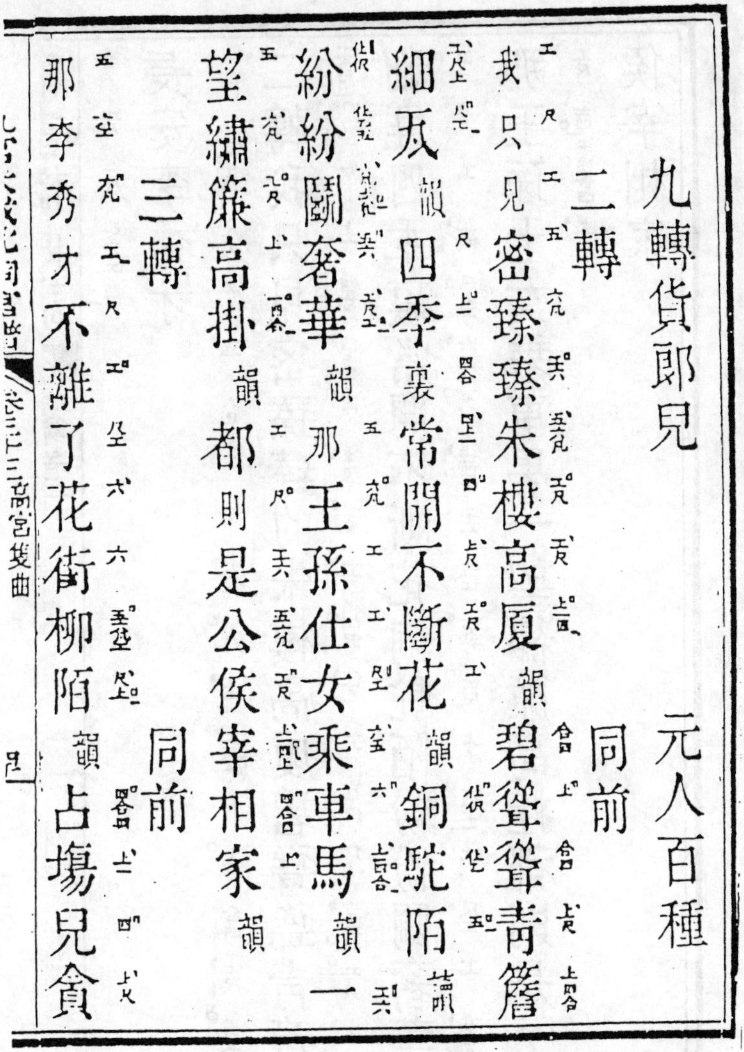

九轉貨郎兒　元人百種

二轉　　　同前

我只見密簇簇朱樓高厦韻碧聳聳青簷

細瓦四季裏常開不斷花韻銅駞陌一

紛紛鬧奢華韻那王孫仕女乘車馬韻

望繡簾高掛韻都則是公侯宰相家韻同前

三轉

那李秀才不離了花街柳陌韻占塲兒貪

譜例八六　清乾隆十一年(一七四六)允祿等編《九宮大成南北詞宮譜》卷三十三〈高宮(正宮)隻曲、九轉貨郎兒〉「二轉」曲宮(即工尺)譜刊本書影

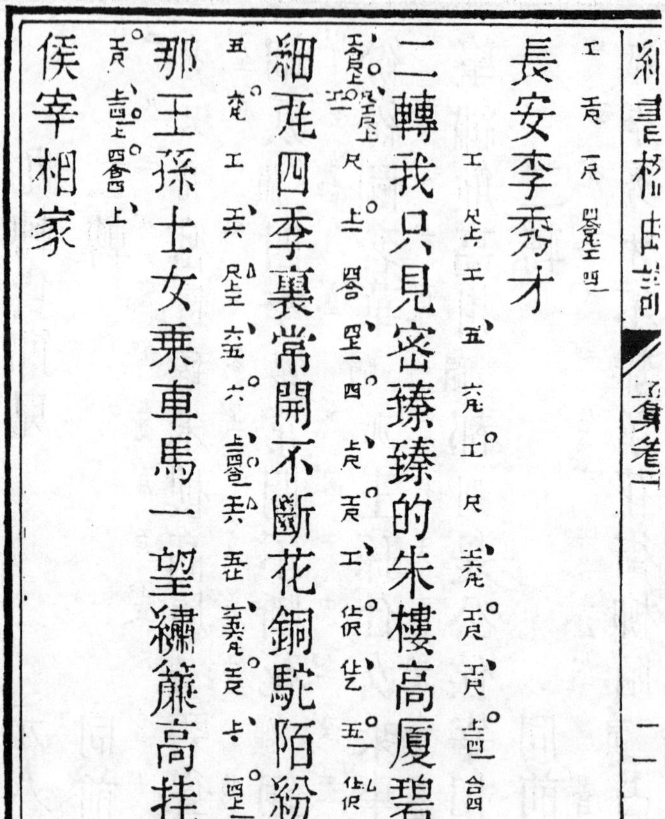

納書楹曲譜　正集卷二

二一

長安李秀才

二轉我只見密臻臻的朱樓高廈碧聲聲青簷

細茸四季裏常開不斷花銅駝陌紛紛鬧奢華

那王孫士女乘車馬一望繡簾高挂都則是公

侯宰相家

譜例八七　清乾隆五十七年(一七九二)葉堂編《納書楹曲譜》
正集卷二〈貨郎旦雜劇〉「二轉」曲宮(即工尺)譜刊本書影

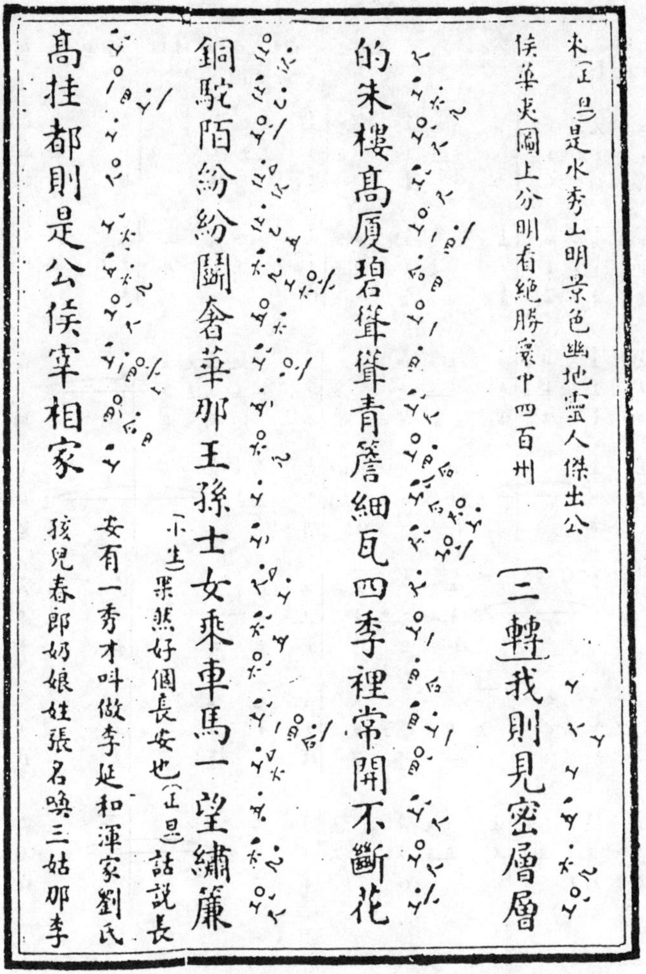

朱（正旦）是水秀山明景色幽地靈人傑出公
侯華夷圖上分明看絕勝寰中四百州
（三轉）我則見密層層

的朱樓高廈碧聳聳青簷細瓦四季裡常開不斷花

銅駝陌紛紛鬪奢華那王孫士女乘車馬一望繡簾
（小生）果然好個長安也（正旦）話說長
安有一秀才叫做李延和渾家劉氏

高挂都則是公侯宰相家
我兒春郎奶娘姓張名喚三姑邪李

譜例八八　王季烈、劉富樑編《集成曲譜》聲集卷一
〈貨郎旦雜劇〉「二轉」曲宮（即工尺）譜石印本書影

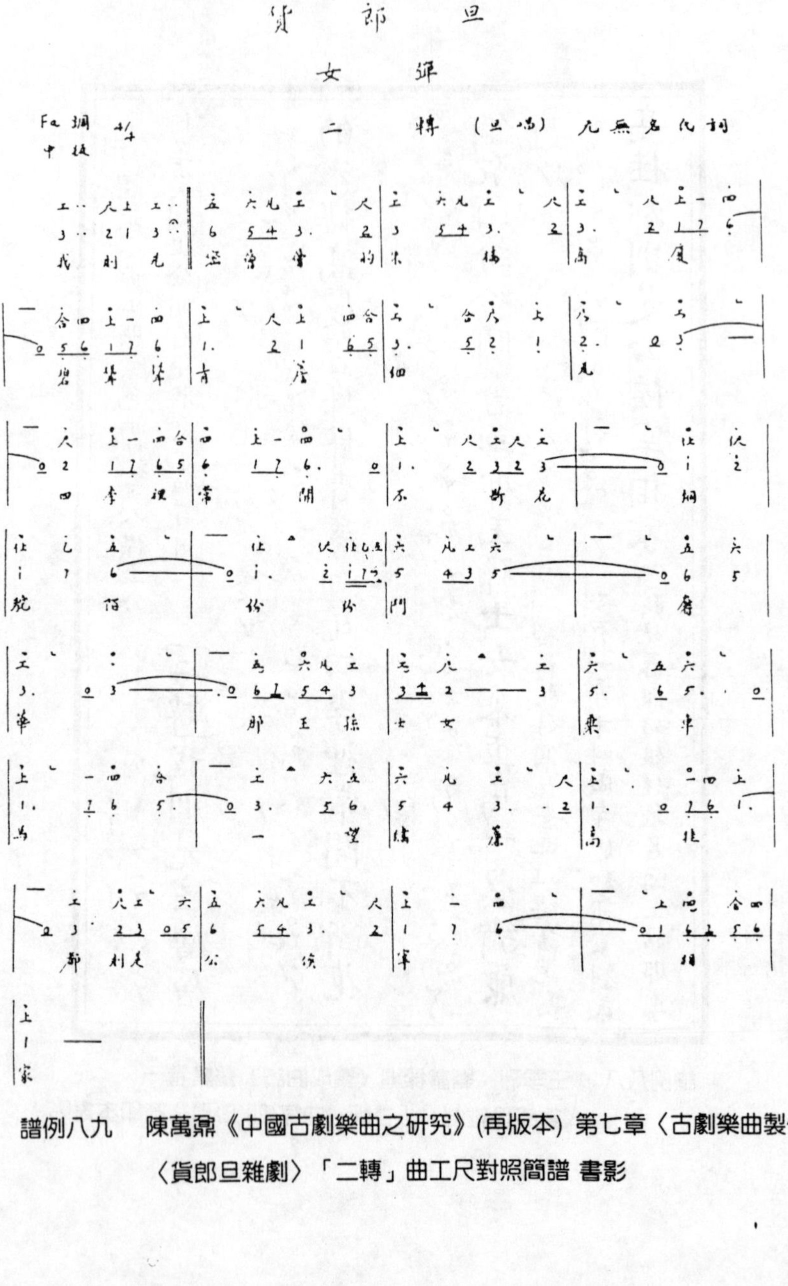

譜例八九　陳萬鼐《中國古劇樂曲之研究》(再版本) 第七章〈古劇樂曲製作〉
〈貨郎旦雜劇〉「二轉」曲工尺對照簡譜 書影

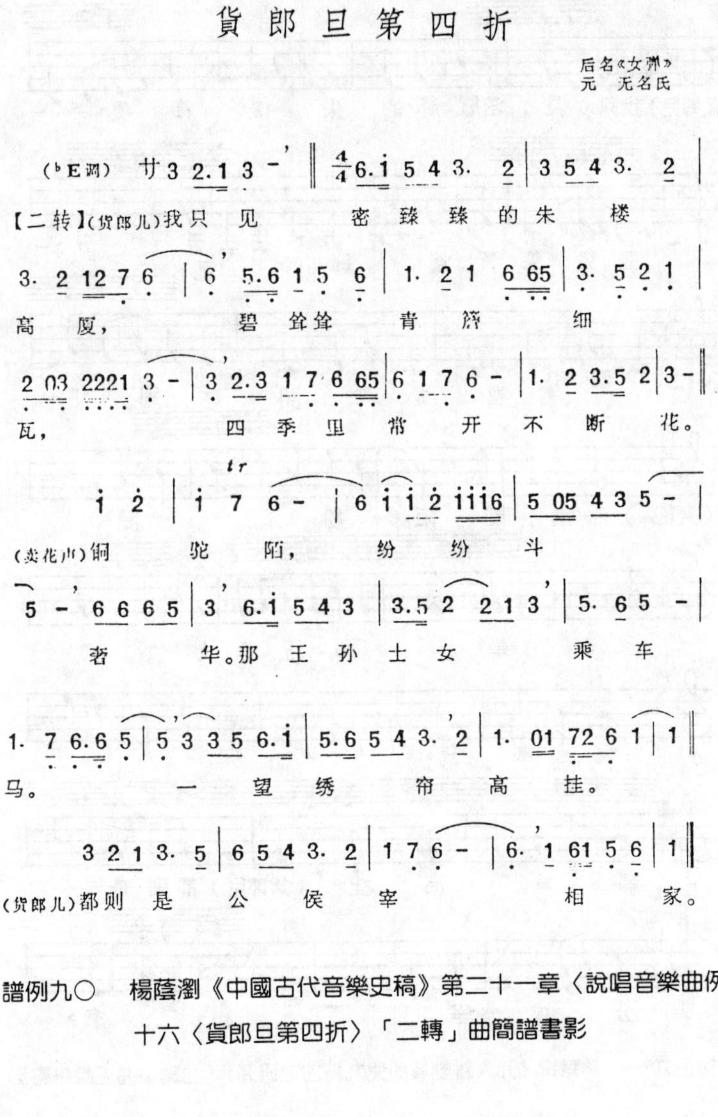

貨郎旦第四折

后名《女彈》
元　无名氏

譜例九〇　　楊蔭瀏《中國古代音樂史稿》第二十一章〈說唱音樂曲例〉
十六〈貨郎旦第四折〉「二轉」曲簡譜書影

貨郎旦雜劇

（貨郎兒）我只見密層層的朱樓高廈，

碧聳聳青簷細瓦，

四季裡常開不斷花。

（賣花聲）銅駝陌，紛紛鬧

奢華。那王孫士女

乘車馬。一望

繡簾高掛。（貨郎兒）都則是

公侯宰相家。

譜例九一　林慧婉《元人雜劇貨郎兒九轉曲之研究》「二轉」曲五線譜書影

譜例九一「二轉」曲的曲調分析：

1.調式：七聲宮調式。2.拍號：$\frac{4}{4}$拍子（一板三眼）。3.結音：樂句結音以E音最多，出現三次，其次為C音出現二次，G音與A音各一次。4.音域：C→d'（上→仅）在十七度之間。5.音程：除級進外，以小三度跳進最多；大三、四、五度次之，六、七度極少。6.本樂章中，一字之腔格最多占六拍、最少占半拍；前者常出現在句尾或重要的曲詞上，後者則多在虛詞與襯字間，此正與歌曲的常法相符合。7.樂句進行有下降的趨勢（此一現象亦見用於其他各轉曲）；調式的選用頗與「一轉」不同，但在彼此間的過渡樂段時，音形結構卻十分相似，疑此即為本曲主旋律的所在。8.中間插入「賣花聲」曲牌處，音域明顯偏高；而且調式確定轉入「宮」調式，在此之前屬羽調性質。9.一改散板曲之節奏模式，而使用 ♫ 、 ♪. 、 ♬ 、 ♪ 等節奏穿插其間，致使得樂曲生動活潑。

本曲為北曲音樂的構造，與南曲音樂顯然不同。

三、二轉曲劇本與曲譜資料敘錄

以上輯錄十種元人雜劇〈貨郎旦〉「二轉」曲的劇本與樂譜資料，其內容簡要敘錄於下：

一、「脈望館鈔本」與「雕蟲館元曲選本」，兩者文字之間有差別，現在貨郎旦雜劇沒有元朝刻本流傳下來，所以脈望館本算是最早板本。就該樂曲的標題來看，脈望館鈔本將「九轉貨郎兒」一至九轉曲，統統稱為「貨郎兒」，不分別記各曲的轉數，雖然比較含糊，也許就是接近元人未經加工的本來面目。元曲選本較為普遍，要從事戲曲文字工作，須儘量訪求各種板本，校勘其異同，研究音樂就不必在

板梓上作工夫了。

　　二、《太和正音譜》「九轉貨郎兒曲」是聲調譜，也是最早的北曲詞譜。它每個詞（字）左邊註有四聲，其中將「入」聲字，按北方官話分派平上去三聲中，譜中凡「作平、上、去聲」者，表示此字本來是「入聲」字，現轉變爲某聲。如「伯」、「祝」二字本爲入聲字，本曲卻轉變成上聲字。此譜曲詞正襯分明，每宮調曲子，皆擇代表性足爲典範者。此譜似乎對貨郎兒曲詞特別偏愛，竟然將全部曲詞傳承下來，也讓我們瞭解古代人作曲的過程，它是研究元人雜劇音樂的第一步。

　　三、《北詞廣正譜》是板式譜；中國古代戲劇每一隻曲子，奏唱的長度與速度，都有一定規律，在譜中板數多，奏唱時間必長，板數少則時間必短，即現代音樂所講的樂節與節拍；並且還規定在某字處有板，不得隨便增減或移動。此譜除上述功能外，也可作爲詞譜用，因爲譜中記載每隻曲子用韻、韻腳、協韻、大小字體正襯，極爲分明。此譜記載「二轉」曲是二十七板，板點在曲詞某字上，原則上最好不要移動，如襯字過多也可以移動一點，這是研究元劇音樂除曲詞音勢外，第二個重要的地方。貨郎旦雜劇第四折，在崑腔譜中稱爲「女彈」，一共十二隻曲子：【南呂宮】一枝花──梁州第七──轉調貨郎兒──二轉──三轉──四轉──五轉──六轉──七轉──八轉──九轉──煞尾；我們現在看到的「二轉」曲，在它前面三隻曲子都是自由節奏的散板曲，「二轉」曲才開始從「實板」起唱，居於樞紐地位，這時曲調平平穩穩，情緒正常，歌吟長安城繁華景象，高潮在後面，情感便激動起來，拍式也跟著變化。如果我們想寫某一個劇本，也想用九轉貨郎兒曲，就得先在《太和正音譜》找曲詞的聲調音勢譜，然後在《北詞廣正譜》中找板式節奏譜，這兩部曲譜沒有，要作古劇樂曲寫作，如清‧洪昇《長生殿》傳奇〈彈詞〉齣，所用「轉調貨郎兒」套

曲，就是很據這類譜例爲基礎寫作成功的，否則便難以著手了。

　　四、凡以工尺爲音形的樂譜稱爲「宮譜」，本書所列舉三譜，簡稱爲「九宮大成譜」、「葉譜」、「王譜」。九宮大成譜於1746年印行，是清廷最早御用的樂譜，硃墨套印，紙質精良，傳本較少。葉譜於1792年印行，是民間流傳最早、最廣的劇曲譜。這二種樂譜，主要是爲唱崑曲而設，惟對象有別，一是面對當今皇上及王公大臣；一是面對一般民衆。此二譜記譜法，同是記「板」（「、」第一拍）與「眼」（「。」中眼第三拍），缺少「頭眼」「末眼」（「·」小眼第二、四拍），認爲「板眼中另有小眼，原爲初學者而設，在善歌者，自能生巧，若細細註明，轉覺束縛。（葉譜凡例）」現不僅善歌的人感覺不方便，因兩拍之間空間與時間游移性太大，自己去定訂一個板式，十分困難，當然一般初學習者，更是難於決定。後來1924年王譜印行，參酌前人記譜及實際奏唱聲腔，將上二譜的頭、末眼補齊，解決了用者困難，流行於時。

　　上述三種宮譜，都是爲奏唱崑曲所訂的樂譜，可是其中也包括元人雜劇譜在內，尤其九宮大成譜中，有雜劇全折的樂譜幾十套，隻曲千隻以上，是我視爲元人雜劇音樂的資源寶藏。葉、王二譜也收元雜劇十餘折，隻曲共一百三十餘隻。王譜除板眼齊全以外，在旋律上與葉譜大同而小異。但將現在尙可聽見的錄音帶，或是能看到的錄影帶，與各譜比較，差別很大，這可能是劇場搬演方便，聲腔在不離原始形像情況下，場次說白有所變動，就無可厚非了！王譜發行之初，爲32冊線裝本，售價甚高（銀元32元），普通民衆難以負擔，後於1940年將譜中通行戲曲一百齣，選印爲《與衆曲譜》8冊，唸白附以讀音記號，又多加上重要鑼鼓點子，及伴奏器樂曲曲譜，遂風行一時。在九宮大成譜與集成譜之間一百九十餘年，有《遏雲閣曲譜》及《六也曲譜》等數種宮譜出現，其中只重崑曲，所收元人雜劇樂譜極少，實是

力有未逮，非不爲也！

五、筆者所譯的簡譜，此譜以《集成曲譜》爲準，笛調以清《律呂正義》所繪笛圖，精製「姑洗笛」爲準。測定此笛上字調爲 C 調，小工調爲 E 調，比王季烈等人往年所稱小工調爲 D 調，卻高一個全音（大二度）。本譜將原譜工尺附於簡譜上端，各種板眼符號與簡譜節拍，相與併行，可供學習工尺譜者，對譜翻譯練習，似爲特色之一，如大師級俞振飛《振飛曲譜》就是簡譜，楊蔭瀏、曹安和編《關漢卿戲劇樂譜》就是五線譜，都不曾附原曲譜的「工尺」，這大概是「壯夫不爲」的小事，而我還喜歡將譜名著錄得清清楚楚。

六、楊蔭瀏譯簡譜，自云是以葉譜爲主，參照崑曲清唱派──指無錫天韻社曲譜而言，既精審而且實際。但在其簡譜中，有時出現轉調記法，雖然工尺譜無升降記號，不知其是否須轉調；楊氏根據實際奏唱之音高，故譯譜時，並不限原譜工尺之高低。

七、林慧婉譯五線譜，以《集成曲譜》爲準，如與《納書楹曲譜》有相異時，即附譯於相異處上方。此譜的「曲調分析」，原論文每轉曲皆有敘述，現僅隨同「二轉」曲摘錄一則，自難免有簡略之處。此論文是筆者第一次指導臺灣師範大學音樂研究所學生結撰的，愧甚！

本書以《貨郎旦》雜劇第四折「二轉」曲爲例，並悉心蒐集該劇的劇本與樂譜資料，目的在顯示迄今已歷時七百年古劇音樂，還能有些完整保存下來。尤其是對於元雜劇音樂的研究，各個環節扣合如此完整，堪作爲典範，使我們根據這條的線索，去更深入探求元人雜劇音樂的本源。

第六節　現存古劇樂曲的數量

一、九宮大成南北詞宮譜等十一種曲籍解題

現存古劇的樂曲究竟傳承有多少——整本、隻曲、折子、散曲等等包括在內，如果好好從事「田野」式的整理統計，就可以成一本專著，而且還得準備隨時修正、補輯，可見這「數量」是非常難以達到正確的。我僅就所收藏與所用下列數種古劇曲的書籍，分別敘述於下：

一、九宮大成南北詞宮譜 清允祿等輯 乾隆11年（1746年）莊親王邸刊本

全譜計81卷，目錄1卷、50冊，朱墨套印，收南北曲2094個曲牌，連同變體共4466個曲調，其中包括唐宋詞、宋元諸宮調、元明散曲，南戲、雜劇、明清傳奇，但有曲無科白，工尺記譜，爲研究古代歌唱文學最完備之書。現已有影印本行世。

二、納書楹曲譜 清葉堂編 乾隆57年（1792年）刊本

該譜分正集、續集、補遺各4卷，外集2卷，共14卷。正集選曲最佳妙，續集取其流行者，補集係流傳最少，「於梨園家搬演尙多遺置」者，外集等而下之。全譜錄劇90種，329齣，散曲10齣，時劇23齣，共362齣。該譜爲供歌唱，特別注重於樂譜之搜集整理，有曲無科白，工尺記譜，對元明清雜劇傳奇保存樂譜，功不可沒。現已有多種影印本（如臺北大華書局本）。

三、遏雲閣曲譜 清王錫純編輯 光緒19年（1893年） 上海著易堂刊本

全譜收集當時流行崑曲折子戲87齣，有科白，工尺記譜。此書爲大畫家馬子晉兄赴魯探親，途經北京琉璃廠購得，費人民幣240元，返臺後贈我。書中蓋有高姓名家收藏章。現尙未見影印本。

四、六也曲譜 張（怡菴）芬編輯 光緒34年（1908年）蘇州振新書社石印寫本

該譜分元亨利貞四集。先是張氏輯《六也曲譜初集》，收劇14種，34齣，後據以擴充爲55種，200齣。然初集所收而後集未收者，亦有三種，如〈鐵冠圖〉、〈吉慶圖〉、〈西廂記〉。又輯《春香閣曲譜三記》，上海朝記書莊印行。又《崑曲大全》民國14年輯，上海世界書局石印。各譜有科白，工尺記譜。現已有多種影印本（如臺北中華書局本）。

五、集成曲譜　　王季烈編輯　民國13年（1924年）　　商務印書館石印寫本

全譜分金、聲、玉、振四集，每集8卷，共32卷，收劇88種，410齣，每集卷首共有元人雜劇9折、明人雜劇1折，有科白，工尺記譜，爲《納書楹曲譜》以後最完備之曲譜。王氏又有《與眾曲譜》8冊，於民國29年輯，所選曲率與《集成曲譜》相同，惟多時劇數種，曲白俱全，工尺記譜。該譜有較《集成曲譜》詳細處，意在便於人人之用。現有影印本（集成曲譜有臺北古亭書屋本、與眾曲譜有商務印書館本）。

六、蓬瀛曲譜　　中華學術院崑曲研究所、蓬瀛曲集輯　民國68年（1979年）　　臺北中華書局影印寫本

此譜曾有「郁元英編輯、民國48年青石山莊影印」一種，此本收明清傳奇 31齣，60隻曲（有元雜劇關漢卿《單刀會》一折），這些曲子係供「蓬瀛曲集」會友唱曲之用，在腔格上所謂「小腔」（即墊音）比較多，唱曲時容易貫注。此譜有科白，工尺記譜。

七、粟廬曲譜　　俞宗海輯　1953年（癸巳序）　　影印手鈔本

此譜在30年前見於友人珍藏，未便多所閱讀，知道是一部最有價值俞氏公開數十年曲藝的傳本，精寫影印曲白俱白，工尺記譜。該譜共收39齣，另31齣寫本遺失於香港，書弁端有俞氏哲嗣所撰〈習曲要解〉24面6000餘言，多經驗之談。民國67年再版拙著《中國古劇樂

曲之研究》一書，承友人慨允將此書〈習曲要解〉及《牡丹亭》傳奇〈遊園〉〈驚夢〉二齣（共44面）影印於書中。早年我治目錄學，在一本書題跋上，看到某些名家在藏書樓，親眼看到某種善本書，並且題跋數語，倏忽此書銷聲匿跡（待善價而沽），多作「時促不及詳錄，匆匆歸趙，曾題四絕以誌眼福，雲煙一過，今不知流落何所？」我亦有此感，特記此事。幸此書在本省已購買不難，足以廣曲譜之學。其實，此書〈習曲要解〉的精蘊，非是一般泛泛之輩所能瞭解的。

八、度曲百萃　　　許百遒輯錄　1991年臺北王許聞龢發行

此書爲許百遒遺著，在台印行。百遒先生幼承家學，按板弄笛，師事一代曲宗俞粟廬（宗海），與振飛交稱莫逆，本書以俞派曲藝爲本，許氏撝笛有「滿口風」世人喻爲「笛王」，誠是方家之作。此書收「散曲」（係隻曲如《長生殿》〈定情〉齣「古輪台」「綿搭絮」二隻）24種；「整曲」（係上述〈定情〉齣「絮閣」「驚變」「聞鈴」「哭像」四隻）14種，「附錄」〈奇雙會〉（應是崑曲記譜法的「吹腔」一種），合計百曲，故曰《百萃》。全書僅曲詞，無科白、工尺記譜。此書承馮睿璋、許聞珮賢伉儷示贈，在本省殊不多見。馮氏伉儷爲崑曲名家，桃李芬芳，現旅美未歸。

九、振飛曲譜　　　俞振飛編著　1982年　上海文藝出版社本

此譜爲俞振飛80歲晚年輯成，將俞氏家學淵源發揚光大。此譜收元人雜劇（極少）、清明傳奇、吹腔等33種，共40齣（折），又〈選曲〉8種10齣，都是非常精彩傳世佳曲。弁端有題詞，序文以外，復有俞氏〈習曲要解〉、〈念白要領〉、〈鑼鼓字譜說明〉不愧是崑腔唱法「三昧眞火」。此譜曲白俱全，不用工尺記譜，而用「簡譜」排印，拙著〈元人雜劇音樂的資源〉載於臺灣師範大學《音樂研究學報》二期，徵錄元雜劇〈單刀會〉曲譜，讀者在未獲見原書，可以參看。此譜在「簡譜」上並未附「工尺」，也無音形說明，似在便於普通唱歌

者之用；果眞如此，則此書爲「簡譜化的崑曲」的關鍵書（青木正兒
曾說「崑腔化的雜劇」），是十分值得重視的問題。

我未曾一一校讀此譜，至少發現《琵琶記》傳奇〈書館〉的「解
三酲」這隻曲子的簡譜，其譜無論工尺等，都與一般曲譜唱法不同，
大約爲方家獨特之處。

十、關漢卿戲劇樂譜　　楊蔭瀏、曹安和合編　1959年北京音樂
出版社本

此書是在楊蔭瀏一份英文著作目錄中見到，輾轉託友人在北京圖
書館尋訪得。全書連封面共17頁，16開本，收關漢卿《竇娥冤》（稱
金鎖記斬竇娥）3折、《單刀會》〈第三折訓子及第四折刀會〉19曲
折，總計22折，與英文目錄著錄「關漢卿的兩個劇〈竇娥冤〉〈單刀
會〉中22首選曲的五線譜」相符。此書無科白，用西洋五線譜記譜，
也應算是「五線譜化的崑曲」的關鍵書，同樣值得重視其影響於後世
（請並參見第九目敘錄），使工尺譜漸漸滅絕了！

十一、綴白裘　　汪用和校　臺北中華書局排印本

《綴白裘》不是「宮譜」（工尺譜）之書，是供觀劇時了解曲詞
之用。全書共12集，每集4卷，共48卷，所收劇88種，429齣，另雜
劇3種、高腔1齣，亂彈3齣、梆子腔51齣，總共487齣。曲詞曲白完
全，然選曲較泛，亦有錯誤，固不若《納書楹曲譜》等之精審，而納
書楹曲譜中未收之曲，幸此譜所輯，得以知其劇目流傳後世。戲曲爲
搬演之物，伶人動輒刪改，刻曲者也不完全精通曲藝，板本採輯，曲辭
修飾未能盡善，該書猶可供校讐之用。本書特例外錄而存之以供參考。

以上11種古劇樂曲的叢刻，都是「宮譜」性質，其中8種「工尺」
記譜、「簡譜」與「五線譜」記譜各1種，「非曲譜」1種，各書所收
的戲劇，彼此不避重複，很難正確的計數。我曾在拙著《中國古劇樂

曲之研究》書中，第十章〈現存古劇樂曲及其本事述要〉內，用《納書楹曲譜》、《六也曲譜》、《集成曲譜》、《綴白裘》四種，合編一表格，凡同一個劇名的各齣，皆排列在一起，可以看出那個劇名，有那幾齣現在還存在？算是相當可用的目錄。

這些「宮譜」絕對沒有兩隻名字相同的曲子，工尺記譜完全一模一樣，這是因爲作者有了心得，才會想重新刊刻新書。其中最常見的是「墊腔」（俞振飛也如此稱法）；或將「板式」（節拍）挪動一點，可別小看了這點動手腳，會使得此曲變成只應天上有的妙曲。還有兩種譜同名而工尺完全不同的，仔細看看，原來是將舊本或新本旋律的升高或抑低，待你唱著試試，就知其有精妙之處！等於未變。在清朝尤侗《鈞天樂》傳奇中，有程不識與賈斯文、魏無知三鼎甲，如果將這些譜式讓他們看看，肯定會說是一樣的嗎！有甚麼「緊張」呢？

二、現代劇場還能看到那幾種元雜劇在搬演

我想探求一個問題，元雜劇與明清傳奇到清朝末年、民國初年，能有多少劇還在上演？恕未將現在大陸各地崑劇團演出的計算在內，這些團能有崑曲傳習所「傳」字輩的先生教導的，就算很「正宗」了。根據清朝同治11年（1872年）《申報》及《字林滬報》等舊報上的戲目廣告，以蘇州四大班演出爲主：計上演元明清雜劇11種17折；南戲和傳奇87種、535齣；小本戲與新戲、燈劇、時劇等不算入【註八】。現在能欣賞到這種原貌崑曲未知是多少了？

關於元人雜劇，民國二十年代後期，「當時能上演的」有《單刀會》的〈訓子〉〈刀會〉2折；《西遊記》（明楊景賢著，非元吳昌齡著）的〈認子〉〈胖姑〉〈借扇〉3折；《不伏老》的〈北詐〉1折；《東窗事犯》的〈掃秦〉1折；《昊天塔》的〈五台〉1折，《風雲會》的〈訪普〉1折；《馬陵道》的〈孫詐〉 1折；《漁樵記》的〈寄信

相罵〉1折，共計8種11折。「當時已不能上演的」有《西遊記》的〈撇子〉1折；《兩世姻緣》的〈離魂〉 1折；《貨郎旦》的〈女彈〉1折；《漁樵記》的〈北樵〉1折，共計4折，表示前不久還能演，此刻不能了【註九】。近年更是寥若晨星，只有〈刀會〉這折是碩果僅存，有大陸文化部文學藝術研究所1978年4月「刀會」錄影帶一捲可看，其唱念（京白）、作表、樂器伴奏，俱臻上乘，爲元曲教學最佳的教材。

第七節　懷念我的曲學「老師」曾達聰先生

　　民國48年（1959）我閒居多暇，閱讀「南北曲」，同時參考了許多論曲的書籍；這些書籍百分之九十八是在作文字工夫，百分之一二講「音律」，講音樂的是零。尤其一些現代的「註釋」，對於這種淺顯的白話文，用語體去釋義，眞是越解釋越不清楚。古人稱「詞者詩之餘也」，「曲者詞之餘也」，如果詩詞根底有限的人，怎能探驪得珠呢？我在那個階段中，一無所獲，大致領略到「塡曲」與「度曲」這兩個名辭。「塡曲」是按照曲譜規定的格律，將四聲陰陽，分別塡在曲詞裡，如果能與譜相諧，而且沒有將字牽就於音，又表達了眞情實意，是非常難得的；「度曲」就是唱曲子。在民國54年以前，本省各大小圖書館所收藏的戲曲史，絕對找不到一本涉及元曲音樂的書。我對研究「南北曲」認知既是如此，只有在音樂方面另尋蹊徑。後來經過鄰翁溫州老報人徐建三丈的介紹，結識了曾達聰先生。

　　曾達聰先生浙江省永嘉縣人（今溫州市），這一帶地方人士多自稱「溫州人」。那年他42歲，長我10歲，蓄著平頭，少年白，自己說在廈門時，人家看到他踢毽子，說他外貌像40歲，身體靈敏度像20歲；在

臺北經常穿長衫，搭乘客運公司汽車，車掌小姐自動替他扯張半票。他常常提到這些事，表示人家不識他廬山眞面目，以爲笑樂。

　　他是溫州高中畢業，投考青島海軍學校（四年制），民國29年航海班五期畢業，在海軍輩份是相當高的。他當過砲艦長、處長，不是暈船的海軍軍官。後來在海軍士校任教育處長，及海軍官校、參謀大學任教官，教授戰史評論、軍事哲學等方面課程；他也是海軍「水中兵器專家」，對魚雷的構造與戰術，有精湛研究，民國56年上校志願退伍。在軍中曾編授許多兵法如《孫子兵法》等書籍，未在坊間發行，惟《先秦戰爭哲學》一書，是我介紹在台灣商務印書館出版。雖然他是一位優秀的軍事家，「乃改而嗜文，獨好元曲，於是日近載籍（自傳）」，所以又著作《北曲譜法──音調與字調》及《南曲譜法—音調與字調》兩書，均由文史哲出版社出版，前者也是我居間介紹，並協助取得中山學術文化基金會的補助。這兩本書，是剪輯南北曲曲譜660餘折的「音形」與「曲辭」，貼在數萬張的卡片上，然後經分析歸納，統計出曲的「音調」與「字調」的數字百分率，探討古劇作曲的原理（見二書引言）。

　　曾先生是永嘉人，宋元南戲就在那裡發祥，他曾說：「鶻伶聲嗽」（永嘉雜劇）可能是溫州古方言；又說元朝的「九山書會」的「九山」，都在他們的故鄉，九座山其中一座，在一家毛筆店後院內，僅是一塊「石頭」而已。他的曲學，可能受天韻社流派的影響，曾說吳畹卿是他的老師，此人見於楊蔭瀏《中國古代音樂史稿》原刊本第769面。他會崑曲不開口唱，擅長吹笛子，未講師事何人？臺灣「笛王」是徐炎之先生，大陸南北兩「笛王」是許百遒與兪振飛二先生，我覺得他的笛藝，至少是「笛王」第二，可惜沒有人替他吹捧，以致默默無聞。

　　我研究「南北曲」追求的目的，必須學習崑曲與吹奏，當時在圖書館借到殘本的《與眾曲譜》，這書被借書人用鉛筆在「工尺」旁邊，寫

上一部分簡譜的唱名，事實上都是錯誤的。因爲我從小就學會吹笛子，而且還會將「練習曲」（共19個音階、11板，崑曲的正板曲三種板式都包括在內）翻調；還會拉一手「爛二胡」（如國樂的「寄生草」，《平劇歌譜》中的「法場換子」）；抗戰時期，在鄉下避難，撿到一把破月琴，先兄將它拼湊成「二根弦」，還記得用乒乓球的破片去撥弦，沒事用它彈民間小調如「孟姜女」，如果當時是把好月琴，也許就入門了。基於我這一點認識與技能，要學崑曲的唱奏，並非難事，而我事先將曲譜中的各種記號，都檢視一過，記錄下來，又擬訂了許多問題，以免向曾先生請教時，不知所云。一天，我與徐丈扛著一台日本新產品錄音機（十幾二十斤應該有，忘記了廠牌，是向任教學校借的），由楠梓（高雄市郊）本宅到左營自治新村曾府求教。首先，我吹一段「醉仙喜」國樂曲牌給他聽，繼而請他吹笛子，唸工尺，他一諾無辭，只說「不行」，我說「很好」，我們這兩句對話，前幾年在錄音帶（由盤式轉錄）中，還清楚聽見。我請問他曲譜中各種記譜符號意義，他也一一解說，請他吹各種笛調的曲子，他也吹了，我都錄音下來，這一天可能是我收獲最豐富的一天，也是我學曲藝啟蒙的日子。他對徐丈說「陳先生」很會發問，可見我頭腦笨拙，不會觸類旁通，舉一反三。我現在教的學生就青出於藍，聰明得很，生而知之，從不發問，「回也若愚（論語）」。

　　我佩服曾先生是位音樂的天才，中西音樂都知，但它不記得譜，吹時必須看譜，俗稱「帶舖蓋」，很特別的，是拿起笛子就吹，用不著先培養甚麼情緒，裝作要死要活那樣；聽說世界級的鋼琴家，每天要練習八小時，一天不練手就生疏了。他中氣十足，吹笛聲墜塵梁，我請他吹七個笛調的崑曲，也抱括元人雜劇曲，他都可以吹，坐著、站著都行：我請他吹「上字調」《單刀會》〈刀會〉折的「新水令」；「尺字調」《長生殿》〈彈詞〉齣的「一枝花」；「小工調」《牡丹亭》〈

叫畫〉齣的「顏子樂」;「凡字調」《琵琶記》〈書館〉齣的「解三
醒」;「六字調」《南柯記》〈瑤臺〉齣的「梁州第七」;「正工調」《
紅梨記》〈花婆〉齣的「油葫蘆」;「乙字調」他說手指頭換不過來,我
也不勉強他吹,只好從缺了。這些曲子,是用一隻從溫州帶出來的老
崑笛吹的,笛子上半段斷掉了,只剩下下半段吹按孔俱全,亦無礙於
演奏。此笛發音渾厚宏大,那時我每天幾乎沉迷這些曲子之中,對曲
調的調性,頗多感受。覺得「刀會」有英雄氣慨;「彈詞」窮途末路;「
叫畫」興奮中帶點悲愴;「書館」唉聲嘆氣無奈;「瑤臺」螞蟻雄兵;「
花婆」鬼氣森森;還有「三醉」(紅繡鞋)瀟灑;「下山」(風吹荷
葉煞)本來是保存南戲「滾調」遺風的一隻曲子,現代舞台上表演也
是如此,而他吹出來,因間歇處理得十分好,將小尼姑那種又驚又喜
的矛盾心理,刻劃殆盡,顯得與眾不同。這些錄音帶,是很多次的錄
音成果,最初,我拿著《集成曲譜》先對聽工尺,也同時聽梅蘭芳與
俞振飛的「遊園驚夢」唱片的工尺,後來練吹,每吹一次,就在牆上
用粉筆畫「正」字,先後吹了幾十遍,抵不上他吹的萬一,同樣我也
不會吹「乙字調」,而且還是一個酷肖師傅必須「帶舖蓋」的徒弟。
有一天,數位朋友在我家便餐,我順便拿起笛子吹奏一隻曲子,他笑
著說,已經走到門坎前面了;我說還有這段短距離,永遠不會登堂入
室的。我自知我不求長進,每種學術懂了便罷,不想當甚麼專家,能
夠辨認是非,不受他人矇混就心滿意足了。

　　曾先生對於曲的四聲陰陽,最有研究,我認為當代(包括大陸地
區)沒有人比得上他。他是用科學方法去統計數目,讓數目字來講話,歸
納出一般正常狀況,而且還要講「例外」,稱得上面面俱到。他又將
一個字音,分成「單腔」、「升腔」、「降腔」、「峯腔」、「谷腔」、
「倒腔」、「摺腔」、「疊腔」、「簇腔」、「擻腔」、「頓腔」、
「豁腔」共12種,真是高明之至,擴展了崑腔的理論。這些腔名,你

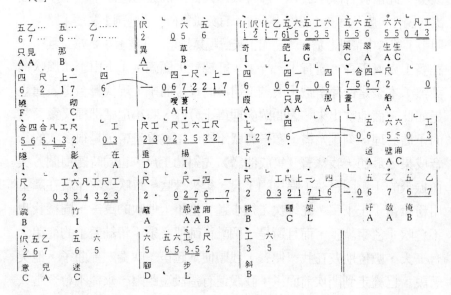

紅　梨　記

醉皂

Re
尺字調 4／4

紅繡鞋（丑唱）

譜例九二　紅梨記傳奇醉皂齣紅繡鞋工尺譜（採自曾達聰北曲音譜法─字調與音調）
譜中英文字母：A代表單腔，B代表升腔，C代表降腔，D代表峰腔，E代表谷腔，F代表倒腔，G代表摺腔，H代 表疊腔，I代表簇腔，J代表撒腔，K代表頓腔，L代表谿腔。

如果未能完全瞭解，可以顧名思義，拿隻筆在紙上畫一畫就知道了，現在，列舉他的著作《北曲譜法——音調與字調》中「紅梨記」〈醉皂〉齣「紅繡鞋」歌譜為例：〔譜例九二〕

這個譜例中，沒有 E 的「谷腔」，與 J 的「撖腔」、K 的「頓腔」。「谷腔」就是由高而低、再由低而高，像是一個山谷，用「尺上尺」（２１２）便是；「撖腔」與「頓腔」是崑曲譜固有的聲腔，「頓腔」又名「霍腔」用在「上聲」字，會崑腔的人都知道，不必詳述。他對於唱曲子，要求唱得有韻味，又提出「連」、「間」、「末」、「斷」四個要素，分析曲辭與唱腔關係：「連」是文氣相連唱在一起。「間」是文氣間、頓的二者關係。「末」是曲詞每句末尾二字的關係。「斷」是前一句最後一字，與後一句最前一字的關係。我寫〈元人雜劇的音樂資源〉（師大學報二期）一稿，討論元曲音樂六大特點時就應用到了；有志研究中國古劇音樂者可以參看。他的南北曲譜法兩本書，實在太艱深，他也不在意別人懂與不懂，常常說仔細看就會懂。

民國52年，他由左營官校調來臺北總部，我在54年也到國家圖書館服務，他家住在土城，我家住在永和，兩人又重新聚首，我也常常在他家聊天談曲學、曲藝。大約在五十六、七年，我們同時參與「崑曲同期」——這曲集創自重慶，由徐炎之先生伉儷主持，有數十年從未間斷的歷史，會中有幾個大人物好此道。記得有兩次是我與他當主催人，一次在師大圖書館，一次在南海學園獻堂館舉辦，後來他因家離北市較遠，而我對於純粹唱曲興趣不高，慢慢就淡化了。

曾先生與我在「崑曲同期」很少講話，他還偶而談談字音。這會兒一些大人物來了，大家起立表示歡迎，他們唱一兩段就走了；一位特任官會唱「花子拾金」，我問曾先生他唱得如何？他說很好，就是把字喫掉了，真是一針見血之論；從前有人說官大學問就大，現在就可以說官大藝術也大，真是「與子偕大」！曾先生對平劇的鼓藝不錯，他

去臺北羅斯福路保固大樓聽聽侯佑宗打鼓教學，大家將他列入門牆，他也安之若素，按時去聽課，還替老師做慶生會。我想侯的鼓技比他強，他的理論比侯強，有時他提出一點問題，侯說以後再告訴你，這些事曾先生與我常常說起，彼此爲之莞爾。

　　提到唱戲，我在學生時代，對平劇喜歡哼哼唱唱，常常與同學以此爲樂。我表哥重大畢業，是個戲迷，家中戲劇理論與實際書籍有上百種，記得那些書講聲腔字音分析的還不少，現在反而沒有了。我放假就住在姑母家，他家是江蘇丹徒李氏世家，抗戰時期籍籍有名，我戲曲理論可能奠基於此。從前玩平劇的人（並非票友）嗓子都不錯，大概是「營養不好」，一開口譚、余、馬、楊派數分明，調笑「打破鑼」嗓子是「麒派」，唱得氣口不貫的是「痰派」，再差一點的就把他一推，說「跟要飯的一個味道」。一次在參加戲劇學校學生宴請，有些成年人在那裡「炫」一段平劇或是曲藝，我不知道他們的膽量是從那裡借來的。唱戲多少要一點天賦，起碼能掌握「腔調旋律」，唱甚麼就像甚麼。有人調侃崑曲不管甚麼戲，用「魚肉雞鴨」四個字就行；這種話雖然俏皮，至少表示唱戲應該知道「腔調旋律」的重要性。崑曲要唱好很難，要懂得它的癥結性在那裡，也不容易，我常與曾先生討論崑曲的「聲樂」問題。崑曲一個字，分字「頭」、「腹」、「尾」，填曲雖按譜諧聲，「字頭」唱腔甚短倏忽而過；唱曲「字腹」只管字的上半字面；唱曲能悅耳好聽，全在「字尾」下半字面的工夫，所以古人說「聲調明爽，全係腹音」、「悠揚轉折，全用尾音」。譬如前面提到「花子拾金」那齣小丑的曲子，是「蕭豪」韻，蕭豪出音甚清高，尾聲是「嗚」（在英文中相當於 u，日文中相當於ウ），可是它的字腹不能與「嗚」合讀，所以明朝沈寵綏（～1645年前後卒）《度曲須知》說「蕭豪尤候也病收嗚」，可見原則中還有例外。蕭豪韻很好玩，我常對某些人說，它的「國際音標」（音值），就像中國人的

小曲「哎唷，唉唷，哎唉唷」，這也許是不會崑曲聲腔的人所不注意的事！我在音樂系所圖書室裡，看到一些新出版談崑劇譜則的書籍，奉勸這些大師們要認真看看前輩先生的著作，愈是看不懂的地方，愈要弄懂，何必浪費紙張。

　　曾先生對人相當熱忱，不但愛護「青年」，連「老年」也同樣愛護。有一年，一位留美的小姐回國探親，俞大綱先生介紹她來故宮博物院看我。因為她想從「國劇」方面寫論文，我便帶她到我家，將京劇音樂書籍借給她。那天天氣極寒冷，也到了下午四、五點鐘，我怕她擠車肚子饑餓，便叫內人煮桂冠湯圓給她吃。後來我將她介紹給曾先生請他指點，一方面替曾先生找點事混混，再方面京劇她很內行。曾先生很是高興，告訴我「這位小姐真不錯，到機場臨上飛機，還打電話給他！」現其人學成歸國，容貌服飾已變，連我看到都不認識了。此外，還有一位「音樂家」，想必年齡也不小，故稱「老年」。不知如何與曾先生相識，一天音樂家到土城他家去拜訪，一進門就說他的摩托車壞了在修理，請曾先生借給他三百塊錢付修理機車費，然後將他從溫州帶出來的那隻老笛子拿去修理，結果杳如黃鶴，只聽曾先生說了一句重話「騙子」！我想「三百塊錢修車費」，是因為到土城他家去而發生的事，由曾先生付，還算是蠻合理的。

　　提起這隻笛子，在南部他就給了我（用），的確沒聽到「送」這個字，還有一根上百年歷史裝在密閉試管中的雪茄煙，倒是說「送」給我。這兩件東西，在我家待了三十餘年。近年我感到自己年紀老了，許多東西應該作適當處理，便將笛子與雪茄物歸原主，當時他接在手中一語未發，我想他心中很難過，彼此都進入暮年了。

　　他收藏的曲學書籍有兩個櫥子，錄影帶就多得很。有一次，一位從維也納回國探親的音樂家去看他，他一時高興，說這些書除了那幾種以外，其他都可以拿。這位受了西方教育影響的人，那怕只有幾個

月，不知「謙讓」為何物？就毫不客氣載走了許多（實未知其數）。一天，我在他家講到「律學」，要查《中國古代音樂史料》（6巨冊、5463面）結果未見，他說送給那人了。有一年他到維也納去探視他的兒子，這位音樂家開著車子，陪他遊歷了當地的景點，非常感激，可見他是一個「受施慎勿忘」的君子。

曾先生稱得上是多才多藝，他的軍事學姑且不論，英語不錯，崑曲理論是第一流的，笛子是「笛王」第二，廚房工夫會講、會做、會品嚐，去看他的人，都會因為土城偏僻，留在他家用餐；還會國術與西洋醫學（這兩項很少有人知道），書法也特別娟秀。我寫書的簡譜，都是他畫的，須要製版的文字，也是他的手筆，使我的出版書整潔不少。我是個有依賴性的人，凡是音樂書稿，就請他仔細讀讀，儘量將瑕疵挑出來。我們至少要求書本中沒有嚴重錯誤，或是假充「內行」的，或是不知人家已經研究的成果，反而將問題拉回到原點（是退後一步）。

晚年，他往來於故鄉溫州市與臺北土城寓所之間，應當是十分逍遙自在的。八十六年杪，接到他的電話，他從溫州回來了，我問他與那些老鄉的生活情形，家鄉風土人物等等，還有現在「永嘉雜劇」如何這類話，相談甚歡；誰知他是剛下飛機返家，就打電話給我，我大吃一驚，就囑咐他早點休息，改天我前去奉看。接著年關歲逼，又是春雨綿綿，我患退化性的關節炎，走路也不是俐落，竟未謀一面，他不幸於三月一日逝世了！詎料那次通話，乃是永訣，大約這是他心靈感應，不久於人世，把握時刻，不忘我這學生性的朋友。三月二十五日出殯，我與內人參加奠祭，對他行最後敬禮，隨即坐在他二女婿的車上，緊跟在靈車之後，一步一步送他到臺北縣汐止國軍示範公墓。我在車上目睹他的靈柩平穩的安置在靈車上，感覺得人生在世，無論你有何舖天蓋地的事功，最後都是這般肅穆無譁，再也不會拜託別人投他神聖的一票，再也不會拿著權威玩些小把戲整人，更不會甚麼反

對、抗爭、擲雞蛋、摔豬仔、種種行爲發生，只有少數至親好友噙著淚水，眼睜睜對著永久的別離。我最敬愛的師友，在一鏟一鏟的黃土下，撫平了生前所有的遺憾，永遠安息在上主的懷抱裡；《聖經》〈創世紀〉第三章：上主對那男人說：『你要工作，直到你死了，歸於塵土；因爲你是用塵土造的，你要還原歸於塵土。』返樸歸眞是人生哲學最崇高的境地，這段天主「聖訓」，對人生的去來講得多麼透澈。

曾達聰先生，生於民國6年2月20日，卒於民國87年3月1日，享壽82歲。夫人高氏健在，二子二女多孫；長子一林在維也納經商，長女幼蘭是服裝設計師，他姊弟在中學時期，我教過他們的數學，都非常聰明好學，但不知對於他父親的家學，能否發揚光大。

人在世求學，須講一點師承，名師不一定出高徒，壞樹結不了好果實。我的戲曲音樂啓蒙於曾先生，他有問必答，毫不藏私隱秘，我不敢妄想自己是受他的影響，有點重視字音的毛病。我想請問讀者先生，這篇蕪文有沒有見到我稱他是老師，此文標題，也將「老師」二字用引號括起來。我走過大江南北，「先生」除了對斯文人稱謂以外，就是指「師長」，我從小學到大學沒有稱呼「老師」過，「先生」就是最尊敬的「老師」。現在，電視上稱算命的、看風水的、測字的、取名字的、收驚的、告訴你股票那天會漲的，或是穿著黃色錦繡八卦衣的、或是穿著破布濫衫裝喝醉了酒的，……光怪陸離不一而足，這些人被節目主持人或「叩應」的人，一律稱爲「老師」。他們既能知過去未來，吉凶休咎，就是所謂的「神仙」，而且是「活」的，有情有慾，經常鬧點桃色新聞；如果稱他們是「活神仙」、「眞人」、「宮主」、「股神」、「天王老子」，………豈不名符其實；譬如「乩童」無論長幼，他們以通靈爲職業，就不稱「老師」，豈不是一樣贏得世人對他們的尊敬。所以現代「老師」二字，多少有點被人「精神污染」

了。有時候正在電視中看到這類節目，來了學生叫一聲「老師」，內心十分難受，這種稱謂，也不過算命、看風水、報名牌，裝神弄鬼者流而已。我己所不欲，勿施於人，我稱曾先生不稱「老師」道理在此。清初有一位詩家在他〈平原道中詠東方朔〉詩，有這樣二句：「孫弘兒寬田舍翁，臣才兼之羞與同。」用「羞與同」以論此事，便是不甘同流合污，貶低自己身價。

　　曾先生是學者型的軍人，品格高尚，不談政治，不批評時事，自傳說「生性狷介，不喜迎逢，不作妄語」。他的著述與曲藝都是第一流的，可惜知道他的人不多。《論語》〈衛靈公〉篇：「子曰：君子疾沒世而名不稱焉。」──一個有才德的君子，覺得最遺憾的，就是當他死了以後，他的聲名還不能被人家稱道（高政一《四書讀本》翻譯利大出版社本），誠然！

　　上主求你賞賜先我們而去，如今正在安眠休息於基督懷中的人，早早進入永福、光明和安寧的天鄉。謹記於1999年民族掃墓節前夕。

　　這節懷念文字，有很多獵及南北曲問題，可以補本章敘述之不足，差堪作為參考。

附　註

【註一】中國音樂詞典，民國75年，臺北，丹青圖書有限公司本。民間工尺七調條，第22頁。又度曲百萃後面王定一的崑曲的譜與笛也很精彩，對笛調有見解之論。

【註二】清史樂志之研究，陳萬鼐著。第八章姑洗笛製作定音，第259頁。

【註三】拙著中國古劇樂之研究，第137至146頁。該節所敘述古樂曲的音樂本體與方法，自覺比現在所見到的任何同類書都差勝一籌，是經驗

與實驗的結合。

【註四】同註三，第147至156頁。說明亦同。在字聲部分舉例甚多，有意深入研究者可參考。

【註五】工尺譜的翻譯問題，楊蔭瀏著，未知出自何著（論文集未收，著作目錄亦未著錄）？現存資料爲16開本，129至139頁，繁體字排印。

【註六】中國音樂史綱，楊蔭瀏著，民國33年，上海，萬葉書店本。第260面，本書有李振邦神父批註文字。

【註七】元人雜劇音樂的資源，陳萬鼐著，載於民國82年6月國立台灣師範大學藝術學院音樂研究所年刊《音樂研究學報》第二期，第1至47面。本文以研究關漢卿單刀會雜劇的音樂爲主旨，其中有關南北曲唱念問題頗多，圖版齊全，我自己覺得還過得去，等待後人趕上來。

【註八】崑曲演出史，陸萼庭著，1980年，上海，新華書局本。第328至336頁。

【註九】現存元人雜劇書錄，徐調孚編，臺北，盤庚出版社本。

第十三章　中國古代的樂器

第一節　中國樂器的起源

　　研究中國古代音樂史，還有比原始歌謠發生更緊要的問題，那就是樂器的發明問題。曾有學者說，給樂器下一個定義，是非常困難的事，因爲人類對於物質辨識的觀念隨時在變，如在原始時期的「食器」，平常用作食事的，如果即興時打擊它以爲行樂，則這瞬息間就變成「樂器」了；換一句話說：「食器」有時也會是一種「樂器」。又如中亞細亞以土製的「缶」爲食器，又用它打擊與歌謠伴奏，但人們並不稱它是樂器。戰國時代秦昭王與趙惠文王澠池之會：秦王請趙王鼓「瑟」，「瑟」是樂器，鼓瑟的人是工賤之流，趙王自認爲被羞辱了。藺相如也立刻拿起席上的「缶」，強迫秦王擊「缶」，秦王在極不高興情況下爲之一擊；「缶」是食器，也曾被當作樂器，那是西秦時期的文化。現在，秦王已受了中原文化感染，便認爲「缶」是樂器，就「不懌」了。這點可以說明樂器在認知上的實例。

　　太古時期的「弓」，本來用於狩獵與戰爭，然而彈其弦，可以發出樂音，故人們往往彈弓以爲娛樂，但無人稱它是「樂器」。今天若有人作一小「弓」，用來演奏，就會被稱爲「樂器」。所以要想研究樂器的發明，的確是件困難之事？至於如何釐定樂器的定義呢？因爲無論何物，只要發出樂音爲娛樂用，便是「樂器」，相反的，在原始時期的人類，常常打擊自己身體的一部分，如打胸脯與胳膊而舞踊，這時其體的這一部分，算不算是樂器呢？又，自己周圍，無論何物，都

可以打擊發聲，當然不得稱其爲樂器。

　　從上述各點，可以歸納爲樂器的定義：「凡鳴之以爲娛樂，或欲以其鳴聲作特殊之用而特作者。」【註一】基於此觀念，最古樂器出現的時代，就並非意想以外的古老。人類進入石器時代，距今約在十萬年前，這時不能認爲有特別樂器存在。自舊石器時代，經過渡而入新石器時代，大約是一萬年以前；這時期才有可稱爲樂器的「樂器物」出現，似應爲中石器時代初期，如以動物骨爲笛，稱爲「骨笛」，它是用來狩獵時作信號用的，算是樂器的曙光。今天我們所認爲的樂器，則多是新石器時代以後的樂器物而已。

　　新石器時代，樂器迅速發展，中國人磨石爲「磬」，就是這時期的產物；同時期土製樂器如卵形的「壎」，也是這時期產生的。它如以藤或麻的纖維，後來知道了養蠶技術，得到更堅實的弦索，於是張弦樂器「琴」、「瑟」之類樂器，便發展起來。雅利安人長於飼養動物，很早就會張動物的皮作「鼓」，又用動物腸筋爲弦，作小型弦樂器。至於銅器時代的來臨，中國有「鐘」、「鎛」。西亞細亞有「銅拍子」（相當中國鐃、鈸）出現。初期用黃銅鑄樂器，後來因要求樂器發聲清脆悅耳，開始在銅液中滲合錫；青銅的發明，「鐘」、「銅鼓」、「鐃」等樂器就異常發達。近五十年大陸出土大量的青銅樂器，大多數是殷商至西周的器物，如一件殷代的「鐃」（象紋鐃），通高86公分，重70公斤，紋飾精美無與倫比。

第二節　中國樂器的進化

　　一、**《尚書》**：「夔！曰：予擊石拊石，百獸率舞。」看起來像原始時期的酋長派頭，前面吹打，後面一群野獸跟著，似乎是新石器

時代的社會環境？

　　二、《呂氏春秋》：「昔黃帝令伶倫作爲律。伶倫自大夏之西，乃之阮隃之陰，取竹於嶰谿之谷，以生竅厚鈞者，斷兩節間，其長三寸九分而吹之，爲黃鐘之宮。」管樂器應該是就地取材——竹子，但應考慮中國古代北方是否有竹子？至少我在甲骨、金文中未見到「竹」字（如《中文常用三千字形義釋》【註二】），所以要到「大夏」（我國古代稱「大夏」的地方，即巴克推里亞（Bactria），國名，今阿富汗北部）去找樂器的材料。

　　三、《世本》：「庖犧作五十弦，黃帝使素女鼓瑟，哀不自勝，乃破二十五弦，具二均聲。」我覺得「庖犧」好像是剛渡過茹毛飲血時代的人物，這時期已將樂器發展到五十弦的瑟，事實上有點不可能。這類人類學資料，沒有甚麼可信與不可信的程度。

　　四、《管子》：「凡將起五音，凡首，先主一而三之，四開以合九九（1×3×3×3×3＝81），以是生黃鐘小素之首，以成宮。」「素」就是「生絲」，這就是用弦的長度作數學取量，找到五個聲音，表示五聲音階就成立，它是弦樂器進化到科學的時期了。

　　五、《史記》：「夫擊甕、叩缶、彈箏、搏髀而歌呼嗚嗚，快耳目者，眞秦之聲也。（李斯列傳）」描寫秦人擊彈樂器，拍著大腿唱歌。那時候的人在高興情況之下，自然而然敲擊肢體或用肢體、器官，「製造」聲音，如合手作拳狀如「壎」，或以手含在口中「打哨」聲，都是非常原始而自然的「藝術本能」。這段記載雖然很晚，而事實產生應該很早才是。元代出土戲偶「打哨」俑甚多，堪作旁證。

　　以上五種記載，雖然可以看到它所記述的人物、時間、地點、法則等等要件都具備，其實是各書的作者，根據古代傳說或資料演述而成。這些書最早也不過西元前三世紀或前二世紀時期成書，當然談不上是第一手的資料，它應該是人類學不是音樂史學。

第三節　中國樂器的類別與數量以及雅樂器圖

一、中國樂器的類別

中國古代樂器分類，最初是與質材有關，分為八類即所謂「八音」。這種分類法，與樂器歷史、宇宙觀念、美學、藝術、宗教、文學等等之間，有些關聯性，屬於中國傳統思想方式表現；後來樂器家逐漸瞭解樂器的特性，聲音如何產生？共鳴如何傳遞？故取而代之的，是按演奏功能，以發聲模式而分類了【註三】。本書仍以傳統八音分類法，列舉各類若干樂器，從這些字形的偏旁，看出它的屬性，此處要特別說明的，就是「琴」、「瑟」等弦樂器，這字上半段兩個小「王」字併列，在小篆中解釋它是象形的意思：

一、金類：鎛鐘、鐘、鐃、鈸、鉦、金鐸、鑼。

二、石類：特磬、編磬、磬。

三、土類：壎、缶。

四、革類：建鼓、雷鼓、鼗、鞞、鞉、搏拊。

五、絲類：琴、瑟、琵琶、箏、筑、三弦、六弦。

六、木類：柷、敔、板、拍板、相杆。

七、匏類：笙、簧、竽、巢、匏笙、大匏。

八、竹類：管、笛、篪、籥、笳、舂牘、簡子。

中國八種樂器的材質，在方塊文字的形體中，也可以看出它的品種端倪來。這些材質雖然獨立成器，但有些樂器如嗩吶是合成多種材料而成，如何分類就發生問題，中國的樂器最大的缺點，是局限於一定音域範圍之內，大約是十三度左右（由「合」到「仜」字，即 G 到 e 之間），從來沒有想到將音域儘量開展，這似乎與人聲有關（陳澧

聲律通考）。

　　中國古代的樂器，除了金、石、革、木等四類定音或不定的音敲擊樂器以外，這時對開孔的土類與竹類樂器，似乎已知道用按孔的位置，來調節振動的氣柱，而使其產生各種不同的音高；還有琴、瑟等絲類樂器，也似乎知道，運用弦的長短與粗細，由張力的強弱，取得所需要的音高；匏類樂器，更是掌握了出氣管（笙的斗與苗）的大小與長短，及不同輕重簧片及長短不同的氣柱，產生共鳴作用；古代先民對於這些措施，大多是在摸索中而得到的經驗法則，然後再行對各種樂器的改良，促使其進步，不必要先有物理基礎聲學的認識，也正是「知難行易」學說的實證。

二、中國歷代樂器數量統計

類　別	上古期遠古至戰國 （C2300–246BC）	中古期秦至唐末 （246BC–907AD）	近古期五代至清末 （907–1911AD）	數　　量
金	29 種	27 種	49 種	105 種
石	7 種	5 種	10 種	22 種
土	4 種	6 種	7 種	17 種
革	40 種	56 種	74 種	170 種
絲	12 種	41 種	56 種	109 種
木	7 種	4 種	5 種	16 種
匏	7 種	6 種	29 種	42 種
竹	22 種	48 種	95 種	165 種
合　計	128 種	93 種	325 種	總計 646 種

　　本表是根據詩經、尚書、三禮、左傳、國語、爾雅等經部之屬；
……宋書、隋書、新舊唐書、宋史、元史、明史、清史等樂志史之屬；
……樂書、樂律全書、律呂正義等樂書之屬，所載的樂器，去其重複
編訂而成，雖未必絕對正確，也非草率從事。

　　中國上古時期樂器發展，在周代已臻於成熟階段，敲擊樂器很多，
其中已有「笙磬」合律的敲擊樂器；管樂器有多管而用簧的「笙」，
有多管而直接吹出音來的「排簫」；有一管多孔而豎吹的「籥」及橫
吹的「笛」；有一管多孔豎吹而用簧的「筰」；有一管多孔捧吹的「
篪」。弦樂器有散音的「瑟」；有彈按音的「琴」；有擊弦的「筑」；只
是沒有用拉弓的。「鼓」的種類非常多。同樣的「琴」「瑟」樂器，
分大小及弦數互不相同的多種形制。「笙」、「簫」、「管」、「籥」等
樂器，亦有大小管數或孔數互不相同的多種變異。這是某種樂器，在
流行極盛之時，所發生的現象。然就歷史演進可能的情形推測，有了
這種現象，實在比沒有這種現象更加合理。【註四】
　　弦樂器的拉弓，在周代樂器中沒有出現，實在令人費解。拉弦樂
器始於印度文化蘇美爾人，因他們首先發明用弓摩擦弦的樂器，曾被
視為今日歐洲高級樂器的提琴與四弦低音大提琴的最初發明者【註五】。
中國人最早用藤及蔴纖維，尤其擅養蠶剝繭抽絲技術，享譽全球「絲
綢之國」的雅號，卻未想到用堅韌的絲作樂器，竟然遜人一籌殊為可
惜。

　　中國古代樂器的製作，最大的缺點，是沒有一份完備製作樂器的
圖說，不但歷代如此；即使是同一時代同一時間，也難得找到兩件完
全尺度相同的樂器，如笛、簫這種極其普通的樂器，它的孔徑與吹孔
位置，就參差不一。這些樂器只能說它的形體大致相同，那麼要求它

發音標準一致，就相當難得了。

　　中國固定音高的樂器，都不準確，應歸咎於未經科學整理。據我閱讀古代樂書，以清朝康熙年間《御製律呂正義正編、續編》及乾隆年間《御製律呂正義後篇》兩書，120卷，它卷帙巨大，而且從古代律呂基礎著手研究，儘量採行「古制」（黃帝時代的復古主義），所繪製的樂圖，並載明「律分」（即構成發音的理論尺寸——它不一定合於現代音樂的理論，甚至音的高低相差非常大），然後用比例尺畫它的器形，又在器形上所繪畫的裝飾與花紋，一絲不苟，頗令人閱後愛不忍釋（指清內廷武英殿刊本）。《律呂正義》眞是中國古代音樂百科全書，它形式上是斷代（清朝）的，而實際上它淹貫中國五千年樂制、樂事，是相當完整的音樂通史。假如，我們能投入大量的精神與時間，以它爲基礎，來從事整理中國古代樂器，應該是極可行而有厚望之事。儘管這部書當年爲了迎合清聖祖玄燁對音樂的「宸衷」、「睿見」，虛應故事，但纂輯人已具備科學精神，是值得我們將它視爲通過到新式樂器製作的橋樑。【註六】

三、古今圖書集成樂律典樂舞器圖形四十七幀

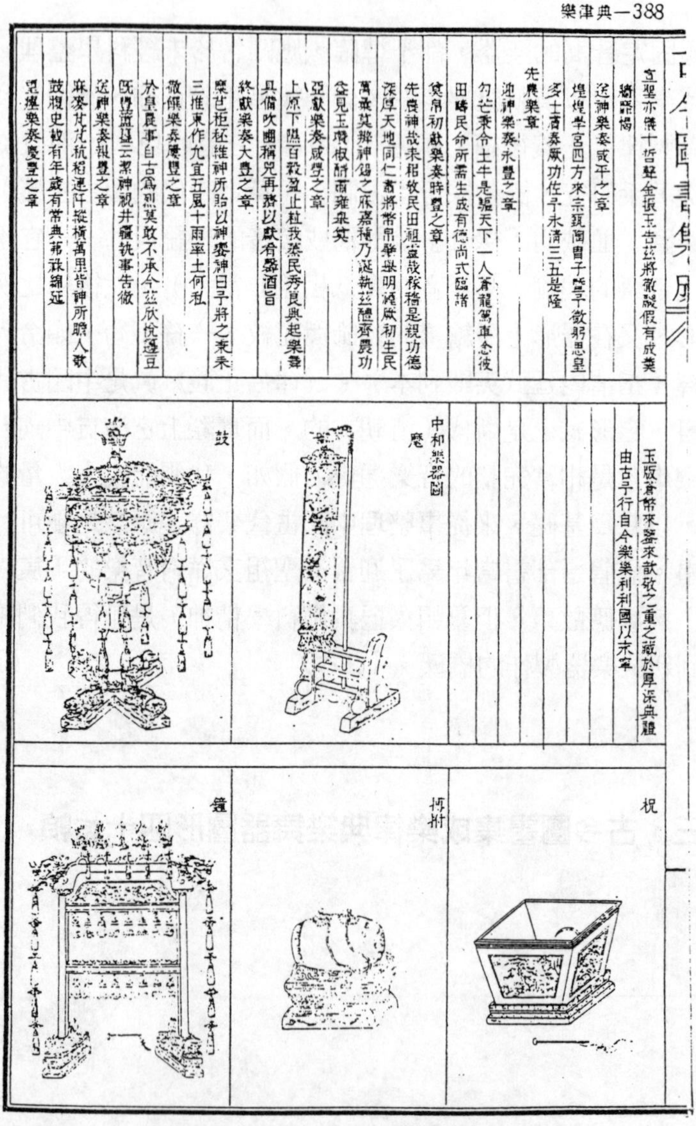

樂律典—388

譜例九三　古今圖書集成樂律典樂器形制圖四十七種

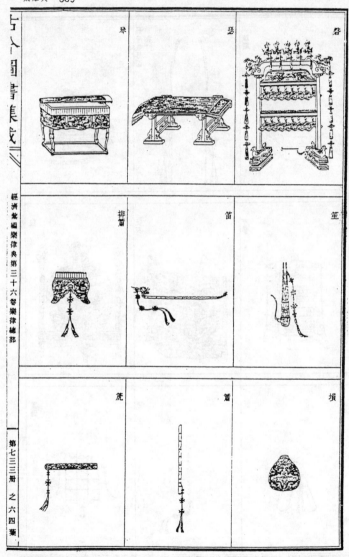

續前圖版

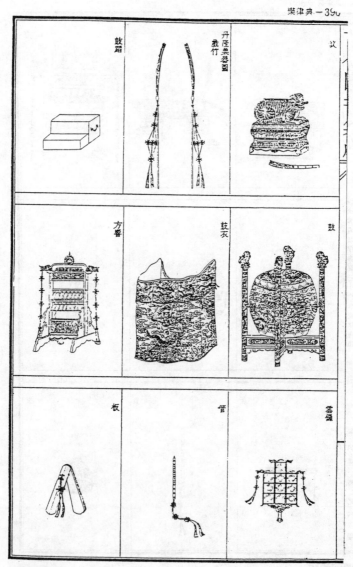

續前圖版

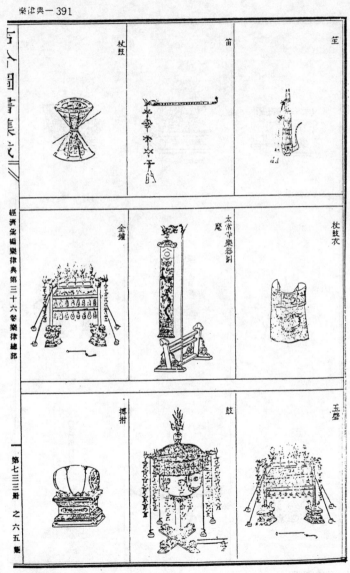

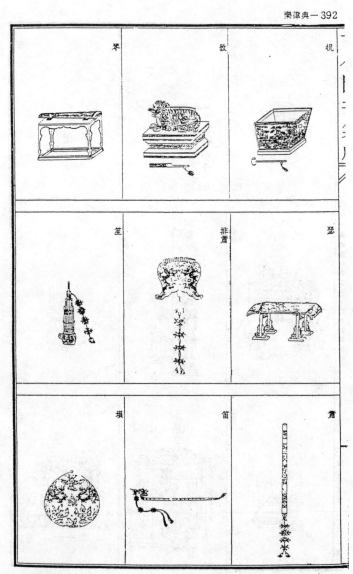

續前圖版

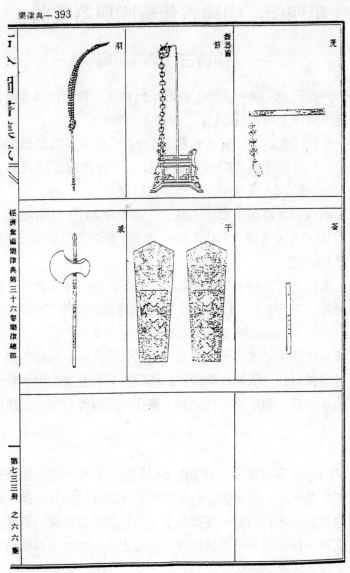

第四節　中國古代樂團與器樂曲

一、中國古代樂團組織

一、西周「大司樂」工作人員數：1417人；實際從事音樂教學、演奏、樂器製作工作者712人。（周禮大司樂）

二、漢代「樂府」工作人員數：829人（這項計數是錯誤的，應爲813人），漢哀帝劉欣時代「罷樂府」，認爲可以減裁的人數是440人，應保留373人就夠用了。（漢書禮樂志）

三、唐代「太常署」樂工人數：「散樂282人，仗內散樂（在宮中服務）1000人，音聲人10027人。」（唐書百官志）玄宗李隆基時代人數更多於此數。

四、宋朝「太常寺」樂工人數：「五代以來，樂工未具，是歲秋（乾德元年、968年），行郊享之禮，詔選開封府樂工830人，權隸太常習鼓吹。」（宋史樂志）後來歷朝迭有增減。

其餘各代請參見本書第十六章《中國音樂史料》目錄內的《史記集解》〈樂書〉到《清朝政典纂要》這52部書的音樂史料，都彙刊在一起，隨手一翻，對中國古代樂制、樂律、樂器等研究，就無須他求了。

近年出土或發現甚多音樂壁畫：有男性、女性專門的樂隊組織，人數並不太多，是小合樂男女分隊的性質，即使是男女合隊，演出時男團員也是由女團員充當，在畫面上，特別將這位扮成的男團員，暗示他是女性，讓她戴耳環之類物件，顯現出來。（河南禹縣白沙鄉宋趙大翁夫婦合塚散樂演奏壁畫）

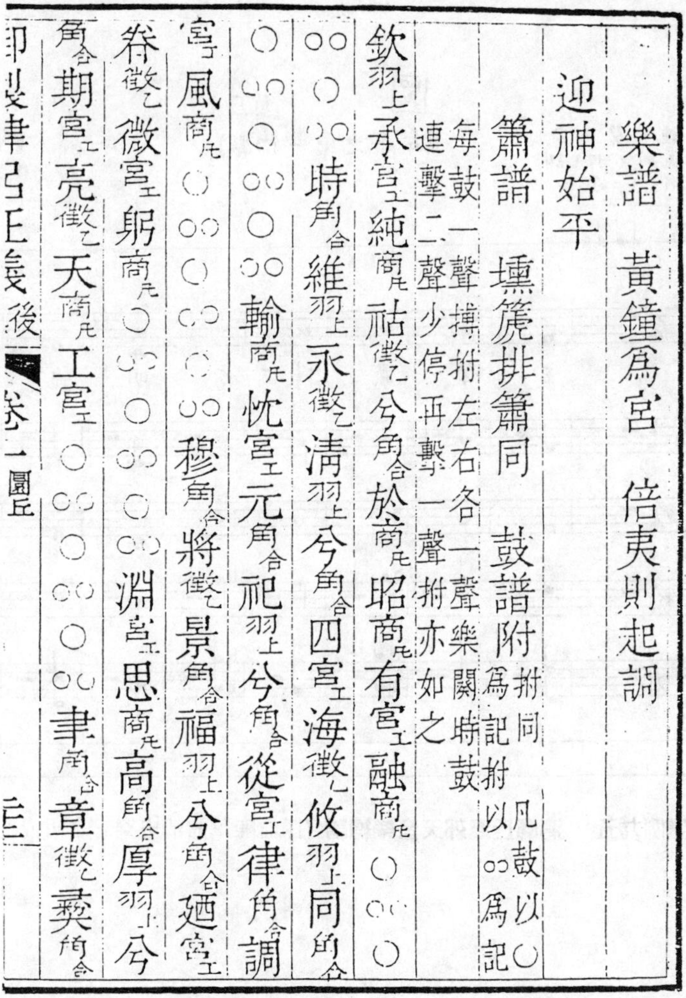
樂譜　黃鐘爲宮　倍夷則起調
迎神始平
簫譜　壎篪排簫同　鼓譜附　拊同　凡鼓以○爲記　拊以○○爲記
每鼓一聲搏拊左右各一聲樂闋時鼓
連擊二聲少停再擊一聲拊亦如之
欽羽上承宮工純商尺祜徵乙兮角合於商尺昭商尺有宮工融商尺
時角合維羽上永徵乙清羽上兮角合四宮工海徵乙攸羽上同角合
輸商尺忱宮工元角合祀羽上兮角合從宮工律角合調
宮工風商尺穆角合將徵乙景角合福羽上兮角合迺宮工
肸徵乙微宮工躬商尺淵宮工思商尺高角合厚羽上兮
角合期宮工亮徵乙天商尺工宮工聿角合章徵乙彝角合
御製律呂正義後編　卷二　圜丘

譜例九四　清圜丘壇郊天樂譜（採自律呂正義本）

譜例九五　　清圜丘壇郊天音樂總譜 (採自陳萬鼐清史樂志之研究)

中略四頁　續前譜例 (共二頁)

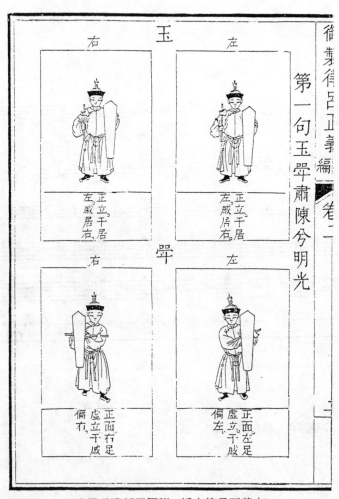

譜例九六　清圜丘壇郊天舞譜 (採自律呂正義本)

　　還有一種騎在駱駝背上的旅行樂隊，大概活動於西域沙漠地帶，他們也是男女分隊的。1959年西安市西郊中堡村唐墓出土的七個女樂伎俑坐在駱駝背上演奏，及西安市南何村鮮于庭誨墓出土五個胡漢男樂俑在駱駝背上演奏）。

二、清朝皇家大樂團【註七】

一、祀典音樂：最隆重的音樂儀節，包括

　　㈠祭壇廟的「中和韶樂」。

　　㈡冊尊（立后、太子）的「中和清樂」。〔譜例九四、九五、
　　　九六〕

二、禮儀音樂：較「中和」音樂隆重稍次，包括

　　㈠受朝賀的「丹陛大樂」。

　　㈡宴饗的「丹陛清樂」。

三、軍樂：本名「鐃歌樂」，包括「鹵部樂」「前部樂」「行幸樂」「凱歌樂」等四種。

　　這種樂隊的樂器數量多，發音量大，是屬「導迎樂」（前導性開路）性質，從它的樂隊組織看，是非常具有震懾與威武作用。

四、慶神歡樂：與「中和韶樂」祀天地山川，有大小之別，樂隊組織既小，樂器也限於吹拉敲擊而已。

五、宴享樂：包括各部族來朝賜宴時的歌舞在內。

六、鄉樂：府州縣學春秋祭孔，及敬老尊賢的「鄉飲酒」禮在內。

　　以上樂團《清史》〈樂志〉中分為12類（如「中和韶樂」），樂目 19 種（如用於「巡幸祭方嶽」者）、樂項 20 種（如「鐃歌」樂中的「凱歌樂」），樂隊 30 組（如「凱歌樂」中分「鐃歌」——「凱旋」、「勞軍」，及「凱歌」——「回鑾」、「振旅」這兩種不同的樂隊組合）、樂器100種；其中的「中和韶樂」、「丹陛大樂」、

「太常寺」的重要樂器、舞器圖形 47 幀，已影錄在本章第三節內。

　　這些隆重儀禮所用的樂隊，其列班秩序與所站立或待坐的位置，在古籍中記載甚多，而且還有部分樂儀圖像，如國立故宮博物院收藏的清朝院本的「親蠶圖」彩色繪畫，描繪皇后在桑壇舉行躬桑典禮的情形，及唐土圖繪的常朝「大朝會」列班圖（線條繪畫）非常精緻，這儀禮的音樂演奏，也都刻畫出來。

三、知見器樂曲、曲譜

　　「器樂曲」是指「歌曲」（包括古典劇的樂曲）以外的樂曲，現存的器樂曲樂譜並不甚多，茲據《中國古代音樂書目（初編）》【註八】摘錄各類器樂譜名目一種釋例於後：

　　一、打擊樂器譜：如唐南卓《羯鼓錄》，此書在當時可能有部分曲譜是擊鼓的音樂書，本書記載唐代的鼓有35種之多，鼓曲的曲目有155章，許多鼓的曲目，似用外來語譯音，如「色俱騰」、「阿箇盤陀」、「缽羅背」……可見這些名辭是阿拉伯系與印度系外來的鼓文化。由於這點記載，亦可說明唐代是中國的「國際音樂」時代。可惜這本書沒有遺下任何一隻鼓曲，遂成為樂器史的專書。

　　中國最早的打擊譜，應該是東周時期魯國的燕飲，主賓相娛樂的「投壺」禮（用矢投到壺中論輸贏），以「擊鼓」為節的「鼓譜」，此事載於《周禮》〈投壺〉篇內，時在西元前770年，且有「魯鼓」與「薛鼓」兩種擊法的譜式。

　　二、吹奏樂器譜：分㈠笛簫的吹奏如清任兆麟《簫譜》；㈡管的吹奏如唐段成式《觱篥格》。段著也是歷史性質的樂書。

　　三、撥弦樂器譜：分㈠古琴譜、㈡明熊朋來《瑟譜》、㈢華文彬《琵琶譜》、㈣李質廷《三弦譜》（萬寶全書卷十六本）。古琴譜是中華民族音樂文化重要部分，後面有較詳細的敘述。

中國古劇樂曲之研究

三〇四

春日景和　細吹　尺調

工六工尺上上四合一四工尺上尺工工尺上尺五六工工六五六工尺上尺工尺工六工尺上尺工尺五六五六工尺六五六工尺工六五

（二）大拜門：長生殿傳奇「酒樓」，郭子儀未仕寓長安，一日飲於酒樓，見楊氏兄妹新第落成，諸公侯奉旨備禮申賀繞場用。「大拜門」首段亦用於該劇「哭像」迎像時繞場，與「朝天子」曲接奏。牡丹亭「冥判」亦用之。（圖四十一）

大拜門　首段　粗吹　乙調

一三段

工尺上尺工尺上尺上合四四上尺工尺上合尺工上尺工尺上尺上尺上尺工尺上尺工尺上上

尺工上合四四上尺工尺上四合

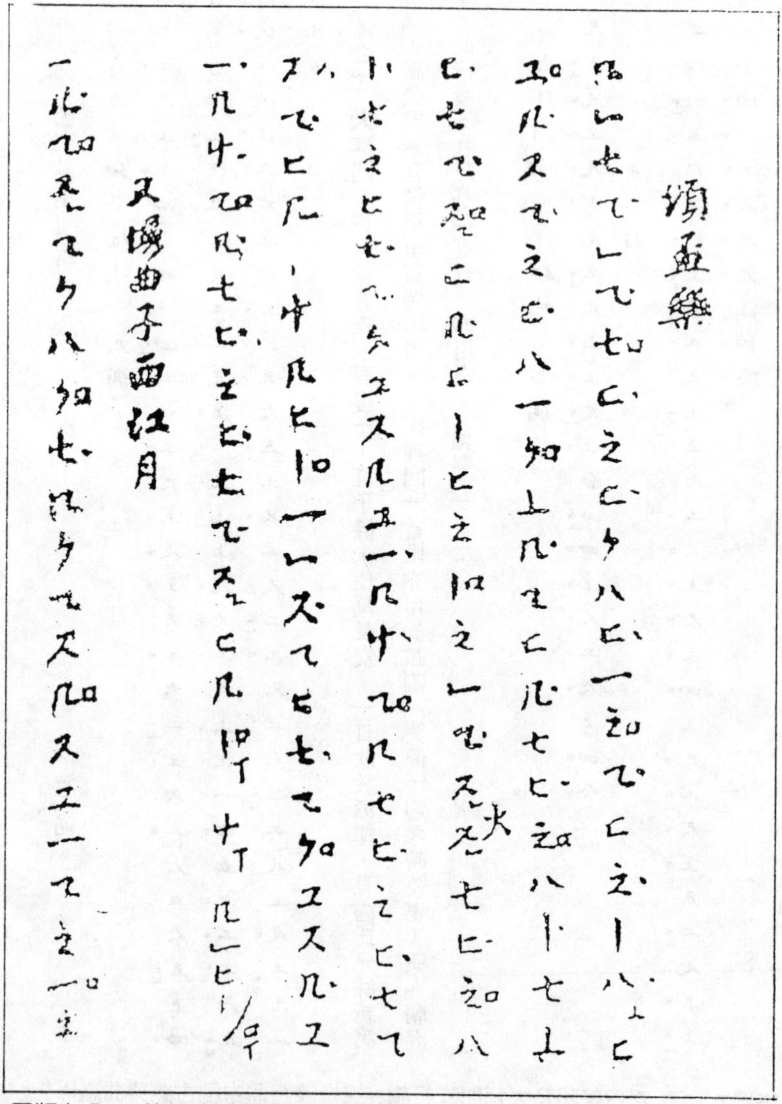

圖版九八　敦煌唐代傾杯樂曲譜書影 (採自敦煌曲譜)

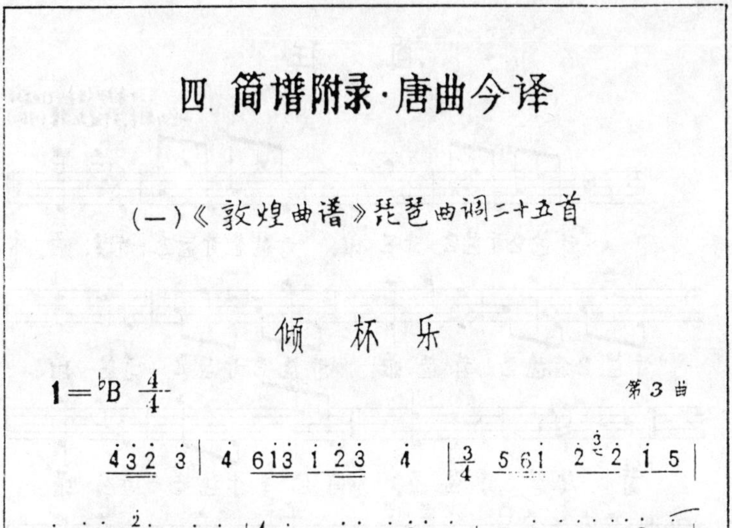
四 简谱附录·唐曲今译
（一）《敦煌曲谱》琵琶曲调二十五首
倾 杯 乐
1=♭B 4/4
第3曲

譜例九九　敦煌唐代傾杯樂簡譜 (採自唐代俗樂與古譜譯讀)

譜例一○○　酒狂琴譜 (採自楊蔭瀏中國古代音樂史稿)

續前譜 (共二頁)

　　四、打擊樂器為主的合奏譜：如清朱德昭抄《嘉興鑼鼓》及《十番樂譜》（29冊），均為清人抄本。十番鑼鼓有研究專書，此音樂在民間尚流傳。

　　五、管樂器為主的合奏譜：如《西安何家營樂器社鼓樂譜》；及北京《智化寺音樂腔譜》。何家營譜號稱是唐代傳下來的。

　　六、管弦樂器合奏譜：有清周顯祖《琴簫合譜》；及清吳廷元《鈞天妙樂》蘇南吹打曲譜（在臺灣有磁片出售）。〔譜例九七〕

　　七、弦樂器合奏譜：如清程雄《琴瑟譜》，及清明誼《弦索備考》。

　　八、合奏形式待考：如《敦煌唐代曲譜》〔譜例九八、九九〕。

　　以上各類曲譜書籍，有的傳本很普遍，有的是清代抄本，能夠看到譜例的人，就算是很有眼福的人；如果能聽到這類古典樂譜（新）演奏，那也是很有耳福的人！如長安古樂團「秦風秦韻」，曾來臺北表演，據說有明嘉靖年間十六世紀古譜。

　　現在，特將「琴曲」及「鑼鼓經」、「總譜」三方面敘述於下：

　　一、琴曲類：歷代古琴譜中，經常附有大量文字資料，如題記、歌詞、旁註等，這些都是瞭解琴曲的歷史背景，內容表現和藝術成就等很有用的資料。今人所編的《存見古琴曲譜輯覽》，將現存658首曲目，以及3365種不同傳譜中，共1771條文字，和336首歌詞分類編目，集中排印80餘萬言，是瞭解現存古琴曲譜有關資料的百科全書，也是很有價值的工具書。【註九】

　　酒狂〔譜例一〇〇〕相傳是晉人阮籍之作品。阮籍（210～263年）因為不願向當時的政治形勢低頭，又不甘隨波逐流，於是藉醉酒佯狂，裝瘋賣傻，以免禍殃。「酒狂即是描寫一個喝醉酒的人，走起路來搖搖晃晃的樣子m.1～8。而m.9,　m.10音形、節奏的改變，給人

較穩定的感覺；彷彿醉者都會清楚地說：『我還沒醉』，其實他醉得更厲害了！m.11小節起，就是利用m.1～4的素材，加以減值而達到這種效果。在這首曲子中，也可以找到「暗示」被發展的地方，如m.9的<u>32</u> 1（F調），這個特殊的音形，在m.21中與m.1的音形同化了，以另一種面貌出現；只要稍加留意，很快就能辨認出m.21它的出處（m.9）了。

　　此外，m.23, 24也是m.9～12的簡述——似乎是m.9～12的一個重要的輪廓。可見這首曲子是作曲家經過精心設計的作品，其精密的程度，實在不輸給鼎盛時期的西方音樂。全曲還有一個現象，就是雙音的出現，時值總是較長，而且都是do, sol（「主音」和「屬音」）。在m.47這個結束的段落，更可一目了然的感覺到這兩個音，在本曲的重要性（採自一個學習西洋音樂的學生洪于茜，對古琴音樂第一次的認知）」。人對於音樂的調性，是勉強不來的，而且是直覺的；為甚麼晉朝（265～420年）的音樂家，會應用$\frac{3}{4}$拍子節奏，在弱拍出現沈重的低音或長音，能造成一個頭重腳輕，步履蹣跚，酒後迷離的神情呢？這該是音樂的奧妙之處，古今中外皆然的。

　　二、鑼鼓經類　也屬於器樂曲譜之一，過去都是由專業的樂師口授，也有若干寺廟，將少數宗教法器敲擊方法口傳下來，直接用普通文字記譜，這些經過無數年代演練，也均能嫻熟表達打擊樂之美。

　　其次，各種戲劇（包括地方戲），為了配合演員動作，制衡全劇進行的節奏，貫串全劇的進行，慢慢跟隨時代變遷，也產生一套「節奏」法則，也就是上述的「鑼鼓經」——京劇稱為「武場」。京劇發展到現代，它的打擊樂，現在已知正式的「記譜法」，有《京劇打擊樂彙編》中國戲曲研究院編，及溫秋菊《侯佑宗的平劇鑼鼓》（81年文建會民族音樂叢書），附雷射唱片二張。過出舊式的記譜法，他們

●**叫頭**　平劇鑼鼓經。用於人物感情激動發出呼號的時候。一般使用單叫頭（見譜例一）。情緒特別高昂時，重複一次或兩次，稱雙叫頭（見譜例二）或三叫頭（見譜例三）。

譜例一

八大台頃｜倉 匝｜匝　匝｜

八　大八｜倉　倉　令　倉‖

譜例二

八大台頃｜倉 匝｜匝 匝｜匝　八大台｜

頃倉‖：匝 匝：‖八　大八倉 倉另｜倉‖

譜例三

八大台頃｜倉 匝｜匝 匝｜八　大八｜

倉 倉另｜倉 0　0 大台｜倉　七｜

倉 0｜0　八嘟｜倉七 倉七｜倉 七｜倉‖

●**掃頭**　平劇鑼鼓腔。演劇中，由於某種原因（一般屬於緊急情節）省去原有唱詞不唱，用動作代替，使劇情更加緊湊，術語稱作＂掃＂。配合這種動作的鑼鼓即掃頭（見譜例）。掃頭經常是掃去唱腔的末一句，但也可掃去數句或一整段唱腔。

台嘟 ‖：倉七 倉七：‖倉　七嘟｜

‖：倉台 七台：‖倉台 七大｜倉另七 乙台倉‖

●**垛頭**　平劇鑼鼓經。屬於開唱用的鑼鼓點。結構簡短，可作爲原板、慢板或二六板唱腔的入頭（見譜例）。常與慢長錘結合起來使用，作爲慢長錘的結束部分，但也常常單獨使用。

龍　冬　大大　大台 倉　另七 乙台 倉｜

大捕 台　倉　0　‖

譜例一〇一　京劇鑼鼓經 (採自丹青本中國音樂辭典)

首先用文字去寫樂器的聲音，如「八」是雙箭（鼓槌）打擊梆鼓的聲音，「太」是小鑼的聲音、「倉」是大鑼的聲音、「切」是鐃、鈸的聲音、「咚」是堂鼓的聲音……。如要合奏一隻「急急風」的牌子，就記成或是唱譜成這種形式：「八八太倉切，倉切，倉……（漸快）……倉切太倉。」如此類推。懂得京劇的人，當然知道是怎樣一回事。〔譜例一〇一〕我曾在文化大學戲劇系國劇組，看到某些技術教員下課後，留在黑板上「鑼鼓經」教學的粉筆字，它將兩種樂器聲音用半體字方式合寫在一起，在新式記譜法未通用前，這當然是一種實驗。因此，便引發須要研究中國古代有沒有「總譜」這問題？

　　三、總譜：是各種樂器在演奏進行時的樂譜，對於學術研究最為重要。我所見到最早期、最正式的中國樂曲「總譜」，應以明朱載堉《樂律全書》中〈靈星小舞〉的「豆葉黃三十二拍鼓板節奏譜」，用鼓（小鼓）、板、鐘、鼓合奏，歌唱詩經小雅「立我烝民」章。（請參考譜例四四）

　　清朝皇家大樂團每年冬至在「圜丘壇」祭祀天神樂章，沒有總譜，而是各種樂器分譜進行合奏。其中有特別的地方，是樂器主音的高度不同，如笛子比簫高四度，在譜中將笛譜用「小工調」（ E ），簫譜用「正工調」（ A ），聽起來兩者音高就相等了，形成不相參差的大合奏。這種由分譜而合成的「總譜」（參見圖譜九四、九五），可以用現代記譜法寫在一起，可是它比朱載堉的《靈星小舞譜》的「總譜」，在記譜的技術上稍遜一籌。

　　中國的器樂曲有「獨奏」、有「合奏」：在獨奏方面可惜沒有大型的樂曲創作（新創作樂曲，不屬本書敘述的範圍）；合奏因總譜的創作的缺點，卻形成「齊奏」局面，但它卻具有「協奏曲」的意味，

使獨奏樂器與管弦樂器處於平等地位，而且多讓特殊樂器有表現機會。

中國樂曲缺乏進展的原因，固然很多，其中練習曲太少，學習者只是從簡短的曲子入手，或是指示如何練習指法而已，然後有興趣的人，就深入自修，也許在技藝方面有些成就，對整個音樂文化並沒有推進與貢獻。尤其器樂曲落於「標題音樂」窠臼，甚麼「漁舟唱晚」、「空山鳥語」……，作曲家的思想，就拘泥於山、水之間；反觀，西洋音樂家的作品，用一個調號，一件樂器，一個曲別，就組成一部樂曲，如稱 D 大調小提琴協奏曲、F 小調鋼琴奏鳴曲等等，看起來是爲音樂而音樂的「絕對音樂」似的。然而中國作曲家，就比較少用這種「絕對音樂」的形式，如江南音樂的「中花六板」究竟是少數罷了！反而，在宋朝還流傳一些用板式的曲目。

中國樂器的音色，被世人認爲是非常優美的一種，它明亮悅耳動聽。西方音樂的形態，就必須靠各種樂器合奏，才能從眾多合奏的樂音中，達到優美的效果。尤其中國音樂也不講排場，不必要求豪華，由抽象的表達，呈現出無窮的境地。

第五節　中國音樂哲學省思與和聲問題

現代的哲學觀念：是研究宇宙人生認識根本原理的學問，與古代希臘理論、追求眞知不同；而即依據反省思維解釋經驗的事實。中國音樂哲學，在先秦諸子學述中，因其普遍涉及到人民的精神生活範圍，自然就不摒棄人生對於「色聲香味觸法」（心經經句）的反應，又因爲學術思想不同，就形成下列幾位大師對問題見解中心的體系。如：

孔子：「子在齊聞韶三月不知肉味」；

孟子：「師曠之聰，不以六律不能正五音」；

荀子：「耳好聲，而聲樂莫大焉」（樂記抄此書極多處）；

　　管子：「凡聽徵如負豬豕覺而駭」（書中有宋研、尹文的音樂修心養性說）；

　　墨子：「除天下之害，當在樂之為物」；

　　莊子：「至樂活身，唯無為幾存」；

　　老子：「不見可欲，則心不亂」；

　　韓非子：「不淫於聲樂」；

　　呂氏春秋：「故耳之欲五聲」（書中有楊朱音樂節樂說及鄒衍神秘主義說）；

　　淮南子：「五聲譁耳，使耳不聰」（此書漢人輯而是先秦思想）；……。【註十】

　　以上許多音樂哲論，也能從各種角度對於音樂評價，但也產生兩極化的情形存在。如孔子愛好音樂，提倡音樂，儘量宣傳音樂的好處（見陳暘樂書論孔子音樂觀）；老子就過著樸實生活，逃避現實主義，對音樂採虛無態度；墨子以為後代音樂比前代音樂進步，音樂愈進步，政治愈退步……。現代人生活富裕，都教育子女學音樂，卻不問資質如何？「學音樂孩子不會變壞」，將來是「好人」，「好人」就應該賺「大錢」，這種功利主義的思想，恐怕是一時的現象。古代音樂的目的，在《周禮》〈大司樂〉中看得很清楚（本書第二章第二節），音樂教育可以改變人的人生態度，使人中庸、祇和、教友，表現於車服、宮室、器用、行列、秩序、禮儀之中（尚書益稷篇）。我們現代的音樂，應該是要用甚麼材質改善樂器。尋求優美更勝於現有的音樂，用甚麼樣的方式表現的音樂，使它產生和平、仁愛的美感，使社會達到移風易俗的禮樂理想社會的目的。

　　中國音樂哲學的基礎，這問題範圍太廣，在樂曲方面，似乎就背上相當沉重儒家思想的包袱，如《論語》〈八佾〉云：

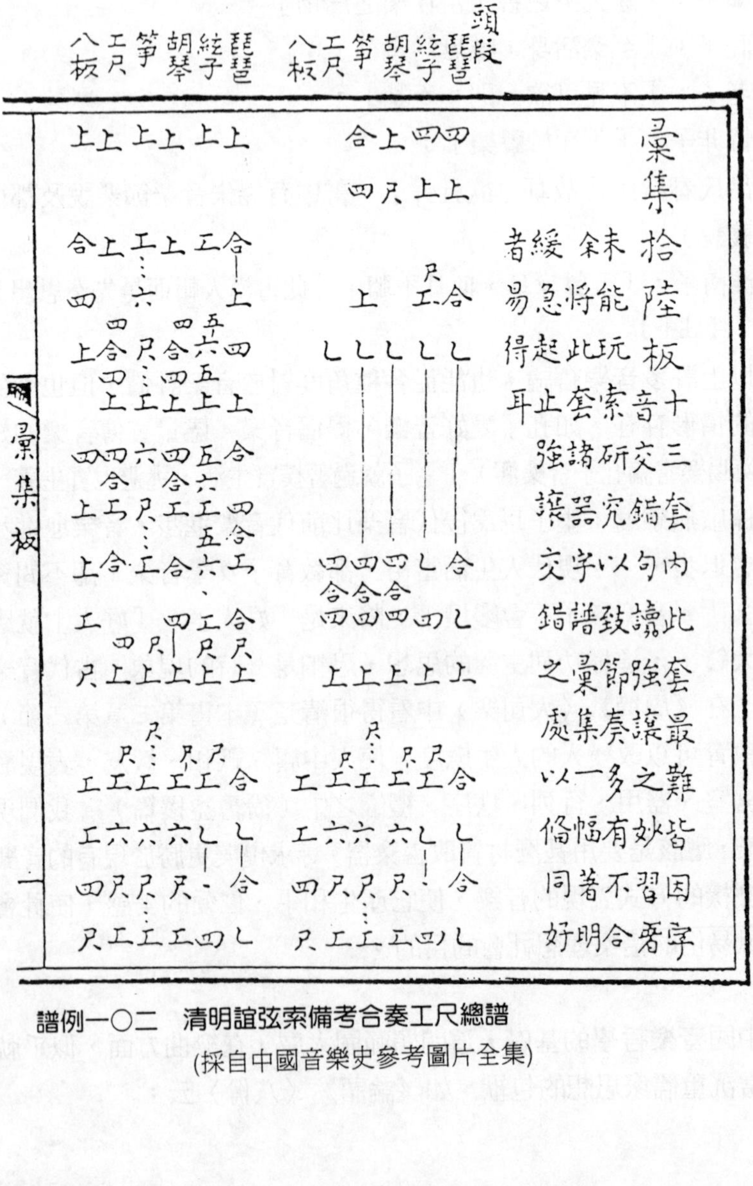

上部欄外（由右至左）標目：八板　工尺　箏　胡琴　絲子　琵琶　｜　八板　工尺　箏　胡琴　絲子　琵琶　頭段

右側說明文字：

彙集拾陸板十三套內此套最難皆因字

音易得耳　緩急起止

餘末能玩索　諸器以句讀

強讓交錯之處　諸器研究以致

交字譜節奏　彙集板一幅著

錯譜之彙集處　以倚同好明

合另字

（工尺譜曲文，由右至左、自上而下排列，略）

頭段（右段）：
合上四四
四尺上上
尺工合
ししししし
……
四四四し合
四四四四し
上上上上上
尺尺尺尺
工工工工工合
工六六ししし
四尺尺尺し合
尺工工工四し

（左段）：
上上上上上上
合上工上工合
四六上
上合尺合四
四四四
上工上上
四四六四上合
合合工四合工
上工工合四合工
工尺四
尺上上上上上
尺尺尺
工工工工工合
工六六六しし
四尺尺尺し合
尺工工工四し

一、彙集板（欄內左側標注）

譜例一〇二　清明誼弦索備考合奏工尺總譜

(採自中國音樂史參考圖片全集)

譜例一○三　清明誼弦索備考合奏五線譜

(採自中國音樂史參考圖片全集)

　　（孔）子語魯大師樂曰：樂其可知也；始作翕如也，從之純
　　如也，皦如也、繹如也，以成。

　　這段文字，用現代語言解釋：「始作翕如也」，即音樂一開始，
便要獲得「統一性」──齊奏效果；「從之純如也」，迨音樂演奏放
開來之後，「從」就是「縱」，便要求音色純美、純潔，避免高下不
一；「皦如」是音色要明朗，「繹如」是曲調要連串。這個音樂藝術
的邏輯，在國樂演奏會中，尤其較早年在大陸各樂團都多少存在著，
所以它對後世影響相當重要的。

　　我的解釋，是遵宋儒朱熹的《四書集註》，也稍有衍繹。疑「子
語魯大師樂」；就是魯國的「大司樂」，主管音樂行政的長官。

　　中國音樂的和聲問題　中國音樂有沒有「和聲」問題？這問題並
非絕對的；如果反詰「為甚麼要和聲」、「甚麼樣的和聲才是和聲」？這
就會流於意氣之爭。西洋音樂由單旋律音樂，不斷的研究發展，而產
生和聲學，對位法、曲式學，其實中國樂器有許多種因嫻熟的演奏技
巧中，已潛藏著「和聲」的實際應用（極簡單的），以下即一則樂器
應用和聲，對位的實例。

　　清明誼《弦索備考》〈十六板〉合奏工尺總譜標題下說明：【註十
一】〔譜例一〇二、一〇三〕：「十三套內，此套最難，皆因字音交
錯句讀強讓之妙，……余將此套諸器字譜彙集一幅，著明緩急起止，
強讓交錯之處，以備同好者易得耳。」

　　所謂「強讓交錯」，就是有意避開旋律同聲並行的進行，使節奏
產生參差錯落的變化，也就是有意用復調手法去嘗試。這樣嘗試，屬
於支聲復調性質，這種「強讓交錯」的旋律，都是由基本旋律的變化，其
要點於後：

一、主旋律加對位旋律

㈠主旋律每次均作變化；

㈡對位旋律每次出現始終不變；

㈢其他樂器跟著主旋律略作變化。

二、所有旋律均加對位旋律

㈠這裡的對位旋律，專名「竹子」；

㈡「竹子」與原譜強讓交錯（上簡則下繁，下繁則上簡）；

㈢所有曲調均隨主旋律變化而相應變化。

三、對位旋律的應用　在音程關係方面：

㈠比較協和音程的關係：同度及八度占絕大多數；純四度及純五度次之；大小三度及大六度又次之，大小二度作為經過音和裝飾音，雖有而不多。

㈡比較不協和音程的關係：大小二度及七度出現，少於大小三度及大六度的出現。

四、結論

㈠協和的音程的關係是主要的，不協和的音程是次要的。

㈡大膽運用三、六度音程，因傳統理論中，常限於八度音程（所謂倍半相應），四、五度音程（所謂相生之音）的應用，而它是一種有價值的嘗試。

「弦索樂」是三、五件樂器，嚴格結合在一起重奏形式，它以「強讓交錯」與「加花變化」為組織重奏的基本原則，其演奏風格甚為典雅，並且富有地方的特色。

附　註

【註一】中國音樂史，田邊尙雄著，第二章一節中國音樂之源泉，第40頁。

【註二】中文常用三千字形義釋，張萱編撰，民國62年，台北，泰順書局本。

　　　　「竹」字最早見於小篆，時代相當晚了，是秦人書法，從大篆改進
　　　　而來，不會早於西元前三世紀。

【註三】樂器分類體系之探討，鄭德淵著，民國82年，台北，全音樂譜社本，
　　　　第8頁。

【註四】中國音樂史綱，楊蔭瀏著，遠古期的樂器，第73頁。

【註五】同一註，第二章二節印度古代音樂與中國之關繫，第47頁。

【註六】律呂正義，清康熙、乾隆朝敕撰，民國57年，台北，商務印書館，
　　　　據清武英館本影印。

【註七】清史樂志之研究，陳萬鼐著，第十章清史樂志著錄樂器圖說，第317
　　　　頁。

【註八】中國古代音樂書目初編，中國音樂學院編，1961年，音樂出版社本。

【註九】琴史初編，許健編著，1982年，人民音樂出版社本。

【註十】中國音樂史料，見本書第十六章第七節詳細目錄。

【註十一】民族音樂概論，李厚永著，民國75年，台北，丹青圖書有限公司
　　　　　本，此本似與原排本不盡相同。

第十四章　中國傳統音樂【註一】

第一節　民間音樂

一、號子：人民勞動過程中，為紓解勞累的一種呼號，或與病中自然呻吟相同，號子就是在這種情形下慢慢創造出來的，所以也稱為「勞動號子」。它的範圍很廣，多是直接配合勞動歌唱，其節奏強弱交替，因與步調相關，所以均勻準確，旋律具口語化。常常出現四度、五度的跳進，如「川河船夫號子」便是。

二、山歌：人民在山間田野運作所抒發內心感情的一種小曲，古代的「竹枝詞」就是山歌的前身。山歌因砍柴、割草、放牧、趕腳時，見景生情引吭而歌，故「即興」性較強，隨編隨唱，內容廣泛，節奏自由樸實，字密腔長為其特點。旋律進行，常有較大的音程跳進。演唱方式，通常是獨唱、對唱，如「小河淌水」便是。

三、小調：人民日常生活中歌唱的小曲，是屬於「疇農市女順口而歌」性質。「小調」源遠流長，最遠可以溯自《詩經》；漢代的「相和歌」可以說是它的成熟時代；魏晉六朝樂府「子夜四時歌」，稱得上是代表作；隋唐以後說唱、歌舞的曲子，其中有一部分是由小調提煉而成。小調經過歷代流傳，又經過藝術上加工之後，文學性增強，節奏整齊而平穩，曲調細膩而婉約，旋律多級進或迴繞曲線進行，予人以華美之感。唱時伴奏樂器可多可少，曲辭有的很長，如由正月唱到十二月「孟姜氏哭倒萬里長城」（十二月調），就是小調的典型。

四、長歌：指一般結構較長大且與風俗習慣相關的民歌，如婚嫁

喜事的「伴嫁歌」、哀悼喪事的「孝歌」；以及各地區原住民「祭祀歌」——相當民族史詩等是也。其音樂與語言結合緊密，反復變化歌唱一個基本的曲調，具有敘事詩風格。

第二節　歌舞音樂

歌舞音樂是伴隨民間舞蹈的歌唱與器樂演奏，它的種類繁多，廣泛流行各地區原住民社會中。其音樂採自本地方民歌小調，故具有各種不同風格與濃厚地域性圖騰意識。中國歷代歌舞音樂極發達，在大江南北，春節中採蓮船、打連相，及「燈劇」——經裝扮後載歌載舞，或是演唱一段戲曲，如「蔡明鳳辭店」這民間小戲，竟普遍傳唱長江、黃河流域。還有其他各地原住民的特殊歌舞音樂，如台灣布農族「豐年祭」也屬此類。歌舞音樂曲調樸實無華，節奏整齊，結構勻稱，常用絲竹樂器伴奏，間以打擊樂器增加其聲勢。

第三節　說唱音樂

說唱音樂以荀子為中國說唱音樂的鼻祖，他的「成相篇」，用打擊樂器說故事：是綜合說（道白）唱（歌唱）表演（僅限於手勢）於一體的藝術。中國說唱音樂的曲種有二百餘種之多，其中分：鼓詞、彈詞、漁鼓、曲牌子、琴書、雜唱、走唱、板誦八類；這種音樂特點，是與語言緊密結合，富於地方特質，伴奏樂器也甚簡單。演唱者用敘事或代言方式，模擬故事中人物各種口吻，曲調反復，唱腔豐富，構成各種節奏板眼速度與腔調變化。

第四節 戲曲音樂

戲曲音樂：請參見本書第九、十章歌唱文學元人雜劇與明清傳奇、平劇各節敘述外；中國戲劇種類達335種之多，分佈於全國各地，比較常見的戲曲，有：京劇、崑劇、評劇、粵劇、錫劇、閩劇、豫劇、秦腔、壯劇、淮劇、楚劇、桂劇、滇劇、紹劇、吉劇、廬劇、清劇、潮劇、傣劇、邕劇、越劇、滬劇、晉劇、川劇、徽劇、贛劇、漢劇、藏劇、蒲劇、揚劇、湘劇、黔劇、婺劇、呂劇、甌劇、甬劇、祁劇、璦劇、隴劇、白劇、龍江劇、花兒劇、滑稽戲、黃梅戲、梨園戲、河北梆子、山東梆子、延安秧歌劇……等等【註二】。這些劇種的名稱，多是用地域簡名命名；因歷史背景、民族特性，形成與流佈在不同地方，在文學形式、舞臺藝術、地方方言、音樂唱腔各方面，呈現出多種不同藝術風格與形象。

戲曲音樂有四種聲腔與兩大表演形式：

一、崑腔系統：以明代崑山腔為主流，現在仍上演的明清傳奇（必須與集成曲譜的工尺相合），如「牡丹亭」、「爛柯山」（朱買臣休妻），就是用這種聲腔搬演。現在，崑腔因演出地方不同，有所謂「地方崑腔」──「聲名小異，腔調略同」的情形發生，如「上（海）崑」、「浙崑」、「蘇崑」、「湘崑」、「南崑」、「北崑」；甚至於有新崑腔產生，如近人所編唱清蒲松齡《聊齋》故事的「畫皮」……等，於是形成各種崑腔、板眼、速度和腔調變化。

二、高腔系統：為明代戈陽腔的流變，以川、贛高腔為最，其他如高陽腔亦屬之。其特徵為徒歌、幫合唱、鑼鼓擊節。

三、梆子系統：起源於明末清初，流傳於各省，分秦、晉、豫、冀、魯等梆子。「梆子」用棗木製作，以「梆」擊節得名，板胡伴奏，

歌唱高亢激昂有力。

四、皮黃系統：詳見（下節）「京劇的起源」。

又、戲劇音樂表演形式：其一爲歌舞方式的歌舞劇；其二爲代言體方式演劇，除話劇只說白不用歌唱不計外，此爲有說有唱有動作，且以第三人（演員扮成劇中人）代言表演一完整故事的舞臺劇爲主。

第五節　京劇的起源

清乾隆時期（1736～1795年）戲曲分「花部」與「雅部」，「雅部」指崑曲而言，「花部」指崑曲以外戲曲，包括「京腔」、「秦腔」、「弋陽腔」、「梆子腔」、「羅羅腔」、「二簧調」幾種，也合稱「亂彈」，多少含有一些輕視與不成熟的成份在內。現在暫不敘述其他諸腔，僅就「二簧調」及其相關劇種敘述於下，以明京劇發展軌跡：

一、「二簧調」或「二黃」這是京劇前身劇種，當時「京腔」是弋陽腔的改良劇種，與崑曲起源無異。「二黃」始自湖北省黃岡縣、黃陂縣（相鄰二縣），在乾隆末年已見在京師演出。二黃雖發源於湖北，曾傳至湖南、廣西、廣東、安徽，傳至安徽的稱爲「湖廣腔」；傳至京師的，本來是用笛子伴奏，後來改用胡琴伴奏。

二、「秦腔」發源於陝西，追溯其源出於甘肅。乾隆末年流行於京師，稱爲「西皮調」（甘肅調），伴奏不用笛、笙，以胡琴爲主，月琴副之。

三、乾隆末年，徽伶高朗亭初輸入二黃至京師，以安慶花部，合京、秦二腔，名爲「三慶班」──演二黃、京腔、秦腔（西皮）──成爲京劇（平劇）腔調的雛形。

四、「三慶班」又稱「三慶徽」，該班之後，繼起者有五部「三

慶、四喜、和春、三和」五大徽班。以「四喜班」最盛，演崑腔、秦腔，二黃反而居其次。道光（1821～1850）初年，皆習亂彈，崑曲偶而演出，成績不佳。

五、道光末年，二黃忽然盛行，曲辭市井鄙俚，不似崑腔，弋陽腔之雅，頗受大眾歡迎。先後名伶程長庚、張二奎、余三勝，三伶鼎峙，咸豐年間（1851～1861）常奉召演於內廷圓明園，一時名伶如汪桂芬、譚鑫培、孫菊仙、楊月樓、余菊笙、余紫雲、陳德霖、龔雲圃、黃三、劉趕三等，濟濟多才，到光緒（1875～1908）年間成為「京劇」的黃金時代。

六、程長庚曾主持春臺、三慶、四喜等三大劇班，他的藝術造詣與人格高尚，人稱「大老板」。他釐定班規，吸收各劇種之長，今日梨園行奉為「京劇」的祖師。

京劇排場、組織，基本與其他各班相似，其改良而得之於徽、漢、秦腔者十之二三，得之於崑曲者十之七八，當年諸伶無不擅演崑曲，即其明證。

數年前台灣稱這戲種為「平劇」（北平），並尊稱「國劇」，代表中央體系與地方劇有別，現在稱「京劇」，不過它還是一種極流行的戲曲，它的搬演情形，有目共睹，此處不一一詳敘了。

第六節　臺灣原住民的音樂【註三】

中華民族是漢族及其他55個少數民族組織而成的：這些少數民族的人口，佔總人口的百分之六，而其分佈的區域，卻極其廣袤，佔全國總面積的百分之五十強，然而他們受漢文化影響甚深，積漸達到融合的程度，民族情感無間，和睦相處，但仍然過著各民族集體群居自由生活，故在宗教信仰、風俗習慣、社會環境……，保持其固有傳統，特

別是藝術文化方面，因富於地方性色彩，及濃厚社會意識形態，與圖
騰崇拜的審美觀，受到尊重。

　　臺灣的原住民，從前曾被統稱爲「高山族」，人口30餘萬，主要
聚落區在本省山區，東部沿海平原及島嶼上，在中國大陸也有這類族
屬的散居。近年獲得政府承認原爲「曹族」的邵族（族居臺中日月潭
一帶），連同阿美、布農、泰雅、賽夏、鄒族、排灣、魯凱、卑南、
雅美（達悟）共十族。還有分布於西部平原，在清代已漢化而泛稱的
「平浦」族──這個民族還有十個支族：如東北部的噶瑪蘭；北部平
原的凱達格蘭、西部平原的道卡斯、巴則海、巴布拉、貓霧栜、和安
雅；南部平原的西拉雅族等，……這些原住民各族，大致均屬於黑潮
文化圈下的南島玻利尼亞語系，彼此的語言不同，文化背景、社會組
織、風俗習慣和體質上，都有著相當的差異；因此人類學家，認爲他
們可能來自不同的地方，在不同的時間先後來到臺灣發展。惟有他們
古樸渾厚的藝術：如排灣族的雕刻繪畫，以及各族的音樂的創造，則
應屬於全人類共同的文化資源之一。

　　臺灣原住民所使用的樂器有下列八種：
　　一、縱笛：竹製，5個按孔的短笛，豎吹，分雙管與單管兩種，
是排灣族伴奏的樂器。雙管縱笛，一管吹奏旋律，一管吹奏持續低音，排
灣族將擅長的繪畫藝術，畫在笛體上，使得縱笛成爲具藝術品味的樂
器，排灣與魯凱族多用之。
　　二、鼻笛：竹製，豎吹，笛身有3至6個按孔，用鼻子氣息吹奏，
聲音柔和纖細，鼻笛有兩種，也分雙管與單管，與縱笛情形相似；一
般用於婚喪、獵狩、戀愛、娛樂、迎賓、祭祀、豐收、節慶等，不同
的族屬使用情形，亦略有不同，惟排灣族與凱魯族多用之。
　　三、膜笛：竹製，是將軟竹去掉外皮，直至竹膜處，取竹的兩節

中段，兩端各開一孔。吹奏時氣流使膜振動發音，音色明亮柔和並有顫音，爲阿美族的樂器。此笛主要爲兒童使用，及誘捕獵物用。

　　四、口簧：竹、金屬製品，此樂器歷史悠久，相傳女媧氏作「簧」。口簧是許多少數民族用途最廣最多的樂器，臺灣爲「拉線口簧」，因由於簧的振動發音，不但發出最容易聽到的基音，且因口型、唇型、口腔氣流變化，頗使簧舌振幅和頻率產生變化；即使是單片口簧，也能發出八度、九度或更寬廣的音域內許多音。它適於獨奏、合奏、伴奏，其低音厚重，高音清越，阿美族與泰雅族多用之。

　　五、弓琴：竹製，形式如弓，絃有多種質材，以鐵絲較多。此樂器演奏時，以口啣住弓琴的琴背上端，左手托著弓琴和下端，通過拇指壓絃，右手拇指與食指彈撥，口腔便成爲弓琴的共鳴箱。彈弓琴的中部或上方，能發出Do、（Re）、Mi、Sol、Do幾個音，這幾個音具有主音大三和絃的分解和絃的音，與口簧所發的音，及布農族民歌音階的音甚相同。弓琴可以獨奏，可以伴奏；布農族多用之。

　　六、五絃琴：其實是一塊木板上，一端釘5個釘子，另一端是5根金屬絃繫在絃柱上，共鳴箱是長方形的鐵桶，演奏時用雙手持小木棒彈撥，可以發出五個音，現代已少見，過去是搗米時彈奏的樂器。

　　七、杵：木質，它本來是搗米用的木棒，現在用長短不同的杵作爲樂器，由原住民婦女數人或十數人，交替擊奏於石盤上，產生旋律，稱爲「杵樂」，在邵族甚爲流行。曹族除杵樂以外，又開始唱歌，稱爲「杵歌」。杵在臺灣原住民用途很廣，如雅美族豐年祭時作杵歌，泰雅族也流行杵歌。平埔族與布農族也用杵伴奏歌唱。

　　八、竹搗筒：竹製，用帶節的竹筒，頂端開凹形缺口，長短不一，常用3個爲一組，因發音各異，構成同度或三度音程的關係。演奏時，奏者蹲地執筒跺地發音，主要是配合杵樂伴舞，此樂器流行於邵族中。

　　以上是臺灣原住民的樂器，其取材容易，製作簡單，尤其是鼻笛、

口簧、弓琴，是利用人體功能，產生音樂效應，極富於原始氣息，淳樸敦厚，予人以斯土斯民之感。

　　臺灣原住民的音樂，在各種不同的族群中，仍保持著自己固有傳統文化，而且各有不同的祭儀傳統，與祭儀有關的歌舞活動；如：阿美族的「豐年祭」、布農族的「祈禱小米豐收祭」、賽夏族的「矮靈祭」、鄒族的「凱旋祭」、卑南族的「成年祭」與「收穫祭」、排灣族的「五年祭」、雅美族的「船祭」，以及平埔族的「夜祭」或「祈雨祭」等等。……這些祭儀都有特定的歌謠演唱，日常生活，也有不同演唱的歌謠，內容十分豐富。各族群演唱形式，也各具特色，如：阿美族有最豐富的五聲音階曲調唱法；尤以馬蘭阿美的複音唱法的「老人飲酒歌」，曾榮登上屆雅特蘭大奧林匹克運動會的主題曲；布農族對協和音的感受力最敏銳，故以和聲唱法著稱，其「祈禱小米豐收歌」素有「八部和音」之稱，聞名於世界；而排灣族、魯凱族、卑南族卻獨鍾愛不協和音唱法，婚禮儀式中，男女雙方家屬所唱曲子，完全是異音唱法（Heterophone）；賽夏族與鄒族有平行四度或五度的唱法；泰雅族有輪唱式的唱法；雅美族則以三度或二度音域的朗誦性吟唱。這些民族能歌善舞，傳達衷心情懷，昂首闊步迎向光明。（本節承林珀姬小姐建議編寫，音樂部分由其執筆）

第七節　民族器樂【註四】

　　中國民族的樂器的種類（包括少數民族在內）：計吹管樂器 215種、拉弦樂器62種、彈撥樂器72種、打擊樂器154種，合共503種，這些樂器反映出各民族在特定社會環境裡，所形成的審美趣味，與傳統文化的生命力。

　　中國傳統樂器，豐富而多彩多姿，表現在演奏方面它是多樣化。我們的樂器構造並不複雜，材質也不甚高貴，外觀更是樸拙，比起某些國家的樂器用象牙、銀質，金光閃爍，眞不可同日而語。凡是聆賞過中國器樂曲的人，對它音色之美，音效之強，幾乎含蓋所有音樂的可能性，使聽者情不自禁懾服於它的「權威」下，我的學生臺北市國樂團指揮陳中申君曾說：西方現代作曲家追求的音色，有時不過只是中國樂器隨手一揮，即可完成。這豈不是中國音樂文化，值得向國際樂壇進軍的利器嗎？

　　器樂曲的特點及曲式結構：

　　一、吹打音樂：精實壯大，和穆樸質。

　　二、絲竹音樂：飄逸幽雅，旖旎嫵媚。

　　三、弦樂音樂：高下閃賺，活潑愉快。

　　四、鼓吹音樂：威武氣魄，震撼力強。

　　五、鑼鼓音樂：齊奏花打、單純反復，對偶對仗，節奏與音色多變化。

　　曲式結構：分爲單牌體、複牌體、變奏體、循環體、套曲體等各種曲式，，多能托烘主體演奏的熱鬧與感情的興奮，很受世人歡迎。對於有代表性的曲調與演奏形式，從科學研究角度看，應予整理與保護。

　　文人音樂　爲歷文化修養知識份子所創作，或參與創作的傳統音樂，其音樂可分爲古琴音樂與詞調音樂兩種：

　　一、古琴音樂：㈠琴歌——以古琴伴奏歌唱，如唐代詩人王維「送元二使安西」歌唱的「陽關三疊」（參見譜例五一），此曲早已膾炙人口；㈡琴曲——以古琴演奏樂曲，如宋人郭楚望「瀟湘水雲」的

琴曲，他每欲望九嶷山爲瀟湘之雲所蔽，內心有惓惓之意，乃寄託水雲爲曲悠揚深遠，此曲高古，以十餘種樂核爲主幹，經過六個樂段曲調發展而成，有中國十三世紀的「交響詩」之譽，比十九世紀歐洲浪漫主義，早了五百年。

　　詞調音樂：見本書第七章歌唱文學──宋詞部分，茲不重複敘述。

附　註

【註一】中國傳統音樂概論，王耀華著，民國79年，台北，海棠事業文化公司本。本章節目大致採自此書，惟將宗教音樂提出分成一章，此書係我介紹出版，並爲之序言。

【註二】中國戲曲劇種大辭典，1995年，上海，辭書出版社本，全書1668頁，內容豐富完備。

【註三】中國少數民族樂器誌，中央民族學院少數民族文學藝術研究所編，1980年，臺北，音樂中國出版本，弁端有陳萬鼐序言。

【註四】民族器樂概論，高厚永著，民國75年，台灣，丹青圖書有限公司本。

第十五章　宗教音樂三種

第一節　佛教音樂

　　任何一種「宗教」【註一】都有音樂。對信徒而言「音樂」是最好讚美神聖的語言，它具有「天人合一」的功效，是信徒們紓解內心苦痛與抑鬱，最便捷的鎮靜劑；常常見到許多信徒，在朝拜神聖歸來，內心就充滿喜悅，容光煥發，這也許就是「宗教音樂」的感召，所謂「宗教奧跡」！

　　「佛教音樂」是佛教寺廟在各種法會活動、慶典節日中所應用的音樂。在西元前六世紀至前五世紀，釋迦牟尼佛在印度創立佛教時，就以「清淨和雅」吹唱音樂來說法，約在西元前三世紀後，佛教音樂便隨佛教傳播於世界各國；因各國民族的文化不同，從而產生各種不同的佛教音樂。中國佛教音樂，爲東漢明帝時代（58～75年）傳入，使來自印度與西域的音樂，滲合了中國民族傳統的音樂，成爲中國佛教音樂──含有中國民族音調，又含有印度及西域少數民族的音樂。

　　佛教直接應用音樂的地方：

　　一、**贊唄（梵唄）**：用於講經儀式法會，以短偈形式贊頌佛菩薩，其形式有獨唱、齊唱、合唱。贊唄在六朝時期，分爲轉讀、梵唄、唱導三部分。

　　二、**變文**：是說唱，即用音樂講唱佛經。佛教音樂是普渡衆生的一種工具，佛教儀式與節日慶典，也常用樂舞百戲來宏揚佛法，所以

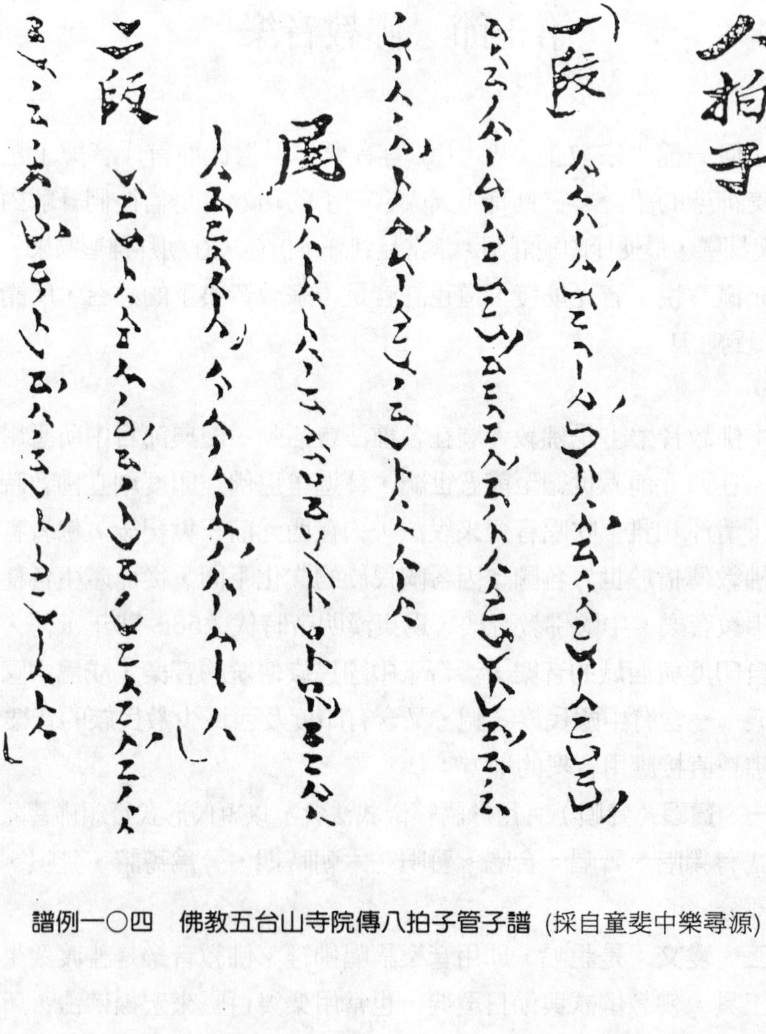

譜例一〇四　佛教五台山寺院傳八拍子管子譜 (採自童斐中樂尋源)

八 拍 子

（第 一 段）

譜例一〇五　佛教五台山寺院傳八拍子管子譜五線譜 (採自童斐中樂尋源)

佛教眾生佈施方式也極廣泛，在《妙法蓮華經》【註二】中有云：

　　　若使人作樂，擊鼓吹角貝，簫笛琴箜篌，琵琶鐃銅鈸，

　　　如是眾妙音，盡持以供養。或以歡喜心，歌唄頌佛德。

　　　乃至一小音，皆以成佛道。

　　這是以音樂供養佛，還有「建塔」、「開窟」、「塑像」、「繪畫」（敦煌石窟音樂舞蹈壁畫），也屬於供養人的功德，種因得果，好心好報。

　　中國地域遼闊，佛教音樂大致分南北兩派，南派以四川峨嵋山寺院音樂為主導，北派以山西五臺山寺院音樂為主導〔譜例一〇四、一〇五〕。北派主雄勁爽朗，南派主委婉曲折，此與地緣人性有相當關係。

　　佛教音樂的開經偈：

　　　無上甚深微妙法，百千萬劫難遭遇；

　　　我今願聞得受持，誓釋如來真實義。

　　這是屬於「讚唄」的短偈，它的歌唱旋律平穩而多級進，速度徐緩，每分鐘在25～30拍之間，節奏悠揚，常一字多腔。誦經是一字一音，中速進行，務求字義明晰，開導眾生。「變文」就花樣百出，為譁眾取寵吸引聽者，在古代即有「附會鄭衛之聲變體而作」。

　　現代，「佛教音樂」【註三】也有以國樂與電子樂器、古琴與樂隊、梵音合奏、簫笙、簫箏二重奏、大合奏等方式演奏、錄音，供給社會一般民眾聆賞，自無關乎宗教儀式與信仰。這些樂曲的標題「大雄寶殿」、「佛上殿」……，有的是新作，有的是根據佛教中流傳下來的曲調、曲牌改編而成，如「戒定真香」就是一首傳統梵唄，原取材於元曲「掛金鎖」曲牌，便成為現代傳統風味的「佛教音樂」。

　　此外，在坊間有一種「佛教音樂」的音樂光碟，名稱【中國民樂百科全集、宗教音樂系列】「醒世梵言」──是由僧人唱誦，僧人佛

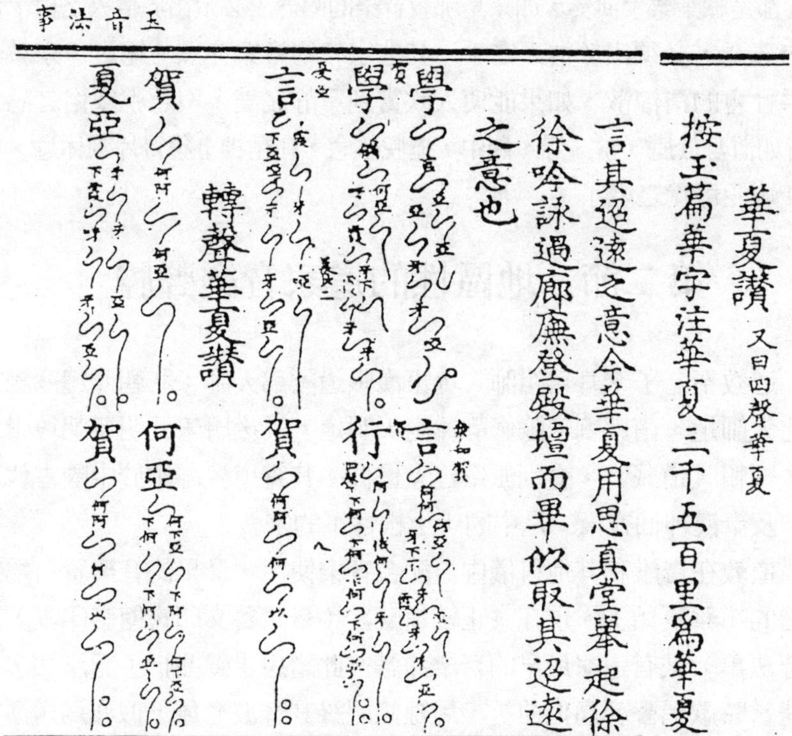

事法音玉

華夏讚　又曰四聲華夏

按玉篇華字注華夏三千五百里爲華夏

言其迢遠之意今華夏用思真堂舉起徐

徐吟詠過廊廡登殿壇而畢似取其迢遠

之意也

轉聲華夏讚

學

言

學

行

言

賀

何亞

賀

夏亞

夏

賀

譜例一〇六　道藏玉音法事轉聲華夏讚聲曲折譜 (採自明正統年間道藏本)

樂團演奏，演奏細目爲：常州天寧寺僧人唱奏梵唄4首；遼寧千山佛樂團僧人唱奏佛樂12首；五臺山佛樂團僧人唱奏佛樂6首；北京佛樂團禪樂5首；九江能仁寺佛樂團唱奏三首；天津佛樂團唱奏5首；甘肅拉卜楞寺佛樂團僧人唱奏道爾得音樂、藏戲音樂、佛教音樂、法螺等14首【註四】。我個人感覺有些「宗教音樂」，談不上宗教的奧跡，因爲都是職業樂手演奏，如果是佛教音樂的唱念，必須出於僧人之口，法曲的演奏，必須出於僧人之手，其他宗教的音樂亦然。總之，宗教是煩囂社會的清涼散，如果能使人欣賞到寧靜之美，與超脫塵俗之感，一時如置身於庵、堂、寺、觀中，擺脫雜念，在精神上獲得片刻休息，就是其難能可貴之處了。

第二節　地區性的道家音樂聲腔

道教奉老子李耳爲祖師、尊東漢張道陵爲天師；北朝元魏寇謙之爲北天師道，南朝劉宋陸修靜爲南天師道。其後唐宋元明各朝尊崇玄學，編輯《道藏》，分別派系建立信仰。其實道教淵源於中國古代巫術，及秦漢神仙方術，是中國「土根性」的宗教。

道教在齋醮和其他科儀中，配合音樂使用，最早的音樂資料爲寇謙之的「華夏頌」。現在《正統道藏》（臺灣藝文印書館影印本）〈玉音法事〉載有道家最早的音樂曲譜，此譜用「聲曲折」記譜法，即根據當時歌唱聲音高低曲折，用線條記錄其音波形象，似亦爲《漢書·藝文志》著錄：「河南周歌聲曲折七篇」的孑遺。〈玉音法事〉卷中第九有「華夏贊」譜〔譜例一〇六〕，可能是寇謙之原譜？此譜僅記唱歌「韻母」的咏哦。曾有人稱〈玉音法事〉爲北宋時譜，亦有人以該《道藏》是刻於明正統（1436～1449年）年間，便作明代的樂譜。根據逯欽立撰〈漢詩別錄〉（中研院史語所集刊第13本）研究，

步虛韻

當當請當當請當當請當請當請當請當請當請當請當請當請當請當請當請當請

大道○洞玄○虛○有念無不

當請當請當請當請當當請當當請當請當當請當請當當請當當請當請當

契○　錬　質錬質入　仙　真○

請當請當當當請當當請當請當請當請當請當請當請當請當請當請當請

一

遂成金剛體○　　超度

當當請當當請當當請當請當請當請當請當請當請當請當請當請當請當請

超度三　界○　難○　地獄五苦

當請當當請當請當請當當請當請當請當請當請當請當請當請當請當請當

解○　悉　服悉畋太　上　經(四)

請當雙雙雙雙雙雙雙

靜念稽首禮○

譜例一○七　**全真正韻譜輯步虛韻當請譜** (玉溪道人傳譜)

步　虛　韻

1 = D　$\frac{2}{4}$

♩ = 60

大　道（啊）　　　　　　洞　　（哎）

　　　　　　　　常　　常　　請　一　　當　當

玄（啊）　　　　（哎）　　　虛　　（呀）

請　　常　　請　　當　　請當　請　　當請　當

有　　　念　　無　　（啊）　（哎）
遂　　　成　　金　　（啊）　（哎）
地　　　獄　　五　　（啊）　（哎）

請　一　　當　當　　請　一　　當　當

譜例一○八　全真正韻讀譜輯步虛韻五線譜（曹本冶樂譜）

2 ∨　2 3　｜2·3　216　｜　6·5　6　｜6 1　16 5 ∨

不	（啊）			契	（啊）	（哎）
剛	（啊）			體	（啊）	（哎）
苦	（啊）			解	（啊）	（哎）

請　當　｜請　當　｜請當　請　｜當請　當

3·3　2　｜2 3 5　6 5 3 2　｜1·2　1　｜6 6 1　3 5 3

煉		質		煉	質
超		度		超	度
悉		皈		悉	皈

請　一　｜當　當　｜請　一　｜當　當

1·2　1　｜1 2　3 ∨　｜5·2　3　｜2·3　216

入	（啊）	（哎）	仙	界
三	（啊）	（哎）	界	
太	（啊）	（哎）	上	

請　一　｜當　當　｜請　當　｜請　當

2·3　2 ∨　｜2 3　1　：‖　5·3　3 2 26 1　－　｜0　0　‖

真		（哎）	靜	念稽首禮
難		（哎）		
經		（哎）		

請當　請　｜當請　當　：‖　請　請 請 請 請請　｜請　請 請　‖

[導讀]　步虛辭是齋醮科儀時，道眾旋繞壇場時虛聲詠唱的韻腔，象
　　　　徵將往玉京金闕朝拜聖真時，繞行於虛空之中。辭語玄妙，
　　　　行腔圓潤，而有一種規律起伏的飄渺感。在誦經時常用，且
　　　　不同經典也各有不同的步虛辭。

續前譜例（共二頁）

五字偈

譜例一〇九　台灣道教正一派五字偈五線簡譜 (採自呂錘寬台灣傳統音樂)

應爲六朝時期原譜，故「華夏贊」與寇謙之「華夏頌」可能同爲一物？

　　道家音樂在唐代曾吸收民間音樂、西域音樂、佛教音樂的養份後，逐步發展提升，具有相當規模。南宋時期已廣泛在民間流傳，據《無上黃籙大齋立成科儀》卷57記載，當時聲樂與器樂形式的運用，已達到相當悅耳程度。明朝就簡去繁，又有新發展，《大明御製玄教樂章》（有道藏本）採用工尺記譜，記錄道曲14首，近代道教音樂爲其遺緒。

　　道教音樂有獨唱、齊唱、散板式吟唱及鼓樂、吹打樂、合奏多種形式。其聲樂形式除了誦經是一拍一字一音或一拍二字二音，略帶一點吟誦外，其音樂主要部分爲「頌」、「贊」、「步虛」、「偈」等等形式。這些曲子，大率是一首詩詞，其結構分四六上下的句式、或起承轉合的四句式、或是大型甚爲複雜的曲子；每一曲調常用多段，甚至於十餘段不同內容的曲詞。

　　我對於任何「宗教音樂」都尊敬並有濃厚的興趣，但比較喜愛「道家音樂」；曾經讀過爲數甚多的道家音樂著作，聽過許多錄音帶，最近還讀、聽到〈全眞正韻譜輯〉〔譜例一○七、一○八、一○九〕【註五】。這些視聽資料，除教義不談外，總覺得它的音樂旋律、聲腔變化不大，無咏味可言，並不能滿足我欣賞熱切的希望。

　　我是湖北省漢陽縣人氏，現在稱「武漢市」，是長江九省通衢之區。當年故鄉的社會普遍信仰「道教」；應該說：凡有宗教儀式，都「採行」道教——大至修建經功、祈禱和平，小到民衆死亡，開通冥路，其他祈福禳解，禮斗延生，追薦宗祖，賑濟孤魂野鬼，都延請「道士」，並不「採行」佛教；這可能是受了一齣淫戲「殺子報」（女經主與僧私通殺了孩子）的影響，僧俗之間劃下界限，不相往來。這種道教奉張道陵爲天師，稱「正一門下」，是祖傳家業，民國38年後廢除此行，改革開放後，據說逐漸恢復，一般人稱他們爲「先生」（

宋金雜劇就有這個名辭），不逕稱「道士」。其平常穿著長衫，衣履整潔，接觸面廣，舉止行動如讀書人，是揉合了儒家思想，深得地緣、人和的民間的「神職人員」。另外，是群居在道觀中的「道士」，當地人稱之爲「道人」，他們髻髮戴雲冠，穿扯領道袍，足登烏靴，三五成群，少見單獨行走，被視爲方外人士；他們可能是「全眞派」的道士。

武漢人對鬼神抱著一種尊敬與悲憫的態度，沒有人去輕易捉弄鬼神，如毀滅、拋棄偶像、偷盜別人家祖先骨殖去佈置會場等事，從未聽說過。相反的還流傳一句話，「家有一萬，神鬼一半」（此語亦見於王作榮先生《壯志未酬》自傳中），所以中等以上人家，每隔三、五年會超渡先親，作五、七天追祖法會。每年中元節祭祖「燒包袱」（給祖先焚冥紙袋），必然請道士追薦宗祖、賑濟孤魂野鬼，放一臺「焰口」（有錢的人家放兩臺）。如果有錢人家吝於中元普渡，不放焰口，倘地方發生災異，便有人抱怨這些有錢人，捨不得放焰口，弄得地方不「乾淨」（鬧鬼）。每台焰口戰前至少銀元十元，道衆七人。七月初一日至十五日這段時期，在武漢三鎮過江（長江）渡河（漢水），沿岸水陸碼頭（現在已建長江大橋）都會聽見放焰口的音樂聲，正是某錄音帶有「音樂焰口」這名辭；加上五顏六色照明孤魂野鬼的水燈，順流而下，可以說是七月裡武漢三鎮的一種特殊夜景，也算是這一帶民衆生活倫理，在迷信中，而不沉溺「過火」（燒傷了人）、「爬刀梯」（危險性）等法術表演。

我的家庭並非富有，每年也會接納鄰里的希望，中元節得放焰口一臺。先父農曆6月30日生日，這天親友咸來聚會，夜間看放焰口，極爲熱鬧，這天也是本年赦孤法會的序幕，很受人重視。試想在這種大環境下成長的人，只要有點音樂美學觀念與哲學思想，都會耳濡目染這種道家音樂。現在，我還是喜愛宗教音樂，在本省民間或廟宇、

道觀，聽見誦念聲，就會非常興奮趕上前去，結果是播放錄音帶，就不免氣急敗壞；還有喪家「ㄅㄤˋ ㄅㄤˋ」，我也經常佇足觀賞長達二小時以上，對他們吹打樂也不厭倦。可是，自我領洗天主教後，就對於寺廟道觀音樂，及大陸旅遊「白天看廟，夜晚睡覺」活動，未知何故就不太汲汲了！

　　大陸開放初期，我返故鄉探親掃墓，並計畫訪問本坊當年蕭氏大壇門家，碩果僅存的蕭隆楷道長。蕭姓與我陳姓生同里閈，誼屬葭莩，歷盡劫波，而道長耳聰目明，相敘世代情誼，感慨系之。我致以薄禮畢（美金400元，我常對學生講作田野調查禮儀要週到，才能受益），懇談武漢市道家音樂，因事先擬定許多關鍵性的音樂問題，道長也不厭其詳的解說與示範，先兄也從旁協助記錄、錄音，雖然盤桓日淺，而自認是十分成功的一次訪談。聽說道長有時被武昌最大道觀「長春觀」請去主持法事，賺點「工資」，他們是從前彼此不相往來的同門兄弟（道士與道人），此時也竟然合作了。後來，我再次返故鄉，聞道長遊屐成都，飄然羽化昇仙而去，給我留下無限的追思！

　　上述我對道家音樂的體驗，是侷限於武漢三鎮，然而今天所見到的「宗教音樂」，也沒有那一宗是全國性的。茲將我先後獲得的資料整理於下，如果能充實其內容，可以提供敝縣纂修方志宗教音樂篇參考的史料。

一、器樂曲方面

　　一、細樂：用笙簫笛管不用琵琶三弦，據云惟恐流於藝伎。細樂「小合樂」配合演奏，多是在法事正場開始之前，因該場法事時間並不太長，似有補充時間之感。細樂演奏開始用「大合樂」，中間也用「大合樂」作間奏，既可免於沉悶，清雅之餘，不失其雄健威武，在

編配上的確相當圓滿。

「細樂」也進行伴奏各種聲腔的旋律，伴奏完畢，接著一小段「曲牌」音樂，清新溫雅宜人。

二、大合樂：用大鐃、大鈸、大鑼、大鼓爲主要樂器的大合奏，有打擊的譜則，節奏威武雄壯。法事肇啓與告竣，必定用大合樂，尤其是「踏罡步斗」科儀，以大合樂爲主要的配樂。

三、小合樂：用雲鑼、鐺子、木魚、小鐃、小鈸、梆鼓爲主要樂器，除小鐃、小鈸爲介入樂器作間奏外；梆鼓作點眼之用，其餘樂器按 $\frac{4}{4}$ 拍式適當配合進行演奏。小合樂也是細樂的伴奏樂器，一般道家唱誦，多用小合樂伴隨聲腔旋律進行。

二、吟詠誦唸方面

吟詠是指不用樂器伴奏的一人獨唱，獨唱時字句講求抑揚頓挫。此類吟詠包括範疇很廣，至少有下列三類：

一、朝腔：對尊神朝拜奏事進表之用，相當於臣子上朝故名「朝腔」，其詞句多屬四六駢驪，頗適於散曲吟詠，如：

（臣聞）高高碧落，憑白鶴以昇騰；

　　　　渺渺豐陽，假丹衷而上達（茲當朝奏必假香傳）。

二、嘆腔：對亡靈敘事感慨之用，此腔較爲凄切哀惋。如嘆文：

自古花無久艷，從來月不常圓；

任君堆金積玉，難買長生不老。……

三、誦唸：道家諷誦各種經文。每經文二字爲一拍（木魚一擊），或一字一拍，（稱爲「滴板」），如此則異口同聲，才不致於參差不齊。常常聽到某些寺廟唸經，不講板式，東一句西一句，俗稱「瞎念」。

四、呼號：接近於吼聲——大聲急呼，因非聲腔之類，故列入吟詠內。此種呼號用於「變神」（道家術語即大型法事）。

三、聲腔方面

聲腔指屬於道衆齊唱式的聲腔，經常以小合樂伴奏歌唱，其聲腔大致有下列十一種：

一、誥腔：「誥」即誥命，道家每一位尊神都有一個寶誥，相當這位神明的傳略，用四六駢體撰成，文辭典麗，爲一般信徒對神祇瞭解的捷徑。如「北斗寶誥」：

> （志心皈命禮）紫光毓秀，黃極分元；爲造化之樞機，
>
> 作人宸之主宰。宣化三界，統御萬靈；至道至尊，大明大德。
>
> 中天北斗、九皇九尊，延生解厄、善道星君。

此誥用於拜斗禳星。寶誥都因駢驪辭句關係，上句用雲鑼、鐺子、木魚、梆鼓；下句加入小鐃、小鈸、大鼓，是一種小合樂形式伴奏，曲辭每句唱畢，有一段四拍式二小節的間奏，以鐃、鈸交錯打擊，速度舒緩，節奏流利，字句清晰，是一堂重大法事的序曲，顯得溫文爾雅。

二、步虛腔：一堂法事有一個主禱的神祇，如禳星的訴求對像是北斗星君，所以用北斗寶誥。如果一堂綜合性的法事，如「監壇」、「禁壇」就不限一位尊神，而是諸神，此時「步虛」取代寶誥。《道藏》〈玉音法事〉中的「步虛吟」便是這性質。如「拜章」、「拜表」最隆重的法事：

> 萬物消疵厲，三聖降吉祥。步虛聲以徹，更詠洞玄章。

據《異志》記載：陳思王曹植遊山，忽聽天空有誦經聲，清遠響亮，後道家效之爲「步虛聲」，也因之廣義稱道家誦經聲爲「步虛」，步虛是一種特殊腔格，亦稱「打步虛」。

「步虛」是衆多道家聲腔中，最難以捉摸的一種歌唱，第一、二、四句都以中速唱奏，惟第三句「步虛聲以徹」，就變化無端，反復此

五字，長達十數板（散板）：似即爲〈玉音法事〉中的「轉聲華夏讚」的「賀」、「何亞」、「夏亞」、「賀」各種的字聲；我每次諦聽這段吟哦，也並非準確、一致，它可能富有步虛歌唱原始的旋律。如此「步虛腔」就傳承了華夏讚的遺緒，可能保持道家吟歌風格達數千年之久？難能可貴。

三、頌腔：接在「誥腔」或「步虛」之後，道家稱「威靈咒」，各種神祇有各種不同內容的威靈咒，相當於「美盛德之形容也」（詩經），故稱「頌腔」。如歌頌老君的威靈咒：

> 大哉之道，無爲自然。劫終劫始，先地先天。涵關默默，
> 億劫綿綿。東訓尼父，西化經天。國王驅馳，屢歲悠傳。
> 三界之祖，玄之又玄。

此曲先由「高功」（道家中身分最崇高）執法鈴起唱「大哉之道」，道衆隨即齊唱，聲音極高昂，比普通唱腔高八度，以笙簫笛管及小合樂伴奏。慢板，每二句爲一樂節，每四句爲一樂段，每個樂節以小鐃、小鈸、大鼓爲節，非常莊嚴，是一種大法事的前奏，類似組曲作品的導曲。

四、朝誦腔：即將吟詠中的「朝腔」改爲歌唱，注重歌辭音節，音調從容，最後一句用「幫合唱」的高腔接唱，小合樂方式伴奏。

五、讚腔：道經、佛經每卷經完畢，就有「讚曰」，是對經文的稱讚，用字簡鍊，似在臠括全經精妙之處。如生天經讚：

> 元始法王，會集諸天。演此昇天至妙言，太虛理幽玄。
> 了透機關，立地到三天；了透機關，立地到三天。

讚腔用在誦經之後，似三拍式歌唱，旋律輕圓流暢，給沉悶誦經之餘，帶來喜悅與快樂。讚腔以小合樂伴奏。

六、偈腔：經文誦念完畢有「讚腔」，讚前在經文中有「偈曰」；既可以隨著經文朗誦，也可以從經文中提出作歌唱。「偈」與「讚」

的性質在經文中意義，大致相同，《天台仁王經疏》：「偈者竭也，攝義盡，故曰偈。」如救苦經中偈曰：

> 杳杳冥冥清靜道，昏昏默默太虛空。
>
> 體心湛然無所住，色心都寂一眞宗。

偈子以小合樂伴奏，旋律優美，如經文的小品，流露著清新美感。

七、懺腔：宗教皆不避諱犯過，自己承認有「罪」，但要求發虔誠心，從事懺悔（如天主教告解）。故道家法事外，誦經與拜懺是兩大要務。拜懺即「懺悔」，每一種經就有附一種懺，如《救苦經》（全名《太上洞玄靈寶十方救苦拔罪妙經》見於道藏洞玄部）、《救苦寶懺》，懺中記載各種救苦拔罪的神祇名號，供教徒一一拜懺認罪。如禮斗拜懺；對本命星君祈求保佑：

> 志心朝禮：當生當道本命ＸＸ（如「甲子」年生）元神星君。

拜懺先由一位道長以長音吟唱「志心」二字，不用樂器，隨後道眾以鐺子、木魚一板一眼打擊在懺詞每個字上，亦單獨一拍長音歌唱，信徒與道眾俯首長跪下拜，旋律簡單，節奏緩慢安祥，態度莊嚴肅穆，給人一種赤忱痛悔祈禱、回心向善之感。

八、吟腔：道家吟唱曲中，採七言律詩形式以紀述事物，或贊禮尊神者甚多，除用吟詠之外，皆用慢板吟腔方式歌唱，頗具有抒情意味，如常用於奠祭者：

> 茫茫何處問蓬萊，落盡松花空自哀。惆悵白雲人去久，
>
> 乘鸞猶望鶴歸來。知他霄漢傳烟客，莫向昆明嘆劫灰。
>
> 惟願亡魂無染作，十洲三島任徘徊。

此曲開始先奏一段曲牌音樂，然後開唱，曲調十分舒緩，感慨、吟嘆一件故事似的。每一個樂句上下句，高低音起伏甚大，其第一、二字，與三、四字似爲吟唱小節，五、六、七三字爲一中心旋律，構成循環反復吟唱的樂段，惟第三、五樂句特別唱高，第七樂句又特別

低，顯得情緒十分振奮與凄迷。此曲唱法，尤其是循環反復聲波，用〈玉音法事〉曲折譜最能表達。

九、即興腔：曲調輕鬆自在，又帶著一點滑稽感，歌唱時用小合樂爲樂節。以四拍式中速抒情式進行，含有濃厚民間孝歌音樂色彩，故有「即興而發」趣味存在。如奠獻用：

> 茶奠獻，酒奠獻，茶酒奠在靈筵前，
>
> 雙雙童子引，點火化紙錢。

這一節曲辭相當通俗流暢，帶有酒醉飯飽的喜悅感，此腔多爲四個樂節構成一個樂章，聲腔輕快而自然。道家也採用劇場聲腔，如戲曲中「親家母過門」的「雲蘇調」也被用上，但爲數極少。

十、迴腔：就是唱「迴向文」用的腔調。道教的每天壇場結束，就有迴向儀式，歌唱迴向文。迴向文有各種不同內容，如皈依道經師三寶迴向文：

> （白）天尊說經畢，群生共徘徊，土壁作玉階，奉勅而退歸。
>
> 道眾一心，皈依迴向：
>
> （眾唱）稽首皈依道，道在玉京山，玉京山中來說法，
>
> 說法渡眾生，說法渡眾生（皈依道寶例）。

迴向文旋律優美清暢，曲調低徊，有一種期盼、依依不捨的情緒，如稚子之戀慈母的感激。每個樂章用大合樂作間奏，氣氛中充滿熱熾與感謝。

十一、願腔：與「迴腔」有相異同之處：「迴腔」是送神曲，「願腔」是迎神曲；前者充滿報恩感，後者充滿祈求感，所以樂曲節奏較慢，調子也較低。如道場啓幕：

> 道香德香無爲香，供養無上法中王；
>
> 惟願慈悲垂濟渡，眾生承福步天堂。

「迴腔」似乎是得到了救贖的喜悅，「願腔」卻是無限悲情，迫

切希望神祇大慈大悲，超渡淪於苦海的眾生。願腔也是用大合樂爲伴奏。

　　以上十一種道教的歌曲聲腔，是我大膽分類與命名的，但也得到蕭道長的首肯與嘉許；感謝他對宗教開明的態度，同時他也是一位學識廣博，富有智慧與經驗的長者。茲舉一例證明此說：在臺北市士林市場（小北街）廟頭，年年都有中元普渡拜拜放焰口法會，在一些紙紮品當中，有一棟房屋，裡面坐著幾個貧窮的紙偶，但這房屋的匾額題「翰林所」。講起「翰林」這個二字，它是清朝進士及第，經考選「散館」（進修）後，得到的功名，正式名稱是「庶吉士」，俗名「翰林」，是何其清貴的職官，不意這所破房子及幾個窮鬼，竟也稱上「翰林所」。我曾向一位法師請問何義？他說：「莫宰羊，前世是翰林？」；我復以此問題，就教於道長，彼云：「寒林所之誤也」，又說「孤雁宿寒林」，孤魂野鬼棲身處罷了。

　　道家音樂誦念與歌唱，均由道家自行擔任，信徒與信士並不參與其活動，只是膜拜行禮而已。道家音樂進行，操在打鼓者手中，領導全場打擊與吹奏。誦經有經書，法事有科書，雖然照本宣科，一場大的法事，也是千頭萬緒，都賴打鼓者熟悉「舉揚」（道家術語）——如何領唱、接唱，配合無爽，須具相當道藝。道家儀式音樂，經過上千年來齋醮經功實踐，及長期吸收民間音樂養份，內容豐富，甚爲可觀也！

第三節　天主教常年彌撒音樂

　　我與內人篤信天主教，自然就接觸到「天主教音樂」。但我只是

追隨在眾多教友之後，在神父引領之下，年復一年，週復一週的奉行各種彌撒，對於天主教精湛的教義、禮儀的規範、聖樂的理論〔譜例一一〇〕，均未曾涉獵，十分慚愧！但我十分幸運，這輩子我夫婦曾向梵諦岡羅馬教廷朝聖過，也遍歷世界各國大教堂望彌撒，尤其在1999年旅居美國時，經常去華府國家大教堂望彌撒，其聖樂嘹亮優美，儀式莊嚴隆重。本節音樂係採用本堂（臺北市士林區中正路264號君王堂)「彌撒常用經文」與程序，敘述「天主教音樂」最基本、最常見的情形敘述於下：

彌撒常用經文

一、進　堂　式（請起立）

一、進堂詠

唱進堂曲

各天主堂採用一種歌本【註六】，簡稱《聖歌本》，事先選定要唱的彌撒歌曲，公佈在玻璃燈面上，信眾同聲齊歌，以電子琴或鋼琴伴奏，這是儀式進行中的第 1 次唱歌。彌撒由神父主祭，輔祭二人侍奉進堂升座。另領經一人（司儀）、讀經二人、司琴一人，彌撒開始。

二、十字聖號

　　主祭：因父、及子、及聖神之名。（神父畫「十字」聖號　信
　　　　　友照畫）

　　信友：阿們。（希伯來語，表示「就是這樣」或「希望會這樣」）

三、致候詞

　　主祭：願天父的慈愛，基督的聖寵，聖神的恩賜，與你們同在。

　　信友：也與你的心靈同在。

四、懺悔詞

A面

(一)調式有聲譜例

第一調：主音Re　屬音La
(Dorian多利安調式)

復活節「續抒詠」(Sequence)

譜例一一○　葛利果聖歌中古教堂調式有聲譜例 (採自李振邦神父原著)

主祭：各位教友，現在我們大家認罪，虔誠地舉行聖祭。（靜默片刻）

全體：我向全能的天主和各位教友，承認我思、言、行為上的過失。（搥胸）我罪、我罪、我的重罪。為此，懇請終身童貞聖母瑪利亞、天使、聖人和你們各位教友，為我祈求上主，我們的天主。

主祭：願全能的天主垂憐我們，赦免我們的罪，使我們得到永生。

信友：阿們。

五、求主垂憐經〔譜例一一一〕

領：上主，求祢垂憐。　答：上主，求祢垂憐。

領：基督，求祢垂憐。　答：基督，求祢垂憐。

領：上主，求祢垂憐。　答：上主，求祢垂憐。

「垂憐經」也稱「垂憐曲」是用唱的，多於是全體合唱，不用領答唱，有曲譜，各地方的教堂都有自己的唱法，此曲是彌撒進行中的第2次歌唱。

六、光榮頌（將臨期、四旬期不唸或不唱）〔譜例一一一〕

天主在天受光榮，主愛的人在世享平安。主、天主、天上的君王，全能的天主聖父，我們為了祢無上的光榮、讚美祢、稱頌祢、朝拜祢、顯揚祢、感謝祢。主、耶穌基督、獨生子；主、天主、天主的羔羊，聖父之子；除免世罪者，求祢垂憐我們。除免世罪者，求祢俯聽我們的祈禱。坐在聖父之右者，求祢垂憐我們；因為只有祢是聖的，只有祢是主，只有祢是至高無上的。耶穌基督，祢和聖神，同享天主聖父的光榮。阿們。

「光榮頌」在一般教堂是唸的，本堂是唱的，由張忠智神父作曲，

垂憐曲

鄧思恩 1980

中板

(男女混唱)

上 主 求 你 垂 憐。 上 主 求 你 垂 憐。

基 督 求 你 垂 憐。 基 督 求 你 垂 憐。

上 主 求 你 垂 憐。 上 主 求 你 垂 憐。

亞肋路亞

F

亞 肋 路 亞， 亞 肋 路 亞， 亞 肋 路 亞

請 萬 民 讚　　　　　　　　美 上 主

各 種 民 族　　　　　　　　也 稱 揚 他

譜例一一一　天主教彌撒垂憐曲與亞肋路亞曲譜

光 榮 頌

F調   士林君王堂

```
5 6   1 2   3 5   3 | 3 6   5 3   2 1   6 5   1 |
天主   在天   受光   榮 | 主愛   的人   在世   享平   安

6   1   6 | 1 2   3 5   6 — | 5 6   5 3   2 1   2 |
主   天   主   天上   的君   王   | 全能   的天   主聖   父

2 3   2 1   6 | 5 6   1 2   1 | 6 1 6 5   1 2   3 |
我們   為了   你 | 無上   的光   榮 | 讚美你   稱頌   你

3 5   3 2   1 3   2 | 5   3 5   6 — | 6   5 6   1 1   1 2   1 |
朝拜   你   顯揚   你   感謝   你   | 主   耶穌   基督   獨生   子

2   1 2   3 5   3   6 5   1   1 | 2 3   2 1   6 |
主·天主   的羔   羊   聖父   之   子 | 除免   世罪   者

5 6   1 2   3   3 | 5 6   5 3   2 | 2 3   2 1   2 5   3 2   3 |
求你   垂憐   我   們 | 除免   世罪   者 | 求你   俯聽   我們   的祈   禱

2 2   2 1   2 3   3 | 2 3   2 1   6 5   6 — |
坐在   聖父   之右   者 | 求你   垂憐   我   們

5 6   5 3   2   1 3   2 | 2 3   2 1   6 |
因為   只有   你   是聖   的 | 只有   你是   主

5 6   1 2   3 2   3 5   3 | 5 3   5   5 | 3 5   6   6 |
只有   你是   至高   無上   的 | 耶穌   基   督 | 你和   聖   神

5 6   5 3   2 1   2 5   3 | 5   7   6 — ‖
同享   天主   聖父   的光   榮 | 阿   們·
```

譜例一一二　天主教彌撒光榮頌曲譜

其旋律頗似教堂「調式音樂」，此曲有時不唱用唸的。這是彌撒進行中第 3 次歌唱。

七、集禱經（查《感恩祭典》第□頁經句）【註七】

彌撒進行，每位信友均持有《主日感恩祭典》一冊，其內容詳細記載彌撒的「時期」如「聖誕期」、「四旬期」等等，按各時期查經。「集禱經」在《感恩祭典》內已載明，全體誦唸，進堂式至此告一段落。

二、聖道禮儀（請坐下）

一、讀經一：「讀經……」結束唸「以上是天主的聖訓」。

二、答唱詠：（經文與答唱詠都載於《感恩祭典》內）。

三、讀經二：「讀經……」結束唸「以上是天主的聖訓」。

四、福音前歡呼詞（請起立）〔合譜例一一一〕

　　領：阿肋路亞。　　信友：阿肋路亞。

　　領：（讀經句）　　信友：阿肋路亞（希伯來語表示「歡讚」）。

「讀經」一、二的經文，載於《感恩祭典》內，選自聖經新、舊約中的一段文字，由兩位信友（稱讀經員）朗讀。「答唱詠」辭，也載入《祭典》內，「阿肋路亞」是用唱的有曲譜，也有各種不同的唱法。這是彌撒進行中第 4 次歌唱。

五、福音

　　主祭：願主與你們同在。

　　信友：也與你的心靈同在。

　　主祭：恭讀聖□□福音。……結束福音唸「以上是天主的聖訓」）

　　信友：基督，我們讚美祢。

六、講道（請坐下）

主祭神父所恭讀的「福音」也載於《感恩祭典》內，係選自聖經的新約，讀畢，神父闡述經義，有時宣讀「讀經集」堂訊資料。講經

時間在十五分鐘左右。

七、信經（請起立）

> 我信全能的天主父，天地萬物的創造者。我信父的唯一子，
> 我們的主耶穌基督。我信祂因聖神降孕，由童貞瑪利亞誕生。
> 我信祂在比拉多執政時蒙難，被釘在十字架上，死而安葬。
> 我信祂下降陰府，第三日從死者中復活。我信祂升了天，坐
> 在全能天主父的右邊。我信祂要從天降來，審判生者死者。
> 我信聖神，我信聖而公教會，諸聖的相通。我信罪過的赦免，
> 我信肉身的復活。我信永恒的生命。阿們。

信經在本堂是用唱，係張神父作曲。此是彌撒進行中第 5 次唱歌。

八、信友禱詞

禱辭是事先選定，由領經員朗讀，每次約五、六件事祈禱，每條
禱詞唸畢，信友接「願主俯聽我們」。

三、聖祭禮儀

唱奉獻詠

歌辭載於《聖歌本》內，信友同聲歌唱，同時準備奉獻金，這是
彌撒進行中第 6 次唱歌。

奉獻餅酒，信友從正門旁棹上將盛於聖爵內的「酒」捧至聖壇上。
美國國家大教堂彌撒，會對最早進入教堂的信友，徵詢：「是否願意
作捧聖爵奉獻的任務？」收奉獻。

一、準備祭品（請坐下）

> 主祭：上主，萬有的天主，祢賜給我們食糧，我們讚美祢；我
> 　　　們將大地和人類勞苦的果實——麥麵餅，呈獻給祢，使
> 　　　成爲我們的生命之糧。
> 信友：願天主永受讚美。

主祭：酒水的攙合，象徵天主取了我們的人性，願我們也分享
　　　基督的天主性。上主，萬有的的天主，祢賜給我們飲料，
　　　我們讚美祢；我們將葡萄樹和人類勞苦的果實——葡萄
　　　酒，呈獻給祢，使成為我們的精神飲料。

信友：願天主永受讚美。

主祭：上主，我們懷著謙遜和痛悔的心情，今天在祢面前，舉
　　　行祭祀，求祢悅納。上主，求祢洗淨我的罪污，滌除我
　　　的愆尤。各位教友，請你們祈禱，望全能的天主聖父，
　　　收納我和你們共同奉獻的聖祭。

信友：望上主從你的手中，收納這個聖祭，為讚美並光榮祂的
　　　聖名，也為我們和祂整個聖教會的益處。

二、獻禮經（查《感恩祭典》第□頁經句）（請起立）

三、感恩經

主祭：願主與你們同在。

信友：也與你的心靈同在。

主祭：請舉心向上。

信友：我們全心歸向上主。

主祭：請大家感謝主、我們的天主。

信友：這是理所當然的。

　　　（選適用的頌謝詞　感恩祭典有括弧第□頁）

主祭：主、聖父、全能永生的天主！我們時時處處感謝祢，實
　　　在是理所當然的，並能使人得救。因為祢榮耀的新光，
　　　藉著聖子降生的奧跡，照亮了我們的心目，使我們在祂
　　　身上認識降生可見的天主，而嚮慕那不可見的美善。因
　　　此，我們隨同天使、總領天使、以及天上諸聖，歌頌祢
　　　的光榮，不停地歡呼：

歡呼歌

鄧思恩 1980

(男女混唱) 聖、聖、聖、上主，萬有的主，你的光榮

充滿天地。歡呼之聲響徹雲霄。奉主名而

來 的當受讚 美，歡 呼之聲 響徹雲霄。

祝聖後歡呼詞

C 3/4

基督，我們傳報你的 聖死，我們歌頌你的

復活，我們期待你 光榮的來 臨

譜例一一三　天主教彌撒歡呼歌與祝聖後歡呼詞曲譜

全體信友歌唱：

> 聖、聖、聖，上主、萬有的天主，祢的光榮充滿天地。歡呼
> 之聲，響徹雲霄。奉上主名而來的當受讚美。歡呼之聲，響
> 徹雲霄。〔譜例一一三〕

這是彌撒進行中第 7 次歌唱，此時信友精神十分興奮。此歌曲有
譜，並有多種唱法。

四、成聖體聖血經（請跪下）

主祭：祂甘願捨身受難時，拿起麵餅，感謝了，分開，交給祂
　　　的門徒說：「你們大家拿去吃：這就是我的身體，將為
　　　你們而犧牲。」晚餐後，祂同樣拿起杯來，又感謝了，
　　　交給祂的門徒說：「你們大家拿去喝：這一杯就是我的
　　　血，新而永久的盟約之血，將為你們和眾人傾流，以赦
　　　免罪惡。你們要這樣做，來紀念我。」

五、祝聖後歡呼詞

主祭：信德的奧跡（請起立）

信友歌唱歡呼辭：

> 基督，我們傳報祢的聖死，我們歌頌祢的復活，
> 　　我們期待祢光榮地來臨。

這是彌撒進行中第 8 次歌唱，歌辭也稱「歡呼辭」。

主祭：上主，因此我們紀念基督的聖死與復活，向祢奉獻生命
　　　之糧、救恩之杯，感謝祢使我們得在祢臺前，侍奉祢。
　　　我們懇求祢，使我們分享基督的聖體、聖血，並因聖神
　　　合而為一。上主，求祢垂念普世的教會，使祢的子民偕
　　　同我們的教宗、我們的主教與所有主教，以及全體聖職
　　　人員，都在愛德中日趨完善。求祢也垂念懷著復活的希
　　　望而安息的兄弟姊妹；並求祢垂念我們的祖先和所有去

天　主　經

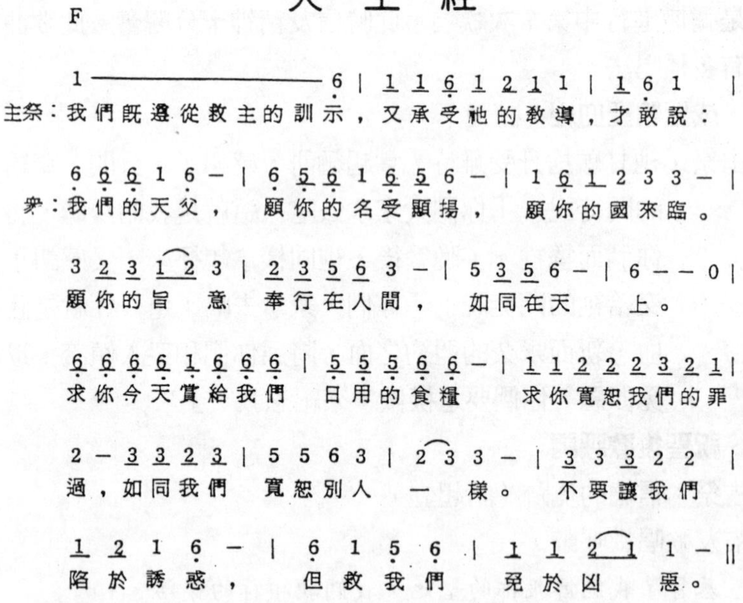

F

1 ——————— 6 | 1 1 6 1 2 1 1 | 1 6 1 　 |
主祭：我們既遵從教主的訓示，又承受祂的教導，才敢說：

6 6 6 1 6 － | 6 5 6 1 6 5 6 － | 1 6 1 2 3 3 － |
眾：我們的天父，　願你的名受顯揚，　願你的國來臨。

3 2 3 1 2 3 | 2 3 5 6 3 － | 5 3 5 6 － | 6 － － 0 |
願你的旨　意　奉行在人間，　如同在天　　上。

6 6 6 6 1 6 6 6 | 5 5 5 6 6 － | 1 1 2 2 2 3 2 1 |
求你今天賞給我們　日用的食糧　　求你寬恕我們的罪

2 － 3 3 2 3 | 5 5 5 6 3 | 2 3 3 － | 3 3 3 2 2 |
過，如同我們　寬恕別人　一　樣。　不要讓我們

1 2 1 6 － | 6 1 5 6 | 1 1 2 1 1 － ‖
陷 於 誘 惑，　　但救我們　免 於 凶　惡。

天主經後歡呼詞

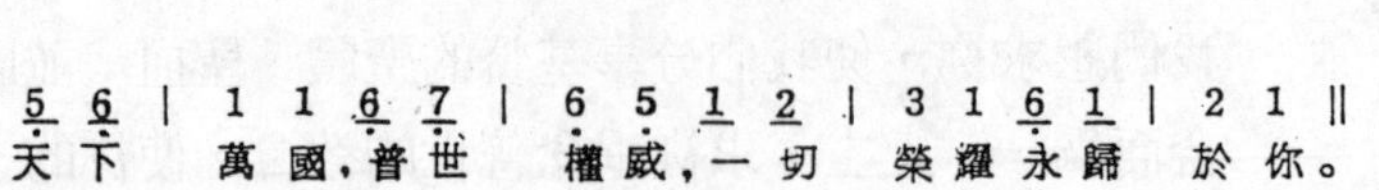

5 6 | 1 1 6 7 | 6 5 1 2 | 3 1 6 1 | 2 1 ‖
天下　萬國，普世　權威，一切　榮耀永歸　於你。

譜例一一四　天主教彌撒天主經與天主經後歡呼詞曲譜

世的人，使他們享見祢光輝的聖容。求祢垂念我們衆人，使我們得與天主之母童貞榮福瑪利亞、諸聖宗徒，以及祢所喜愛的歷代聖人聖女，共享永生；並使我們藉著祢的聖子耶穌基督，讚美祢、顯揚祢。全能的天主聖父，一切崇敬和榮耀，藉著基督，偕同基督，在基督內，並聯合聖神，都歸於祢，直到永遠。　　　信友：阿們。

四、領聖體禮

一、天主經

主祭：我們既遵從救主的訓示，又承受祂的教導，才敢說：

信友唱天主經：

我們的天父，願祢的名受顯揚：願祢的國來臨；願祢的旨意奉行在人間，如同在天上。求祢今天賞給我們日用的食糧；求祢寬恕我們的罪過，如同我們寬恕別人一樣；不要讓我們陷於誘惑；但救我們免於凶惡。〔譜例一一四〕

這是彌撒進行中第 9 次唱歌。天主經是每位教會每天祈禱的主要經文，另有一種是文言文很少用了。

主祭：上主，求祢從一切災禍中拯救我們，恩賜我們的時代得享平安；更求祢大發慈悲，保祐我們脫免罪惡，並在一切困擾中，獲得安全，使我們虔誠期待永生的幸福，和救主耶穌的來臨。

信友唱天主經後歡呼辭：

天下萬國，普世權威，一切榮耀，永歸於祢。

主祭：主耶穌基督，祢曾對宗徒們說：「我將平安留給你們，將我的平安賞給你們。」求祢不要看我們的罪過，但看祢教會的信德，並按照祢的聖意，使教會安定團結。祢

羔羊讚

鄧思恩 1980

譜例一一五　天主教彌撒羔羊讚曲譜

是天主，永生永王。

信友：阿們。

這是彌撒進行中第10次唱歌。

二、行平安禮

主祭：願主的平安常與你們同在。

信友：也與你的心靈同在。

主祭：請大家互祝平安。（主祭與信友相互鞠躬，信友再分兩
　　　邊相對鞠躬；亦可行握手禮）

本堂行「平安禮」時，全體合唱「祝平安」曲，張神父作曲；此時神父步下聖壇與教友一一握手，教友彼此微笑握手問候，氣氛非常祥和。這是彌撒進行中第11次唱歌。

三、羔羊頌

全體合唱「羔羊讚」：〔譜例一一五〕

　除免世罪的天主羔羊，求祢垂憐我們。

　除免世罪的天主羔羊，求祢垂憐我們。

　除免世罪的天主羔羊，求祢賜給我們平安。

這是彌撒進行中第12次唱歌。

四、領聖體

主祭：請看，天主的羔羊；請看，除免世罪者。蒙召來赴聖宴
　　　的人，是有福的。

全體：主，我當不起祢到我心裏來，只要祢說一句話，我的靈
　　　魂就會痊癒。

五、領主詠（查《感恩祭典》第□頁經句）請大家一起唸。

信友前往祭臺恭領聖體。

六、感謝聖體

全體合唱《聖歌本》選定歌曲，這是彌撒進行中第13次歌唱。

七、領聖體後經（查《感恩祭典》第□頁）（請起立）

五、禮　成　式

一、主祭祝福

　　主祭：願主與你們同在。

　　信友：也與你的心靈同在。

　　主祭降福：願全能的天主、聖父、聖子⊕、聖神，降福你們。

　　信友：阿們。

　　主祭：彌撒禮成。

　　信友：感謝天主。

二、出堂曲（主祭親吻祭臺，與輔祭向祭臺致敬後離去）

　　全體信友合唱《聖歌本》選定歌曲，這是彌撒進行中第14次
　　唱歌。

　　從上述各節，可見一堂彌撒宗教儀式，先後共唱歌14次：其中第
1、6、13、14次，是唱《聖歌本》上的歌曲，這些歌曲視節日內容
安排，屬於非固定性質，常唱的歌曲約有二三十首。其中第2、4、7、
8、9、10、12次，是照教堂規定的歌曲，屬於固定性質，教堂彌撒
都必須歌唱的，各教堂歌名相同，作曲者不相同，教友不必看歌本都
會唱。第3、5、11、的唱歌，是本堂張神父作曲，其他教堂是沒有的，屬
於特殊性質；據說這三首歌曲，曾被其他友堂聞知，前來觀摩領回歌
唱。

　　任何宗教都是用歌聲讚美他們主宰之神，天主教亦然；在〈答唱
詠〉中有云：「請在萬民中宣揚上主的奇能。你們要向上主高唱新歌；普
世大地，要向上主詠唱。你們要向上主歌唱，讚美祂的聖名，日復一
日，不斷宣揚祂的救恩。（詠九五）」正是如此。

附　　註

【註一】宗教史，王先睿等譯，1990年，北京，中國社會科學出版社本。

【註二】妙法蓮華經圖錄，國立故宮博物院精印古籍本。

【註三】中國佛教音樂合輯㈠，陳大偉作曲、編曲，音樂中國出版社。錄音帶發行：計有大雄寶殿、懺悔文、峨嵋佛光、古刹晚鐘、佛號拜願、普陀梵潮等6卷。

【註四】醒世梵音，傳統佛教音樂專輯，國綸藝術企業有限公司。

【註五】全眞正韻譜輯，玉溪道人閔智亭傳譜，香港中文大學音樂系編，1995年，金臺灣出版事業公司本。並附有錄音帶一函。

【註六】聖歌選集，高雄西甲聖若望堂編，民國84年，遣使會中國省會出版本。

　　　　新禮彌撒用曲簡譜，李振邦作曲，民國60年，中國主教團禮儀委員會出版本。其中「調式淺解」對於聖歌民謠等不以西洋大小調爲音階組織，有精闢說明。

【註七】主日感恩祭典（甲乙丙三冊），主教團禮儀委員會編譯，民國72年，天主教教務協進會出版社本。各教堂常年彌撒應用經句：分進堂詠、集禱經、讀經一、答唱詠、讀經二、阿肋路亞、福音、獻禮經、領主詠、領聖體後經等，俱載於此小冊子內。教友望彌撒時不須携帶任何資料；本堂每週尙發行一次通訊，有講道的補充說明。

第十六章　中國古代音樂研究
參考書目提要

　　我個人從事各種學術研究的心得，最重要的，是對於這門學術的「目錄」，有詳細而深刻的瞭解；如果得到了目錄，就可按圖索驥，尋求到自己所要參考的書籍，使得學識的眼界擴大。可是，你所看到了「目錄」，它是不是一份較完備的目錄，它的深度與廣度如何？也必須有所抉擇，這只須比較一下就會知道了。

　　茲將中國古代音樂研究應用書目及其重點，擇要提示以供參考。

第一節　正史藝文、經籍志樂類書目著錄十種

　　一、漢書藝文志樂類書目　漢·班固撰　鼎文書局廿五史新校本
　　《漢書》〈藝文志〉是中國第一部「國家書目」。它的「六藝略」中的「樂」類，收有當年所見到音樂書6種，165篇。其款目著錄：

　　　　樂記二十三篇。
　　　　王禹記二十四篇。
　　　　雅歌詩四篇。
　　　　雅琴趙氏七篇（名定，勃海人，宣帝時丞相魏相所奏──原註）。
　　　　雅琴師氏八篇（名中，東海人，傳言師曠後──原註）。
　　　　雅琴龍氏九十九篇（名德，梁人。師古曰：劉向別錄云，亦

　　魏相所奏也，與趙定俱召見待詔，後拜爲侍郎）。

　　凡樂六家六十五篇（出淮南、劉向等琴頌七篇——原註）。

　　以上著錄，對我們研究古代音樂史，非常重要。先談〈樂記〉這本中國音樂美學的書，它在《漢書》〈藝文志〉中著錄爲23篇；這部書我們都知道，它在《禮記》注疏卷37、38、39；〈樂記〉上、中、下3卷中，現存11篇，佚12篇，但在漢書‧藝文志中看不出究竟來？如果從清‧王先謙《漢書補註》中，就會發現這部書的歷代演進情形。如《漢書藝文志補註》：

樂記二十三篇。

　　　【補註】王應麟曰：樂記疏云：樂記者，記樂之義，此於別錄屬樂記，蓋十一篇合爲一篇，謂有「樂本」，有「樂論」、有「樂施」、有「樂言」、有「樂禮」、有「樂情」、有「樂化」、有「樂象」、有「賓牟賈」、有「師乙」、有「魏文侯」，今雖合而略有分焉。劉向所校二十三篇，著於別錄。今樂記所斷取十一篇，餘十二篇，其名猶在：「奏樂」第十二、「樂器」第十三、「樂作」第十四、「意始」第十五、「樂穆」第十六，「說律」第十七、「季札」第十八、「樂道」第十九、「樂義」第二十、「昭本」第二十一、「昭頌」第二十二、「竇公」第二十三。

　　　《周禮》〈樂師〉注云：貍首在樂記。蔡邕《明堂論》，引樂記曰：武王伐殷，爲俘馘於京太室。

　　　沈約云：樂記取公孫尼子。

　　　史記正義云：公孫尼子次撰。

　　這段〈樂記〉的篇名「補註」，是王先謙根據宋人王應麟記述而來。它給我們許多寶貴的資料：第一讓我們知道現存〈樂記〉11篇的篇名，在《禮記》中，的確是一些分段合起來的；第二告訴我們已佚

的 12 篇的篇名，如果我們要從事這方面的補輯，這是極有力的線索。如第18「季扎」這篇，是否就是《左傳》襄公（前544年）吳公子季扎子聘使列國觀周樂那篇呢（參考本書第四章第四節詩經歌舞）？我覺得應該是的；但是它與現存的第11篇「魏文侯」的筆調相似，也就是這篇補註，帶給我們研究的線索。第三它告訴我們〈樂記〉的作者是「公孫尼子」，如果在史書中找尋到「公孫尼子」這個古人的資料，那麼〈樂記〉是怎樣的一部書籍，就思過半矣！

　　樂記作者公孫尼子其人　我們要想找到公孫尼子的資料，類似這種較高層次的研究，也祇有古代書目裡，才能解決問題，如《漢書》〈藝文志〉「諸子略」「儒家」著錄：「公孫尼子二十八篇」（七十子之弟子）。王氏在「補注」裡記述：「公孫尼子二十八篇。隋、唐志一卷，似孔子弟子。沈約謂樂記取公孫尼子。劉瓛曰緇衣、公孫尼子所作也。馬總意林引之。」沿著這條指引「書目」的方向，再查下去，而對公孫尼子所獲得的瞭解便更多了。漢書藝文志將公孫尼子列在「魏文侯六篇、李克七篇」之後，「孟子十一篇」之前，似乎他是春秋戰國時期的人，那麼他的時代，應該比莊子、尸子、呂不韋為早，但是他所著的〈樂記〉中卻徵錄了這些人的言論呢？如《荀子》〈樂論〉：「樂者，先王所以飾喜，軍旅者，先王所以飾怒也」，但〈樂記〉中卻有這段話；還有《呂氏春秋》的〈音初〉、〈侈樂〉、〈適音〉3篇；以及〈詩序〉；《左傳》；〈易繫辭〉；〈禮·祭義〉；《莊子》；《尸子》；《家語》中有些詞句與〈樂記〉中詞句相同，證明公孫尼子這位儒家七十子的弟子，在思想上，竟然如此駁雜不純！實令人感到他是兼儒、雜、道、陰陽者流，勢必要更進一步探究的必要。

　　《漢書》〈藝文志〉「諸子略」「雜家」著錄：

公孫尼 一篇

注意這條著錄「公孫尼」與「公孫尼子」，是少了一個「子」字的。「雜家」的定義：「雜家者流，蓋出於議官，兼儒、墨、合名、法，知國體之有此，見王治之無不貫，此其所長也。」這是漢書藝文志雜家類的後序——藝文志的序言，非常精核，是研究學術思想重要參考資源。是故公孫尼他列在東方朔之後，臣說之前，大約他是漢武帝時代的人，結撰〈樂記〉的公孫尼應該是他才是——公孫尼（沒有「子」字的）。我列舉這段〈樂記〉作者其人的初步研述，旨在證明正史〈藝文志〉中，蘊藏著多少珍貴的資料，所以古代音樂史研究，對書目研究是十分重要的事，一位治學的人，目錄學有相當基礎，他便是居高臨下，否則，眞是「矮人看戲」——「跟隨人家說短長」（清儒趙翼語萃）。

漢・司馬遷《史記》卷24〈樂書〉，其全文也就是這篇〈樂記〉，這是如何將「公孫尼一篇」竄入了呢？據《漢書》〈司馬遷列傳〉：「著十二本紀、十表、八書、三十世家、七十列傳，凡一百三十篇；而十篇缺，有錄無書。」注云：「張晏曰：遷沒之後，亡（遺失了）景紀、武紀、禮書、樂書、兵書，漢興以來將相年表、日者列傳、三王世家、龜著列傳、傅靳列傳。元成之間，褚先生補缺，作武帝紀、三王世家、龜策、日者列傳，言詞鄙陋，非遷本意。」《史記索隱》：「案景紀取班者補之（指班固漢書），武紀專取封禪書，禮書取荀卿禮論，樂書取禮（記）樂記，兵書亡不補，略述律與言兵，遂分曆述以次之。」這就是《史記・樂書》中取用《禮記・樂記》的來歷，關於《禮記》與《史記》同是採「公孫尼一篇」，孰先孰後？司馬遷著定〈樂書〉內容如何？只要將這幾種書先後秩序排比一下，便知道了。

中國歷代音樂美學理論，多不出於〈樂記〉範圍，因爲研究音樂

參考書目首篇就遇上這問題，特舉出以上各點，讓我們對「書目」的功效有所認識。

　二、**漢書藝文志歌詩書目**　漢・班固撰　鼎文書局廿五史新校本
　　漢代歌詩（曲）　二十八家、三百一十四篇。

　　《漢書》〈藝文志〉著錄：「高祖歌詩二篇」。【補註】云：「王應麟曰，大風歌、鴻鵠歌。」這兩首歌詩，在《古詩源》等書「漢詩」中徵錄了。如〈大風歌〉：就是「大風起兮雲飛揚，威加海內兮歸故鄉，安得猛士兮守四方？」〈鴻鵠歌〉：就是「鴻鵠高飛，一舉千里。羽翼已就，橫絕四海。橫絕四海，又可奈何！雖有繒繳，將安所施？」如果不是《漢書藝文志補注》，雖然我們在〈古詩源〉中，看到這兩首歌詩，也不一定就想到是「高祖歌詩」。可見於古代書目「藝文志」的著錄作品，是非常重要的。其它書目中，也有類似這種情形，如果沒有補註這類性質的書，就必須自行探索了。

　　三、**隋書經籍志樂類書目**　唐・魏　徵等撰　鼎文書局廿五史新
　　　校本

　　隋朝以前歷代樂類書籍42部、142卷；通計亡書，合46部，263卷。所謂「亡書」是指在隋代已佚失的書籍，只知其目，未見其書，如「樂論三卷，梁武帝撰。梁有樂義十一卷，武帝集朝臣撰，亡。」記書籍的存佚，是隋志很大的特色。

　　四、**舊唐書經籍志樂類書目**　後晉・劉　昫等撰　鼎文書局廿五
　　　史新校本

　　唐朝以前歷代樂類書籍29部，195卷。原來在隋書經籍志著錄的書，這時不見了，也有隋志著錄已「亡」（散佚）的書，如「梁武帝樂論三卷」，卻再出現了。

　　五、**唐書藝文志樂類書目**　宋・歐陽修等撰　鼎文書局廿五史新

校本

樂類書籍31家，38部，257卷，失姓名9家，張文收以下不著錄20家，93卷。

新、舊唐書經籍、藝文志著錄是有出入之處。該目錄採用「著者標題」方式著錄，如「鄭譯・樂府歌辭八卷」；將著者冠在書名前，與我們現代圖書館所採用「書名標題」不同，「著者標題」相當於西洋圖書館著錄方式。唐代的樂書傳下來的不少。

六、宋史藝文志樂類書目　元・脫脫撰　鼎文書局廿五史新校本

樂類書籍111部，1007卷。

元・馬端臨《文獻通考》著錄宋朝國史書目三種，樂書部卷數：

宋三朝志樂類45部，409卷。

宋兩朝志樂類33部，174卷。

宋中興志樂類64家，71部，650卷。（合計119部、1233卷）

其實《宋史・藝文志》，是宋國史三種藝文志合編而成。三朝國史所載藝文志，係朱昂等所撰《館閣書目》；兩朝國史所載，係王堯臣等所撰《崇文總目》；四朝國史所載，係孫覿等所撰《秘閣書目》，宋史刪其重複，合爲一志。

七、元史新編藝文志樂類書目　清・魏源修　古今圖書集成經籍典本

樂類書籍10家，11部，42卷。

八、明史藝文志樂類書目　清・張廷玉等撰　鼎文書局廿五史新校本

樂類書籍54部，487卷。

九、國（明朝）史經籍志樂類書目　明・焦竑撰　古今圖書集成經籍典本

樂類書分樂書、歌辭、曲簿、聲調、鐘磬、管弦、舞、鼓吹、琴

等9種，有後序，未計部卷數。

十、清史稿藝文志樂類書目　趙爾巽等撰　鼎文書局新刊本

樂類書籍分清人著述，及整理（輯）自漢以來樂書，部卷數未計。

第二節　政書樂類書目著錄七種

十一、通志藝文略樂類書目　宋‧鄭樵撰　新興書局十通本

樂類書自先秦至唐朝54部575卷、歌辭20部23卷、解題6部17卷、曲簿15部　45卷、聲調7部15卷、鐘磬5部11卷、管弦11部34卷、舞4部6卷，鼓吹4部7卷、琴54部　168卷、讖緯1部3卷，凡樂11種181部1004卷。

十二、續通志藝文略樂類書目　清‧高宗敕撰　新興書局十通本

自五代至明朝樂類書籍，凡樂書31部，舞1部，樂器11部，卷數未計。

十三、清朝通志藝文略樂類書目　清‧高宗敕撰　新興書局十通本

自清朝初年至乾隆朝樂類書籍，凡樂書23部，琴曲7部、卷數未計。

十四、文獻通考經籍考樂類書目　元‧馬端臨撰　新興書局十通本

自先秦至宋光宗朝樂類書籍75部、卷數未計，各目據《崇文總目》，《直齋書錄解題》，《郡齋讀書志》作解題；宋代這三種書目，是目錄學中的名著，凡是稱「解題」「讀書志」的書目，都是治學捷徑之書，讀解題就可瞭解書之精義。

十五、續文獻通考經籍考樂類書目　清‧高宗敕撰　新興書局十通本

自宋寧宗朝至明莊烈帝朝樂類書籍27部，卷數未計，各目據舊籍
跋序識作成解題。

十六、清朝文獻通考經籍考樂類書目　清・高宗敕撰　新興書局
　　十通本

自清朝初年至乾隆50年樂類書籍26部，卷數未計，均有解題。

十七、清朝續文獻通考經籍考樂書目　劉錦藻撰　新興書局十通
　　本

自清乾隆五十一年至宣統三年樂類書籍14部、卷數未計，均有解
題。

第三節　宋以來公私藏書書目及讀書
　　　　志樂類書目著錄九種

十八、崇文總目樂類書目　宋・歐陽修撰　清・錢東垣輯釋　廣
　　文書局書目叢編本

樂類書籍48部181卷，每目均經錢東垣據舊籍著錄，繁徵博引，
考證精審。

十九、郡齋讀書志樂類書目　宋・晁公武撰　廣文書局書目叢編
　　本

唐以來樂類書籍15部165卷，每目皆有解題，此解題常爲其後各
書目徵錄。

二十、直齋書錄解題音樂類書目　宋・陳振孫撰　廣文書局書目
　　叢編本

唐以來樂類書籍26部385卷，每目皆有解題，有類序，本目列於
子錄雜藝。

二一、遂初堂書目樂類書目　宋・尤袤撰　廣文書局書目叢編本

歷代樂類書籍28部，未著錄著者與卷數。

二二、明文淵閣書目樂書書目　明·楊士奇撰　廣文書局書目叢編本

宋以來樂類書籍去其重複9部23冊。書有殘闕。

二三、明內閣藏書目錄樂律部書目　明·張煊撰　廣文書局書目叢編本

宋以來樂類書籍去其重複13部197冊，繼文淵閣所收藏，書殘闕不全。

二四、明天一閣見存書目樂類書目

明樂類書籍2部5卷（凡未計卷數1部作1卷計）。

二五、明千頃堂書目樂類書目　明·黃虞稷撰　廣文書局書目叢編本

此書為《明史》〈藝文志〉所依託。收明代樂類書籍78部未計卷數，以著者標題，間有解題，所收書較雜。

二六、清天祿琳琅書目樂類書目　清·于敏中、彭元瑞撰　廣文書局書目叢編本

明板經部著錄《樂律全書》6函36冊，及〈樂舞全譜〉2函8冊；後者實為前者一部分，現單獨成目，實編目者荒疏所致。

第四節　四庫全書系統書目樂類著錄九種

二七、欽定文淵閣四庫全書　清·紀　昀撰　國立故宮博物院藏本

二八、欽定四庫全書總目　清·紀　昀撰　藝文印書館本

二九、四庫全書簡明目錄　清·紀　昀原撰　中國學典復館籌備處專刊第一號本

三○、增訂四庫簡目標注　清‧邵懿辰撰、孫詒讓參校　世界書
局本

上列四種《四庫全書總目提要》性質相似的書目，實質上仍有若
干差異，須視治學時需要，決定如何選讀。茲將各書內容敍述於下：

欽定文淵閣四庫全書：此提要是附載於所收各書弁端；故「存目」
的書，既不見其書的名目，更無「提要」可讀。惟此部書最受清朝皇
帝重視，故其提要亦極為精審，如朱載堉所著《樂律全書》不採用提
要方式，而撰「御製乙卯（1795年）重題朱載堉琴譜並命入四庫全書
以示關識事」，長達二萬餘言，為任何四庫提要本所未見。又因以所
藏本為限，故不能見到各類之「類序」，各類後之「後序」，以及每
類部卷計數。

欽定四庫全書總目：傳本甚多，稍有出入。本書所收本，其提要
與文淵閣本提要略有不同，上述《樂律全書》關識，即其最明顯例證
之一。惟該本類有「類序」、類後有「後序」，類有部卷計數；尤其
將未收書列入「存目」的，「存目」皆有提要。且現行刊本多附錄〈
禁燬書目〉等資料。

四庫全書簡明目錄：係將《總目》200卷之書，經簡化為20卷，
可惜未收存目書。提要長度，亦約原文十之一，故內容較簡便，「類
序」與「後序」亦節略，惟計部卷數尚存，其按語極為精彩。如果不
求深入學術堂奧，讀此書可啓迪興趣。

增訂四庫簡目標注：以四庫書目為綱，將乾隆時期以後所見四庫
全書各書相同板本，以「附錄」、「續錄」方式補充，對於尋求同名
之書，較為方便（清代四庫全書原本，並不是每個人要看就可看到的）。
此書中有款目無提要等記述。

四庫全書經部樂類22部483卷，存目42部291卷。子部藝術類琴
譜之屬4部29卷，存目12部49卷，1部無卷數。子部藝術類雜技之屬2

部2卷。

如果將這4種書，凡同名者彙集一起，即可對於中國樂書（甚且任何書）源委有相當的概念了，自然會讓讀者眼界大開，學識長進。

三一、續修四庫全書提要樂類書目 江 瀚撰 臺灣商務印書館本

欽定四庫全書以後，現代人續修四庫全書的提要，樂類書籍 15 種，其著述方式規仿四庫全書提要，其樂類提要並非完全深中肯綮。

三二、四庫未收書提要樂類書目 清·阮 元撰 商務印書館萬有文庫本

此提要載於阮元《揅經室經進書錄》，所收樂類書籍《琴操》2 卷，及《樂書要錄》3卷兩種，有板本記述。此書目也屬四庫全書系統的書目。

三三、善本書室藏書志樂類書目 清·丁丙撰 廣文書局書目叢編本

丁氏不僅富於藏書，其亦補鈔浙江文瀾閣因太平軍犯杭州時散佚的書，其家藏書書目《八千卷樓書目》亦屬四庫全書系統書目。該書收樂書12部318卷，解題頗為精審。丁氏晚年經商失敗，所藏書售於江蘇省立國學圖書館，該館書目凡著錄「丁書」字樣者即指其事。

三四、販書偶記樂類書目 孫殿起撰 世界書局本

本書的作者，旨在補四庫全書未收書，目中所收樂學書籍16種，著錄書名、著者、板本，無解題，也未計算部卷冊數。因屬於四庫全書的系統書目，故本書將其排列在此處。

三五、江蘇省立國學圖書館總目樂類書目 該館編印 廣文書局書目叢編本

經部樂類分樂理、律呂、樂懸、讖緯之屬，凡87種130部，內單行本35部641卷 145冊，叢書本95部193卷不分卷者30部。浙江丁氏

「善本書室」、「八千卷樓」所藏的書，後售歸該館，在書目中尚存有記錄，如「丁書」者。又該館館長繆荃孫爲清史稿藝文志纂修者，故《清史稿》〈藝文志〉著錄各書，猶有此館書目痕跡。

第五節　清代私人藏書書目樂類著錄十七種

三六、絳雲樓書目樂類書目　清・錢謙益撰　廣文書局書目叢編本

三七、述古堂書目禮樂類書目　清・錢　曾撰　廣文書局書目叢編本

清錢謙益、錢曾是族祖孫關係，絳雲樓火災後所遺書，謙益贈與錢曾。絳雲樓書目樂類書籍30種，無解題，惟目下有重要小註，頗值得參考。述古堂樂類書目37種，無解題亦無小註。該書目「戲曲類」著錄，爲研究古本戲曲最珍貴之資料。

三八、文選樓藏書記樂類書目　清・阮　元撰　廣文書局書目叢編本

明代樂類書籍7種，附有簡單題解，未見精彩。

三九、適園藏書志樂類書目　清・張鈞衡撰　廣文書局書目叢編本

四○、莌圃善本書目樂類書目　張乃熊撰　廣文書局書目叢編本

清張鈞衡與乃熊是父子關係，乃熊得父書，又復蒐藏。適園樂書6種（重複一種，板本不同），有解題，且此解題出於繆荃孫手筆，非常詳盡，是典型的藏書志。莌圃樂書一種，與適園同名異板。張氏書在抗日期間售於國立中央圖書館（現爲國家圖書館），該館善本書目尚得見張氏藏書印記。

四一、蕘圃藏書題識樂類書目　清・黃丕烈撰、繆荃孫等輯　廣

文書局書目叢編本

黃丕烈字蕘圃，收藏豐富，其題跋爲士林所重，此目僅收《鄭世子瑟譜》一種，其題識曾見於中央研究院傅斯年圖書館所藏書。

四二、群碧樓善本書目樂類書目　鄧邦述撰　廣文書局書目叢編本

鄧邦述家世藏書，精板本鑒定之學。此書僅樂書二種，其解題重遞藏經過。群碧樓所藏書後歸於中央圖書館及中央研究院。

四三、鐵琴銅劍樓藏書目錄樂類書目　清·瞿　鏞撰、廣文書局書目叢編本

樂類書籍三種：《新樂圖記》《樂書》《瑟譜》，解題要而不煩。

四四、楹書偶錄樂類書目　清·楊紹和撰、廣文書局書目叢編本

楊氏家山東聊城，其藏書樓稱「海源閣」，與瞿鏞「鐵琴銅劍樓」，分別享譽於大江南北。此目「樂書」元刊本一種，有解題。

四五、雙鑑樓善本書目樂書目錄　清·傅增湘撰　廣文書局書目叢編本

「樂書」一種，著錄板本行款與遞藏情形。

四六、皕宋樓藏書志樂類書目　清·陸心源撰　廣文書局書目叢編本

樂類書籍四種《樂書要錄》《新樂圖記》《樂書》（重複一種），有解題。其陳暘《樂書》解題長達3 500餘字，載有進樂書表、自序、及其有關資料，極爲詳盡。

四七、五十萬卷樓藏書目初編樂書目錄　莫伯驥撰　廣文書局書目叢編本

樂類書六種，各有解題，敍述著者生平事跡，及著書經過、歷代蒐藏情形，是最值得參考之書目。

四八、觀古堂書目叢刻樂類書目　清·葉德輝撰　廣文書局書目

　　叢編本

　　這是一部「叢刊」性的書目，它彙編唐宋的樂書63種，目下記注從「闕」的27種；當我們讀了上列數十種樂書書目後，覺得它沒有甚麼意思！也許葉德輝的目的是在「稽古」。

　　四九、崇雅堂書錄樂類書目　清・甘藥樵撰　成文出版社本

　　樂類書25種140卷重複者不計，板本著錄較詳。

　　五○、愛日精廬藏書志樂類書目　清・張金吾撰　文史哲出版社本

　　宋代樂書二種，藏書記甚詳，與《皕宋樓藏書志》相彷彿。

　　五一、鄭堂讀書記樂類書目　清・周中孚撰　商務印書館本

　　樂書24種，其中有朱載堉《樂律全書》所收12種自著書（樂律全書共48卷，係彙刻朱著書15種而成），均詳細解題，亦不無依託於前人之處。雖然此目名曰「讀書記」，實即解題書目，對於研究歷代書目，頗有裨益。

　　五二、文祿堂訪書記樂類書目　王文進撰　廣文書局書目叢編本

　　樂書二種《瑟譜》《樂述》，王文進甚重板本。

　　此外，還有黃虞稷《徵刻唐宋秘書書目》、朱彝尊《經義考》、譚瑩玉《經義考補正》、錢泰吉《曝書雜記》、蔣光煦《東湖叢記》、莫友芝《邵亭知見傳本書目》及《宋元舊本經眼記》、孫貽讓《溫州經籍志》、項士元《台州經籍志》、黎氏《影舊鈔本日本國見在書目》等目，因篇幅所限，茲不列入。

第六節　現存音樂書目及大圖書館藏書目錄樂類著錄七種

　　五三、中國音樂書舉要　袁同禮撰　國立中央圖書館藏單行本

本目曾發表於「中華圖書館協會」《會報》第3卷第4期，就現存歷代音樂書籍，依著者年代先後排列，罕見者注明現藏何處，及在某《叢書》中。全書目收樂書130種、琴書116種、其他樂器18種、雜書30種，又附錄西文關於國樂著作：英文37種、法文9種、德文7種。此目嘗被嗣後輯錄音樂書目者作爲基礎，其中所有的錯誤，也就沿訛襲誤，如目中「其他樂器」項內，顯然將《餅笙館修簫譜》與《梅邊吹笛譜》兩書，視爲「簫」與「笛」演奏譜，其實，前者爲清人舒位所著之清雜劇四折，後者爲乾嘉禮樂學家凌廷堪所填詞，與器樂完全不相干，現發現若干音樂書目據以列目，即知是抄襲此書目所致誤。

五四、國立中央圖書館善本書目　　該館編印

國立中央圖書館現改制爲「國家圖書館」，館址臺北市中山南路20號。此目樂類25部851卷145冊，前國立北平圖書館寄存美國運回國之書，也在該館，目中所注「北平」字樣即此書；此書現收藏於國立故宮博物院。又該館《普通線裝書目》著錄樂書8種232卷33冊。所謂「善本」界定於清朝初年以前，包括宋元明刻本及罕見書籍。

五五、國立故宮博物院善本舊籍總目樂類書目　　該院編印

國立故宮博物院現址臺北市至善路2段221號。此目經部樂類書籍，包括清文淵閣《四庫全書》，《四庫薈要》、武英殿等內府各種圖書在內，共計42種，未計部卷冊數。

此書目仿四庫全書體例，在子部藝術類有琴書等 50種，各目採「別裁互著」方式，所以一本書重複在各類屬中出現，如《樂說》1卷，宋朱熹撰，見康熙間武英殿及乾隆內府古香齋御纂《朱子全書》本，就讀者閱書而言，較爲方便。

五六、北京人文科學研究所藏書簡目樂類書目　　該所編印

樂類書籍分樂理與律呂54種，該所藏書往往將板式大小相似，或性質相類的書，合釘成一冊，在書目中著錄未盡詳細，應當仔細翻閱

各書，才不致漏失。該館藏書後歸中央研究院歷史語言研究所圖書館
所有。

五七、中央研究院歷史語言研究所善本書目樂類書目　該所編印

中央研究院現址臺北市南港區研究院路2段128號。此書目的樂類
書籍14種。鄧邦述「群碧樓」藏書，及北京人文科學研究所藏書，俱
在目中。其《普通本線裝書目》著錄音樂總類、樂理、舞蹈、戲曲、
絃樂書籍共9種（重複一種）。

中央研究院歷史語言研究所的圖書館，別稱「傅斯年圖書館」。

五八、國立臺灣大學普通本線裝本書目樂類書目　該校編印

樂類書籍4種。該館善本書目無樂類書。圖書館總館藏有日本久
保天隨教授藏書，名為「久保文庫」，其中所收中國古代戲曲之書，
享譽於世，數量豐富內容充實，非一般圖書館所藏古本戲曲能望其項
背。

五九、中國古代音樂書目初稿　中國音樂研究所編　音樂出版社
　　　本

全書131面‧24開本，將中國古代音樂現存與待訪——相信其存
在，但不能確知現在何處？其書籍分為十編：理論歷史類、歌曲音樂
類、舞樂類、說唱音樂類、戲曲音樂類、樂器類、宗教音樂、典禮音
樂類、綜合類書類、日人所編之中國樂書類、待訪樂書類，每類又詳
細區分細目，如樂器類分敲擊樂器、吹奏樂器——笛簫、管、撥弦樂
器、打擊樂器為主的合奏、管樂器為主的合奏、管弦樂器合奏——琴
簫合奏、吹打、其他、弦樂器合奏。用這些細目，可以將書籍分屬在
極狹義的類別中。全書採主旨分類，所以同一本書，往往因主題所涉，被
分屬於數類中。全書所收書目凡1,082種，又有各種索引，檢閱極其
便利。

又，《中國音樂書譜志》，中國藝術研究院音樂研究所編，

1984年，人民音樂出版社本。全書200頁，16開本。此書爲繼上書續編完全本，收集資料條目5,057種，爲先秦至1949年音樂書譜全目，應爲現坊間刊行爲世人所知最完備的音樂書目。

第七節　《中國音樂史料》所收經史子集樂類目錄

六○、中國音樂史料　楊家駱主編·陳萬鼐協編　鼎文書局印行

《中國音樂史料》全書6冊、16開本、5463頁。

第一冊　第一輯專收經史音樂之篇章共38種（如《禮記·樂記》即以一種計）。

第二輯專收正史（廿五史）樂書、律書、律曆志的律志部分、禮樂志的樂志部分、音樂志等共32種（如《漢書·律志》即以一種計）。

第二冊　第三輯專收正史以外史籍之音樂資料20種（如《繹史·律呂通考》即以一種計；其他尚包括《歷代會要》、《會典》之書）。

第三冊至第四冊

第四輯（上）專收宋以來至清代大類書目中音樂資料 24種（如唐虞世南《北堂書鈔》即以一種計）。（此書係影印大陸輯本）

第五冊至第六冊

第四輯（下）專收《欽定古今圖書集成》〈經濟彙編〉「樂律典」46部，136卷。及《清稗類鈔》三種。茲將《古今圖書集成》樂律典內容敍述於後：

《欽定古今圖書集成》清・陳夢雷主纂　10000卷　雍正年間原刊本

　　《欽定古今圖書集成》是「類書」──就是將各種書中的文字資料，按它的性質，分類集中在一起，如「天文類」（稱「乾象典」）等，這類別中，可能讀到清朝雍正年間以前，所有書籍中的天文資料；同理，它的「樂律典」（音樂類）也就是將所有的音樂資料都集合在這裡。這些資料眞的是又多又好，其中又因分類的細密，往往獲得意想不到益處，尤其對寫作參考，提供非常多的查書捷徑。

　　該書的〈經濟彙編〉「樂律典」（全集分六彙編、三十二典）46部136卷「律呂」，其子目爲：

總　部	律呂部	聲音部	嘯　部	歌　部	舞　部
鐘　部	錞　部	鉦　部	鐃　部	鐲　部	鐸　部
方響部	鈸　部	磬　部	琴瑟部	琵琶部	箜篌部
箏　部	阮咸部	五絃部	管　部	簫　部	簹　部
簾　部	笛　部	橫吹部	笳　部	角　部	貝　部
觱篥部	笙竽部	壎　部	缶　部	甌　部	鼓　部
鼓吹部	柷敔部	筑　部	應　部	牘　部	雅　部
拍板部	壞　部	筍簴部	雅樂器部		

　　每「部」之中，再分：㈠彙考──將歷代典籍中這方面的資料，按時代先後排列起來，讀完了彙考，等於讀遍古今圖書。㈡總部──將歷代典籍中有關這方面的著述（指單篇的名作），按時代排列，現在可以從這篇文字，核對原書，如果找不到原書，證明這本書是雍正以後年間中失傳了，對於輯佚書工作，是相當重要的。㈢藝文──總部之中，多是經史子各家著作，這部是集部的著作，也就是歷代的詩、文、歌、賦、表、啓……等文字錄入，極富於參考價值，與總部的學術思想，形成強烈對比。㈣紀事──等於是這部的歷史，如「律呂部」的

「紀事」，實是一部《律呂史》，而且它多取材於史籍，有年月日可考。㈤雜錄——筆記、小說，敍事生動有趣味。㈥外編——不屬於上述各部的資料，都在這裡面。

《欽定古今圖書集成》的「樂律典」的文字，（如以鼎文書局本爲藍本，它是經過整合編目的，使用起來比較方便，該局又編有《古今圖書集成各部列傳綜合索引》一巨冊（952頁）。從它的系統編目到索引，對於做學術研究工作極有幫助。現在，以該版計算字數：每頁1620字，共1285頁，除去空白頁行，最保守的計算，「樂律典」就有190萬字，如此龐大而豐富的音樂資料，值得我們去利用。

《中國音樂史料》係民國64年5月發行初版，現已印了好幾版。應算是目前收集中國古代音樂資料最爲完整的書籍之一。主編楊家駱教授另擬續編計畫，預計出書12冊。茲爲讀者檢索之便，特將所輯各書書名列後：

> 尚書注疏益稷、尚書注疏校勘記益稷、周禮注疏大司樂、周禮注疏校勘記大司樂、周禮注疏樂師等、周禮注疏校勘記樂師等，禮記注疏月令、禮記注疏校勘記月令、禮記注疏禮運、禮記注疏記禮運、禮記注疏樂記、禮記注疏記樂記、春秋左傳注疏昭公二十年、春秋左傳注疏記昭公二十年、春秋左傳注疏昭公二十一年、春秋左傳注疏記昭公二十一年、爾雅注疏釋樂、爾雅注疏記釋樂、荀子樂論、管子地員、墨子非樂、莊子至樂、呂氏春秋仲夏紀、呂氏春秋大樂、呂氏春秋侈樂、呂氏春秋適音、呂氏春秋古樂、呂氏春秋季夏紀、呂氏春秋音律、呂氏春秋音初、呂氏春秋制樂、呂氏春秋明理、風俗通義聲音、淮南子天文訓、周子通書樂、張子全書禮樂、晦庵先生朱文公文集琴律說、晦庵先生朱文公文集聲律辨、史

記集解樂書、史記三家注樂書、史記集解律書、史記三家注
律書、漢書集注歷律志、漢書補注歷律志、漢書集注禮樂志、
漢書補注禮樂志、續漢書律歷志注、後漢書集解律歷志注、
晉書律歷志、晉書斠注律歷志、晉書樂志、晉書斠注樂志、
宋書律志、宋書樂志、齊書樂志、魏書律歷志、魏書樂志、
隋書音樂志、隋書律歷志、南北史補志未刊稿樂律志、舊唐
書音樂志、新唐書禮樂志、舊五代史樂志、宋史律歷志、宋
史樂志、遼史樂志、金史樂志、元史禮樂志、明史樂志、清
史稿樂志（以上爲第一冊各目）繹史律呂通考、七國考音樂、
秦會要訂補樂、西漢會要樂、東漢會要樂、續後漢書禮樂樂
部、三國會要樂、唐會要樂、唐大詔令集政事禮樂、五代會
要樂、宋會要輯稿樂、宋大詔令集禮樂、大元聖政國朝典章
樂人婚、大明會典樂、明會要樂、明書樂律志、明史稿樂志、
大清會典樂、大清會典圖樂、皇朝政典類纂樂（以上爲第二
冊各目）。北堂書鈔、藝文類聚、初學記、白氏六帖事類集、
太平御覽、事類賦、事物紀原集類、冊府元龜、唐宋白孔六
帖、海錄碎事、記纂淵海、新編古今事文類聚、古今合璧事
類備要、玉海（以上爲第三冊各目）新編纂圖增類群書類要
事林廣記、應用碎金、事物紺珠、山堂肆考、新鐫燕臺校正
天下通行文林聚寶萬卷星羅、三才圖會、稗史彙編、天中記、
淵鑑類函、子史精華（以上爲第四冊各目）。古今圖書集成
經濟彙編樂律典、清稗類鈔、增補萬寶全書、新鐫萬寶全書
（以上爲第五、六冊各目）。

以上六十種書目、題記、書志等書，大致區分成七個系列；我將
這些書目原書都收集到，將各書樂類書目的內容影印出來，輯成《音
樂文獻目錄學資料彙編》（國立臺灣師範大學音樂研究所講義），全

書共720頁，有了這些古代音樂書目，想從事音樂學研究，就有相當途徑可尋了。

　　譬如：當你要研究某一部樂書：它是那個朝代的？那朝的藝文志著錄了這部書沒有？這部書是否傳承下來？先在各朝藝文志中查查；還有那時代的公私藏書處所，他們的書目中，也是否曾經收藏過這部書？中國的書目有些屬於解題性的，它會將這本書的著者生平、著述經過，及這本書對於學術上會有那些貢獻，往往將它記載得詳詳細細；並且還將這部書經過那些藏書家收藏過，蓋了那些藏書章，非常有趣，等於讀了這部書的歷史，最後，這部書在那個圖書館還能找得到，而且它現存的板本還有多少種？……以上是閱讀書目最低所能獲致的益處。

附　錄

陳萬鼐學術著作目錄（行政院國家國家科學委員會編製　TPAGE 33,
　　SRNO 23.）

陳萬鼐學術著作目錄

TPAGE：　　33
SRNO　：　　23
頁　數　：　1-14
姓　名　：陳萬鼐

※下列著作尚未分類，請參考"個人資料表背面之使用說明" 於下列
各篇著作前註明 A、B、C，W 類別

陳萬鼐，1960，04，明惠帝出亡考證，高雄市，百城書局，一一六面。
著作編號：010390-10520216-X05

陳萬鼐，1965，10，談元劇中的"貨郎旦"，台北市，中央日報副刊，7 日載。
著作編號：010390-15070047-X05

陳萬鼐，1965，10，元人貨郎詞的體製，台北市，中央日報副刊，25 日載。
著作編號：010390-15095682-X05

陳萬鼐，1965，11，元劇中之"八仙"（上、下），台北市，中央日報副刊，5-6 日載。
著作編號：010390-15135380-X05

陳萬鼐，1965，12，製造"悲劇"，台北市，中央日報副刊，20 日載。
著作編號：010390-15170496-X05

陳萬鼐，1965，12，述永樂大典著錄元劇六大家二十三種雜劇，台北市，大陸雜誌，第三十
一卷，第十一期，14-21 面。
著作編號：010390-15304596-X05

陳萬鼐，1965，12，中國現代圖書館分類法總議，台北市，中國圖書館學會會報，第十七期
10-12 面。
著作編號：010390-15212955-X05

陳萬鼐，1966，01，元代戲班瑣言（上、下），台北市，中央日報副刊，30-31 日載。
著作編號：010390-15371914-X05

陳萬鼐，1966，01，中國古代的喜劇，台北市，中央日報副刊，11 日載。
著作編號：010390-15324405-X05

陳萬鼐，1966，02，談大頭和尚戲柳翠的燈源，台北市，中央日報副刊，20 日載。
著作編號：010390-15420157-X05

陳萬鼐，1966，02，元明清劇曲史，台北市，中國學術著作獎助委員會，540 面。
著作編號：010390-11032151-X05

陳萬鼐，1966，03，中國古典劇中的文士氣質（上下），台北市，中央日報副刊，20-21 日
載。

著作編號：010390-15445361-X05
陳萬鼐，1966，05，古劇的戲衣（上、下），台北市，中央日報副刊，6-7日載。
著作編號：010390-15511064-X05

陳萬鼐，1966，06，元劇曲詞中的論語章句，台北市，孔孟月刊第四卷第十期，13-17面。
著作編號：010390-16012463-X05

陳萬鼐，1966，09，中國古代的鬧劇（上、下），台北市，中央日報副刊，15-16日載。
著作編號：010390-16060315-X05

陳萬鼐，1966，10，中國古代的歌劇（上、下），台北市，中央日報副刊，25-26日載。
著作編號：010390-16092528-X05

陳萬鼐，1966，11，孔尚任與桃花扇，台北市，現代學苑月刊，第三卷，第十一期，7-10面。
著作編號：010390-16162931-X05

陳萬鼐，1966，11，元劇的聲樂與器樂（上、下），台北市，中央日報副刊，17-18日載。
著作編號：010390-16200849-X05

陳萬鼐，1967，01，清代大戲劇家洪昇（上中下），台北市中央日報副刊，8-9-10日載。
著作編號：010390-16230168-X05

陳萬鼐，1967，03，關於洪昇，台北市，中央日報副刊，29日載。
著作編號：010390-16304756-X05

陳萬鼐，1967，04，從歷代史志的著錄談中文圖書編目問題，台北市，商務印書館出版月刊，
　　　第二卷第十一期，79-83面。
著作編號：010390-16283444-X05

陳萬鼐，1967，07，"孟母三遷"雜劇研究，台北市孔孟學會孔孟月刊第五卷第十一期12-22。
著作編號：010390-16283445-X05

陳萬鼐，1967，08，疑心多心治學之鑰，台北市，大華晚報讀書人週刊，14日載。
著作編號：010390-16454969-X05

陳萬鼐，1967，08，古劇中的二郎神，台北市，中央日報月刊，10日載。
著作編號：010390-16430612-X05

陳萬鼐，1967，09，讀書重眼力，台北市，大華晚報讀書人週刊，18日載。
著作編號：010390-16475700-X05

陳萬鼐，1967，11，關於元劇"趙氏孤兒"，台北市，大華晚報讀書人週刊，13日載。
著作編號：010390-16533055- X05

陳萬鼐，1968，01，中國的莎士比亞關漢卿，台北市現代學苑月刊第五卷第一期，13-17 面。
著作編號：010390-16590884- X05

陳萬鼐，1968，01，"律呂譜"釋義，台北市，孔孟學會孔孟月刊，第六卷第五期，22-25 面。
著作編號：042790-15381988-PP7

陳萬鼐，1968，01，「清史列傳」洪昇傳的商榷，台北市，大華晚報讀書人週刊，29 日載。
著作編號：012290-10462129-X02

陳萬鼐，1968，03，洪昇「家難」質疑，台中市東海大學圖書館學報第九期，171-182 面。
著作編號：012290-10525651-X02

陳萬鼐，1968，04，洪昇「稗畦集」卷數的探究（附校勘），台北市，國立中央圖書館館刊
　　新一卷第四期，44-54 面。
著作編號：012290-10544196-X02

陳萬鼐，1968，04，洪稗畦先生年譜稿（上），台北市，幼獅學誌，第七卷第二期，1-52 面。
著作編號：012290-10570269-X02

陳萬鼐，1968，10，述「文殊菩薩降獅子」雜劇，台北市，國立中央圖書館刊，第二卷第二
　　期，34-54 面。
著作編號：012290-11010423-X02

陳萬鼐，1968，11，洪稗畦先生年譜稿（下），台北市，幼獅學誌，第七卷第三期，1-46 面。
著作編號：012290-10581001-X02

陳萬鼐，1969，05，孔東塘先生著述考，台中市，東海大學圖書館學報第十期，105-121 面。
著作編號：012290-11025992-X02

陳萬鼐，1969，10，「人瑞錄」（孔尚任著作之一），台北市，中央日報副刊，24 日載。
著作編號：012290-11071610-X02

陳萬鼐，1969，10，「八仙」（元人散典集粹），台北市，中央日報副刊，31 日載。
著作編號：012290-11082033-X02

陳萬鼐，1969，10，孔東塘先生家世述要，台北市國立故宮博物院季刊第四卷第二期，47-59。
著作編號：012290-11054871-X02

陳萬鼐，1970，01，孔東塘先生畫友，台北市國立故宮博物院季刊第四卷第三期，21-43 面。
著作編號：012290-11102266-X02

陳萬鼐，1970，03，孔東塘與龔半千，台北市，中國書畫月刊，第十二期，14-17 面。
著作編號：012290-11124727-X02

陳萬鼐，1970，03，孔東塘先生年譜稿，台北市，中山學術文化集刊，第五集 651-742 面。
著作編號：012290-11193209-X02

陳萬鼐，1970，03，論孔尚任「因事罷官」疑案，台北市，國立故宮博物院故宮文獻季刊，
　　第一卷第二期，35-41 面。
著作編號：012290-11170664-X02

陳萬鼐，1970，04，洪昇研究，台北市，中山學術文化基金會董事會獎助出版，350 面。
著作編號：010390-11181164-X05

陳萬鼐，1970，05，孔東塘先生書友，台北市，中國書畫月刊，第十四期，10-15 面。
著作編號：012290-11213354-X02

陳萬鼐，1970，07，「古今雜劇」輯者「息機子」考，台北市，國立故宮博物院圖書季刊，
　　第一卷第一期，31-36 面。
著作編號：012290-11250025-X02

陳萬鼐，1970，07，四書中的「此」字問題，台北市，孔孟學會孔孟月刊，第八卷第十一期，
　　14-17 面
著作編號：012290-11233668-X02

陳萬鼐，1970，09，孔東塘先生著作續考，台北市學生書局書月季刊第五卷第一期 25-30 面。
著作編號：012290-14512141-X02

陳萬鼐，1971，01，「蘇小卿月夜販茶船」雜劇拾零，台北市，國立故宮博物院圖書季刊，
　　第一卷第三期，30-38 面。
著作編號：012290-14543237-X02

陳萬鼐，1971，02，孔尚任著述記，台北市，包遵彭先生紀念論文集，135-154 面。
著作編號：012290-14553750-X02

陳萬鼐，1971，03，中國古劇樂曲之研究，台北市，中山學術文化集刊第七集 687-828 面。
著作編號：012290-15000926-X02

陳萬鼐，1971，06，知見法國學者拔殘譯述元劇目錄，台中市，東海大學圖書館學報，第十
　　一期，273-292 面。
著作編號：012290-15014541-X02

陳萬鼐，1971，07，中國近六十年來元明雜劇之發現（上），台北市，國立故宮博物院圖書
　　季刊，第二卷第一期，45-62 面。
著作編號：012290-15031206-X02

陳萬鼐，1971，08，孔尚任研究，台北市，商務印書館，156 面。
著作編號：010390-11230647-X05

陳萬鼐，1971，10，中國近六十年來元明雜劇之發現（下），台北市，國立故宮博物院圖書
　　季刊，第二卷第二期，19-45 面。
著作編號：012290-15050090-X02

陳萬鼐，1972，03，明雜劇一五四種敘錄（上），台北市，中山學術文化集刊第九集，403-
　　476 面。
著作編號：012290-15071745-X02

陳萬鼐，1972，07，凌廷堪著述考（上），台北市，國立故宮博物院圖書季刊，第三卷第
　　期，23-35 面。
著作編號：012290-15091359-X02

陳萬鼐，1972，10，凌廷堪著述考（下），台北市，國立故宮博物院圖書季刊，第三卷第二
　　期，31-42 面。
著作編號：012290-15111617-X02

陳萬鼐，1972，11，明雜劇一五四種敘錄（下），台北市，中山學術文化集刊，第十集，385-468。
著作編號：012290-15063761-X02

陳萬鼐，1972，12，凌廷堪傳，台北市國立故宮博物院故宮文獻季刊第四卷第一期 39-56 面。
著作編號：012290-15124650-X02

陳萬鼐，1973，04，孔東塘先生年譜，台北市，商務印書館，130 面。
著作編號：010390-11292420-X05

陳萬鼐，1973，11，凌廷堪年譜，台北市，中山學術文化集刊，第十二集，481-550 面。
著作編號：012290-15140153-X02

陳萬鼐，1974，04，中國古劇樂曲之研究，台北市中山學術文化基金董事會獎助出版 374 面。
著作編號：010390-14015778-X05

陳萬鼐，1974，10，元明清劇曲史，增定再版，三版，732 面。
著作編號：010390-11101890-X05

陳萬鼐，1975，03，清史樂志纂修考，台北市，中山學術文化集刊，第十五集，475-520 面。
著作編號：012290-15151184-X02

陳萬鼐，1975，05，「中國音樂史料」六鉅冊，2654 面，楊家駱主編，陳萬鼐執行編採。
著作編號：042890-09380166-X02

陳萬鼐，1975，05，「中國音樂史料」代序-律呂簡說，台北市，鼎文書局，1-5 面。
著作編號：012290-15195517-X02

陳萬鼐，1975，08，「中國古劇樂曲之研究」提要，台北市，文化大學華學月刊，第四四期，29-30 面。
著作編號：012290-15184370-X02

陳萬鼐，1975，08，斷送功名的長生殿傳奇，香港萬象月刊，第二期，11-17 面。
著作編號：012290-15171553-X02

陳萬鼐，1976，01，洪稗畦先生年譜（附四嬋娟雜劇），台北市，文史哲出版社，164 面。
著作編號：010390-14154228-X05

陳萬鼐，1976，11，元末明初雜劇十二種敘錄，台北市，中山學術文化集刊，第十八集，447-478 面。
著作編號：012290-15451619-X02

陳萬鼐，1976，12，中國圖書館史料輯要初稿，台北市，中國圖書館學會會報，第二十八期，23-25 面。
著作編號：012290-15462051-X02

陳萬鼐，1977，12，清史音樂志的研究-清樂制十四律理論的探討，台北市，國立故宮博物院故宮季刊，第十二卷第二期，5-50 面。
著作編號：042890-09483839-X02

陳萬鼐，1978，05，孔尚任，台北市，河洛圖書出版社，188 面。
著作編號：010390-14243949-X05

陳萬鼐，1978，06，清史樂志之研究，台北市，故宮博物院，370 面。
著作編號：010390-14210659-X05

陳萬鼐，1978，11，中國古劇樂曲之研究，增訂再版，三版，455 面。
著作編號：010390-14070432-X05

陳萬鼐，1978，11，清史樂志之研究提要，台北市，文化大學華學月刊第八三期 29-34 面。
著作編號：012290-15490945-X02

陳萬鼐，1979，07，明律曆學家朱載堉著作考（上），台北市，文化大學文藝復興月刊，第一〇四期，56-61 面。
著作編號：012290-15504080-X02

陳萬鼐，1979，09，明律曆學家朱載堉著作考（中），台北市，文化大學文藝復興月刊，第一〇五期，44-49 面。
著作編號：012290-15532577-X02

陳萬鼐，1979，10，明律曆學家朱載堉著作考（下），台北市，文化大學文藝復興月刊，第一〇六期，49-55 面。

著作編號：012290-15540850-X02

陳萬鼐，1979，10，談中國曆法上幾個重要數據（上、下），台北市，中央日報副刊，25-26
　　日載。
著作編號：012290-15553297-X02

陳萬鼐，1979，11，史記曆書「曆術甲子篇」理論之研究-悼念故前國立中央圖書館館長屈
　　翼鵬先生，台北市，中山學術文化集，第二四集，627-664 面。
著作編號：012290-15561619-X02

陳萬鼐，1979，11，"全明雜劇"全套十二冊，陳萬鼐主編，收集明代雜劇 168 種，7867 面。
著作編號：042890-09293014-X02

陳萬鼐，1979，11，全明雜劇提要，台北市，鼎文書局，346 面。
著作編號：010390-14321936-X05

陳萬鼐，1979，12，古代學者讀書生活瑣記，台北市中國圖書館學會會報第三一期 23-31 面
著作編號：012290-15591329-X02

陳萬鼐，1980，01，有關「中國曆法上的問題」，台北市，中央日報副刊，1 日載。
著作編號：012290-16055023-X02

陳萬鼐，1980，02，冬至日影問題解，台北市，中央日報文史週刊，第九二期，12 日載。
著作編號：012290-16085144-X02

陳萬鼐，1980，03，寶娥傳奇，台北市，中國時報人間副刊，15 日載。
著作編號：012290-16103607-X02

陳萬鼐，1980，07，泛論朱載堉的數學，台北市，中央日報文史週刊，第一一〇期，1 日載。
著作編號：012290-16120642-X02

陳萬鼐，1980，07，我國天文界的先驅-朱載堉，台北市，中央日報文史週刊，第一一二期，
　　22 日載。
著作編號：012290-16133194-X02

「中華簡明百科全書」，張其昀監修，台北市，1981 年陸續出版，中國文化大學中華學術
　　院編印，陳萬鼐執筆元明雜劇資料集等 22 向款目，合計二二八四零字。
著作編號：012290-16142883-X02

陳萬鼐，1981，06，朱載堉之曆學，台北市，文化大學華岡文科學報第十三期，89-113 面。
著作編號：012290-16402626-X02

陳萬鼐，1981，07，漢京房六十律之研究，台北市，東吳大學中國藝術史集刊，第十一期，
　　1-25 面。

著作編號：012290-16422704-X02

陳萬鼐，1981，09，中國古典劇曲簿錄二十種解題，台北市，文化大學中華學術院，中華學
　　術與現代文化叢刊第六冊「音樂影劇論集」，547-572 面。
著作編號：012290-16450388-X02

陳萬鼐，1982，04，中國天文學史纂要（上），台北市，國立故宮博物院故宮季刊，第十六
　　卷第四期，79-114 面。
著作編號：012290-16502037-X02

陳萬鼐，中國上古時期的音樂制度（西元前十一世紀至前二二二年）-試譯「古樂經」的涵
　　意，1982，04，台北市，東吳大學文史學報，第四號，35-70 面。
著作編號：012290-16470897-X02

陳萬鼐，1982，05，孔尚任，台北市，國家書店有限公司，188 面（版權轉移，上書再版）。
著作編號：010390-14290170-X05

陳萬鼐，1982，06，中國音樂史研究方法舉隅，台北市東吳大學音樂系刊第七期，48-59 面。
著作編號：012290-16485739-X02

陳萬鼐，1982，06，朱載堉算學之研究，台北市文化大學華岡文科學報第十四期，45-69 面。
著作編號：012290-16535717-X02

陳萬鼐，1982，07，朱載堉傳稿，台北市東吳大學中國藝術史集刊第十二卷，111-160 面。
著作編號：012290-16551846-X02

陳萬鼐，1982，07，中國天文學史纂要（下），台北市，國立故宮博物院故宮季刊，第十七
　　卷第一期，41-72 面。
著作編號：012290-16522796-X02

陳萬鼐，1982，08，關於「中國歷代主要計量單位變遷表」，台北市，木鐸雜誌，第四期，
　　16-17 面。
著作編號：012290-16565076-X02

陳萬鼐，1983，02，赤壁賦的天文問題（上、下），台北市，中央日報副刊，5-6 日載。
著作編號：012390-09044227-X02

陳萬鼐，1983，03，中國古代音樂研究序篇-中國古代音樂變遷史資料輯錄，台北市，中山
　　學術文化集刊，第二十九集，319-390 面。
著作編號：012390-09025287-X02

陳萬鼐，1983，06，商代的樂器，台北市，國立故宮博物院故宮文物月刊，第一卷第三期，
　　64-67 面。
著作編號：012390-09073423-X02

陳萬鼐，1983，10，隨縣曾侯乙墓出土的樂器，台北市，國立故宮博物院故宮文物月刊，第
　　一卷第七期，42-50 面。
著作編號：012390-09095944-X02

陳萬鼐，1983，11，中國古代音樂研究分篇（上），台北市，中山學術文化集刊，第三〇緻，
　　197-280 面。
著作編號：012390-09112307-X02

陳萬鼐，1983，12，清天文學家梅穀成傳稿逸文的補正，台北市，中國圖書館學會會報，第
　　三五期，189-199 面。
著作編號：012390-09125447-X02

陳萬鼐，1984，01，麥積山石窟（中華五千年文物集刊之四十六開本），台北市，故宮博物
　　院，303 面。
著作編號：010390-14492740-X05

陳萬鼐，1984，01，中國古代音樂的基準-談馬王堆的芋律，台北市，國立故宮博物院故宮
　　文物月刊，第一卷第一〇期，49-55 面。
著作編號：012390-09143138-X02

陳萬鼐，1984，05，漢武帝元光元年曆譜，台北市，國立故宮博物院故宮文物月刊，第二卷
　　第二期，122-125 面。
著作編號：012390-09163110-X02

陳萬鼐，1984，09，祖沖之「綴術」的探討，台北市，中國書月季刊，第十八卷第二期，1-
　　21 面。
著作編號：012390-09185600-X02

陳萬鼐，1984，11，唐代偶戲的研究，台北市，中韓偶戲觀摩展特刊，26-33 面。
著作編號：012390-09204275-X02

陳萬鼐，1985，03，摭談「韓熙載夜宴圖」，台北市，國立故宮博物院故宮文物月刊，第二
　　卷第十二期，41-52 面。
著作編號：012390-09221670-X02

陳萬鼐，1985，03，中國古代音樂研究分篇（下），台北市，中山學術文化集刊，第三二集，
　　61-146 面。
著作編號：012390-09250362-X02

陳萬鼐，1985，11，公孫大娘舞劍器，台北市，國立故宮博物院故宮文物月刊，第三卷第八
　　期，74-81 面。
著作編號：012390-09263660-X02

陳萬鼐，1985，11，記述楊蔭瀏先生音樂生活，台北市，音樂與音響月刊，第一四九號，110-115面。
著作編號：012390-09281419-X02

陳萬鼐，1985，12，請看「哈雷秀」，台北市，國立故宮博物院故宮文物月刊，第三卷第九期，15-25面。
著作編號：012390-09293168-X02

陳萬鼐，1986，05，黃公望與富春山居圖卷的故事，台北市，國立故宮博物院故宮文物月刊，第四卷第二期，31-38面。
著作編號：012390-09324316-X02

陳萬鼐，1986，06，樂器篇（中華五千年文物集刊十六開本），台北市，國立故宮博物院，294面。
著作編號：010390-14530435-X05

陳萬鼐，1986，06，拾彗，台北市，國立故宮博物院故宮文物月刊第三卷第十一期74-77面。
著作編號：012390-09300225-X02

陳萬鼐，1986，10-1987，09，中國古代音樂文物圖介一至十，台北市，樂典音樂雜誌，第十期-第十九期（停刊），（每期一〇〇〇至一五〇〇字，先後介紹原始時代石磬、舞蹈紋彩陶盆、新石器時代骨哨、陶塤舞蹈紋巖畫、夏殷時期古樂器，等共十種，封底頁刊載彩色圖版）
著作編號：012390-09371712-X02

陳萬鼐，1986，10，研究朱載堉生平事蹟的第一手資料-鄭端清世子賜葬神道碑註，台北市，樂典音樂雜誌，第十一期，56-73面。
著作編號：012390-09351284-X02

陳萬鼐，1987，06，明雜劇中的曲藝，台北市，國立中央圖書館漢學研究，第六卷第八期，53-65面。
著作編號：012390-09431198-X02

陳萬鼐，1987，07，中國戰爭圖書劫，台北市，國立故宮博物院故宮文物月刊，第五卷第四期，34-37面。
著作編號：012390-09455446-X02

陳萬鼐，1988，03，從古劇的塗面到國劇的臉譜，海外版中央日報，華夏週刊第九十三期，13日載。
著作編號：012390-09475523-X02

陳萬鼐，1988，05，中國大陸近三十年來先秦音樂文物的發現，台北市，音樂中國，第一期，54-66面。
著作編號：012390-09512903-X02

陳萬鼐，1988，05，朱載堉與江永的圓周率求法，台北市，國立故宮博物院文物月刊，第六
　　卷第二期，73-81 面
著作編號：012390-09500342-X02

陳萬鼐，1988，08，天文篇（中華五千年文物集刊十六開本）上冊，台北市，故宮博物院，
　　195 面。
著作編號：012390-14572440-X05

陳萬鼐，1988，08，清代宮廷畫家郎世寧，台北市，國立故宮博物院文物月刊，第六卷第五
　　期，29-41 面。
著作編號：012390-09523359-X02

陳萬鼐，1988，10，天文篇（中華五千年文物集刊十六開本）下冊，台北市，故宮博物院
　　196-376 面。
著作編號：012290-10420608-X02

陳萬鼐（筆名韓北新），1988，10，郎世寧繪畫繫年（1），台北市，國立故宮博物院文物
　　月刊，第六卷第七期，90-101 面。
著作編號：012390-09534954-X02

陳萬鼐（筆名韓北新），1988，11，郎世寧繪畫繫年（2），台北市，國立故宮博物院文物
　　月刊，第六卷第八期，127-137 面。
著作編號：012390-09554555-X02

陳萬鼐（筆名韓北新），1988，12，郎世寧繪畫繫年（3），台北市，國立故宮博物院文物
　　月刊，第六卷第九期，104-111 面。
著作編號：012390-09575369-X02

陳萬鼐（筆名韓北新），1988，12，郎世寧繪畫年代質疑，台北市，私立輔仁大學宗教與藝
　　術學研討會論文集。
著作編號：012390-10032363-X02

陳萬鼐（筆名韓北新），1989，01，郎世寧繪畫繫年（4），台北市，國立故宮博物院文物
　　月刊，第六卷第十期，118-123 面。
著作編號：012390-09585338-X02

陳萬鼐（筆名韓北新），1989，02，郎世寧繪畫繫年（5），台北市，國立故宮博物院文物
　　月刊，第六卷第十一期，68-76 面。
著作編號：012390-10002429-X02

陳萬鼐（筆名韓北新），1989，03，郎世寧繪畫繫年（6），台北市，國立故宮博物院文物
　　月刊，第六卷第十二期，48-57 面。
著作編號：012390-10015074-X02

陳萬鼐，1990，01，中國民曆溯源（上），台北市，國立故宮博物院文物月刊，第七卷第
　　十期，70-83 面。
著作編號：030491-10502788-X08

陳萬鼐，1990，02，中國民曆溯源（下），台北市，國立故宮博物院文物月刊，第七卷第十
　　一期，102-117 面。
著作編號：030491-10520504-X08

陳萬鼐，1990，03，朱載堉律學之研究，台北市，東吳大學文史學報，第八號，267-326 面。
著作編號：030491-10543695-X08

陳萬鼐，1990，05，西周時期的音樂文化，台北市，國立故宮博物院文物月刊，第八卷第二
　　期，20-37 面。
著作編號：030491-10564548-X08

陳萬鼐，1991，04，郎世寧繪畫年代質疑，輔仁大學「郎世寧之藝術--宗教與藝術研討會」
　　論文集，125-150 面。
著作編號：033193-10540228-X01

陳萬鼐，1991，10，漢代樂府之研究，台北市國立藝術學院，藝術評論第三期，117-158 面。
著作編號：033193-10551301-X01

陳萬鼐，1992，01，朱載堉研究，，台北市，故宮博物院，故宮叢刊，247 面（又英文提要
　　8 面）
著作編號：033193-10564990-X01

陳萬鼐，1992，06，我怎樣從事清史整修工作，台北市，國使館館刊，復刊第十二期，205-
　　220 面，整修「清史樂志一」稿例載於 187-204。
著作編號：033193-10590327-X01

陳萬鼐，1992，06，朱載堉年譜，台北市，國立臺灣師範大學音樂研究所，音樂研究，第一
　　期，29-83 面。
著作編號：033193-11002152-X01

　　下列著作尚未著作編號：

陳萬鼐，1994，02，辛酸鹹苦話「管家」（上、下）-記蔣復璁、屈萬里、包遵彭三位館長
　　行誼，台北市，國立中央圖書館，館訊季刊，第十六卷，第一、二期，22-24/28-30 面。

陳萬鼐，1994，07，試以漢代音樂文獻及出土文物資料研究漢代音樂史（一）-以鐘樂器爲
　　例，台北市，國立臺灣藝術教育館，美育月刊，第四九期，47-52 面。

陳萬鼐，1994，08，試以漢代音樂文獻及出土文物資料研究漢代音樂史（二）-以鐘樂器爲
　　例，台北市，國立臺灣藝術教育館，美育月刊，第五十期，44-56 面。

陳萬鼐，1994，12，試以漢代音樂文獻及出土文物資料研究漢代音樂史（三）-鼓樂器的研究，台北市，國立臺灣藝術教育館，美育月刊，第五四期，19-36 面。

陳萬鼐，1994，11，是真似假假是真-漫談漢墓出土陶女舞俑，台北市，國立故宮博物院，故宮文物月刊，第十二卷第八期，66-79 面。

陳萬鼐，1995，10，輯補樂器佚文八篇，台北市，國立臺灣師範大學音樂研究所，音樂研究學報，第四期，109-136 面。

陳萬鼐，1995，11，解開「閏八月」的引號，台北市，國立故宮博物院，故宮文物月刊，第十三卷第八期，42-55 面。

陳萬鼐，1996，06，試以漢代音樂文獻及出土文物資料研究漢代音樂史-沂南漢墓樂舞百戲畫像論叢（一），台北市，國立故宮博物院故宮文物月刊，第十四卷第三期，22-33 面。

陳萬鼐，1996，07，試以漢代音樂文獻及出土文物資料研究漢代音樂史-沂南漢墓樂舞百戲畫像論叢（二），台北市國立故宮博物院故宮文物月刊，第十四卷第四期，112-123 面。

陳萬鼐，1996，08，試以漢代音樂文獻及出土文物資料研究漢代音樂史-沂南漢墓樂舞百戲畫像論叢（三），台北市，國立故宮博物院故宮文物月刊，第十四卷第五期，24-41 面。

陳萬鼐，1996，09，試以漢代音樂文獻及出土文物資料研究漢代音樂史-沂南漢墓樂舞百戲畫像論叢（四），台北市，國立故宮博物院故宮文物月刊，第十四卷第六期，40-51 面。

陳萬鼐，1996，10，試以漢代音樂文獻及出土文物資料研究漢代音樂史-沂南漢墓樂舞百戲畫像論叢（五），台北市，國立故宮博物院故宮文物月刊，第十四卷第七期，18-29 面。

陳萬鼐，1996，11，試以漢代音樂文獻及出土文物資料研究漢代音樂史-沂南漢墓樂舞百戲畫像論叢（六），台北市，國立故宮博物院故宮文物月刊，第十四卷第八期，96-109 面。

陳萬鼐，1997，07，試以漢代音樂文獻及出土文物資料研究漢代音樂史（四）-討論吹管樂器六種，台北市，國立臺灣藝術教育管，美育月刊，第八五期，37-42 面。

陳萬鼐，1997，09，試以漢代音樂文獻及出土文物資料研究漢代音樂史（五）-討論吹管樂器六種，台北市，國立臺灣藝術教育管，美育月刊，第八七期，11-28 面。

陳萬鼐，1997，10，介紹曾侯乙墓中的樂器，台北市，台北市立國樂團，北市國樂月刊，第五十期，6-9 面。

陳萬鼐，1997，09，琵琶-漢代絃樂器五種及「相和歌」傳衍研究（一），台北市，國立故宮博物院，故宮文物月刊，第十五卷第六期，18-31 面。

陳萬鼐，1997，10，琴、箏-漢代絃樂器五種及「相和歌」傳衍研究（二），台北市，國立

故宮博物院，故宮文物月刊，第十五卷第七期，18-31 面。

陳萬鼐，1997，11，箜篌、筑-漢代絃樂器五種及「相和歌」傳衍研究（三），台北市，國立故宮博物院，故宮文物月刊，第十五卷第八期，34-47 面。

陳萬鼐，1997，12，漢代相和歌的傳衍-漢代絃樂器五種及「相和歌」傳衍研究（四），台北市，國立故宮博物院，故宮文物月刊，第十五卷第九期，44-57 面。

陳萬鼐，1998，06，漢代音樂文獻目錄解題-漢書藝文志詩賦略歌詩詮釋，台北市，國立臺灣師範大學音樂研究所，音樂研究學報，第七期，23-40 面。

陳萬鼐，1998，06，試以漢代音樂文獻及出土文物資料研究漢代音樂史（六）-討論漢代擊奏樂器與西南夷民族樂器，台北市，國立臺灣藝術教育館，美育月刊，第九六期，11-28面。

陳萬鼐，1998，11，試以漢代音樂文獻及出土文物資料研究漢代音樂史（七）-討論漢代擊奏樂器與西南夷民族樂器，台北市，國立臺灣藝術教育館，美育月刊第一〇一期，9-24面。

陳萬鼐，1998，12，廣西貴縣羅泊灣漢墓出土音樂文物研究（一），台北市，國立故宮博物院，故宮文物月刊，第十一卷第十一期，108-123 面。

陳萬鼐，1999，01，廣西貴縣羅泊灣漢墓出土音樂文物研究（二），台北市，國立故宮博物院，故宮文物月刊，第十六卷第十二期，21-33 面。

陳萬鼐，1999，02，廣西貴縣羅泊灣漢墓出土音樂文物研究（三），台北市，國立故宮博物院，故宮文物月刊，第十七卷第一期，42-55 面。